스포츠
에이전트
가이드

3개정판

스포츠 마케팅 전략

김화섭

博 英 社

3개정판을 내면서

모험을 하는 기분으로 초판을 낸 지 벌써 6년. 적지 않은 시간이 흘렀다. 여전히 많은 분들이 관심을 가져 주신 덕분에 3개정판을 낼 수 있는 기회가 왔다. 특히 개정판이 나온 후에는 본서가 '대한민국 학술진흥원'으로부터 '기초 사회과학 분야 우수 도서'로 선정되는 영광을 누리기도 했다. 그러나 이는 전적으로 독자 여러분들의 관심 덕분인바 다시 한번 머리 숙여 감사드린다.

3개정판에서, 전반적인 구성에서는 큰 변화가 없지만 구체적인 내용에서 손질을 가했다. 특히 초판 및 개정판에서 누락된 마케팅 전략간 상호 연계성 파악 즉 스포츠 마케팅의 기본전략인 STP 전략과 구체적인 실행전략인 4P +3P전략과의 관계 규명에 별도의 지면을 할애했다. 이들 간의 상호 유기적인 관계가 일관성 있는 마케팅 과정 수립에 절대적으로 필요하기 때문이다. 3개정판에서도 스포츠 마케팅 기본 원리 파악 및 설명에 중점을 두었으며 구체적인 실행방법의 설명은 생략했다. 예를 들면, 본서는 프로모션의 원리가 여자(이성)친구 사귀기와 같다는 점을 강조하고 있다. 독자 여러분들이 원리를 제대로 파악하면 구체적인 단계에서 상상의 나래를 펴면서 보다 세련되고 설득력 있는 실행 전략을 마련할 수 있을 것이다.

"深入淺出"(어려운 것을 쉽게 설명한다). 초판을 집필하면서부터 지키고자 다짐했던 원칙이다. 3개정판 집필과정에서도 반드시 지키려고 노력했다. 그러나 기본 지식이 깊지 않은 저자에게는 이 원칙을 지키기가 여간 어렵지 않다는 것을 다시금 깨닫게 되었다. 내용의 오류 및 이해하기 어려운 부분이 존재한다면 이는 전적으로 저자의 능력 부족에 기인한다. 이러한 부분이 많이 발견되어 독자 여러분들의 기탄 없는 질책을 기대한다.

저자는 2005-2007년 기간 동안 중국 북경에 파견되어 중국과 중국어를 접하고 배울 기회가 있었다. 3개정판도 이 기간 동안 집필되었다. 물론 중국 스포츠에 대해서도 종전에 비해 더 많이 이해하게 되었다. 중국의 스포츠 정황에 대해서는 별도의 기회를 통해 독자 여러분들과 의견을 나눌 수 있기를 희망한다.

3개정판을 내는 과정에서도 많은 분들로부터 신세를 졌다. 박영사 안종만 회장님은 졸저의 출판에 변함없는 성원을 보내 주셨다. 서울대학교 강준호 교수님에게는 저자가 늘 성가신 존재였지만 매번 자칫 간과하기 쉬운 의문과 이에 대한 해답을 제시하셨다. 출판사 조성호 차장님은 타성과 나태에 빠질 만하면 나타나서 저자를 자극시키는 매우 고마운 존재이다.

편집부 유연국 국장의 수고는 아무리 강조해도 지나침이 없을 것이다. 이 자리를 빌어 이 분들의 미래 생활에 신의 가호가 있길 빈다. 또한 3개정판 집필 기간 동안 중국에 파견될 수 있는 기회를 주신 분, 그리고 중국어 학습에 흥미를 느끼게 해 준 친구에게도 심심한 감사의 뜻을 전한다.

2007년 8월
中國 北京 東昇圓에서
山叔叔 김 화 섭

개정판을 내면서

"뭔가를 얻으려면 모험을 해야 한다"

2년여 전 초판 출판 여부를 두고 망설일 때 친구가 던진 말이다. 오로지 스포츠에 대한 애정만으로 도전하는 심정으로 출판을 단행했다. 초판이 출판된 후 수많은 분들이 논평을 해 주셨다. 대학 교수, 연구원, 스포츠 산업 현장에 계시는 분, 심지어 고등학생들까지 조언과 격려 그리고 질타를 아끼지 않았다. 고맙기도 하고 부끄럽기도 하고 미안하기도 했다. 그러나 '학생들이나 일반인들이 스포츠 세계의 매커니즘을 이해하는 데 조금이나마 도움이 되었으면 좋겠다'는 당초의 목표를 어느 정도 달성했다고 느껴지는 것도 사실이다. 2년여 전의 모험이 결코 잘못된 선택은 아니었다는 생각이 든다.

초판을 출판하고 보니 여기 저기 잘못된 부분, 미진한 부분들이 눈에 띄었다. 마침 많은 독자들로부터도 개정판 출판을 요구받기도 했다. 독자들의 애정 어린 관심과 추상 같은 질타에 힘입어 또다시 모험을 단행하게 되었다.

개정판에서도 초판에서 강조한 '쉬운 문장 구성', '재미', '원리 파악 및 실무에 도움', '적은 분량' 그리고 '스포츠에 대한 애정' 등의 원칙을 지키고자 노력했다. 특히 초판에 비해 독자들이 더욱 편하게 읽을 수 있도록 힘을 기울였다.

개정판에서는 불필요한 부분을 과감히 삭제하는 등 초판에 비해 달라진 점이 많으나 대표적인 부분은 다음과 같다.

첫째, 논의를 고객별로 재구성했다.

스포츠 시장에서 가장 중요한 구성 요소는 고객이다. 따라서 개정판에서는 목차를 재구성하여 고객별, 즉 팬, TV 방송국, 기업 및 지자체를 대상으로 한 마케팅 전략에 대해 논의했다.

둘째, 미진한 부분을 보완했다.

스포츠 시장에서 가장 빠르게 변신하는 고객은 TV 방송국(미디어)이다. 그리고 지방자치단체 또한 미래 새로운 고객으로 대두되고 있다. 이에 따라 개정판에서는 TV 방송국과 지자체 관련 내용을 대폭 보완했다. 이 밖에 포지셔닝 전략, 유통 경로 전략 그리고 스포츠 마케팅의 국제화 등의 내용에서도 대폭적인 손질을 가했다.

셋째, 새롭게 추가했다.

스포츠 시장에서의 고객인 팬, TV 방송국, 기업 및 지자체를 아우르는 통합 마케팅 전략을 새롭게 추가했다. 통합 마케팅이야말로 가장 현실적인 전략이라고 판단되었기 때문이다.

각 장 뒷부분에는 연습 · 토의 문제를 제시했다. 이러한 문제는 실제적인 전략보다는 '원리 파악'과 '시장 이해'에 보다 많은 중점을 두었다. '원리 파악'과 '시장 이해'는 보다 세련된 전략 수립으로 직결될 것이기 때문이다.

본문 도중에 〈해설〉을 새롭게 추가했다. 〈해설〉의 내용은 '보완적인 설명', '국내 실제 상황' 그리고 '새로운 시각에서의 해석' 등으로 이루어져 있다. 독자 여러분들이 관련 내용을 보다 쉽게 이해하거나 독서 도중 쉬어가는 데 도움이 될 것으로 믿는다.

한편 책 뒷부분에는 스포츠 시장 현장에서 통용되는 계약서 등을 부록으로 첨부했다. 일반 독자뿐만 아니라 새롭게 사업을 시작하려는 분들에게도 도움이 될 것으로 판단된다.

개정판이 나오는 과정에서도 많은 분들의 도움이 있었다. 박영사 안종만 회장님은 초판에 이어 개정판에서도 기꺼이 출판의 기회를 주셨다. 서울대학교 강준호 교수님은 이론적 틀을 제시했으며, KBL 신영락 부장은 현장 분위기를 접할 수 있는 기회를 제공했다. 출판사 조성호 과장님도 빼 놓을 수 없다. 원고 독촉을 하던 조성호 과장님은 마치 저승사자와도 같았다. 조성호 과장님의 이러한 독촉이 없었더라면 개정판은 결코 나올 수 없었을 것이다. 편집부 나경선 양의 꼼꼼한 일처리는 잔잔한 감동을 주기에 충분했다. 이 자리를 빌어 이 분들에게 심심한 사의를 표한다. 그리고 항상 자신감을 심어 주는 가족과 친구에게도 감사드린다.

2003년 8월
홍릉 연구실에서

山叔叔 김 화 섭

머 리 말

스포츠가 단순히 보고 즐기는 수준에 머무르는 것이 아니라 이미 산업의 하나로서 자리를 잡아가고 있다는 것은 누구나 다 아는 사실이다. 그리고 스포츠가 스포츠 용품이나 건설, 관광 및 정보 통신 산업 등 여타 산업의 발전에도 크게 기여한다는 것은 굳이 유명 연구소에서 발표한 보고서를 인용하지 않더라도 스포츠에 조금만 관심을 기울이는 사람들에게는 상식 수준이다.

산업에는 시장이 있고 시장에는 경쟁이 있으며 또한 마케팅이 있다. 핸드폰의 경우를 예로 들어보자. 핸드폰 산업에는 핸드폰 시장이 있다. 핸드폰 시장에는 경쟁이 있다. 경쟁이 존재하니까 각 핸드폰 회사마다 쭉쭉 빠진 미인들을 동원하거나 광고모델로 내세우는 등 마케팅 활동에 열을 올리고 있다. 핸드폰 시장뿐만 아니다. 남대문 시장에서도 마찬가지이다. 가게 입구에서 '골라골라' 라고 고래고래 소리를 지르는 것도 마케팅 전략의 일환이다.

스포츠도 산업인 이상 시장을 가지고 있다. 시장이 있으니까 경쟁이 불가피하며 마케팅 또한 필요하다. 스포츠 시장에서 마케팅에 대한 시간을 절약하고 시행착오를 줄이려면 스포츠 마케팅 메커니즘이나 전략 등을 미리 파악하는 것은 매우 중요하다. 이 책은 이러한 목적을 충족시키기 위해 출간되었다.

스포츠가 일반 제품과는 다르듯이 스포츠 마케팅 또한 제품 마케팅과는 다르다. 스포츠 상품이 「하는 스포츠」냐 혹은 「보는 스포츠」에 따라서도 마케팅 전략 또한 같지 않다. 특히 「보는 스포츠」 시장에서는 고객이 일반 소비자(팬)뿐만 아니라 기업(스폰서) 그리고 TV방송국 등 다양하게 존재한다. 고객이 다양한 만큼 마케팅 업무도 다양하다. 따라서 「보는 스포츠」 마케팅에는 스포츠 상품 생산자인 선수, 경기단체 및 팀을 대신하여 스포츠 마케팅을 담당하는 별도의 인력을 필요로 하는 경우가 많다. 이러한 전문 인력이 바로 스포츠 에이전트이다. 스포츠 에이전트가 스포츠 마케팅 전문가로 불려지는 이유가 바로 여기에 있다.

이 책에서는 「보는 스포츠」를 중심으로, 마케팅의 주요 담당자인 스포츠 에이전트의 입장에서 이야기를 풀어보기로 한다. 특히 「보는 스포츠」와 「하는 스포츠」를 동시에 언급함으로써 논의가 산만해질 수 있는 문제점을 피하고 내용을 「보는 스포츠」로 전문화하는 데 중점을 두고 있다.

한편 이 책을 집필하면서 몇 가지 원칙을 정했다.

첫째, 쉬워야 한다.

이 책은 마케팅을 이야기하고 있다. 마케팅이란 고객만족과 직결된다. 이 책 또한 고객 만족이라는 원칙을 지켜야 한다. 책의 고객은 독자이다. 독자들을 만족시키는 것은 책의 내용을 쉽게 풀어쓰는 것이다.

둘째, 재미있어야 한다.

스포츠 산업에서 핵심인 스포츠 상품은 '재미'를 바탕에 두고 있다. 스포츠 마케팅을 이해하는 데에도 재미가 있어야 한다. 따라서 이 책을 집필하는 과정에서 우리가 쉽게 접할 수 있는 재미있는 사례들을 많이 삽입하였을 뿐만 아니라 문장 서술에서도 재미를 느낄 수 있도록 노력했다.

셋째, 원리 파악과 실무에 도움이 되어야 한다.

마케팅을 공부하는 이유는 현상이나 원리를 파악하기 위한 것이 아니라 실무에 적용하기 위해서이다. 그렇다고 해서 원리에 대한 올바른 이해 없이는 실무에서 성공을 거두기 어렵다. 이 책은 원리 파악이나 실무 모든 면에서 도움이 될 수 있도록 구성되어 있다. 이 책 제 1 부에서는 스포츠 시장이 어떻게 움직이는지 그 원리 파악에 중점을 두고 있으며 제 2 부, 제 3 부 및 제 4 부에서는 실무에 직접적인 도움이 될 수 있도록 서술되어 있다. 특히 제 3 부에서는 고객별 전략에 대해 별도로 설명하고 있다.

넷째, 분량이 적어야 한다.

스포츠 시장에서 통용되는 모든 마케팅 전략을 책으로 옮길 수는 없다. 구체적이고 세밀한 전략 그리고 상황에 따른 전략 변화 등은 모두 실무자 책임 하에 실시되어야 한다. 따라서 스포츠 마케팅 서적은 실무자들이 전략을 수립하는데 지침서 역할을 할 수 있도록 핵심적인 내용만 서술되어야 한다. 심지어 분량이 많으면 들고 다니기에도 불편하다. 이에 따라 스포츠 마케팅 전략을 일반 제품(또는 서비스) 마케팅 전략에 적용하여 설명하고 있는 제 2 부의 분량을 크게 줄였다. 이 부분에 대해 보다 깊이 있는 지식을 습득하고자 할 때에는 마케팅과 관련된 기존 출판물을 참고하면 도움이 될 것이다.

다섯째, 스포츠에 대한 애정이 강조되어야 한다.

스포츠 시장에 뛰어들어 스포츠 마케팅을 담당하고 스포츠 산업발전에 이바지하고자 한다면 스포츠에 대한 애정이 있어야 한다. 스포츠 마케팅 가운데 상당부분은 협상 등을 통한 이해조정 과정에서 실현된다. 이 때 스포츠에 대한 애정이 없으면 스포츠는 발전이 아니라 오히려 쇠락의 길을 갈 수도 있다. 따라서 스포츠 에이전트를 꿈꾸는 사람은 스포츠에 대한 깊은 애정을 가져야 한다. 이러한 내용은 제 4 부에서 언급하고 있다.

앞에서 언급한 원칙을 지키고자 노력했음에도 불구하고 제대로 반영되지 못했다면 이는 전적으로 저자의 능력부족에 기인한다. 내용상 미진한 부분이 있거나 오류가 있으면 기탄 없는 질책을 바란다. 겸허하게 받아들여 다음 기회에 반드시 수정할 것임을 약속드린다.

저자는 스포츠에 대해 문외한이다. 스포츠에 대한 전문적인 지식을 공부한 적도 없다. 그럼에도 불구하고 이 책을 펴내게 된 것은 스포츠에 넘치는 애정과 국책연구소에서 십 수년간 경제, 산업 및 마케팅을 연구한 경험 덕분이다. 이 책이 학생, 현장 실무자 그리고 스포츠 에이전트를 꿈꾸는 일반인들이 스포츠 마케팅 메커니즘을 이해하고 전략을 수립하는데 조금이나마 보탬이 되었으면 하는 마음 간절하다.

졸저가 출판되기까지 많은 분들의 도움과 격려가 있었다. 졸고의 출간을 기꺼이 승낙해 주신 박영사 안종만 회장님과 출판에 세심한 배려를 해 주신 조성호 과장님과 박성은 양의 도움은 졸저 출판에 절대적인 도움이 되었으며, 고려대 경영대 이두희 교수의 격려 또한 큰 힘이 되었다. 이 자리를 빌어 이 분들에게 심심한 사의를 표한다. 건강이 좋지 않은 가운데에서도 탈고를 독려해주신 어머님, 원고 작성하느라 늦게 귀가하더라도 항상 웃는 얼굴로 이해해주던 아내 민숙과 두 아들 준영, 민석에게도 감사를 드린다. 특히 생전에 학문의 길을 인도해주시고 임종의 순간까지도 아들의 앞날을 걱정해 주셨던 아버님의 영전에 삼가 이 책을 바치고자 한다.

2001년 1월
북한산 아래 寓居에서

山叔叔 김 화 섭

주요 목차

제 5 부 에이전트의 업무(4): 고객이 지자체인 경우 마케팅 전략

제 6 부 에이전트의 업무(5): 통합 마케팅 전략

세부 목차

제1부 스포츠 마케팅과 에이전트

제3부 에이전트의 업무(2): 고객이 미디어인 경우 마케팅 전략

제4부 에이전트의 업무(3): 고객이 기업인 경우 마케팅 전략

제5부 에이전트의 업무(4): 고객이 지자체인 경우 마케팅 전략

제6부 에이전트의 업무(5): 통합 마케팅 전략

제 1 부
스포츠 마케팅과 에이전트

제 1 부에서는, 스포츠 마케팅에서 에이전트란 어떤 의미를 가지며, 이들이 스포츠 시장에 개입할 경우 스포츠 마케팅은 어떻게 움직이는지에 대해 밝힌다. 또한 에이전트는 개인뿐만 아니라 독립된 기업 또는 자회사 형태로도 존재한다는 데 대해서도 설명한다.

제 1 장에서는 스포츠 시장과 스포츠 마케팅에 대해 논의하며 제 2 장에서는 스포츠 마케팅 담당자인 에이전트에 대해 설명한 다음 제 3 장에서는 에이전트가 개입된 스포츠 마케팅의 매커니즘에 대해 이야기한다.

제 1 장

스포츠 시장과 스포츠 마케팅

1. 스포츠 산업

스포츠가 산업이 된다는 것은 다 아는 사실이다. 그렇다면 스포츠 산업이란 무엇인가? 간단하다. 스포츠 산업은 스포츠 산업이다. 다소 의아스럽게 느껴질 것이다. 스포츠 산업은 스포츠 산업이라니? 산업이란 낳은 산(産)자로 만들어져 있다. 낳을 산이라는 것은 무엇인가를 만든다는 뜻이다. 즉 스포츠 산업이란 스포츠를 만드는 산업이라는 것이다.

(1) 재미를 생산

2002년 FIFA 월드컵대회에서 대한민국은 신화를 창조했다. 바로 축구라는 스포츠 상품을 통해서이다. 축구뿐만 아니라 야구 및 농구도 스포츠 상품이다. 야구나 축구라는 상품이 있으면 이들 상품을 만들어내는 산업이 있다. 그렇다면 야구를 만들어내는 프로 야구 연맹이나 축구를 만들어내는 FIFA는 스포츠 산업에 속하게 된다. 그리고 프로야구 연맹이나 FIFA가 스포츠 산업이라는 점에 대해서는 누구도 의심을 하지 않는다. 또한 야구장의 이승엽, 축구장의 박지성, 김남일, 박주영 그리고 골프계의 최경주, 김미현 등은 스포츠 산업에 깊숙하게 개입하고 있을 것이라는 점에 대해서도 의심의 여지는 없다.

스포츠 산업에 대해 좀더 자세히 알아보기로 하자. 스포츠 산업을 이야기하기 전에 산업이 무엇인지에 대하여 알아볼 필요가 있다. 산업이란 일반적으로 '특정한 종류의 상품을 공급하는 기업 그룹'을 지칭한다. 그렇다면 스포츠 산업이란 앞에서 말한 산업의 정의에서 '특정한 종류의 상품'을 '스포츠 상품'으로 바꾸면 된다. 즉 스포츠 산업이란 '스포츠 상품을 공급하는 기업 그룹'을 지칭한다는 것이다.

'스포츠 상품'은 무엇인가? 일반적으로 산업 활동에서 상품이라 함은 자동차, TV 및 철강 등을 떠올리게 된다. 이들은 모두 사용가치가 있는 생산물이다. 그러니까 상품이란 사람들에게 사용가치를 제공하는 것을 의미한다. 그러면 스포츠에서 사용가치를 가지는 생산물이 스포츠 상품이 아닌가? 축구화나 테니스 라켓 그리고 헬스 기구 등이 바로 사용가치를 가지는 스포츠 상품이다. 그러면 스포츠 산업이란 이들 운동 용품 및 기구를 생산하는 기업집단을 지칭하는 것으로 생각할 수 있다. 과연 그런가?

그러나 유감스럽게도 스포츠 산업이 무엇인지 명쾌하게는 이해가 가지 않더라고 이러한 기업집단을 스포츠 산업으로 이해하기에는 뭔가 석연치 않은 기분이 든다. 특히 이러한 산업은 위에서 말한 이승엽이나 김남일 그리고 FIFA 월드컵 상품과는 커다란 거리감이 있기 때문이다. 축구화 산업을 현대 사회에서 이야기하는 스포츠 산업과 결부시키기에는 무엇인가 연결이 잘 안 되는 듯한 생각이 든다는 것이다.

실제로 한국 표준산업 분류에서는 축구화를 신발산업[1]에 테니스 라켓 및 헬스기구를 '가구 및 기타 제품 제조업'[2]으로 분류하고 있다. 신발산업이나 헬스기구 산업은 제조업의 특성으로 이해된다는 것이다. 제조업의 특성으로 이해된다는 것은 스포츠 마케팅이 아닌 일반 마케팅으로도 설명된다. 즉 스포츠 용품과 관련된 마케팅 흐름을 설명하기 위해 이 책이 필요한 것은 아니라는 의미이다.[3]

---

1) 구체적으로는 '기타 신발 제조업(19302)'에 속한다.
2) 구체적으로는 '기타 운동 및 경기용구 제조업(36939)'에 속한다.
3) 물론 스포츠 용품산업을 스포츠 산업의 범위에 포함시키는 국내외 연구들은 많다. 한국체육학회(2000), 일본 통산산업성정책국(1990), 原田(1999), Sandomir, R.(1988), A. Meek(1997), Ming Li et.al(2001) 등이 대표적인 연구들이다. 스포츠 용품업을 스포츠 산

그러면 스포츠 산업은 도대체 무엇이며, 어떠한 분류에서 찾아야 할 것인가? 이 문제를 풀기 위해서는 스포츠란 무엇인가?에 대해서 우선적으로 이야기되어야 한다. 이야기를 원점으로 돌려, 스포츠는 인간에게 무엇을 주는가? 이 문제에서부터 답을 만들어 보자.

우리가 가장 쉽게 생각할 수 있는 것은 스포츠가 건강을 가져다 주는 것이다. "… 스포츠는 기계화, 도시화, 고도 조직화 등에 의한 현대 생활의 과잉 스트레스나 만성적인 운동 부족에 대해 생리적인 대사를 촉진하고 … 심신 균형을 회복하고 … 성인병 예방 측면에서도 극히 중요하다." 우리는 굳이 이러한 문구를 떠올리지 않더라고 스포츠와 건강과의 관계에 대해서는 너무나도 잘 알고 있다.

그렇다면 스포츠 산업이란 인간에게 건강을 가져다 주는 산업, 즉 건강을 생산·공급하는 집단이라고 할 수 있다. 실제 스포츠를 통해 건강을 생산하는 집단들은 많다. 헬스클럽이 그렇다. 그런데 '박지성이 우리에게 건강을 가져다 주는가? 건강한 모습을 보여 줄지는 몰라도 건강을 가져다 주는 것은 아니다. 그는 2007 EPL 우승직전 부상으로 잔여경기를 결장했다. 뿐만 아니라 국내외 운동 선수들이 건강 이상으로 경기에 나서지 못하는 사례는 수없이 많다. 그렇다면 '건강 유지 기능'만으로서는 스포츠가 산업화되는 요인으로 볼 수 없다.

스포츠는 교육적인 측면에서도 중요한 위치를 차지한다. 2002년 한·일 월드컵 축구대회에서 대한민국 대표팀의 선전은 수백만 명의 시민들이 거리로 뛰쳐나와 열광적으로 응원하도록 했다. 특히 젊은 층들이 조국애의 일체감에 빠져들게 만들었다. 이렇듯 스포츠의 성공은 작게는 학교와 직장과 같은 조직에서부터 크게는 나라와 민족단위의 공동체를 하나로 묶는 대단한 위력을 발휘한다. 스포츠가 인간에게 단결의 중요성을 일깨워주는 높은 교육효과를 가지고 있다는 것이다.

또한 청소년 교육 측면에서도 스포츠는 커다란 의의를 가지고 있다.

업에 포함시켜도 틀린 의미는 아니다. 산업과 관련된 연구를 수행할 때, 연구자의 연구 목적에 따라 산업의 범위가 정해지는 것이 일반적이다. 따라서 스포츠 용품업에 대한 연구가 연구 목적에 포함될 경우 스포츠 용품업을 스포츠 산업에 포함하여 분석하게 된다.

뿐만 아니라 기업의 신입직원 연수 또는 직원 단합대회에서 반드시 등장하는 단골 메뉴가 체육대회이다. 그렇다면 스포츠 산업이란 인간에게 교육이라는 상품을 제공하는 기업 집단이라고 정의할 수 있다.

실제 기업이나 학교 등의 구성원들에게 스포츠를 통해 교육 사업을 하는 업자들도 많다. 스포츠의 교육기능이 산업이 되는 요소가 된다는 뜻이다. 그렇다면 교육을 끊임없이 재생산하는 것이 바로 스포츠 산업이다. 그런데 모든 스포츠에서 우리는 교육·학습적인 측면을 제공받는 것은 아니다. 어쩌면 스포츠의 교육기능은 극히 제한적이라고 할 수 있다. 교육기능으로도 스포츠가 산업으로 발전하는 요인으로는 충분한 설명이 되지 않는다는 의미이다.

스포츠가 가지는 또 다른 기능은 오락성이다. 신체를 움직이는 것에 대한 기쁨, 유쾌감, 충족감 등의 즐거움은 스포츠를 통해 순수하게 체험된다. 실제 직장 내 혹은 아파트 단지 내에서 테니스 게임을 즐기는 동호인들은 운동을 해서 건강해졌다는 것보다는 멋진 발리를 성공시켰을 때의 쾌감을 잊지 못해 다시 코트를 찾는다. 헬스클럽에서 운동을 한 후 근육기능이 종전보다 강화되었다는 생각보다는 팔뚝 근육이 전에 비해 얼마나 더 부풀어올랐는가에 대해 많은 관심을 가진다. 거울을 보고 계란처럼 튀어오른 이두박근을 보면서 쾌감을 느끼게 된다는 것이다.

또한 미국 NBA에서 '코비 브라이언트'의 환상적인 드리블과 슛, 2006년 독일 월드컵 축구대회에서 프랑스 지단'의 멋진 슛을 보면서도 즐거움을 만끽할 수 있다. 이러한 즐거움은 이천수, 김미현 그리고 이승엽의 활약에서 느낄 수 있는 즐거움·감동과도 유사하다. 그렇다면 이러한 오락성을 지속적으로 생산해내면 돈(사업)이 되지 않을까? 테니스 코트 또는 헬스클럽에서 재미있는 프로그램을 개발한다든지, 스포츠 단체 혹은 스포츠 연맹에서 재미있는 시합을 주선한다든지 하면서 말이다. 그러면 사람들이 계속해서 스포츠를 하거나 보게될 것이 아닌가? 그렇다. 스포츠 산업은 바로 여기서 출발했다.

한국 표준산업분류에는 스포츠 산업을 어떻게 분류하고 있을까? 앞에서 설명한 오락성을 염두에 두고 찾아보도록 하자.

한국 표준산업분류에는 대분류: 오락, 문화 및 운동관련 서비스업(87-88) → 중분류: 기타 오락, 문화 및 운동관련산업(88) → 소분류: 경기 및 오락 스포츠 산업(883)으로 표기되면서 스포츠 산업을 나타내고 있다.[4] 즉 스포츠 산업은 '재미'를 생산하는 오락적 기능에서 출발한 서비스산업이라고 한국 표준산업분류에서도 분명히 명기하고 있다.

결론을 내려보자. 스포츠는 크게 건강, 교육, 오락의 기능을 가진다.

해설 1-1 스포츠 산업 분류

2000년 1월 7일 새롭게 고시된 「한국 표준산업 신분류」에서는 본 분류 이외에 특수목적용으로 스포츠 산업을 규정하고 있다. 구체적으로는 '운동 및 경기용품 제조업', '경기 및 오락 스포츠업', 그리고 '운동 및 경기용품 유통 및 임대업' 등으로 구분되어 있다. 그러나 통계청에서도 밝히고 있는 바와 같이 이러한 분류는 이론상의 원칙보다는 행정기관의 요청을 토대로 작성되었다. 그리고 필요에 따라 보완이 가능하다고 언급함으로써 언제든지 바뀔 수 있음을 시사하고 있다. 따라서 통계청은 특수 목적용으로 분류된 스포츠 산업을 본 분류에 수록하지 않고 별책으로 통계청 홈페이지에만 게재하고 있다.

필자 생각으로는 이러한 산업분류를 '스포츠 산업'이라기보다는 '스포츠 및 스포츠관련 산업'이라고 이름을 붙이는 것이 바람직한 것으로 생각된다. 한편 이 책에서 언급하는 스포츠 산업에 대한 설명은 통계청 표준 산업분류의 본 분류 원칙을 지키고 있다. 「한국 표준 산업 분류」 본 분류에 따르면 스포츠 구단처럼 경기를 생산하는 업종과 참여 스포츠와 관련된 시설업을 스포츠 산업으로 분류하고 있다. 이 책에서 논의하는 마케팅은 스포츠와 관련된 시설업(참여 스포츠 업종)을 제외한 스포츠 구단처럼 경기를 생산하는 관람 스포츠 업종에 국한하고 있다.

이 책에서 스포츠 산업의 분류를 특수분류에 따르지 않고 본 분류에 따르고 있는 것은, 국내 금융 및 세제 지원 등 관련 제도가 본 분류에 의해 구분된 산업에 적용되기 때문이다.

---

4) 한편 프로 및 실업 경기단체는 88321로 분류하고 있다.

해설 1-2 스포츠 산업의 핵심, 재미

'98 한국여자프로골프 선수권대회에서 재미동포 '펄 신'은 TV 중계방송에서 해설을 맡았다. 이날 펄신은 대회가 끝난 후 베스트 드레서에 대한 시상을 맡기로 되어 있었다. 시합이 끝나기 전 캐스터와 펄신간의 대화를 옮겨보자.

캐스터: 대회가 끝난 후 펄신 선수가 베스트 드레서에 대한 시상을 맡으셨는데 골프(스포츠)에서 베스트 드레서는 어떠한 의미를 가집니까?

펄 신: 프로 스포츠 선수는 엔터테이너입니다. 즉 프로선수는 관중을 위하여 경기력뿐만 아니라 모든 면에서 즐거움을 줄 수 있도록 노력해야 합니다.

엔터테이너란 어떤 의미인가? 우리말로 하자면 '오락을 만드는 사람'이라는 뜻이다. 펄 신은 1998년 미국 LPGA 투어 스테이트 팜레일 클래식에서 우승한 재미동포 골퍼이다. 골프 실력이 뛰어날 뿐만 아니라 스포츠 산업이 어디에 바탕을 두고 있는지에 대해서도 잘 알고 있는 훌륭한 골프인이 아닌가 싶다.

건강 및 교육의 기능으로도 산업으로서의 역할을 하기도 한다. 예를 들면 헬스클럽은 기본적으로 건강을 제공하는 장소이다. 또한 최근 직장이나 학교를 위해 체육대회를 대행하는 회사가 생겨나기도 한다. 이는 스포츠의 건강이나 교육기능이 산업이 될 수 있다는 것을 의미한다. 그러나 헬스클럽에서의 운동에서 재미를 느끼지 못하거나 체육대회를 대행하는 회사의 프로그램이 즐거움 없이 딱딱하기만 한다면 사업이 제대로 진행되지 않는다. 즉 스포츠의 건강제공 기능이나 교육기능이 산업화되려면 오락적인 요소가 포함되어야 한다. 재미 자체를 생산하는 프로 스포츠가 산업이 된다는 것은 당연한 일이다. 결국 스포츠가 산업이 되도록 하는 것은 재미이다. 스포츠 산업이란 재미를 생산하는 서비스업종이라는 것이다.

(2) 참여 스포츠 산업과 관람 스포츠 산업

스포츠를 산업으로 발전시킨 요인은 '오락성,' 즉 '재미' 라고 설명했다. 이러한 '재미' 는 「하는 스포츠」에서도 그리고 「보는 스포츠」에서도 만들어진다. 즉 스포츠의 서비스 산업은 다시 「하는(참여) 스포츠 산업」과 「보는(관람) 스포츠 산업」으로 재분류된다는 의미이다. 「참여 스포츠」에 의한 산업은 골프연습장을 비롯하여 어머니, 누나들이 잘 다니는 피트니스클럽 또는 요즈음 급격히 유행하고 있는 길거리 농구 및 마라톤 대회를 연상하면 되고, 「관람 스포츠」에 의한 산업은 월드컵 축구대회나 올림픽 그리고 프로야구 및 프로축구를 연상하면 된다. 좀더 구체적으로 알아보기로 하자.

1) 참여 스포츠 산업

참여 스포츠 산업에는 많은 것들이 있다. 앞에서 언급한 적이 있는 휘트니스 클럽이나 실내 수영장처럼 실내 체육관에서 이루어지는 것이 있는가하면 학교 운동장이나 공설 운동장을 빌려 사업활동을 하는 것도 있다. 예를 들면 어린이 축구교실이 여기에 해당한다. 옥외 스포츠의 여러 시설을 갖춘 교외 클럽, 휴양지 및 해양 스포츠클럽 운영 등도 「참여 스포츠 산업」에 해당한다. 예를 들면 골프, 실외 테니스, 수영, 스키, 요트 및 모터보트, 스포츠를 주요 프로그램으로 갖는 콘도 및 리조트, 마라톤 및 인라인스케이트대회 개최 등이 대표적이다. 볼링, 당구, 실내 테니스, 라켓볼, 스쿼시 및 체조 클럽 등 상업 시설을 이용한 스포츠도 「참여 스포츠 산업」에서 벗어날 수 없다.

여가 활동 단체 및 프로그램의 운영 즉 산업체 레크리에이션, 회사 체력 프로그램 및 시설, 군 · 정부 · 지역사회의 공원 및 이들의 레크리에이션 프로그램도 「참여 스포츠 산업」이다. 이 밖에 스포츠 교육 캠프나 스포츠가 전체 캠프 활동의 주요 프로그램인 경우 그리고 YMCA, YWCA, 구청의 생활체육 교실, 사회체육 센터 등 준공공 클럽도 「참여 스포츠 산업」의 범위에 포함된다.

2) 관람 스포츠 산업

관람 스포츠에 대해서는 너무나 잘 알고 있을 것이다. 프로축구, 프로야구 그리고 프로농구 등이 국내에서는 대표적인 「관람 스포츠 산업」에 해당한다. 그리고 경마, 경륜, 자동차 레이스 등 트랙 경주와 테니스, 골프 등 개인적인 프로 스포츠 종목도 「관람 스포츠 산업」이다. 한편 올림픽은 아마추어 경기임에도 불구하고 「관람 스포츠 산업」에서 중요한 위치를 차지하고 있다.[5)]

(3) 관람 스포츠 산업의 특성: 참여 스포츠 산업과의 차이점

그런데 여기서 다음과 같은 의문을 가질 수 있다. 앞에서 스포츠 서비스업을 참여 스포츠 산업과 관람 스포츠 산업으로 나누었는데 그 이유 또는 목적이 무엇이냐고? 대답은 간단하다. 그러면서도 중요하다. 참여 스포츠와 관람 스포츠는 그 상품이 소비자에게 전달되는 유통 경로[6)]에서 커다란 차이를 보이고 있기 때문이다. 유통 경로에서 커다란 차이를 보인다는 것은 마케팅 전략에서도 차이가 난다는 의미이다.

참여 스포츠 산업과 관람 스포츠 산업을 구별하는 방법에 대해서는 〈표 1-1〉을 보면서 좀더 구체적으로 알아보기로 하자.

〈표 1-1〉에서 설명하고 있는 바와 같이 참여 스포츠 산업과 관람 스포츠 산업은 첫째, 소비자의 관여 형태에 차이가 난다. 말 그대로 참여 스포츠는 실제 참여하는 것이며 관람 스포츠는 보는 것이다. 이러한 설명은 단순한 듯 하지만 중요한 의미를 내포하고 있다. 참여 스포츠 산업의 스포츠 상품 생산과정에는 소비자(이용자)들이 적극적으로 가담한다. 예를 들어 수영장에서 이용자들이 수영을 하지 않으면 스포츠 서비스 상품은 제대로 생산되지 않는다는 것이다. 관람 스포츠에서도 소비자들은 생산과정에 가담

5) 그런데 관람 스포츠는 산업분류 기준에 따라 관련 업종들의 성격이 바뀌기도 한다. 여기에 대한 내용은 김화섭(2004), 「스포츠 경제학」을 참조하기 바란다.
6) 유통 경로에 대해서는 제 8 장에서 구체적으로 언급한다.

표 1-1 참여 스포츠 산업과 관람 스포츠 산업의 구분

	참여 스포츠 산업	관람 스포츠 산업
소비자의 생산 관여 정도	크다	상대적으로 작다
시장 형태	경쟁 시장	비경쟁(독점) 시장
고객 구조	단순	복잡
서비스 제공 수준	최적 < 최대	최적 = 최대

한다. 소비자(팬)들이 적극적인 관심을 가질 때 질 좋은 스포츠 상품(더욱 재미있는 경기)이 생산되는 것은 당연하다. 그러나 소비자들이 가담하지 않아도 스포츠 상품은 만들어진다. 예를 들어 야구장에 관중이 들어가지 않고 선수들만 있다 하더라도 경기라는 상품은 생산될 수 있다. 즉 관람 스포츠 산업에서 소비자들의 가담 정도는 참여 스포츠 산업에 비해 훨씬 낮다는 의미이다.

둘째, 이들 업종을 둘러싸고 있는 시장의 성격이 너무 다르다. 참여 스포츠의 경우 누구나 산업에 참여할 수 있다. 즉 돈이 있고 의지만 있으면 수영장이나 헬스클럽 사업에 뛰어들 수 있다는 것이다. 그러나 관람 스포츠의 경우 사업에 뛰어드는 데에는 제한이 많다. 돈이 있고 의지가 있다 하더라도 사업에 뛰어들기 어렵다. 국내 프로야구나 프로축구를 보라. 이러한 산업은 특정 지역에서 독점적으로 운영되고 있다. 이처럼 누구나 사업에 뛰어들 수 있는 시장을 경쟁시장이라고 하며, 시장 진입에 제한이 있는 시장을 비경쟁시장이라고 한다. 참여 스포츠 산업은 경쟁시장에 관람 스포츠 산업은 비경쟁시장에 둘러싸여 있다는 것이다.

셋째, 시장에서 구매자 역할을 하는 고객 구성에서 커다란 차이가 있다. 이는 참여 스포츠 산업과 관람 스포츠 산업을 구분하는 가장 중요한 요인이다. 마케팅이란 고객을 상대로 하는 것이며 참여 스포츠와 관람 스포츠에서 고객 구조가 다르다는 것은 마케팅 매커니즘 또한 다르다는 것을 의미한다. 참여 스포츠의 경우 일반 이용자들이 수요자의 대부분을 차지[7]하지만 관람 스포츠에서는 팬(참여 스포츠의 경우 이용자)뿐만 기업(스폰

7) 물론 프랜차이즈를 통해 수익을 올리기도 한다. 자기들만의 노-하우를 여타 업체에게 로

서)과 TV 방송국도 주요 고객으로 자리잡고 있다. 뒤에서도 반복 설명하겠지만 관람 스포츠 산업에서 스폰서나 TV 방송국은 매우 중요한 위치를 차지하고 있으며, 이들이 없이는 스포츠가 당당히 산업의 한자리를 차지하기란 불가능하다.

넷째, 고객에게 전달되는 최적의 서비스 제공 수준에서 차이가 있다. 참여 스포츠의 경우 최적의 서비스 제공 수준은 최대 서비스 제공 수준보다 낮다. 즉 골프연습장 고객들은 이용자들로 꽉 차있을 때(최대 서비스 제공 수준)보다 조금 빈자리가 있을 때(최적 서비스 제공 수준) 더 큰 만족을 느낀다는 것이다. 그러나 관람 스포츠의 경우 최적의 서비스 수준은 최대 서비스 수준과 일치한다. 프로 야구나 프로 농구의 경우 고객(팬)들은 관중석에 빈자리가 있을 때 보다 빈자리 없이 빽빽할 때 더 큰 만족을 느낀다. 팬들은 경기 자체에서 흥미를 느낄 뿐만 아니라 팬 상호간의 작용을 통해서 더욱 재미를 느끼게 된다. 이처럼 최적의 서비스 제공 수준이 다르다는 것은 스포츠 시장에서의 수요 · 공급 관리 전략에도 차이가 있다는 뜻이다.

결론적으로 이야기하면, 관람 스포츠 산업과 참여 스포츠 산업은 여러 측면에서 같지 않다. 특히 시장 고객 구조에서는 관람 스포츠가 참여 스포츠에 비해 훨씬 복잡하고 다양하다. 고객 구조가 다양하다는 것은 마케팅 전략 또한 다양하게 나타난다. 따라서 이 책에서는 이러한 점에 착안하여 시장 고객 구조가 다양한 관람 스포츠 산업을 중심으로 논의하기로 한다.

2. 스포츠 시장

앞에서 스포츠 산업이란 스포츠라는 상품을 만드는 집단이라고 했다. 그렇다면 스포츠 시장이란 무엇인가? 시장은 또 산업과는 어떻게 다른가? 시장 또한 산업과 마찬가지로 그렇게 복잡한 것은 아니다. 그냥 동대문 시장이나 남대문 시장을 연상하면 된다. 시장에는 물건을 파는 사람(공급자)이

얄티를 받고 제공하는 형태이다. 그러나 여기서 로얄티를 지불하는 업체를 고객이라기 보다는 유통 경로로 보는 것이 바람직하다. 자세한 내용은, 졸저(2002a) 참조하기 바란다.

있는가 하면 물건을 사는 사람(고객)도 있고 이들을 연결하는 상품도 있다. 따라서 스포츠 시장이란 스포츠라는 상품을 팔고 사는 행위가 벌어지는 곳이다. 이제 스포츠 시장의 구성요소인 스포츠 상품, 생산자(공급자), 고객의 순으로 알아보자.

(1) 스포츠 상품

스포츠산업에서는 재미를 생산한다고 했다. 그런데 이러한 재미는 다양한 형태로 포장되어 판매되고 있다. 스포츠 상품을 이야기하기 전에 상품의 개념에 대해 알아보자.

경제학 사전에는 상품에 대하여 다음과 같이 설명하고 있다.

> "일반적으로 상품이란 교환을 목적으로 생산되는 생산물을 의미한다. 생산물이 … 상품으로 되는 것은 상품생산이라는 독특한 사회조직 아래서 생산되기 때문이다. 상품생산하에서는 … 각종 생산자는 … 각각 특정의 생산물만을 독립적으로 생산하기 때문에 각각의 사람들이 모든 욕망을 충족시키기 위해서는 생산물이 서로 교환되지 않으면 안된다. … 사회적 분업과 생산수단의 사유를 기초로 … 여기서 생산물은 교환되는 생산물 즉 상품으로 된다…."

설명을 단순화하면 이렇다. "상품이란 사용가치와 교환가치를 동시에 가지는 것이다" 여기서 사용가치는 인간의 갖가지 욕망을 충족시키는 성질을 의미하며, 교환가치는 다른 상품과 교환될 수 있다는 것을 의미한다.

예를 들어 50만원으로 세탁기를 샀다고 하자. 세탁기에 빨래를 넣고 스위치를 누르기만 하면 몇 분 뒤 빨래가 깨끗해진다. 즉 손빨래에 비해 힘들이지 않고 세탁이 가능하다. 이 때 힘들이지 않고 빨래가 깨끗해지는 것이 세탁기가 가지는 사용가치에 해당한다. 한편 청소기의 가격도 50만원이라고 하면 세탁기와 청소기는 가격이 같은 셈이다. 세탁기를 사지 않았더라면 청소기를 살 수도 있다. 즉 세탁기가 청소기와 교환될 수 있는 것 이것이 바로 세탁기가 가지는 교환가치이다.

그렇다면 스포츠 상품이란 무엇인가? 위에서 설명한 상품의 정의("상품이란 사용가치와 교환가치를 동시에 가지는 것이다")에서 사용가치 라는 용어를 정보가치라는 용어로 바꾸면 될 것이다. "스포츠 상품이란 정보가치와 교환가치를 동시에 가지는 것이다" 이것이 바로 스포츠 상품의 정의가 된다.

그러면 정보가치란 무엇인가? 우리는 스포츠(관람 스포츠)를 직접 관전하거나 TV를 통해 보거나 신문을 통해 읽으면서 욕망을 충족시킨다. 이러한 의미에서 스포츠는 사용가치를 가진 상품이 아니고 정보가치를 가진 상품이라고 할 수 있다. 따라서 스포츠 상품이란 "정보가치가 상품가치로 인정되어 교환이 가능한 상품"으로 정의할 수 있다. 예를 들어 상암동 축구장에서 개최된 축구경기를 5,000원의 입장권을 사서 본다고 하자. 이 때 경기장에서 관람하는 즐거움은 정보 가치이며, 5,000원은 대가를 지불한 가치(교환 가치)인 셈이다.

스포츠 상품은 정보가치를 가진다고 했다. 그러면 이러한 정보가치가 거래될 때에는 어떠한 형태로 이루어지는가?

구체적인 예를 들어 설명해 보자. 정보물의 대표적인 형태는 서적이다. 대부분의 서적 맨 뒷부분에는 '판권 소유' 라는 글이 적혀 있다. 판권이란 '도서의 출판에 관한 이익을 점유하는 권리' 를 의미한다. 수년 전 베스트 셀러 「태백산맥」의 작가 '조정래' 와 출판사간 법정 공방을 벌인 적이 있다. 이 때 문제가 된 것은 '출판권' 에 관하여 서로 견해가 달랐기 때문이다. '권리' 가 문제가 된 것이다. 이러한 예는 정보물이 '권리' 라는 형태로 거래가 이루어진다는 것을 의미한다. 마찬가지로 정보가치를 지닌 스포츠 상품도 권리라는 형태로 거래가 이루어지는 경우가 많다. 스포츠 상품은 그 가치가 '권리' 라는 개념으로 거래 대상이 된다는 것이다.

앞에서도 이야기했지만 스포츠 상품을 필요로 하는 고객은 팬, TV 방송국 그리고 기업 등으로 구성되어 있다. 이들이 스포츠 상품을 수요하는 형태는 경기 관람, TV 중계 그리고 스폰서 등이다. 즉 팬은 경기를 관람할 권리를 구입하며, TV 방송국은 경기 중계방송 권리를 그리고 기업은 스포츠 상품을 이용하여 마케팅할 권리를 구입한다.

그런데 경기를 관람하거나 TV를 통해 보는 것은 정보가치를 가지는 것이 분명하나 스폰서가 정보가치를 가지느냐에 대해서는 의문을 가질 수 있다. 기업이 스포츠 경기 등에 스폰서로 참여하는 것은 스포츠를 광고[8]에 이용하기 위함이다. 스포츠를 이용하여 고객에게 정보를 제공한 다음 자기 상품에 대해 관심을 가지도록 한다는 것이다. 따라서 기업이 스포츠 상품에 스폰서로 참여하는 것도 정보가치를 구입하는 것으로 볼 수 있다.

스포츠가 권리를 바탕으로 거래된다는 점을 감안하여 스포츠 상품에 대해 간단히 설명하면 다음과 같다.

1) 경기와 관련된 스포츠 상품

여기에는 관람권을 비롯하여 경기 개최권(주최권 또는 흥행권이라고도 한다), TV 중계권 그리고 경기명칭 사용권(타이틀 스폰서) 등이 포함되어 있다. 또한 경기와 관련된 로고, 엠블렘,[9] 경기장 내 간판 등도 포함된다.

경기 개최권은 각 스포츠 단체가 소유하고 있다. 스포츠 단체가 경기 개최권을 방송국, 에이전시(광고 회사 혹은 이벤트 대행사) 등 제 3 자에게 일부 또는 전부를 위탁판매할 때 이러한 경기 개최권이라는 권리가 상품으로 둔갑한다.

2) 팀과 관련된 스포츠 상품

팀, 팀 이름(〈사례 1-1〉참조) 및 팀의 초상권을 포함하며, 팀의 로고 그리고 선수의 유니폼 광고도 여기에 해당한다. 유니폼 광고의 대표적인 사례는 EPL(잉글랜드 프리미어리그) 첼시의 '삼성전자' 광고이다.

---

8) 물론 광고에만 이용하는 것이 아니고 홍보, 판매촉진 등 프로모션에 이용된다. 자세한 내용은 제 8 장에서 다시 언급한다.

9) 로고 및 엠블렘 등의 스포츠 상품은 특정 기업에게 제작 · 판매할 수 있는 권리 형태로 거래된다. 이를 전문 용어로 라이센싱이라고 한다. 자세한 내용은 제20장에서 다시 설명한다.

사례 1-1 팀 이름이 상품이 되는 경우

현대자동차, 베이징궈안 스폰서 확정

현대자동차가 중국 프로축구의 명문 베이징궈안의 스폰서로 확정됐다. 9일 베이징궈안클럽의 리젠이(李健一) 이사장이 밝힌 데 따르면 쌍방이 핵심적인 부분에서 이미 협의를 마쳤고, 계약자체에 영향을 주지 않는 나머지 세부적인 문제들을 의논한 뒤 다음주께 정식으로 계약을 하게 된다.

베이징궈안과 계약을 한 곳은 지난해에 현대자동차와 베이징자동차가 합작설립한 베이징현대자동차회사로 계약조건은 3년간 8,800만 위안(약 132억원). 베이징현대자동차는 베이징궈안팀의 유니폼 전부에 대한 스폰서 권한을 갖게 되고 팀명도 올해부터 베이징현대자동차팀으로 바뀌게 된다.

9년간 줄곧 베이징궈안이라는 이름을 고수해 온 이 팀이 개명하게 된 데는 두 가지 이유가 있다. 하나는 중국축구협회에서 내년부터 실행하게 될 중국 슈퍼리그 참여구단의 자격으로 자산표준을 정해 놓고 이 부분은 구단의 모기업에서 제공하는 것이 아닌 반드시 구단의 자체경영 수입으로 해결해야 한다고 못박아 놓고 있기 때문이다.

두 번째는 현대자동차의 뒤에서 베이징시가 든든한 뒷받침 구실을 해 줬기 때문이다. 자동차산업은 베이징시에서 현재 실행 중인 경제구조 조정분야에서 가장 중요한 위치를 차지하는 업종으로 앞으로 현대자동차를 베이징시의 대표적인 브랜드로 키우겠다는 것이 베이징시 당국의 계획이다. 이 목표를 달성하기 위해 중국에서 가장 인기 있는 스포츠종목인 축구를 활용하는 것이 현대자동차의 지명도를 높이는 가장 효과적인 방법이기 때문이다.

〈스포츠 서울, 2003. 3. 11〉

※2006년 시즌 중반 본 계약은 종료되었다.

3) 선수와 관련된 스포츠 상품

선수 및 선수의 초상권 그리고 선수의 캐릭터 등이 포함된다. 선수가 상품이 되는 대표적인 경우는 어떤 선수가 다른 팀으로 트레이드될 때이다.

(2) 스포츠 상품 생산자

앞에서 스포츠 상품에 대해 언급했다. 그러면 이러한 스포츠 상품을 누가 만들어 내는가? 쉽게 말하면 스포츠라는 상품을 어떠한 회사(생산자)가 만들어 내는 것일까에 대한 해답이 필요하다.

예를 들어 보자. 자동차 회사에서 자동차가 생산될 때에는 철판, 타이어, 부속품을 비롯하여 생산시설 그리고 실제로 작업에 참여하는 근로자가 필요하다. 여기서 철판, 타이어, 부속품은 자동차가 생산된 후 다른 자동차를 생산하기 위해서는 또 다시 구입되어야 하는 소모품으로서 중간재라고 한다. 자동차가 생산되는 공장과 자동차 조립을 도와주는 공작기계라는 생산시설은 계속해서 다른 자동차를 조립하는 데 사용된다. 이를 자본재라고 부른다. 실제로 작업에 참여하는 근로자는 생산과정에서 노동을 제공하고 임금을 받는다. 여기서 언급된 중간재, 자본재 그리고 노동을 통틀어서 생산요소라고 부른다.

개인이나 기업 또는 정부기관 등은 효용을 증대시키는 여러 가지 활동을 한다. 이들 모두가 생산의 주체가 된다. 그러나 일반 경제학에서는 기업을 생산주체의 전형적인 것으로 본다. 즉 기업은 제품이나 서비스를 생산하는 경영체라는 것이다.

생산이 기업에 의하여 이루어진다고 할 때 생산의 동기는 무엇인가? 기업의 목표는 이윤의 극대화에 있다. 이러한 이야기는 누구나 수긍하는 상식으로 받아들여지고 있다. 즉 자동차가 자동차를 만드는 이유는 돈을 많이 벌기 위해서이다. 다시 한번 정리하면, 생산이란 기업이 생산요소를 투입하여 이윤 극대화를 추구하는 행동이라고 할 수 있다.

이제 스포츠 산업에서 상품이 생산되는 경우를 알아보자. 원주 치악경기장에서 프로농구 원주 동부 프로미와 대구 오리온즈 간의 경기가 열린다고 가정을 해보자. 여기서 경기는 상품이다. 즉 위에서 언급한 자동차에 해당된다. 경기를 만드는 데 필요한 것은 어떠한 것들인가? 선수가 있어야 하고 경기장이 있어야 한다. 그리고 농구공이 필요하다. 또한 공정한 경기를 위해서는 심판이 존재해야 한다.

경기라는 상품을 만들 때 선수와 심판은 노동을 제공한다. 선수는 노동을 제공하고 연봉을, 심판은 수당[10)]을 받는다. 이러한 연봉과 수당이 앞에서 말한 임금에 해당한다. 경기장은 경기라는 상품이 만들어지는 곳으로서 자본재에 해당한다. 농구공은 어떠한 역할을 하는가? 한 경기에 사용된 공이 다음 시합에 또 사용된다면 자본재에 해당한다. 그러나 이러한 경우는 거의 없다. 다음 시합에서는 다른 공이 사용되기 때문이다. 이러한 의미에서 농구공은 중간재에 해당한다. 그렇다면 선수, 심판, 경기장, 축구공을 통틀어서 생산요소가 된다.

프로농구 연맹, 원주 동부 프로미 구단 그리고 대구 동양 구단은 생산주체가 되며, 이들 생산 주체는 관중 수입, TV 중계료 수입, 대회 타이틀 스폰서 등을 통해 이윤 극대화를 도모한다. 결국 스포츠 산업에서 생산자란 스포츠 단체, 협회, 연맹 또는 팀 등을 의미한다.[11)]

한편 경기라는 스포츠 상품이 만들어질 때 선수는 근로자가 되지만 경우에 따라서는 스포츠 상품 생산자(생산주체)가 되기도 한다. 예를 들어 김미현이 기업의 광고모델로 나서는 경우가 여기에 해당한다. 즉 선수가 연봉, 상금 등과 관련이 있을 때에는 근로자가 되며 엔도스먼트, 캐릭터 사

표 1-2 자동차와 농구경기 생산

			자 동 차	농구경기
생산요소	노 동		근로자	선수, 심판
	자본	중간재	철판, 타이어 등	농구공(경기용품)
		자본재	공장, 공작기계	경기장(경기시설)
생 산 주 체			자동차 회사	프로농구연맹, 구단
생 산 동 기			이윤 극대화	이윤 극대화

자료: 김화섭(1999a), p. 8.

10) 심판이 스포츠 단체의 전임 직원인 경우에는 월급을 받을 수도 있다.
11) 한편 스포츠 상품의 생산과 관련된 원리 및 특성 등에 대한 자세한 내용은 졸저(2004), pp. 182~228을 참조하기 바란다.

업 등과 관련이 있을 때에는 스포츠 상품 생산자가 된다.[12)]

그런데 이러한 생산자들에 대한 설명은 여기서 처음 언급하는 것은 아니다. 앞에서 스포츠 산업이란 스포츠 상품을 만들어 공급하는 집단이라고 이야기한 적이 있다. 그렇다면 방금 설명한 생산자와 산업은 같은 개념에 해당한다. 즉 스포츠 산업은 스포츠 시장의 일부분이라는 것이다.

(3) 스포츠 시장의 고객구조

스포츠 상품에 대해 설명했으며, 이들 상품을 만들어 파는 공급자(생산자)에 대해서도 언급했다. 이제 스포츠 상품을 필요로 하는 고객(수요자)에 대해 설명해보자.

1) 팬

대표적인 스포츠 상품은 '경기' 라고 앞에서 이야기 한 적이 있다. 그렇다면 우선적으로 생각할 수 있는 스포츠 상품 수요자는 '팬 '이다. 어떤 팬들은 경기를 보면서 감동을 느낄 것이며 어떤 팬들은 스포츠 경기를 일상생활과 비교해 보려고 할 것이며 심지어 어떤 팬들은 경기를 보면서 스트레스를 풀기도 한다. 즉 팬들은 재미를 맛보기 위해 경기를 보게(수요) 된다는 것이다.

이러한 팬들은 입장료라는 대금을 스포츠단체(스포츠 상품 생산자)에 지불하고 경기입장권이라는 스포츠 상품을 구입한다.

2) 기 업

팬뿐만 아니라 기업들도 스포츠 상품의 주요 고객으로 자리잡고 있다. 일반 기업은 하나의 상품을 만들기 위해 여러 종류의 원자재 및 부품 등을 필요로 한다. 앞에서도 언급했지만 자동차 회사가 철판을 구입하는 이유는 철판을 이용해 다른 상품, 즉 자동차로 만들어 팔기 위한 것이다. 그런데 이러한 기업이 스포츠 상품을 구입하는 주요 이유는 스포츠 그 자체를 상

12) 여기에 대한 자세한 내용은 졸저(1999b), pp. 98~101을 참조하기 바란다.

품화하기 위한 것이 아니다.[13] 기업은 스포츠 상품을 구입하여 자기 회사 제품(또는 서비스)을 광고하거나 홍보하는 데 이용한다. 2007년 국내 프로야구 대회명칭이 「삼성 PAVV」로 이름 지어진 것과 K 통신회사가 슈퍼땅콩 김미현을 후원하는 행위가 여기에 해당한다.

한편 기업은 스포츠 상품을 구입하는 대가로 스폰서료 또는 광고 모델료 등을 스포츠 상품 생산자에게 지불한다.[14]

3) TV 방송국(미디어)

근대 스포츠 산업에서 미디어는 중요한 역할은 한다. 결론적으로 언급하면 스포츠 생산자에 많은 자금을 공급하기 때문이다. 미디어가 스포츠에 자금을 공급한다는 것을 역으로 해석하면, 스포츠가 미디어 운영 및 미디어의 수익구조에 커다란 영향을 미치고 있다는 것을 의미한다. 즉 TV 방송국을 비롯한 미디어는 스포츠를 필요로 한다는 것이다. 따라서 TV 방송국을 비롯한 미디어는 스포츠 상품의 주요 고객이 된다. 최근 올림픽이나 월드컵 축구 대회 등 초대형 스포츠 이벤트의 중계 방송료가 천정부지로 치솟는 것도 이를 뒷받침하고 있다.

한편 인터넷이 발달하고 디지털 방송시대가 도래함에 따라 미디어의 스포츠 상품에 대한 수요는 더욱 늘어날 것으로 보인다.[15]

4) 소 결

〈그림 1-1〉은 지금까지 설명한 스포츠 시장에서의 고객구조를 나타내고 있다. 이 그림에서 실선은 스포츠 상품의 흐름을, 점선은 스포츠 상품 구입에 대한 대가의 흐름을 보이고 있다.

팬은 스포츠 상품을 직접 구입 소비하기도 하고 TV 방송국의 통해 가

13) 물론 기업이 선수의 캐릭터 등을 제작 · 판매하는 경우에는 기업이 스포츠 자체를 상품화한 것이다. 이러한 경우에도 기업이 스포츠 상품 생산자(스포츠 단체 등)로부터 상품화권(라이센싱)이라는 권리를 구입하게 된다. 자세한 내용은 제19장에서 설명한다.

14) 기업과 스포츠 상품과의 관계에 대해서는 제19장 기업을 상대로 한 마케팅 전략에서 자세히 언급한다.

15) 스포츠 상품과 TV 방송국과의 관계 그리고 현대 스포츠에서 TV중계료의 위치 등에 대해서는 제 3 부에서 자세히 언급한다.

그림 1-1 스포츠 시장에서의 고객구조

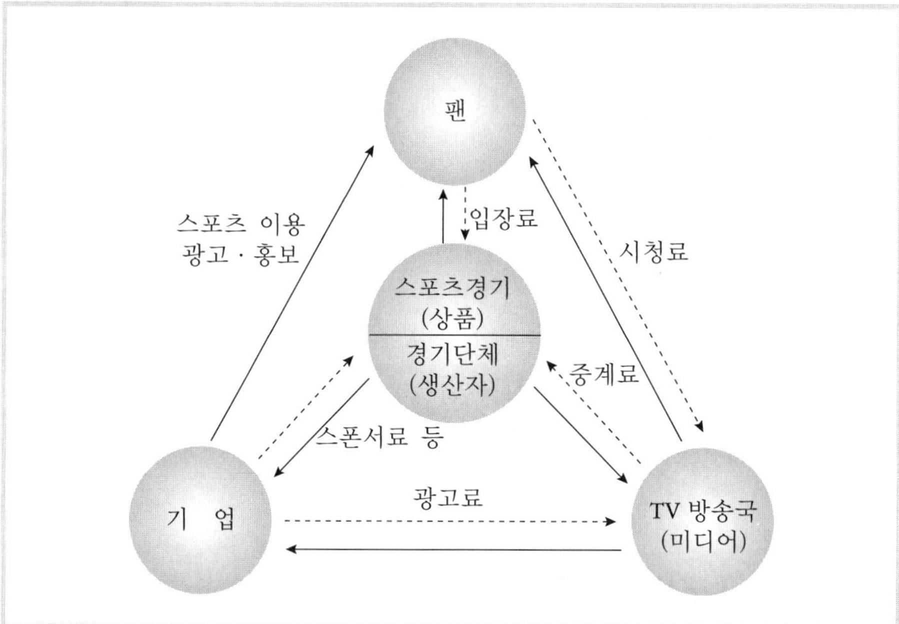

주: 실선은 스포츠 상품의 흐름을, 점선은 상품 구입에 대한 대가를 의미.

공[16]된 상품을 구입 · 소비하기도 한다. 경기장에 가서 경기를 관전하는 경우가 직접 구입 · 소비에 해당한다. 여기에는 입장료라는 상품 구입비가 필요하다. 한편 시간적 · 공간적 제약 때문에 집에서 TV를 통해 경기를 관람하는 경우는 가공된 상품의 구입 · 소비에 해당하며 TV 시청료 안에 구입비가 포함되어 있다.

기업도 팬과 마찬가지로 스포츠 상품을 직접 또는 가공된 형태로 구입 · 소비한다. 그러나 상품 구입에 따른 비용 지불형태는 팬이 지불하는 형태와 큰 차이를 보이고 있다. 기업의 직접 구입비는 스폰서료 등의 형태로 나타나며, 가공 상품의 구입비는 광고료 등의 형태로 지불된다.

TV 방송국은 팬으로부터 시청료라는 형태로 그리고 기업으로부터는 광고료 라는 형태로 스포츠 상품에 대한 판매비용을 받게 된다. 그러나 팬이

16) 스포츠 상품은 TV 방송국을 통해 가공된다. 여기에 대한 자세한 설명은 제17장을 참조하기 바란다.

나 기업에게 스포츠 상품을 판매하기 전에 스포츠 단체(생산자)에게 TV 중계료를 지불하고 스포츠 상품을 구입한다. 결국 스포츠 시장에서 고객은 팬뿐만 아니라 기업 및 TV 방송국도 주요한 고객으로 자리잡고 있다는 것이다. 따라서 이들을 스포츠 시장의 3대 고객이라고 한다.

한편 이들 고객 가운데에는 팬이 가장 중요한 위치를 차지하고 있다. 기업이 스포츠 상품을 구입하는 이유는 팬(일반 소비자)을 상대로 자기 회사 제품을 마케팅하기 위함이며 TV 방송국이 스포츠 경기를 중계 방송하는 이유도 팬(일반 시청자)을 상대로 시청률을 높이기 위함이다. 다시 말하면 스포츠 경기에 '재미'가 없으면 팬이 스포츠 경기에 관심을 가지지 않으며 팬이 스포츠 경기에 관심을 가지지 않으면 기업도 그리고 TV 방송국도 스포츠 상품을 구입할 이유가 없다는 것이다.

3. 스포츠 시장과 스포츠 마케팅

(1) 스포츠 산업 · 시장 · 마케팅간 상호 관계

지금까지 언급한 내용을 〈그림〉은 통해 간단하게 설명해 보자. 산업이란 생산활동을 의미한다. 〈그림 1-2〉에서 산업의 영역이 표시되어 있다. 산업이 생산활동을 의미하는 바 생산되는 것은 상품이다. 〈그림 1-2〉에서 산업을 나타내는 동그라미 안에 상품이 작은 동그라미로 표시되어 있는 것이 이를 나타내고 있다. 이러한 상품을 필요로 하는 집단들을 전문용어로 수요자(고객)라고 한다. 〈그림 1-2〉에서 수요자(고객) 집단이 별도의 동그라미로 표시되어 있다.

생산자가 있고 상품이 있고 수요자가 있는 곳 우리는 이러한 곳을 시장이라고 한다. 즉 시장이란 생산자(산업), 상품 및 고객 모두를 포함하고 있다. 다시 말하면 산업이 생산활동을 중심으로 정의된 개념이라면 시장은 생산활동(공급자)과 수요자 모두를 반영하는 개념이다. 〈그림 1-2〉에서 큰 동그라미로 표시된 부분이 시장을 나타낸다. 이러한 시장을 영어로 표기하

그림 1-2 스포츠 산업 · 시장 · 마케팅간 상호 관계

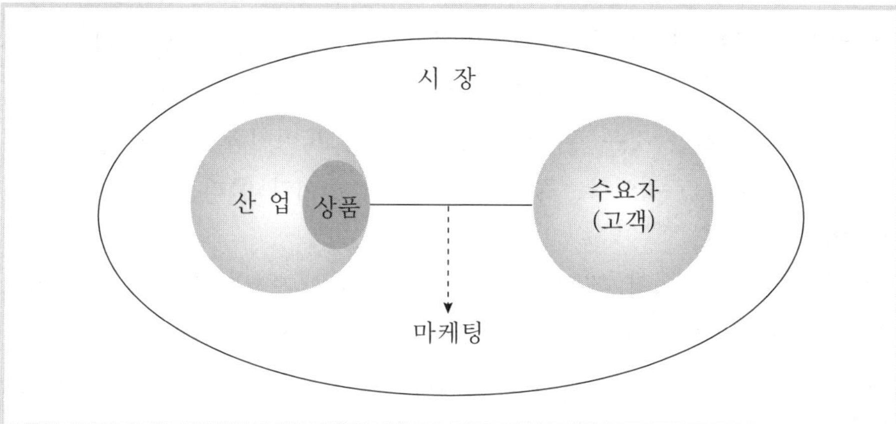

면 Market이다.

그러면 마케팅이란 무엇인가? 또 영어로 표시해보자. 마케팅을 영어로 표시하면 Marketing이다. 이는 Market+ing로 되어 있다. 시장이 ing한다는 뜻이다. 시장에서 ing라는 말을 사용할 수 있는 것은 거래이다. 즉 생산자와 수요자간의 거래이다. 〈그림 1-2〉에서 생산자(산업)와 수요자(고객)간 직선으로 표시되어 있는데 이것이 바로 마케팅이다. 따라서 마케팅 전략이란 〈그림 1-2〉에서 마케팅이 잘 이루어지도록(거래가 잘 이루어지도록) 구사하는 온갖 작전이라고 보면 된다.

(2) 스포츠 시장에서 마케팅 필요성

시장에는 자기 기업(스포츠 단체 및 구단)만이 존재하는 것은 아니라 다수의 기업이 존재한다. 그리고 이들 기업들은 치열한 경쟁을 벌인다. 기업들이 경쟁을 벌이는 이유는 다른 기업들보다 우위에 서서 보다 많은 이익을 내려고 하기 때문이다. 이러한 경쟁은 산업 발전의 원동력이 된다.

예를 들어보자. IMF 관리 경제 이후 정부는 대기업 그룹 내 부당 내부거래를 엄격히 규제하겠다고 공언한 적이 있다. 언뜻 생각하면 같은 식구끼리 유리한 조건으로 거래하는 것이 왜 문제가 되는가라고 반문할 수도

있다. 그러나 이처럼 유리한 조건으로 식구끼리 이루어지는 거래는 경쟁을 회피하려는 수단이다. 경쟁을 회피하는 것은 눈앞의 이익은 챙길 수 있으나 장기적으로는 게으름과 나태로 연결될 수 있다. 기술 개발 노력에 소홀하여 산업발전을 기대하기 어렵다는 의미이다. 즉 그룹 내 기업의 부당 내부 거래를 규제하는 것은 정정당당하게 경쟁하고 이러한 경쟁을 통해 기업 발전을 추구하라는 것이다. 경쟁이 자본주의 꽃이라 불리는 것도 바로 이 때문이다.

시장에서는 기업간 경쟁이 치열하고 기업이 경쟁에서 살아 남으려면 다른 경쟁회사와는 차별화된 경쟁 전략이 필요하다. 이러한 경쟁 전략 가운데 가장 일반화된 것이 기술 수준이다. 그런데 기술 수준이 뛰어나다고 해서 반드시 시장에서 우위를 차지할 수 있는 것은 아니다. 기술이 뛰어나다는 것을 알려야 한다. 기술이 뛰어나다는 것을 수요자들이 알지 못하면 상품이 팔리지 않는다는 이야기이다. 기술이 뛰어나고 상품이 우수하다는 것을 알리려면 광고도 하고 홍보도 하고 또 다른 각종 방법을 이용한다. 광고나 홍보를 하는 방법에도 TV를 통하는 방법 잡지를 통하는 방법 인터넷을 통하는 방법 등 여러 가지가 있다. 심지어 아줌마 부대가 동원되기도 한다. 바로 이러한 전략이 마케팅의 일부이다. 시장에서 경쟁 우위를 차지하는 데에는 마케팅도 중요한 위치를 차지한다는 것이다.

스포츠 시장에서도 참여 스포츠 산업은 참여 스포츠 산업대로 관람 스포츠 산업은 관람 스포츠 산업 대로 수많은 경쟁자들과 싸워야 한다. 특히 관람 스포츠에서는 여타 종목이 경쟁자가 될 수도 있다. 이에 따라 국내외를 막론하고 스포츠 구단의 마케팅 전략은 날이 갈수록 다양해지고 세련되어가고 있다.

그런데 스포츠 업계의 경쟁자는 스포츠 시장에만 존재하는 것이 아니다. 스포츠 산업에서 생산되는 상품은 '재미'에 바탕을 두고 있다고 언급한 적이 있다. 이러한 '재미'를 상품으로 내세우는 산업은 스포츠뿐만 아니라 영화, 음악, 연극 심지어 사이버오락에 이르기까지 매우 다양하다. 다시 말하면 시장에 있는 각 소비자의 돈과 시간은 한정되어 있으므로 소비자가 지출할 수 있는 모든 돈의 사용처는 시장에서 서로 경쟁관계에 있다고 할 수 있다. 특히 PC를 통한 사이버 오락이 스포츠 산업의 강력한 라이벌로 대두된 것은 이미 오래전의 일이다. 2002년 6월 월드컵 축구대회 열풍이 전국을 강타할 때에도 사이버 오락은 전혀 흔들림 없이 강세를 유지하기도 했다(〈사례 1-2〉 참조).

결론을 내려보자. 스포츠 기업은 스포츠 기업간 경쟁뿐만 아니라 여타

사례 1-2 **사이버 오락의 경쟁력**

「KPGA 2차 리그」 월드컵만큼 뜨거웠던 스타크래프트

지난 22일 클래식 음악 공연장인 서울 양재동 한전아츠풀은 붉은 악마 복장을 한 사람들로 가득차 있었다. 하지만 이들에게 월드컵 8강전은 부차적인 눈요기거리. 1000여 명의 관객들은 축구 경기가 끝난 직후 실시될 스타크래프트 대회 '2002 KPGA 투어 2차 리그'의 결승전을 보기 위해 모여든 게임 팬들이었다.

이 날은 '폭풍 저그' 홍진호(20) 선수와 '테란의 황태자' 이윤열(18) 선수가 1위 자리를 놓고 대결을 벌이는 날이었다. 두 선수는 결승전에 앞서 팬들과 '대~한민국'을 외치며 한국 대 스페인전을 관람했다. 홍 선수는 자신을 공격 위주의 경기를 펼치는 안정환 선수에 비유했고, 이 선수는 경기가 시작되면 평소와 달리 진지해지는 홍명보 선수를 좋아한다고 했다.

오후 7시 시작된 결승전은 축구 경기만큼 흥미진진했다. 관객들은 5전 3승제의 경기가 선배인 홍진호 선수의 일방적인 승리로 끝나지 않을까 기대했다. 1차전은 홍 선수의 압박 플레이로 불과 10분만에 끝났다. 2차전에서는 30분이 넘는 긴 혈투 끝에 홍 선수의 저그(스타크래프트에 나오는 종족)가 이윤열 선수의 테란을 물리쳤다. 하지만 3차전에서 홍 선수는 이 선수에게 밀리며 결국 GG(Good Game: 항복을 의미)를 선언했다. 4차, 5차전 모두 홍 선수는 GG를 선언하고 말았다.

……(중략) 이윤열 선수는 "앞으로 열릴 경기에서도 계속 1위를 차지하겠다"며 자신감을 내비쳤고, 홍진호 선수는 "이번에도 또 준우승 컴플렉스를 극복하지 못해 아쉽다"며 고개를 떨궜다.

〈조선일보, 2002. 6. 24〉

분야 기업과도 경쟁을 벌여야 한다. 따라서 시장에서 살아남으려면 다른 경쟁자와는 차별화된 마케팅 전략이 필요하다. 즉 스포츠 산업에서도 다른 산업에서와 마찬가지로 마케팅 전략은 필수적으로 존재한다는 의미이다. 이 책의 집필 목적이 시장에서 경쟁 우위에 설 수 있는 방법을 파악하는 것이라고 해도 과언이 아니다.

♠ 연습 · 토의문제

- 스포츠 시장에는 어떠한 종류의 고객들이 있는지를 이야기해 봅시다. 그리고 이러한 고객들은 서로 어떠한 관계를 맺고 있는 지에 대해서도 알아봅시다.
- 스포츠 시장에는 스포츠 상품이 있으며, 상품을 생산하는 산업 그리고 상품을 소비하는 고객이 있습니다. 스포츠 시장, 스포츠 산업, 스포츠 상품, 고객 그리고 스포츠 마케팅과의 관계를 그림을 통해 파악해 봅시다.
- 최근 마라톤 경기와 같이 팬들이 관람을 통해 즐기기도 하고 직접 참여하여 즐기기도 하는 이벤트가 늘어나고 있습니다. 이러한 대형 스포츠 이벤트는 관람 스포츠로 보아야 하나요 아니면 참여 스포츠로 보아야 하나요?

제 2 장

스포츠 마케팅과 스포츠 에이전트

현대 스포츠 마케팅에서는 상품 생산자(스포츠관련 권리 소유자)들이 직접 비지니스에 참여하지 않고 에이전트를 두는 경우가 있다. 그리고 이러한 경우는 점차 늘어나고 있다. 에이전트는 권리소유자의 위탁으로 스포츠 마케팅에 참여하게 된다. 제 2 장에서는 이러한 스포츠 마케팅 담당자인 에이전트에 대해 이야기해 보자.

1. 스포츠 마케팅의 의미

(1) 스포츠 자체의 마케팅

제 1 장에서 스포츠 마케팅이란 시장에서 생산자와 수요자를 연결하는 거래가 잘 이루어지도록 하는 것이라고 했다. 이제 이러한 스포츠 마케팅에 대해 좀 더 구체적으로 살펴보자.

국내에서 스포츠 마케팅이라는 용어는 1998년 박세리가 미국 LPGA에서 첫 우승했을 무렵부터 언론을 통해 집중적으로 나타났다. 그러면서도 당시 박세리를 스폰서한 S기업[1)]이 스포츠 마케팅에 성공한 사례로 꼽혔다. 그로부터 4년 후 월드컵 축구대회가 대한민국에서 개최된 2002년에는 스포

1) 이 기업과 박세리와의 관계는 2002년 일단 마감되었다.

츠 마케팅이라는 용어가 언론뿐만 아니라 일반인들 사이에서도 자주 회자되었다. 스포츠 마케팅과 관련된 기업도 어렵지 않게 볼 수 있었다. 축구경기장에는 코카콜라, 아디다스 등 세계적 다국적기업들의 간판이 있었으며, 현대자동차, KT 등 한국기업의 광고간판도 있었다. 이들은 모두 스포츠 마케팅과 관련이 있는 기업들이다.

또 있다. 대부분의 경기에서 빈 좌석이 많다는 지적에서도 스포츠 마케팅이라는 용어가 나왔다. 대회 당시 FIFA를 대행해서 해외 입장권 판매를 담당한 B 회사가 스포츠 마케팅에 미숙했기 때문에 발생한 것이라고 보도되기도 했다. 축구 대회가 끝난 다음 국내 축구 리그에 관중들이 폭발적으로 증가했으며 각 구단들은 관중 동원 및 유지 전략(스포츠 마케팅)에 골머리를 앓기도 했다.

지금까지의 스포츠 마케팅 사례를 자세히 보면 모두가 같지 않다는 것을 알 수 있다. 스포츠가 거래대상인 분야가 있는가 하면, 스포츠가 이용대상인 분야도 있다. 입장권 판매 또는 관중동원과 관련해서는 축구 그 자체가 거래 대상이다. 경기장에 광고 간판을 세우는 코카콜라, 아디다스 등의 기업은 전 세계 축구 팬들에게 자기 상품을 더 많이 알리거나 팔리도록 노력한다. 여기서 축구는 이들 기업의 이용 대상이 된다. 그렇다면 스포츠 마케팅이란 어떤 것을 두고 이야기하는 것일까? 스포츠가 거래되는 것? 아니면 스포츠가 마케팅 수단이 되는 것?

어렵지 않다. 둘 다 스포츠 마케팅이다. 그렇다고 해서 의미까지 같지는 않다. 정확하게 표현하면 스포츠가 거래대상이 되는 것을 스포츠 자체의 마케팅(Marketing of Sports)이라고 하며, 스포츠가 이용대상이 되는 것을 스포츠를 통한 마케팅(Marketing through Sports)이라고 한다. 통상 이들 모두를 스포츠 마케팅이라고 한다. FIFA의 입장권 판매 전략 그리고 국내 프로스포츠의 관중 동원 전략은 스포츠 자체의 마케팅이며, 1998년 S기업의 박세리 이용, 코카콜라 및 아디다스의 월드컵 축구 이용 등은 스포츠를 통한 마케팅인 것이다.

그러면 스포츠 자체의 마케팅과 스포츠를 통한 마케팅간에는 어떠한 관계가 있을까? 코카콜라를 예로 들어 보자. 코카콜라는 경기장에 광고간판을 세우고 월드컵 축구대회 로고를 사용하기 위해 FIFA측에 이른바 스폰서라는 명목으로 많은 비용을 지불했다. 여기서 FIFA는 코카콜라를 상대로 스포츠 자체의 마케팅을 한다. 왜냐하면 FIFA와 코카콜라간에는 스포츠 그 자체(축구)가 거래대상이었기 때문이다. 코카콜라는 FIFA로부터 구입한 축구(광고권 및 로고 사용권)를 이용해 일반인(팬)들을 상대로 마케팅(스포츠를 통한 마케팅)을 한다. 그런데 여기서 스포츠를 통한 마케팅은 스포츠 자체의 마케팅이 없이는 나타나지 않는다는 것을 알 수 있다. 즉 스포츠 자체의 마케팅과 스포츠를 통한 마케팅은 불가분의 관계라는 것이다.

그런데 스포츠를 통한 마케팅은 일반 마케팅 논리를 통해서도 설명이 가능하다. 예를 들어 박찬호라는 스포츠 스타를 광고 모델로 내세워 회사 제품을 판촉하는 것과 보아라는 가수를 광고 모델로 내세워 판촉 활동을 하는 것은 그 효과 면에서 분명히 차이가 있을 것이다. 그러나 그 형태나 성격 그리고 방법 등에서는 '박찬호 이용'이나 '보아 이용'간에는 큰 차이가 없다. 특히 스포츠 상품의 수요자가 팬인 경우에는 '스포츠 자체의 마케팅'은 그 자체로서 성립할 수 있지만 '스포츠를 통한 마케팅'은 그 자체로서 성립하기 어렵다. 스포츠 팬인 일반인이 스포츠 상품을 이용하여 마케팅 활동을 할 까닭이 없기 때문이다. 스포츠 팬이 스포츠를 이용하여 마케팅을 하게되면 더 이상 팬이 아니라 기업이 된다. 결국 '스포츠를 통한 마케팅'보다는 '스포츠 자체의 마케팅'이 스포츠가 지니는 고유한 특징과 성격을 더 잘 반영한다고 볼 수 있다. 이에 따라 이 책에서는 스포츠 마케팅이라는 개념을 '스포츠 자체의 마케팅'으로 좁혀 이야기하고자 한다.

한편 〈그림 1-2〉를 통해 설명한 스포츠 산업 · 시장 · 스포츠 마케팅간의 관계도 '스포츠 자체의 마케팅'을 설명한 것이다.

(2) 현대적 마케팅

이야기 방향을 바꾸어 제품 마케팅에 대해 설명해 보자. 아직도 마케팅이란 판매나 광고의 새로운 이름 정도로 인식되는 경우가 많다. 마케팅이란 그렇게 간단한 것이 아니다. 결론적으로 말하면 마케팅이란 무엇을 생산할 것인가를 생각하는 생산 이전 활동에서부터 판매 후 활동까지를 포괄하는 매우 광범위한 활동이다. 즉 교환이 원활하게 이루어지도록 하는 것이라면 모두가 마케팅이라는 것이다. 따라서 판매행위는 마케팅이라는 빙산의 극히 일부분에 불과하다.

이제부터 마케팅에 대해서 자세히 설명하면서 아울러 스포츠 마케팅 개념을 이해하도록 해보자.

1960년 미국 마케팅 협회(AMA: The American Marketing Association)는 마케팅에 대하여 다음과 같이 정의한 바 있다.

> "Marketing is the performance of business activities that direct the flow of goods and services from producer to consumer or user(마케팅이란 생산자로부터 소비자 또는 사용자에게 상품 및 서비스를 유통시키는 모든 기업활동의 수행이다)."

이러한 정의에서 볼 때 마케팅이란 단순히 판매나 유통에 중점을 두고 있다. 이를 전문용어로 [판매 지향적 마케팅]이라고 한다. 이러한 정의는 80년대 중반까지 정설로 받아들여졌다.

이를 스포츠 마케팅에 적용시키면, "스포츠 마케팅이란 경기라는 상품을 많이 유통시키는 데 집중적인 관심을 가지는 것"으로 해석할 수 있을 것이다. 말하자면 경기장에서 생산된 상품을 생산하여 판매하는 것이 바로 마케팅이다.

그런데 이러한 개념을 스포츠 마케팅으로 받아들이기에는 무언가 석연치 않은 느낌이 든다. 스포츠에 관심을 조금이라도 가지는 사람은 누구나 "팬을 위한 경기…"를 운운한다. '판매 및 유통'에 중점을 두는 것은 경기단체 또는 경기자의 입장을 반영하는 것으로서 '팬'을 위한 스포츠 마케팅과는 거리가 있다는 것이다.

근·현대에 들어서서 제품 마케팅에 대한 개념도 크게 바뀌었다. 고도 대중소비사회로 들어선 현대사회에 있어서 마케팅이란 앞에서 말한 정의에서 한 걸음 더 나아가 "고객과 고객의 만족감을 창조하고 고객 생활의 질을 높이기 위해, 그리고 건전한 소비문화와 생활문화를 창조·보급하는 고객에 대한 활동"으로 이해되고 있다. 이를 전문용어로 [고객지향 마케팅]이라고 한다.

1985년 AMA는 다음과 같이 마케팅 정의를 새롭게 발표하여 이를 뒷받침하고 있다.

> "Marketing is the process of planning and executing the conception, pricing, promotion, and distribution of ideas, goods, and services to creat exchanges that satisfy individual and organizational objectives(마케팅이란 개인이나 조직의 모든 목적 달성과 욕구충족을 가능케 하는 교환을 창출하기 위하여 아이디어 재화 및 서비스의 개념화, 제품화, 가격책정, 매매촉진 그리고 유통을 계획하고 집행하는 과정이다)."

이러한 새로운 개념의 마케팅은 종래의 개념과 비교하여 세 가지 점에서 큰 차이를 보이고 있다. 첫째, 종래의 마케팅 개념에서는 기업만이 마케팅의 주체가 되었으나 현대적 마케팅 개념에서는 기업뿐만 아니라 개인 및 비영리조직[2)]도 마케팅의 주체가 될 수 있다. 여기서 기업이라는 개념이 축구연맹 등 스포츠 단체와 대응된다면 개인이라는 개념은 축구선수와 대응된다. 모두가 다 알고 있는 것처럼 스포츠 시장에서는 선수 개인도 의연한 마케팅의 주체로서 자리잡고 있다. 특히 미국 PGA 타이거 우즈와 같은 스타선수들에게 잘 어울리는 표현이다.

둘째, 현대적 마케팅에서는 종래 개념과는 달리 재화나 서비스뿐만 아니라 아이디어까지도 그 대상으로 삼는다. 아이디어란 발상, 착상, 개념, 사상, 철학, 이미지, 소신 등과 같은 것을 의미한다. 이러한 아이디어는 스포츠 마케팅 대상물의 일종인 초상권, 캐릭터 등과 유사한 성격을 가진다.

이 밖에 현대적 마케팅에서는 종전과는 달리 교환을 특히 강조하고 있다. 이러한 교환은 스포츠 마케팅에서 특히 중요한 의미를 가진다. 교환에 대해서는 다음 부분에서 별도로 언급하기로 하자.

결국 지금까지 언급한 것으로 보면 스포츠 마케팅이야말로 현대적 마

---

2) 예를 들어 학교, 사회사업단체, 자연보호협회, 소비자단체는 물론 정부도 마케팅 활동을 전개하는 주체가 될 수 있다는 것이다.

케팅 의미를 가장 잘 반영하고 있다고 할 수 있다.

한편 Edgar W. Nelson의 마케팅에 대한 정의도 우리의 주목을 끌기에 충분하다.

> 그는 "…마케팅이란 소비자 만족이라는 궁극적인 목적을 향하여 모든 노력과 주의를 기울이는 활동…"이라고 정의한 바 있다.

여기서 특히 강조되는 것은 "…궁극적인 목적을 향하여 모든 노력과 주의…이다"라는 대목이다. 이는 단순한 판매나 유통만을 마케팅으로 보지 않으며 오히려 기업활동 전체를 마케팅 활동으로 파악하는 것이다. 이렇게 볼 때 마케팅의 의미는 그 고유의 업무라고 할 수 있는 소비자 욕구에의 적응이 판매 영역뿐만 아니라 생산부문에까지 그 기능이 확대된다. 왜냐하면 현대 기업은 '만들면 팔린다'는 전제하에서 '만든 물건을 그저 수요자에게 판매하는 활동'만으로서는 극심한 경쟁 속에서 비교우위를 유지하기 어렵기 때문이다. 따라서 장기적 생존을 위해서는 단순한 판매만으로는 안되고 전략적 차원에서 고객창조와 고객의 만족감 창조를 위해 회사 전체의 마케팅 활동이 필요하다. 즉 마케팅이란 이른바 토탈 마케팅(total marketing)으로 파악해야 한다는 것이다. 토탈 마케팅이라는 의미에서 Edgar W. Nelson의 정의와 AMA가 1985년에 발표한 정의와는 큰 차이가 없다고 하겠다.

이제 스포츠 마케팅 쪽으로 가 보자. 1985년 미국 AMA가 발표한 새로운 마케팅 정의에 의하면 스포츠 마케팅은 경기장에서 경기를 하는 것(생산)에서부터 경기 촉진(프로모션), 스포츠 상품(경기)에 대한 부가가치 노력, 팀의 성적 향상, 스타 생산, 중계권의 TV 방송국에 대한 판매, 스폰서 모집, 선수 및 팀에 대한 매니지먼트 그리고 스포츠 기본상품에서 파생되는 파생상품 판매 등 모든 행위가 스포츠 마케팅이 된다. 그리고 이러한 모든 행동은 고객 욕구 충족과 직결되어야 한다. 스포츠 시장에서 고객이란 누구인가? 팬, 기업 그리고 TV 방송국 등이다. 그러니까 스포츠 마케팅은 팬을 위하여, 기업을 위하여[3] 그리고 TV 방송국 만족에 최우선 순위를 두어

3) 여기서 기업 만족이란, 스포츠 단체(마케팅 주체자)가 스폰서를 원하는 기업의 입장을 충

야 한다는 것이다.

(3) 관계 마케팅

종래의 마케팅 개념과 현대적 마케팅 개념에서 가장 두드러진 차이는 현대적 개념에서는 교환을 강조하고 있다는 점이다. 교환이란 무엇인가? 우리는 일상생활에서 여러 가지 생산물을 이용하고 있다. 그러나 이러한 생산물들은 우리가 직접 생산하는 것이 아니라 다른 사람들이 생산한 것과 교환을 통해 획득하고 이용할 뿐이다. 이러한 교환이 원활하게 일어나도록 하는 것이 바로 마케팅의 핵심 활동이다. 말하자면 교환이 마케팅 활동의 목표라는 것이다. 실제로 마케팅 계에서도 "마케팅이란 교환관계를 창출하고 해결해 가는 과정이다"라고 정의하고 있다.

이러한 교환의 목적을 달성하기 위해서는 상호간의 효과적인 의사소통(커뮤니케이션)이 중요하다. 종래 마케팅에서 고객은 공략의 대상이었다. 그런데 최근의 마케팅에서는 과거 적대적이었던 고객을 안정적이고 우호적인 고객으로 창조해 가는 것을 중요시하고 있다. 이를 위해서는 고객을 대중이 아닌 개별적 주체로 판단하고 접근하는 세밀한 전략이 필요하다. 당연히 커뮤니케이션은 일방통행이 아닌 쌍방간이 되지 않으면 안 된다. 이러한 커뮤니케이션이 바로 교환이라는 목적을 달성할 수 있는 기본적인 수단이다.

그런데 90년대에 들어서서 마케팅의 목표였던 교환을 마케팅 활동의 결과로 보는 새로운 움직임이 나타났다. 이른바 관계 마케팅(Relationship Marketing)이라는 것이다. 관계 마케팅은 일시적인 기간을 거쳐 목적이 달성되면 끝나버리는 일회적인 거래의 개념에서 벗어나, 과거의 거래를 추적해 보고 고객과 지속적인 관계를 갖는 것에서 출발한다.

전통적 마케팅은 '고객 획득'을 많이 강조했지만 '고객 유지'에는 관심이 적었다. 그러나 관계 마케팅은 양자를 긴밀히 묶는 데 초점을 두고

분히 반영하도록 노력한다는 의미이다. 이는 스폰서십 유치 테크닉과 직결된다. 자세한 내용은 제20장에서 설명한다.

표 2-1 기존(거래) 마케팅과 관계 마케팅의 비교

구 분	거래 마케팅	관계 마케팅
「교환」의 해석	마케팅 목표	마케팅 활동의 결과
차별화 초점	제품(상품)	고객
고객에 대한 시각	판매의 대상	동반자
고객 인식	신규소비자 창출	기존 소비자의 관리
마케팅 성과지표	시장 점유율	고객 점유율
시간 개념	단기	장기

자료: 이유재(1999), p. 544.

있다. 즉 관계 마케팅은 고객을 획득하고 유지하는 두 가지 측면을 강조하고 있다는 것이다.

교환이 목표였던 기존 마케팅과 관계 마케팅의 차이를 요약하면 다음 〈표 2-1〉과 같다.

스포츠 시장에서도 고객과의 관계는 매우 중요한 사항으로 인식된다. 예를 들어 각 국내 프로 스포츠 구단은 경기 때 마다 열렬히 응원하는 팬 및 서포터즈를 보유하고 있다. 이들의 존재는 그저 입장료만 지불하는 고객으로서가 아니라 팀 및 선수 육성에도 중요한 역할을 하기도 한다. ○○○선수 후원회라는 것이 대표적인 본보기이다. 통상 후원회는 서포터즈 또는 서포터즈를 매개로 형성되는 것이 일반적이며 이들 후원회는 선수 성장 및 육성에 적지 않은 영향을 미치고 있다.

구단의 입장에서 보면, 경영전략 및 마케팅에 있어서도 이들 서포터즈를 장기적이고 안정적으로 유지할 수 있을지 여부는 구단의 성패를 좌우하는 중요한 요소이다. 따라서 구단과 팬 또는 서포터즈간의 관계는 단기적일 수가 없으며 장기적으로 발전되어야 한다. 여기에는 양자간 원활한 커뮤니케이션이 필요하다. 각 구단이 인터넷을 통해 팬 및 서포터즈와 대화방을 열어두거나 팬 사인회를 개최하는 것 등은 모두 '고객과의 파트너십 관리' 차원에서 이루어지는 것으로 보아야 한다.

(4) 제품 마케팅과의 차이점

앞에서 스포츠 마케팅은 현대 스포츠 마케팅 개념을 반영하고 있으며, 특히 스포츠 마케팅은 90년대에 들어서서 새바람을 일으키고 있는 관계 마케팅의 성격도 포함하고 있다고 했다. 말하자면 스포츠 마케팅이나 제품 마케팅은 큰 차이가 없다는 것이다.

그렇다면 스포츠 마케팅은 제품 마케팅과 어떤 면에서 차이를 보이는 것일까? 첫째, 고객의 구성에서 차이를 볼 수 있다. 제품 마케팅에서의 고객은 스포츠 마케팅에서의 팬과 대응된다. 그러나 스포츠 마케팅에서는 팬(일반 고객) 이외에 기업과 TV 방송국도 주요 고객으로 자리잡고 있다. 이런 이야기는 이미 앞에서도 이야기한 적이 있다.

스포츠 마케팅에서 고객들은 또다른 마케팅 관계로 연결된다. 스포츠 마케팅에서 고객인 팬과 기업은 제품 시장에서 또 다시 서로간 마케팅으로 연결된다. 팬은 여전히 소비자의 위치에, 그리고 기업은 제품 공급자의 위치에 서서 마케팅의 주체가 된다. 즉 스포츠 마케팅과 제품 마케팅과의 차이는 기업이 제품 마케팅에서는 생산자 위치에, 스포츠 마케팅에서는 고객의 위치에 있다는 것이다.

이러한 기업이 스포츠 마케팅에서 고객으로 자리를 잡고 있는 이유는 무엇일까? 또 한번 앞에서 언급된 내용을 되새김해 보자. 스포츠를 마케팅에 이용하기 위해서다. 우리는 앞에서 마케팅이란 생산 이전의 단계에서부터 구매 이후의 단계까지의 모든 기업활동을 포함하는 토탈 기업활동이라고 했다. 이 가운데에는 소비자와 가까이 할 수 있는 마케팅 활동 가운데 하나가 광고 및 홍보 등 프로모션이다. 그러면 광고와 홍보는 어떻게 어떠한 방법으로 하는가? 두말할 필요도 없이 미디어를 이용한다. 스포츠가 미디어 가치를 가지고 있기 때문에 기업이 스포츠 마케팅에서 고객으로 자리를 잡고 있다는 것이다.[4] 즉 스포츠 마케팅이 제품 마케팅과 차이를 보이고 있는 것은 마케팅의 대상이 되는 스포츠 상품이 미디어 가치를 가진다는 점

4) 스포츠의 미디어 가치에 대해서는 제16장에서 자세히 언급한다.

이다.

이제 최종적으로 스포츠 마케팅에 관하여 정의를 해보도록 하자. 이에 앞서 스포츠 상품은 '권리'라는 형태로 거래된다는 것을 상기하자.

> "스포츠 마케팅이란 미디어 가치를 가지는 스포츠를 대상으로 권리소유자가 구매자간의 교환과정을 통하여, 구매자를 만족시키는 정보가치를 제공하면서 시장을 창조하는 과정이다. 권리소유자는 시장창조 또는 유지를 위해 고객들과의 상호관계를 지속적으로 관리한다."

여기서 권리소유자란 경기단체, 팀, 선수 등을 의미하며 고객이란 스포츠팬을 비롯하여 스폰서에 참여하는 기업, TV 방송국 등을 말한다.

2. 마케팅 담당자 에이전트

(1) 스포츠 마케터

우리는 가끔 언론은 통해 「에이전트」니, 「매니지먼트」니, 「대행사」니, 「스포츠 마케팅 전문회사」니 하는 용어를 접한다. 그리고 이들은 모두 스포츠 마케팅 전문 담당자로 불려지기도 한다. 스포츠 마케팅 전문 담당자란 도대체 누구를 이야기하는 것인가?

앞에서 스포츠 마케팅이란 현대적 마케팅을 반영하는 대표적인 형태라고 이야기한 적이 있다. 현대적 마케팅을 토탈 마케팅이라고도 한다고 했다. 토탈 마케팅 개념에서 볼 때 스포츠 상품이 생산되고 판매되는 전 과정이 바로 스포츠 마케팅이다. 특히 관람 스포츠에서는 스포츠 매니지먼트의 목적이 좋은 팀이나 좋은 선수 육성에만 있을 수 없다. 좋은 팀 및 좋은 선수를 육성하는 궁극적 목적은 스폰서 및 중계료 수입 확대와도 연결된다. 즉 스포츠 매니지먼트는 마케팅의 궁극적 목적을 달성하기 위한 하나의 과정에 불과하다는 것이다. 스포츠 매니지먼트와 스포츠 마케팅을 적어도 목적에 따라 구분하는 것은 바람직하지 않다.

지금까지의 이야기를 스포츠 단체의 입장에서 보면 모든 선수 및 임원이 마케팅 담당자가 되며 특별히 별도의 마케팅 담당자는 있을 수 없다는 것을 알 수 있다. 그런데 왜 이 글 타이틀을 '스포츠 마케터'로 했는가 하는 의문을 가질 것이다.

현대 마케팅에서 가장 중요시되는 시장 구성원은 단연 고객이다. 기업과 고객과의 관계가 매우 중요하다는 의미이다. 그러면 기업 내 혹은 스포츠 조직 내에서 누군가는 항상 고객과 접촉을 가지며, 고객의 심리를 파악해야 하며, 선린 우호관계를 유지하기도 하며, 때로는 상호 이해를 조정하기도 해야 한다. 말하자면 이러한 사람들은 기업 마케팅의 선봉에 서 있는 셈이다. 따라서 이 책에서는 편의상 이러한 사람들, 즉 고객과 가장 가까이 있는 기업(경기단체) 내 조직원을 마케터라고 부르기로 하자. 다시 말하면 고객인 팬, 기업 그리고 TV 방송국 등과 늘 접촉하는 사람이 마케팅 담당자 또는 스포츠 마케터라는 것이다.

(2) 숙련된 이해 조정자

제 7 장에서 별도로 설명하겠지만 마케팅에는 '시장 세분화'라는 용어가 있다. 이는 기업이 하나의 시장을 서로 다른 둘 또는 그 이상의 하위집단으로 분할하는 것을 말한다. 동일한 제품이라고 할지라도 고객의 연령층 또는 성별 등에 따라 가격이나 광고 전략을 다르게 적용해야 한다는 것이다.

예를 들어 우유를 마케팅할 경우 어린이들 대상으로 할 때에는 "하루에 몇 잔 이상은 마셔야 튼튼해진다"는 것을 강조한다. 그런데 40대의 여성을 상대로 마케팅 활동을 벌일 때는 …튼튼…을 강조할 수 없다. 이러한 경우에는 "우유에는 칼슘이 다량으로 함유되어 있기 때문에 골다공증을 예방할 수 있다"고 강조하는 전략이 바람직하다. 여기서 어린이와 40대 여성이 세분화된 시장이다.

즉 '시장 세분화'는 고객들의 다양한 욕구를 충족시켜 주면서 고객들과의 거래를 보다 효율적이고 효과적으로 하기 위한 전략이다. 그리고 이러한 '시장 세분화' 전략은 소비자의 나이, 거주지, 심리적 상태, 구매동기,

직업, 소득 수준 등에 따라 다양하게 나타난다. 그러나 제품 마케팅에서는 시장이 아무리 다양하게 세분화되더라도 이는 당초 하나의 시장을 전략적으로 세분화한 것에 불과하다.

한편 스포츠 마케팅의 경우 시장 자체가 하나일 수 없다. 고객이 팬인 시장이 있는가 하면, 고객이 기업인 시장 그리고 고객이 TV 방송국인 시장 등 다양하다. 또한 팬은 최종 소비자인 반면 기업은 스포츠 상품을 자기 제품 마케팅에 활용한다. TV 방송국은 스포츠 상품을 미디어로 조작 · 가공하는 2차적인 생산활동을 하는 고객이다. 결국 스포츠 시장에서 고객들의 이해관계는 다양하게 나타난다는 것이다. 고객의 성격과 특성에 따라 '시장 세분화' 전략이 필요한데 고객이 다양한 만큼 '시장 세분화' 전략도 제품 마케팅보다 훨씬 복잡하기 마련이다.

따라서 스포츠 마케팅에서는 마케팅 업무만을 담당하는 전담자(스포츠 마케터)가 필요하다. 마케팅의 업무를 선수나 스포츠 단체 그리고 팀이 직접 담당할 수도 있으나 스포츠 마케팅의 매커니즘이 복잡한 만큼 다양한 마케팅 주체간에 균형감각은 갖추고 서로간의 이해관계를 조정할 수 있는 누군가가 필요하게 된다. 즉 이러한 '누군가'라는 인력은 상품공급자나 고객 모두가 원하고 바라는 업무를 수행한다는 것이다.

그런데 스포츠 시장에는 선수, 스포츠 단체 및 팀을 대신하여 스포츠 마케팅을 담당하는 별도의 인력이 개입하는 것이 일반적이다(〈그림 2-1〉 참조).[5] 이러한 인력은 개인이 될 수도 있고 기업이 될 수도 있고 경우에 따라서는 스포츠 단체가 출자한 자회사이거나 스포츠 단체와 밀접한 관계를 가지는 회사가 될 수도 있다. 개인이 담당하는 대표적인 경우는 박찬호의 과거 에이전트 스티브 김을 연상하면 되고, 우리가 잘 아는 IMG 등이 기업형 에이전트에 속한다.[6] 경기단체의 자회사 성격을 가지는 전문집단으로는 미국 프로야구의 MLBP(Major league Baseball Properties), 미식축구의

---

5) 별도의 인력이 개입하는 이유에는 전문성 이외에 예산 절감차원도 있다. 예를 들어 회사 조직 내 마케팅 부서를 두는 것보다 외부 전문조직에 의뢰할 경우 적은 예산으로도 더 많은 효과를 거둘 수 있다고 판단한다는 것이다. 이를 전문 용어로 아웃 소싱이라고 한다.

6) 이러한 대행사에 대한 정확한 용어는 agency이다. 그러나 '대행'한다는 의미에서 agent라는 용어로 사용되기도 한다. 이유재(1999), p. 327, Vernon B. Stauble(1994), p. 15.

NFLP(National Football League Properties), 국내 프로야구의 KBOP(Korean Baseball Organization Baseball Properties) 등을 들 수 있다. 이들 개인, 기업 및 자회사를 통틀어 에이전트라고 한다.

지금까지 설명한 것을 보면, 스포츠 마케터나 스포츠 에이전트의 업무에는 차이가 없다. 스포츠 마케터는 자기 회사 스포츠 마케팅 업무를 담당하는 자이며 스포츠 에이전트는 말 그대로 대신해서 스포츠 마케팅 업무를 담당하는 자이다. 그리고 스포츠 마케터라고 해서 반드시 특정 조직 소속의 마케팅 담당자만을 지칭하는 것은 아니다. 때로는 스포츠 마케팅 업무를 대행하는 개인 또는 회사를 스포츠 마케터라고도 한다. 이렇게 보면 스포츠 마케터와 스포츠 에이전트를 구분하는 것을 무의미하다 하겠다.

이 책에서 언급하는 스포츠 에이전트는 스포츠 마케터 개념을 포함하고 있다는 이야기이다.

한편 스포츠 마케팅 전문 담당자인 마케터 혹은 에이전트가 수행하는 업무를 간단하게 언급하면 다음과 같은 것들이 있다.

그림 2-1 마케팅 부서(마케터)와 에이전트의 비교

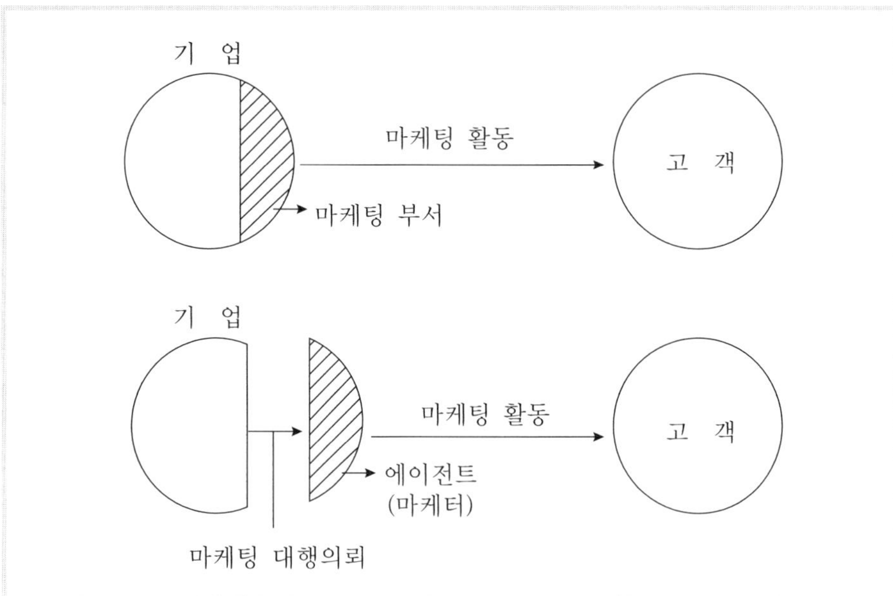

1) 경기단체, 팀, 선수에 대한 스폰서 모집
2) TV 중계권 판매
3) 캐릭터, 로고 등 라이센싱 사업
4) 선수 및 팀의 매니지먼트
5) 경기 이벤트 기획 및 실행
6) 홍보 전략 수립
7) 관중동원 전략 수립
8) 대형 경기장을 갖춘 지자체 홍보 업무 대행

결국 스포츠 시장에서 스포츠 마케팅 대행업 종사자들(스포츠 에이전트)은 스포츠 마케팅 전문가들로서 스포츠 상품 거래가 원활하게 이루어지도록 하는 역할을 한다. 스포츠 상품의 원활한 거래는 스포츠 시장의 확대와 직결된다. Stedman Graham et al(1995) 등이 "미국 프로 스포츠의 발전은 스포츠 마케터 및 스포츠 마케팅 대행사의 활발하고 창의적인 활동 덕분이다"라고 지적한 것은 시사하는 바가 크다 하겠다.

이 밖에 스포츠 마케팅 업무는 아니지만 에이전트의 중요하고 기본적인 업무에는 연봉 협상·계약 대행이 있다. 쉽게 설명하면 박지성의 연봉 협상·계약은 박지성이 직접 하는 것이 아니고 그의 에이전트가 대신해서 한다는 이야기다.

한편 이러한 업무들은 마케팅 담당자가 누구냐에 따라 달라지기도 하겠지만 그보다도 위탁자와 에이전트간의 계약에 따라 결정된다고 보는 것이 타당하다. 즉 에이전트가 개인이냐 기업이냐 혹은 스포츠 단체의 자회사이냐에 따라 업무의 성격이 구분되는 것은 아니라는 것이다.

(3) 스포츠 시장과 에이전트

이제 스포츠 에이전트는 스포츠 시장에서 어떻게 표시되는지 〈그림〉을 통해 알아보도록 하자. 〈그림 2-2〉에는 스포츠 시장에서 스포츠 에이전트의 위치가 나타나 있다. 그런데 〈그림 2-2〉는 〈그림 1-2〉를 거의 그대로 옮겨둔 것에 불과하다. 〈그림 2-2〉에서 마케팅(전략)은 산업과 고객을 연결

그림 2-2 스포츠 시장에서 스포츠 에이전트의 위치

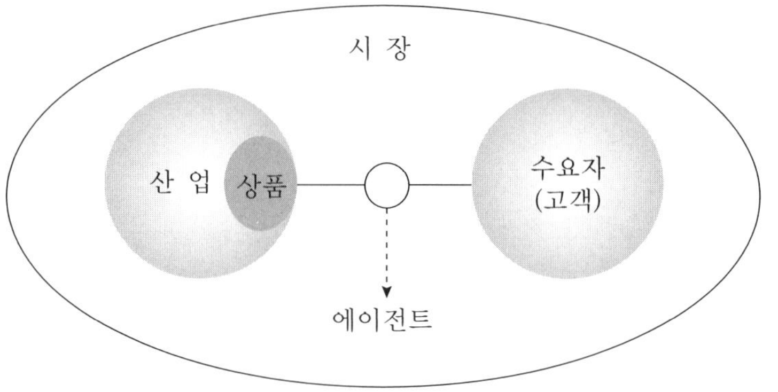

해설 2-1 스포츠 에이전트와 한국 표준 산업분류

본문에서 스포츠 에이전트는 스포츠 마케팅을 담당한다고 했다. 그리고 이러한 업무를 자세히 보면 경기라는 상품을 직접 생산하는 경우는 드물며 대부분 대행업무에 해당한다고도 했다. 다시 말하면 스포츠 마케팅 회사가 생산하는 상품은 스포츠 경기 또는 경기로부터 파생되는 상품(TV 중계권, 캐릭터, 로고 등)이 아니라 스포츠 상품을 원활하게 소비자에게 전달하기 위한 대행 서비스라는 상품이다.

자동차를 예로 들어보자. 자동차가 농구 경기에 해당한다면 스포츠 마케팅 회사는 자동차 대리점에 해당한다. 자동차 대리점이 자동차를 생산하지 않고 판매 대행이라는 서비스 상품을 생산하는바, 자동차 업종과 동일한 산업으로 분류되지 않듯이 스포츠 마케팅 업종 역시 대행이라는 서비스 상품을 생산하는바, 경기업과 동일한 업종으로 파악할 수 없다. 실제 [한국표준산업분류]에서는 스포츠 마케팅업을 75994 또는 75995로 표시한다. 이를 역추적하면 7599(그 외 기타 사업지원 서비스업) 759(기타 사업지원 서비스업) 75(사업지원 서비스업)로 이어진다. 즉 스포츠 마케팅업은 관람 스포츠 산업(오락 문화 및 운동관련 서비스업)과 구별되어 사업 지원 서비스업으로 분류된다.

하는 선으로 표시되어 있다. 스포츠 에이전트는 이러한 선상에 끼어드는 형태를 보이고 있다. 즉 스포츠 에이전트는 스포츠 마케팅을 보다 원활하게 하기 위한 전문 담당자라는 의미이다.

연습 · 토의문제

- 스포츠 마케팅에는 스포츠 자체의 마케팅(Marketing of Sports) 과 스포츠를 통한 마케팅(Marketing through Sports)이 있습니다. 이들은 서로 어떻게 다른지 이야기해 봅시다. 그리고 이들은 서로 어떠한 관계를 맺고 있는지에 대해서도 설명해 봅시다. 예를 들어 프로 농구 대회가 「MOBIS 2006-2007 프로 농구대회」라면 여기서 스포츠 자체의 마케팅과 스포츠를 통한 마케팅을 찾아 구분해 봅시다.
- 스포츠 에이전트와 스포츠 마케터는 동일한 사람(또는 법인)인지 아닌지를 토의해 보고, 이들이 하는 업무에는 어떠한 것들이 있는지 이야기해 봅시다.

제 3 장

에이전트의 활동 매커니즘

스포츠 시장에서 스포츠 에이전트가 개입하는 경우, 스포츠 마케팅 매커니즘에 대해 알아본다. 구체적으로는 기본 메커니즘을 비롯하여 선수가 상품인 경우, 경기 자체가 상품인 경우, 그리고 대형 이벤트가 상품인 경우에 대해 논의한다.

1. 기본 매커니즘

〈그림 3-1〉을 보면서 스포츠 마케팅의 기본 매커니즘에 대해 설명해 보자. 〈그림 3-1〉은 타이거 우즈와 에이전트(매니저먼트 업무 포함)인 IMG 그리고 주요 고객(스폰서)인 나이키와의 관계를 나타내고 있다. 이 그림은 실제보다 단순화한 것이다.

타이거 우즈 매커니즘에서 IMG는 에이전트 및 매니지먼트 업무를 그리고 나이키는 스폰서를 통해 각각 마케팅 활동을 벌인다. 물론 나이키의 마케팅 활동은 스포츠를 통한 마케팅(스폰서 마케팅)이다. IMG는 나이키사가 타이거 우즈에게 제공할 스폰서의 조건에 대하여 나이키사와 협상을 벌이며, 이에 따라 타이거 우즈로부터 대행료를 받는다. 타이거 우즈와 나이키와의 계약기간이 끝나면 IMG는 보다 좋은 조건을 제시하는 스폰서를 찾아 나선다.

즉 스포츠 마케팅에서 에이전트는 스포츠 상품 생산자와 고객(스폰서) 사이에 개입하여 삼각형이라는 안정된 모습을 취하게 된다.

그림 3-1 타이거 우즈 마케팅 구도

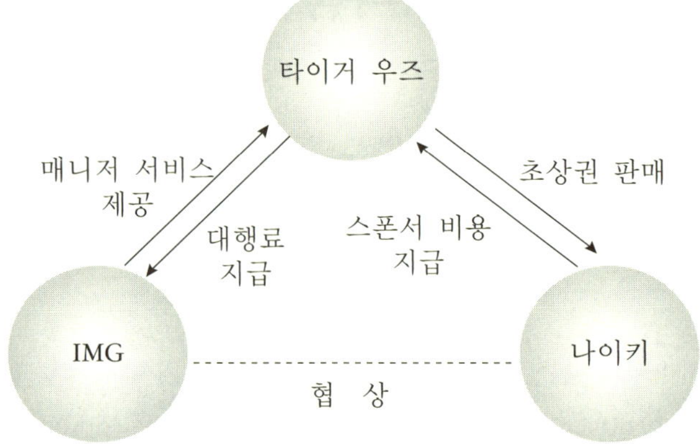

해설 3-1 국내 스포츠 마케팅 기본 구도

국내 스포츠 시장에는 에이전트의 활동이 매우 제한되어 있다. 그리고 스폰서가 에이전트(매니지먼트)를 겸하고 있는 경우가 많다. 즉 스폰서 기업과 에이전트가 통합된 형태이다. 이는 스폰서 기업이 지원한 선수가 스타로 성장했을 경우 초상권 등 선수 상품을 다른 기업에게 빼앗길 위험을 사전에 방지하고자 하는 의도에서 출발한 것이다.

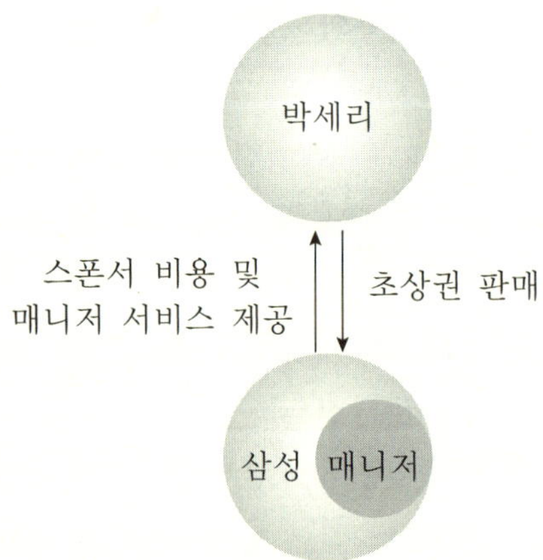

주: 박세리의 매니지먼트가 IMG로 이전되기 이전 상황

위 그림에서도 보는 바와 같이 박세리 마케팅 구도는 타이거 우즈의 삼각형 마케팅 구도와는 달리 매우 불안정한 모습이다. 이러한 그림은 박세리의 종전 모습이긴 하지만 아직도 국내 적지 않은 스포츠 스타들의 에이전트 및 매니지먼트 구도는 이러한 형태를 보이고 있다. 지극히 한국적이면서도 전근대적인 마케팅 형태라고 하겠다.

2. 선수 마케팅 매커니즘: 선수가 상품인 경우

〈그림 3-2〉에서 에이전트의 그림이 따로 그려져 있는 것은 독립된 에이전트를 의미한다. 즉 박찬호 이외에 다른 선수와도 에이전트 계약을 체결할 수 있다는 것이다. MLBP가 MLB 내 표기되어 있는 것은 MLBP가 MLB의 자회사, 즉 자회사형 에이전트임을 나타내고 있다.

〈1-1〉 경로는 박찬호의 에이전트와 MLB간측이 박찬호의 연봉에 대해 협상을 가지는 과정을 나타낸다. 〈1-2〉는 에이전트와 MLB간의 협상 결과에 따른 박찬호와 MLB간의 거래관계이다. 여기서 박찬호는 MLB측에 노동을 제공하고 MLB 측은 노동의 대가, 즉 연봉을 지급한다. 〈1-3〉은 박찬호와 MLB간 거래가 끝난 후 박찬호가 그의 에이전트에게 지불하는 대행료이다. 미국에서 이러한 대행료는 계약에 따라 차이는 있으나 일반적으로 연봉의 5% 미만인 것으로 알려지고 있다. 이러한 과정을 거치면서 박찬호, 에이전트 그리고 MLB간의 거래는 일단락지어진다. 그러나 여기에서 거래가 되는 것은 스포츠 상품이 아닌 노동의 대가라는 점에서 스포츠 마케팅이라고 보기는 어렵다.

〈2-1〉 경로는 에이전트와 기업간 협상관계를 보여주고 있다. 양자간 협상이 끝나면 박찬호와 기업간 거래가 이루어진다(〈2-2〉경로). 여기서 박찬호는 기업에게 초상권 등을 제공하고 기업측은 박찬호에게 전속 계약금, 즉 엔도스먼트에 대한 대가를 지불한다. 여기서도 박찬호는 〈2-3〉경로를 통해 에이전트에게 대행료를 지불한다. 〈2-1〉~〈2-3〉경로에서는 박찬호의 초상권, 즉 스포츠 상품이 주요 거래 대상이므로 이 과정은 스포츠 마케팅이다.

그림 3-2 박찬호 및 MLB 마케팅 매커니즘

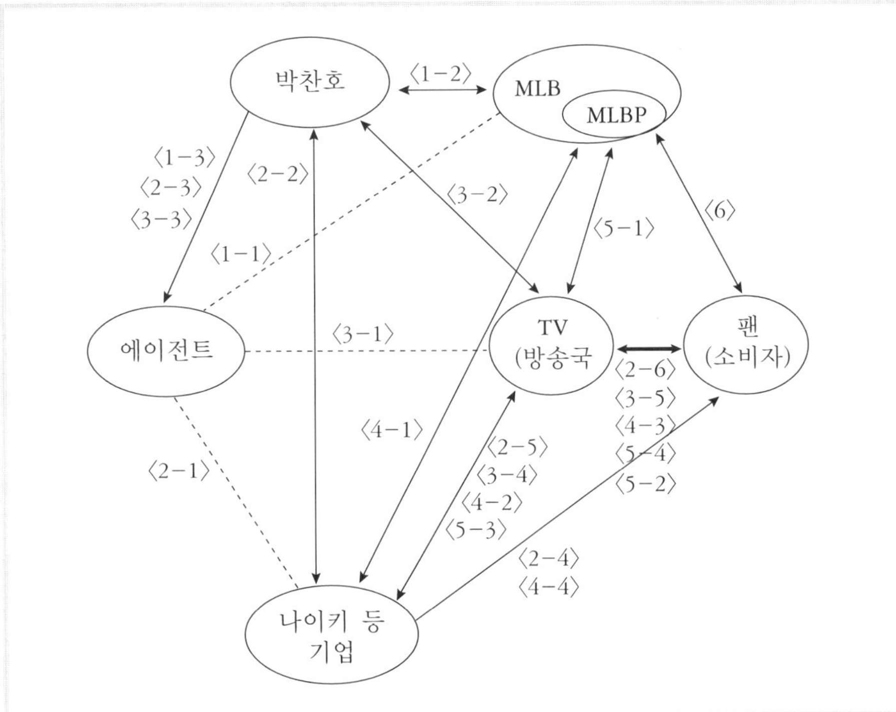

한편 기업(나이키)은 박찬호의 초상권을 이용하여 소비자를 상대로 신발이나 모자 등 자기회사 제품을 판촉한다. 예를 들어 박찬호의 대형 브로마이드를 나이키 대리점 앞에 걸어 놓거나(〈2-4〉경로) 박찬호가 나이키 신발을 신고 공을 던지는 광고 프로그램을 제작하여 TV를 통해(〈2-5〉경로) 소비자에게 소구[1)]하는 행위(〈2-6〉경로) 등을 의미한다. 이러한 〈2-4〉, 〈2-5〉 및 〈2-6〉의 경로를 거치는 과정은 스포츠를 통한 마케팅이다.

TV 방송국이 박찬호를 쇼프로그램에 출연시키고자 할 경우 우선 에이전트에게 섭외를 한다. 이 과정이 〈3-1〉경로이다. 출연에 따른 각종 조건이 결정되면 박찬호는 TV 방송국에 출연하여 TV 방송국에 초상권이라는 상품을 제공하며, TV 방송국은 박찬호에게 출연료를 지불한다(〈3-2〉경로). 물

1) 그런데 〈그림 3-2〉에서는 나타나 있지 않지만 나이키가 박찬호를 광고모델로 이용하는 경우 광고회사라는 별도의 에이전트가 개입하는 것이 일반적이다.

론 이때에도 박찬호는 에이전트에게 대행료를 지불한다(〈3-3〉경로). TV방송국은 박찬호를 이용하여 프로그램을 제작한 다음 시청자들에게 제공하거나(〈3-5〉경로) 나이키라는 기업에게 판매한다(〈3-4〉경로). 그런데 이러한 나이키라는 기업은 박찬호가 출연하는 TV 프로그램에 광고 스폰서로 나서서 자기회사 제품을 판촉함으로써 다시 〈2-5〉경로와 유사한 〈3-4〉경로를 거친다. 그러나 이 때 나이키사가 제작하는 광고 프로그램에는 박찬호가 나이키 신발을 신고 나설 수도 있고 다른 선수가 광고 모델로 나설 수도 있다. 또한 스포츠와는 관계없는 광고 프로그램이 제작될 수도 있다. 이것이 〈2-5〉경로와 〈3-4〉경로의 차이점이다. 위의 〈1〉~〈3〉의 과정을 거치면서 박찬호의 에이전트의 역할을 끝난다.

3. 경기 단체 마케팅 매커니즘: 경기 자체가 상품인 경우

이제 또다른 에이전트, 즉 자회사형 에이전트가 개입되는 스포츠 마케팅 과정을 살펴보자. 계속해서 〈그림 3-2〉를 참고하기 바란다.

〈4-1〉경로는 MLB의 자회사인 MLBP가 나이키 등 기업과 스폰서 참여 협상 거친 다음 경기 타이틀 사용권[2]과 보드 광고 사용권 등을 제공하고 스폰서료를 받는다. 물론 이러한 과정은 MLBP가 판매대행을 담당하는 것이다. 나이키 등 기업은 제공받은 스포츠 상품을 〈4-2〉와 〈4-3〉 또는 〈4-4〉의 경로를 거치면서 소비자인 팬에게 자기회사 제품을 소구한다. 그런데 〈4-2〉와 〈4-3〉경로에서 나이키사는 TV 방송국에게 별도의 광고료를 지불하지는 않는다. 왜냐하면 나이키의 대회 타이틀 스폰서 또는 경기장 입간판 등은 중계방송을 통해 자연스럽게 시청자들에게 전달되기 때문이다. 그래서 기업들은 스포츠 경기 상품 스폰서에 그렇게 열을 올리는 것이다.

〈5-1〉경로는 MLBP가 TV방송국에게 중계권을 판매하는 과정을 나타낸다. TV방송국은 시청료를 대가로 팬들에게 경기(상품)를 가공하여 제공한

2) 사실 미국 MLB가 경기타이틀을 기업에게 판매하는 경우는 드물다. 그러나 우리 나라에서는 흔히 볼 수 있다. 「삼성 PAVV 프로야구」가 경기 타이틀을 판매한 대표적인 경우이다.

다(〈5-2〉경로). 그리고 나이키 등 기업에게는 광고 참여를 유도한다. TV방송국을 통해 스포츠 상품을 구입한 나이키 등 기업은 광고를 통해 팬들에게 접근한다(〈5-3〉 및 〈5-4〉경로). 그런데 이러한 과정은 〈3-4〉 및 〈3-5〉 경로과정과 유사하다.

〈6〉경로는 MLB측이 팬들에게 경기라는 상품을 제공하고 이를 매개로 입장권 판매확대를 비롯한 각종 부수적인 수입을 늘리기 위해 노력하는 과정이다. 이 때 팬은 MLB측에게 입장료와 주차료 그리고 경기장 내 음식료 대금 등을 지불한다.[3)]

박찬호와 MLB를 대상으로 설명했지만 선수가 박찬호처럼 팀에 소속된 선수가 아니고 타이거 우즈와 같은 개인선수라도 설명은 마찬가지이다. 다만 달라지는 것은 MLB라는 그림이 PGA로 달라지며 PGA가 타이거 우즈에게 노동의 대가로 지불하는 것은 연봉이 아니라 상금이 된다. 또한 상금과는 별도로 출전료를 지불하는 경우도 있다. 이 때에는 IMG(에이전트)가 협상에 나서며 이에 따른 대행료를 타이거 우즈로부터 받게 된다. 즉 '박찬호'를 모델로 하나 '타이거 우즈'를 모델로 하나 기본적인 스포츠 마케팅의 매커니즘은 변하지 않는다는 것이다.

지금까지의 설명이 좀 복잡하긴 하지만 우리는 〈그림 3-2〉에서 몇 가지 재미있는 사실을 발견하게 된다. 첫째, 에이전트는 항상 수요자와 관계를 맺고 있다는 점이다. 이래서 에이전트를 스포츠 마케팅 담당자라고 부르는 것이다. 둘째, 〈1-1〉~〈1-3〉과정을 제외한 모든 과정에서 종착점은 팬이다. 그래서 스포츠 시장에서 팬을 두고 실질적인 최종 수요자라고 부른다. 그리고 위 그림에서 〈1〉과정을 다른 과정과 구별하여 생산과정이라고 부른다. 다시 언급하지만 〈1〉과정은 박찬호가 노동의 대가를 받는 생산과정이며 나머지 과정은 스포츠 마케팅이다.

셋째, 스포츠 마케팅 매커니즘에는 스포츠 자체의 마케팅과 스포츠를 통한 마케팅이 혼재되어 있다. 위 그림에서 나이키에서 팬으로 직접 연결되는 경로, 나이키에서 TV방송국을 경유하여 팬에게 연결되는 경로는 「스

3) 〈6〉에 해당하는 과정에서는 MLBP와 같은 스포츠 단체의 에이전트가 개입하는 것이 아니라 특정 팀 혹은 특정 팀의 에이전트(마케팅 대행사)가 개입하는 것이 일반적이다.

포츠를 통한 마케팅」을 나타내며 나머지 경로과정은 「스포츠 자체의 마케팅」이다.(물론 ⟨1⟩경로 과정은 생산과정을 나타낸다) 그런데 「스포츠를 통한 마케팅」 과정은 독립적으로 성립할 수 없으며 박찬호라는 상품과 MLB가 생산하는 상품과 연계되어 나타난다. 이리하여 「스포츠 마케팅」과 「스포츠를 통한 마케팅」은 동전의 앞뒷면과 같다.

넷째, 최종적으로 팬을 향해 가는 화살 가운데 ⟨6⟩경로 및 ⟨2-4⟩, ⟨4-4⟩경로를 제외한 나머지 모든 경로는 TV 방송국을 경유하고 있다는 점이다. 이것은 바로 스포츠 상품은 '미디어 가치'를 가진다는 것을 나타내고 있다.

4. 대형 이벤트 마케팅 매커니즘

대형 이벤트가 스포츠 상품이 되는 대표적인 경우는 올림픽과 월드컵 축구대회 등이다.

(1) 올림픽 이벤트

올림픽 마케팅에서도 에이전트가 개입한다. 1988년 서울 올림픽부터 ISL이라는 에이전트를 통해서 마케팅이 이루어졌으며, 2000년 시드니 올림픽부터는 ISL 대신 Meridian이라는 에이전트가 활동한다.

⟨그림 3-3⟩을 통해 구체적으로 알아보자. ⟨그림 3-3⟩에는 팬들이 직접 관람하는 과정이 생략되어 있다. 왜냐하면 이러한 과정은 앞에서 설명한 박찬호 메커니즘에서 팬들이 MLB가 제공하는 상품을 구입하는 과정과 같기 때문이다.

네모로 그려진 부분은 생산자 집단을 나타낸다. 즉 올림픽 경기 상품은 IOC, 올림픽 조직위원회(OCOG), 각 종목 세계경기연맹(IF) 그리고 한국올림픽 위원회(KOC) 등 NOC에서 OCOG로 파견한 선수(⟨1⟩경로)에 의해 생산된다. 에이전트 Meridian은 TOP프로그램에 참여하고자 하는 기업을 물색하고 이들 기업과 스폰서료에 대하여 협상을 벌인다(〈2〉경로). 이 협상이 완료되면 〈3-1〉경로를 통해 TOP프로그램 참여기업은 IOC에게 스폰서료를 지불하고 IOC는 기업에게 올림픽 명칭 사용권 등 각종올림픽 상품을 제공한다. 물론 〈3-1〉경로의 거래는 에이전트의 중개로 이루어지는바, IOC는 에이전트 Meridian에게 대행수수료를 지불하게 된다.

그러면 IOC가 〈3-1〉경로를 통해 거두어들인 수익은 어떻게 분배될까? 이는 〈3-2〉경로를 통해 대회조직위원회, 〈3-3〉경로를 통해 한국을 비롯한

그림 3-3 올림픽 마케팅 매커니즘

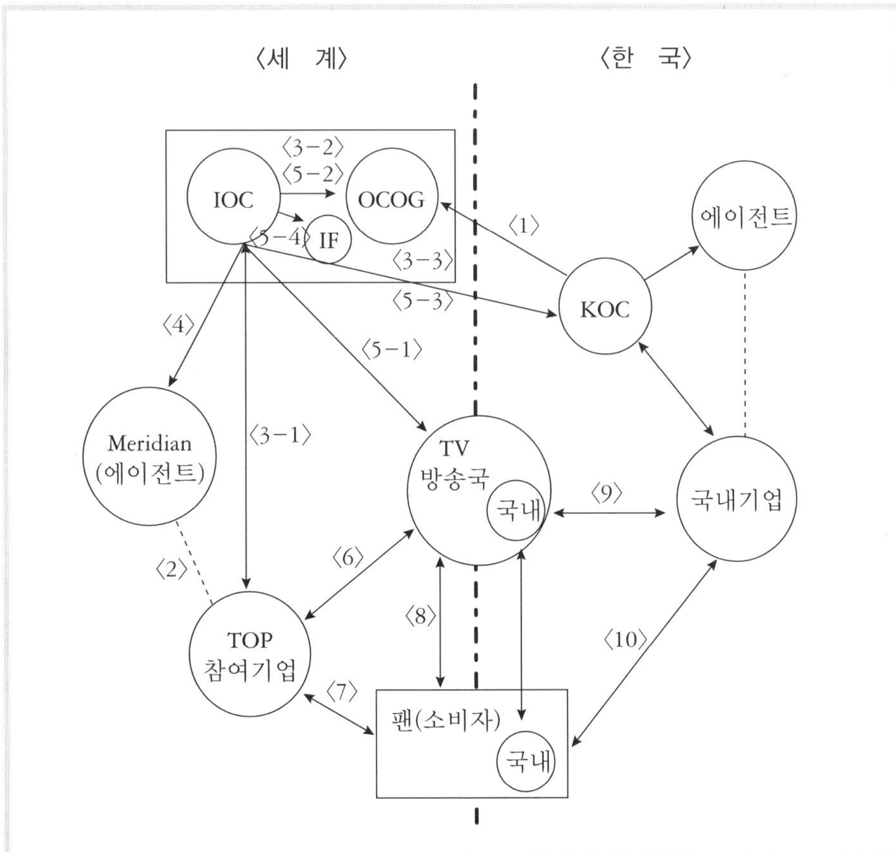

주: TOP(The Olympic Parteners)이란 일정한 품목을 정해두고 이러한 상품을 생산하는 기업으로 하여금 스폰서로 참여하도록 유도하는 올림픽 마케팅 프로그램이며 유효기간은 4년이다. 자세한 내용은 졸저(1999b), pp. 85~89를 참조하기 바란다.

올림픽에 참여하는 각 국가 그리고 IOC 자체수입으로 분배된다. 또한 일정 부분은 IOC의 올림픽 발전운동에 사용된다.

TOP 프로그램보다 더 큰 수익이 TV 중계료이다. 그런데 TV 중계권의 판매는 에이전트에게 위탁하지 않고 IOC가 각 국가 방송국을 상대로 직접 실시한다. 이를 나타낸 것이 〈5-1〉경로이다.[4] IOC는 〈5-1〉경로를 통해 거두어들인 중계료 수입 가운데 일정부분은 OCOG에게 분배하고(〈5-2〉과정) 나머지 일정부분은 IOC, NOC(KOC포함) 및 IF(세계연맹) 등에 분배하여 올림픽 운동지원에 사용한다. 이 때 KOC에게 지원되는 경로가 〈5-3〉이며, 〈5-4〉는 각 종목 세계경기연맹에 분배되는 경로이다.

이러한 수익은 IOC, NOC 및 OCOG 입장에서 보면 장기적으로 운영재원의 역할을 한다. 한편 IOC 등은 기업의 마케팅 파워 혹은 TV방송사의 네트워크를 이용해 전세계에 올림픽 이념을 전파하기도 한다.

올림픽에 참가하는 국가(한국)의 NOC[5](KOC)도 올림픽 경기를 매개로 마케팅 활동을 할 수 있다. 그러나 스폰서를 원하는 기업이 참여할 수 있는 업종은 TOP프로그램에 참여하는 기업의 업종과 중복되어서는 안 된다. TOP 프로그램에는 IOC, OCOG 및 NOC의 휘장과 올림픽 이미지 등의 사용권을 포함하고 있는 데 반해 NOC 마케팅 프로그램에는 해당 국가의 NOC 휘장 및 올림픽 대표선수단의 이미지 사용권만이 포함된다.

한편 KOC는 국내 광고회사를 에이전트로 두는 경우가 많다. 이 때 국내 올림픽 마케팅 구도는 국제 올림픽 마케팅 구도와 유사하나 KOC는 국내 방송국과 직접적인 연관관계가 없으며 KOC 마케팅에 참여하는 기업이 상대하는 방송국 및 팬(소비자)은 국내 방송국(〈9〉경로) 또는 국내 팬(〈10〉경로)에 한정된다.

---

4) TOP프로그램에 참여하는 기업과 방송국과의 관계(〈6〉경로), 기업과 팬과의 관계(〈7〉경로) 그리고 방송국과 팬과의 관계(〈8〉경로)는 〈그림 3-2〉에서 나이키와 방송국, 나이키와 팬 그리고 방송국과 팬과의 관계와 성격이 같으므로 여기서는 별도의 설명을 생략하기로 한다.

5) NOC에는 올림픽 개최국도 당연히 포함된다.

(2) FIFA 월드컵 이벤트

FIFA 월드컵 마케팅 매커니즘을 〈그림 3-4〉를 통해 알아보도록 하자. 〈그림 3-4〉에서는 스폰서로 참여하는 기업과 팬(소비자)과의 관계, TV방송국과 팬과의 관계 그리고 경기라는 상품을 직접 생산하는 집단과 팬과의 관계를 생략하고 있다. 이들 관계의 원리는 〈그림 3-2〉 박찬호 마케팅 매커니즘 〈그림 3-3〉 올림픽 마케팅 매커니즘에서의 원리와 기본적인 성격이 동일하기 때문이다.

경기라는 상품을 생산하는 과정은 올림픽의 경우와 같다. 여기서 생산집단의 주요 구성요소는 FIFA, LOC(Local Organizing Committee: 개최국 조직위원회) 그리고 선수를 파견하는 NFA, 즉 각 지역 예선전을 통과한 국가의 축구협회이다. FIFA, 에이전트 그리고 IS4(Inter soccer 4: 올림픽의 TOP프로그램과 유사한 것으로서 스폰서 참여 기업 유치프로그램임)에 참여하는 기업간의 삼각관계는 올림픽에서 IOC, Meridian 그리고 TOP 프로그램에 참여하는 기

그림 3-4 FIFA 월드컵 마케팅 매커니즘

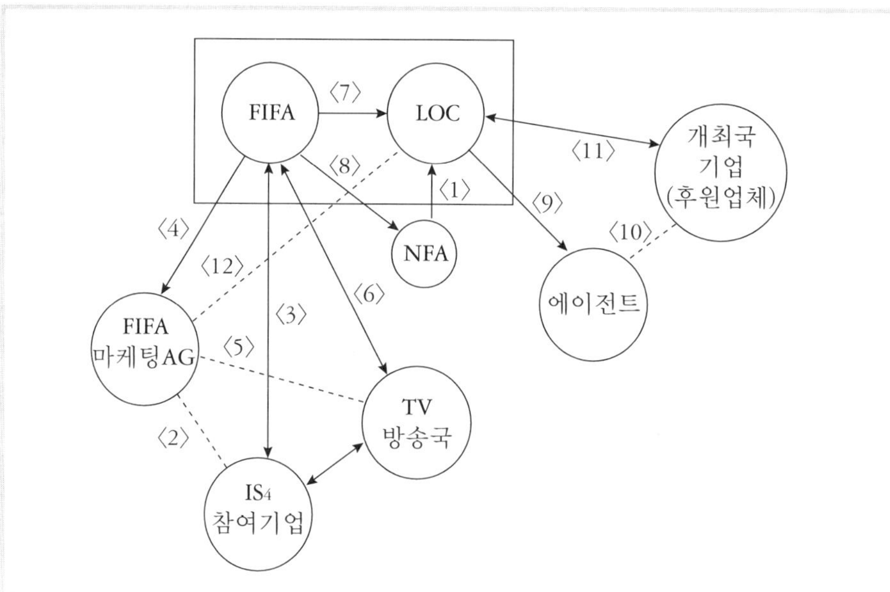

업간 삼각관계와 같다. 그러나 올림픽 마케팅에서는 TV중계권 판매에 에이전트가 개입하지 않았으나 월드컵 축구경기에서는 에이전트가 판매를 대행하고 있다. 이를 나타내는 것이 〈5〉경로이다.

그러면 FIFA는 수익금을 어떻게 분배하는지 알아보도록 하자. FIFA가 거두어들이는 주요 수입에는 IS4에 참여하는 기업으로부터 받는 스폰서 수입, TV 중계료 수입 그리고 입장료 수입 등이 있다. 이러한 총수입의 일정 부분과 입장권 판매액 가운데 일정 부분 또는 전액[6)]을 LOC에게 일단 분배한다. 그리고 나머지 수익 가운데 FIFA 기금, 대회개최 관련비용 및 기타 명목의 비용을 제외한 순수익 가운데 일정 부분을 또 다시 LOC에게 분배한다. 이 과정을 나타내는 것이 〈7〉경로이다. 순수익의 일정 부분[7)]은 〈8〉경로를 통해 월드컵에 참가한 NFA에 분배된다.

월드컵 축구경기에서는 대회조직 위원회인 LOC도 마케팅 활동을 한다. 대회조직위원회는 에이전트를 선정[8)]하며, 에이전트는 개최국 후원업체 선정 및 마케팅 활동을 대행한다. 〈그림 3-4〉에서 〈9〉~〈11〉경로가 이를 나타내고 있다. LOC가 자체적으로 마케팅 활동을 하는 데에는 FIFA의 에이전트 승인을 거쳐야 하는 부분이 있는바, 서로 긴밀한 협조체제를 유지해야 한다(〈12〉경로). 결국 월드컵 축구 마케팅은 FIFA, LOC 그리고 대행사 간의 상호 긴밀한 협력관계를 유지하는 삼각형 구도를 이루고 있다고 할 수 있다.

지금까지 올림픽과 월드컵 축구대회의 마케팅 매커니즘에 대해 설명했다. 그런데 이러한 매커니즘은 기본적인 구도에 불과하며 경기 때마다 에이전트 선정방식, 에이전트에 대한 권한 이양 방식 그리고 TV 중계권 판매 방식 등에서 조금씩 다르게 나타난다는 것을 명심하기 바란다.

---

6) 2002년 대회 때에는 입장권 수입 전액을 조직위에게 분배했다.
7) 여기서 일정 부분이라고 한 것은 대회 때마다 %가 달리 적용되기 때문이다.
8) 개최되는 국가에 따라 에이전트가 선정되지 않을 수도 있다.

연습 · 토의문제

• 프로축구의 이영표는 과거 네덜란드 아인트호벤이라는 팀에서 선수 생활을 한 적이 있습니다. 아인트호벤은 이영표에게 연봉을 지급할 뿐만 아니라 이영표의 전 소속팀인 안양 LG에 이적료를 지불했습니다. 그런데 아인트호벤은 이러한 이적료의 대부분을 국내 방송사로부터 중계료를 받아 충당했다고 합니다. 물론 '이영표의 이적' 및 '국내 방송사 중계료 지불' 에는 이영표의 에이전트가 개입했습니다. 과거의 일이긴 하지만 다소 특이한 현상으로 알려지고 있어 연구해 볼 가치가 있다고 판단됩니다. 이영표 이적 이야기를 그림을 그려가면서 다시 한번 이해해 봅시다.

제 2 부

에이전트의 업무(1):
고객이 팬인 경우 마케팅 전략

제 1 부에서는 에이전트가 스포츠 마케팅을 담당하는 담당자 또는 전문가라고 했다. 제 2 부에서는 에이전트들이 구체적으로 어떤 일을 하게 되는지 알아보기로 한다. 특히 스포츠 시장에서는 팬이 가장 중요한 고객이라는 점을 감안하여 팬을 상대로 한 마케팅 전략에 대해 언급한다. 전반적인 내용은 스포츠 마케팅의 일반적 전략에 대하여 이야기하고 있기 때문에 일반 제품의 마케팅 논리와 크게 다를 바가 없다. 따라서 제 2 부에서는 마케팅 전략 전체의 매커니즘 파악에 중점을 두기로 한다.

제 4 장

스포츠 시장에서 팬의 위치

스포츠팬은 TV 방송국 그리고 기업과 함께 스포츠 시장의 3대 고객이라고 제 1 부에서 이야기한 적이 있다. 스포츠 단체의 입장에서 보면 팬들에 의한 입장료 수입은 TV 중계료 수입이나 기업의 스폰서 수입에 크게 미치지 못한다(한국의 경우 입장료 수입이 최대 수입원으로 자리잡고 있다). 그러나 팬이라는 고객은 실질적으로 스포츠가 산업이 되게 하는 원동력이며, TV 방송국이나 기업 등 다른 고객으로 하여금 스포츠 상품 구매를 촉진하는 장본인이기도 하다.

이제 그 이유를 설명해 보자. 제 1 부에서 TV 방송국이 스포츠 상품을 필요로 하는 목적은, 시청률을 높이는 것이라고 언급한 적이 있다. 여기서 좀더 구체적으로 이야기해 보자. TV 방송국이 시청률을 높인다는 것은 누구를 상대로 하는 것인가? 당연히 팬이다. 팬이 없으면 TV 방송국이 시청률을 높이니 마니 하는 이야기는 성립되지 않는다. 팬들이 재미를 느끼지 못하면 TV 중계방송도 별 의미가 없기 때문이다.

기업의 입장을 보자. 기업이 스포츠 상품을 필요로 하는 목적은 광고 등 촉진(Promotion)수단으로 이용하기 위한 것이라고 했다. 즉 스포츠를 이용한 광고를 통해 자기 기업의 이미지를 높이거나 자기 기업 제품의 인지도를 높이기 위한 것이다. 그런데 이러한 광고는 누구를 대상으로 하는가? 자기 기업제품을 누구에게 많이 팔아먹으려는 것인가? 역시 팬이다. 팬들의 깊은 관심을 끌지 못하면 아무리 비싸게 스포츠 상품을 구입하더라도

해설 4-1 영화 에디와 팬의 위치

「에디」라는 영화는 '우피 골드버그'가 주연한 것으로서 1996년 국내 개봉되어 청소년 사이에 꽤나 인기를 끌었다. 영화 속에서는 NBA 뉴욕 닉스 구단의 이야기가 주제로 다루어진다. 성적 부진으로 헤매고 있는 뉴욕 닉스구단을 '빌'이 인수하여 '에디'를 새로운 감독으로 선임한다. 그 이후 이 팀은 승승장구하였으며 인기도 갈수록 높아져 간다. 구단주 '빌'은 이 때를 구단 가격이 최고조에 오른 시기로 판단하고 다른 도시(세인트루이스)로의 매각을 추진한다. 여기서 우리는 미국에서는 구단도 시장에서 거래가 원활히 이루어지는 상품이라는 걸 알게 된다.

그런데 더욱 중요한 것은 그 다음 대목이다. '에디'는 '빌'의 구단 매각을 저지하기 위해 관중들과 합세한다. 결국 구단주 '빌'의 구단 매각은 실패로 돌아간다. 그 때 '에디'가 '빌'에게 던진 말.

"당신이 구단주이니까 당신 마음대로 구단을 팔 수는 있습니다. 그러나 당신이 팬들을 마음대로 사고 팔지는 못합니다. 팬이 없으면 재미가 없고 재미가 없으면 그 경기는 잠시뿐입니다."

비록 실제상황이 아니고 영화 속의 이야기이지만 스포츠 시장에서 팬의 위치를 가장 분명하게 보여주는 대목이라고 할 수 있다.

소용이 없다. 그러니까 TV 방송국이나 기업이라는 스포츠 상품의 주요 고객은 또 다른 고객인 팬들의 관심을 끌기 위해 스포츠 상품을 구입한다는 것이다.

우리는 여기서 3대 수요자를 연계시켜주는 것이 무엇인지를 알게 된다. 바로 재미이다. 재미가 있어야 TV 중계방송도 기업 스폰서도 관중도 늘어나기 마련이다. 그리고 이러한 재미는 궁극적으로 팬에게 귀결된다는 것도 알았다. 제 1 부에서 언급한 스포츠 산업의 정의가 새삼 생각난다. "스포츠 산업이란 재미를 생산한다"는 것을. 결국 스포츠 시장에서 팬은 TV 방송국이나 기업에 비해 손은 작지만 실질적으로는 가장 중요한 고객인 셈이다. 어떠한 스포츠 경기의 중계방송을 보더라도 "…팬을 위하여, …팬을 즐겁게 하기 위하여…"라는 해설이 꼭 따라붙는 것도 바로 이 때문이다

(〈해설 4-1〉 참조).

팬이 스포츠 상품의 고객 가운데 가장 중요하다고 했다. 그러면 팬이라는 고객은 왜 스포츠 상품을 선호하는 것일까? 스포츠가 팬들의 시선을 모으는 것은 팬들에게 대리 만족 또는 스트레스 해소의 기회를 제공하기 때문이다. 스포츠 경기는 내용과 형식이 생존의 문제를 걸고 치열한 경쟁을 벌여야 하는 사회적 현실과 유사한 성격을 가진다. 경기의 내용과 규칙, 선수들의 행동 모두는 삶의 과정과 사건들을 상징적이고 전형적으로 종합해 놓은 것이다(정희정, 1998 p. 205). 그래서 경기에 임하는 선수들의 모습에 경쟁 사회를 살아가는 자신의 모습을 투영할 수 있다.

경우에 따라서는 우수선수(스타) 또는 감독과 자신을 투영하여 스포츠 경기에 가상적으로 참여하기도 한다. 일반 사람들은 신체적 기능 및 기술 면에서 선수들을 따라갈 수 없다. 그렇기 때문에 더욱 경기에 참여하여 선수가 되고 싶고 감독이 되고 싶어한다. 경기 후 선수들의 멋진 경기 모습과 실책 그리고 감독들의 작전을 평가하는 것도 이 때문이다.

한편 스포츠는 희망과 감동을 주기도 한다. 9회 말 마지막 타자가 아웃되기까지는 결코 승부를 점칠 수 없는 야구와 같이 스포츠는 언제나 희망을 주는 것이다. 9회 말에 뒤집어진 경기가 왕왕 있기 때문이다. 2002 한·일 월드컵 축구대회에서 황선홍은 미국과의 경기에서 피로 범벅된 이마에 붕대를 감고 뛰었을 때 스포츠팬들은 가슴 뭉클한 감동을 느꼈을 것이다. '희망과 감동' 스포츠에서의 이러한 매력은 결코 사라지지 않는다.

그러나 스포츠의 가장 큰 매력은 스포츠의 과정과 결과가 예상을 배반하는 불가측성에 있다. 도처에 깔린 돌발변수 때문이다. 돌발성은 강력한 반전효과를 자아낸다. 모름지기 반전은 대단히 강한 쾌락의 거푸집이다. 추리소설이 그렇게도 재미있는 것은 바로 그 반전을 양식으로 삼기 때문이다. 그래서 스포츠는 도처에 반전 요소를 매설한 서사 구조라고도 할 수 있다. 스포츠를 「각본 없는 드라마」라고 하는 이유도 바로 여기에 있다. 이야기를 좋아하는 동물인 인간이 이 흥미진진한 서사시 스포츠의 구경을 사양할 리가 없다. 즉 스포츠 관람의 핵심은 '재미'에 있다는 것이다.

1993년 카타르 도하에서는 '94년 미국 월드컵 축구 아시아 지역 최종

예선전이 열렸다. 상위 3개 팀에게 본선 진출 티켓이 주어지는데 한국은 가장 유력한 우승후보로 참여했다. 그러나 초반부터 출발이 순조롭지 못했다. 사우디와 이라크의 경기에서 종료 직전 동점골을 허용했으며 급기야 일본에게 0 : 1로 패해 자력으로는 출전이 불가능해졌다. 말하자면 탈락 직전까지 몰리게 된 것이다. 국내 팬들의 실망과 분노는 말로 표현하기 힘들 정도로 표출되었다.

대회 마지막날 한국은 북한과, 일본은 이라크와의 경기를 남겨두고 있었다. 한국이 미국 본선 대회에 나가려면 북한에게 3골 차 이상으로 이겨야 하고, 일본이 이라크에게 패하거나 비겨야 했다. 대회 조직위측은 두 경기를 시차를 두고 진행하면 담합 가능성이 있다는 이유로 동시에 다른 장소에서 개최하기로 했다.

예상대로 한국은 북한을 3 : 0으로 눌렀다. 그러나 한국과 북한간 경기가 종료될 때까지 일본은 이라크에게 2 : 1로 리드하고 있었다. 우리선수단은 물론이고 국내 팬들도 본선 진출이 좌절된 것을 기정 사실로 받아들였다. 바로 이 때 이라크가 동점골을 넣은 것이다. 경기 종료 10여 초를 남기고 한국과 일본의 명암이 갈린 것이다.

무려 15여년 전의 일이지만 당시 이 한 경기는 팬들에게 '삶의 모습이 투영된 대리 만족', '야구 9회 말과 투 아웃과 같은 상황에서도 포기하지 않고 기다리던 희망과 감동' 그리고 '돌발변수에 의한 반전효과' 등 모두를 보여 주었다. 그야말로「각본 없는 드라마」였으며, 스포츠 시장에서 팬들이 상품을 필요로 하는 이유를 가장 극명하게 설명해 준 경기였다.

연습 · 토의문제

• 모든 스포츠 경기에서는 팬을 가장 중요하게 생각합니다. 국내 어느 스포츠 구단은 팬을 두고 관중님이라고 부른 적도 있었습니다. 스포츠 시장에서 팬이 왜 그토록 중요할까요? 팬들이 부자여서 그럴까요? 그 이유를 설명해 보도록 합시다. 물론 여기에는 팬이라는 고객과 다른 고객과의 관계도 고려되어야 합니다.

제 5 장

마케팅 전략 과정 미리 보기

스포츠 마케팅 전략을 수립하는 데에는 크게 3단계의 과정을 거치는 것으로서 이는 그렇게 복잡하지 않다. 첫번째 단계가 계획을 짜는 것이다. 두 번째 단계는 마련된 계획을 실행하는 것이며 세 번째 단계는 실행한 마케팅이 제대로 되었는지에 대해 검토하고 평가하는 것이다.

그런데 스포츠 마케팅을 계획하고 실행하는 데에는 고려해야 할 요인들이 많으며 이러한 요인들은 항상 변화할 수 있다는 특징을 가지고 있다. 때로는 이러한 요인들이 전혀 예기치 못한 방향으로 흘러갈 수도 있다.

또 마케팅 조직 내부에서 책임자가 갑자기 바뀔 수도 있다. 이 밖에도 고려해야 할 요인들은 많다. 이러한 요인들을 마케팅 용어로 상황 요인이라고 한다. 따라서 스포츠 마케팅 계획을 수립하고 실행하는 데에는 이러한 상황 요인들이 변화하더라도 유연하게 대처할 수 있는 자세가 항상 준비되어야 한다. 이러한 상황 요인 대해서는 제 6 장 SWOT 분석에서 자세히 언급한다.

그러면 마케팅 계획에 대해서 이야기 해보자. 상암동 축구장에서 네덜란드 대표팀과 우리 대표팀간 축구 경기가 벌어진 적이 있다. 그러면 축구협회 마케팅 담당자(마케터) 혹은 마케팅 권한을 위임받은 대행사(에이전트)는 다음과 같은 마케팅 결정을 했을 것이다.

첫째, 누구들로 하여금 주로 경기장을 찾도록 해야 할 것인가? 중·고등학생들인지, 아니면 성인들인지? 아니면 이들 모두들인지? 서울 사람만

오게 해야 할 것인지? 아니면 서울 인근 경기도 지방 사람들도 찾게 해야 할 것인지? 스폰서 유치는 해야 할 것인지 말아야 할 것인지? 한다면 어떤 기업을 상대로 할 것인지? 방송중계 협상은 어느 방송국을 상대로 할 것인지?

둘째, 경기 그 자체말고도 팬들에게 어떤 혜택을 줄 것인지?

셋째, 입장료는 얼마로 정해야 하는지? 중계료는 얼마가 적정한지? 스폰서료는 얼마나 챙겨야 할지?

넷째, 티켓 판매는 경기장에서만 할 것인지? 대행사에게 의뢰할 것인지? 아니면 인터넷을 통해서도 판매할 것인지?

다섯째, 경기가 열린다는 것을 팬들에게 어떻게 알릴 것인지? TV를 통해서만 광고할 것인지? 신문이나 라디오에서도 광고를 할 것인지? 아니면 협회 직원 혹은 마케팅 회사(에이전트) 직원을 동원하여 직접 거리에서 홍보할 것인지?

말하자면 누구에게, 무엇을, 얼마를 받고, 어떤 방법을 통해 홍보를 하는가 하는 문제인 것이다. 여기서 '누구에게' 에 해당하는 문제를 마케팅 용어로 '시장조사 및 목표설정'이라고 한다. 이러한 '시장조사 및 목표설정'이 되지 않고서는 4P니+3P니 하는 전략은 아무런 의미가 없다. 시장조사 및 목표설정에 대해서는 제 7 장에서 설명한다.

그리고 '누구에게'를 제외한 '무엇을', '얼마를 받고' 등등을 마케팅 전문용어로 4P(Product, Price, Place, Promotion)라고 한다. 4P전략에 대해서는 제 8 장에서 다시 이야기한다.

그런데 4P전략은 일반적인 제품 마케팅 전략에서 이야기되는 것과 큰 차이가 없다. 스포츠 마케팅에는 이러한 4P전략으로 충분히 설명하기 어려운 부분이 있다. 예를 들어 축구나 야구 그리고 농구 등 대부분의 스포츠 경기에는 휴식시간이 있다. 축구에서는 전반전 후반전 사이, 야구에서는 공격과 수비가 교대되는 사이 그리고 농구에서는 쿼터와 쿼터 사이 또는 작전타임 등이 여기에 해당한다. 이 때 관중들은 무료감을 느낄 수 있다. 이러한 때 마케팅 담당자들은 팬들을 위해 어떤 전략을 구사할 것인가? 이러한 문제에 대해 4P만으로는 충분한 해답을 찾을 수 없다. 경기장 안쪽에서건 바깥쪽에서건 마케팅 회사 직원(구단 직원 포함)들은 팬들과 직접 대면하는 경우가 많다. 이러한 경우 직원들이 팬들을 어떻게 대해야 하나? 이 문제 또한 4P로는 설명이 어렵다. 그리고 경기장 내 안내판은 어떻게 세울 것인가? 직원들이 신바람나게 일을 하도록 하기 위해서는 어떠한 전략이 필요한가? 등등의 문제해결에도 4P전략으로는 한계가 있다. 이러한 문제들은 경기 승패와 상관없이 팬들에게 주는 이미지 등에서 중대한 영향을 미친다. 이러한 문제에 대처하는 것을 +3P(Process, Physical evidence, People) 전략이라고 한다. +3P전략에 대해서는 제 9 장에서 설명한다.

이제 마지막 단계인 '실행 및 평가'에 대해 이야기해 보자. 말 그대로 실행단계란 계획된 마케팅을 실행에 옮기는 것이다. 아무리 좋고 잘된 계획이라도 적절하게 실행되지 않으면 아무 쓸모가 없다. 실행단계에서의 성패에는 리드의 역할 및 조직의 형태(기업형 에이전트인 경우)가 매우 중요하

그림 5-1 스포츠 마케팅 과정의 기본 구도

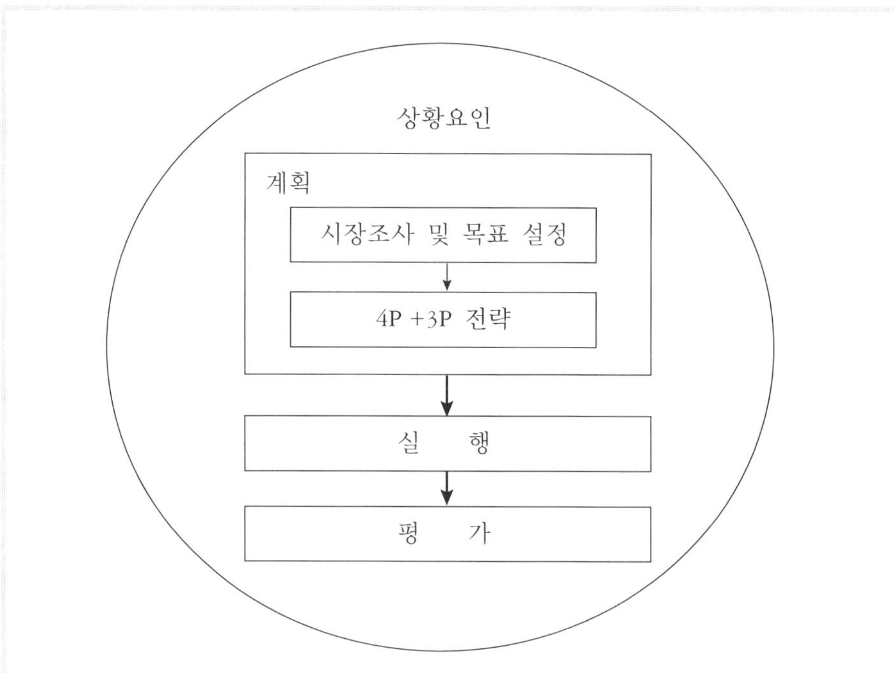

다. 평가 단계에서의 업무는, 마케팅 활동의 결과와 당초 계획했던 목표를 비교·평가한 다음 미진한 부분이 있으면 계획을 보완하고 예상보다 잘 된 부분이 있으면 이 부분을 더욱 살려나가도록 하는 것이다.

결론적으로 말해 마케팅 전략에서 계획수립, 실행 및 평가는 우리가 학교에서 시험을 칠 때, 시험준비-시험-평가(채점)의 과정과 다를 바가 없다. 그러나 스포츠 마케팅에서는 모든 전략 과정에서 고려해야 할 상황 요인들이 많다는 것에서 차이가 있다.

〈그림 5-1〉은 지금까지 설명한 스포츠 마케팅의 기본 구도를 나타내고 있다.

♠ 연습 · 토의문제

- 스포츠 마케팅 전략을 수립하고 실행한 다음 평가하는 과정은 중·고등학교 다닐 때 기말시험을 치는 과정과 비슷하다고 했습니다. 그림을 그려가면서 이들의 과정을 비교 · 이해해 봅시다.

제 ⑥ 장

SWOT 분석

앞에서도 언급한 적이 있지만 마케팅 전략 수립에서 고려해야 할 각종 상황 요인들은 마케팅 계획을 수립하고 실행하는 데 필요한 지식과 정보를 제공해 준다.

이러한 상황 요인들에는 경쟁사의 태도, 팬들의 주머니 사정 등 외부의 상황 요인이 있는가 하면, 마케팅 조직 내부 직원들의 업무능력, 조직의 목표 등과 같은 내부의 상황 요인도 있다.

1. 외부 상황 요인

(1) 경　　쟁

우리가 가장 먼저 생각할 수 있는 외부 상황 요인은 경쟁이 아닌가 싶다. 쉽게 말하면 라이벌이 어느 정도의 힘을 가지고 있는지, 어떤 장점과 약점을 가지고 있는지 그리고 이러한 라이벌이 계속해서 라이벌 관계를 형성할 것인지, 또한 라이벌과 항상 적대관계를 형성하는 것이 바람직한 것인지 아니면 협력하는 것이 바람직한 것인지에 대한 분석이 중요하다는 것이다. 마케팅 계획이 아무리 뛰어나도 라이벌이 먼저 같은 방법을 실행하거나 또는 자기 팀의 방법을 모방해서 사용하면 그만큼 가치가 떨어지고 효과를 제대로 낼 수 없기 때문이다.

그런데 여기서 라이벌이라는 의미에 대해 약간의 설명이 필요하다. 예를 들어 국내 프로야구의 경우, 두산 베어스라는 팀에게 LG 트윈즈나 기아 타이거스 그리고 삼성 라이온즈라는 팀은 진정한 의미에서 라이벌이 아니다. 물론 두산 베어스와 LG 트윈즈는 서울이라는 같은 지역을 두고 팬 유치 경쟁을 벌여야 하기 때문에 어떤 의미에서는 라이벌이 될 수 있다. 그러나 스포츠 세계에서 같은 종목의 팀은 라이벌이라기보다는 동업자로 보는 것이 바람직하다. 즉 경기에서는 라이벌이라고 하더라도 스포츠 마케팅에서는 라이벌이 될 수 없다는 의미이다.

스포츠 시장에서는 서로 다른 종목이 라이벌로 자리를 잡게 된다. 예를 들어 국내 프로야구와 프로 축구는 같은 날 경기를 하는 경우가 있다. 이렇게 되면 야구와 축구는 라이벌이 된다. 프로 농구의 경우 대부분의 경기가 겨울에 치르지는바, 야구 및 축구와는 경쟁 정도가 낮다. 그러나 프로 배구와는 경쟁 관계를 형성할 수 있다.

스포츠 팀은 반드시 스포츠 팀과 경쟁하라는 법칙은 없다. 예를 들어 야구장이나 축구장에서 경기가 개최되는 날 시내 극장에서 매우 재미있는 영화를 상영한다고 가정해 보자. 그러면 경기장을 찾는 관중이 줄어들기 마련이다. 왜냐하면 스포츠 상품이나 영화는 사람들에게 '재미'를 주는 공통점을 가지고 있기 때문이다. 실제 국내 영화산업의 경우 1998년부터 시작된 멀티플렉스 건설로 인해 종전에 비해 관객들이 크게 늘었다.

영화 산업뿐만 아니라 온라인 게임 즉 사이버 오락 또한 스포츠의 강력한 라이벌로 대두되고 있다. 당초 온라인 게임은 참여형으로 시작되었으나 이후 스포츠처럼 리그 게임 형태로 발전하였으며 이는 관람 고객의 증대로 이어지고 있다. 앞으로도 온라인 게임 산업은 세계 최고 수준의 초고속 인터넷 보급률과 비디어 게임의 온라인화에 힘입어 급격히 성장할 것으로 예상된다. 즉 사이버 오락 또한 시장에서 고객을 두고 스포츠와 경쟁을 벌여야하는 상대라는 것이다.

스포츠팀과 영화업계 혹은 게임업계간에는 반드시 경쟁만 존재하는 것이 아니다. 이들 업종간에도 상호 협력을 통해 마케팅할 수도 있다.(〈사례

사례 6-1 경쟁회사간 공동마케팅

게임·스포츠 공동 마케팅 시대
EA 'MVP 베이스볼' PSP 발매 기념 선수들과 이벤트

"쳤습니다~ 홈런입니다~."

지난 12일 오후 1시. 잠실 야구장 두산 베어스와 기아 타이거스 경기 전 이색 이벤트가 벌어졌다. 전광판에 두산 선수들끼리의 홈런 쇼다운(누가 홈런을 많이 치는가 경쟁하는 미니게임)이 펼쳐진 것. 타석에 들어선 선수들이 박명환 서동환 등 모두 투수라는 점이 더욱 흥미롭다.

재미있는 사실은 이들이 손에 든 것이 야구 배트가 아닌 조그마한 조이스틱이라는 점. 이날 잠실 경기장에서는 EA의 PSP(Playstation Portable)용 발매(7월 15일)를 기념해 두산 베어스 박명환, 서동환 선수와 도우미 등이 참가, 야구 시작 전 이벤트를 실시했다.

또한 한수정 EA 코리아 사장은 두산 베어스 주장 김동주에게 플레이스테이션2(PS2) PSP 등 게임기와 게임 타이틀도 증정했다. PS2와 PSP 등 게임기는 선수단 휴게실에 설치돼 휴식시간에 선수들의 긴장 해소와 경기력 향상에 도움을 줄 것으로 기대된다. EA 코리아와 두산베어스는 이달 7일 계약을 맺고 전광판 광고 등 2005 야구시즌 내내 공동 마케팅을 벌이기로 협의한 바 있다.

이 같은 상황은 EA 코리아뿐이 아니다. 최근 게임계가 성장하며 스포츠계와의 공동 마케팅이 크게 증가하고 있는 것.

파란(www.paran.com)이 서비스 중인 농구게임 〈프리스타일〉은 지난 12일 오후 4시 서울 삼성동 코엑스몰에서 한국인 최초의 NBA 플레이어 하승진(19. 포틀랜드 트레일블레이저스)이 참가한 이벤트를 실시했다. 하승진은 자신의 홈페이지에서 신청을 받아 선정한 2명의 일반팬과 한 팀을 이뤄 온게임넷 파란 프리스타일 리그 챔피언팀인 '프리휘즈'와 한판 승부를 겨뤘다.

㈜한빛소프트(대표 김영만)가 퍼블리싱하는 온라인 최초의 캐주얼 야구게임 〈신야구〉(www.newbaseball.co.kr)도 지난 7일 한화 이글스 홈인 대전 구장에서 1980년대 한국 최고 투수 중 하나인 최동원 코치(한화 이글스)와 이벤트를 벌인 바 있다.

〈일간스포츠, 2005. 6. 14〉

6-1〉 참조).

그런데 스포츠와 라이벌간 공동 마케팅이 존재한다는 것은 스포츠가 아닌 여타 라이벌간 공동 협력도 생각해 볼 수 있다. 스포츠가 아닌 여타 라이벌간 공동 협력은 스포츠계를 더욱 위협하는 존재가 될 수 있다는 의미이다.

(2) 기 술

기술의 발전은 스포츠 상품 부가가치 증대에 많은 공헌을 해왔다. 예를 들어 테니스 경기는 소재의 기술 진보 덕분에 공의 회전은 더 많이, 볼의 속도는 더 빠르게 그리고 소모되는 체력은 더 적게 되는 방향으로 발전했으며 축구공 및 축구화의 경우에도 기술진보 덕분에 반발력과 회전력이 더욱 높아지는 방향으로 발전되어 왔다. 이 밖에 사이클, 장대높이뛰기, 스키, 골프 등 기술진보의 덕을 보지 않은 스포츠 상품은 거의 없다.

그런데 기술의 발전은 스포츠 상품 자체의 부가가치뿐만 아니라 팬들의 태도에도 변화를 가져오고 있다. 웬만한 경기장에는 대형 모니터가 설치되어 있다. 집에서 TV를 통해 경기를 보는 것보다 경기장에서 직접 보는 경우, 결정적인 순간 슬로우 모션으로 다시 볼 수 없다는 약점이 있었다. 그러나 경기장에 모니터가 설치됨으로써 이러한 약점은 크게 해소되었다. 즉 기술의 발전이 팬들의 성향에 변화를 가져왔다는 것이다. 또 다른 예도 있다. 모든 스포츠 구단은 인터넷 홈페이지를 개설해 두고 있다. 여기에는 모든 선수들의 각종 기록과 활약상 심지어 팬들의 의견을 직접 들어보는 마당도 마련되어 있다. 팬들은 인터넷을 통해 미리 많은 정보를 가진 다음 경기를 관전하기도 한다. 이러한 경우 경기에 더욱 흥미를 느낄 수 있을 것이다.

한편 기술의 발전은 팬들의 감소를 가져올지도 모를 일이다. 예를 들어 TV 방영의 디지털화가 실현되면 구장을 찾는 팬들보다 집에서 TV 또는 인터넷을 통해 쌍방향 커뮤니케이션을 이용하여 게임을 즐기는 팬들이 늘어날 수 있다. 또한 실제상황과 유사한 스포츠 게임소프트가 만들어지면 실제 경기보다는 게임에 더 많은 관심을 가질 지도 모른다. 즉 기술의 발전으로 인해 구장으로 많은 팬들이 몰릴 수도 있고 오히려 감소할 수도 있다는 것이다.

기술의 발전이 스포츠 마케팅에 유리할지 그렇지 않으면 불리할지는 스포츠 마케팅 담당자들이 기술의 종류, 적용되는 대상 등을 감안하여 판단해야 한다.

(3) 문화 · 사회적 성향

문화 · 사회적 특성이라고 하면, 종교, 언어, 젊은이들의 행동 변화 등을 연상시킨다. 한국에서는 오직 우리말만이 통용되기 때문에 언어적 성향이 문화 및 사회적 성향 가운데 하나라고 할 수는 없다.[1] 그렇다면 스포츠 마케팅 전략 수립에 영향을 주는 다른 문화 · 사회적 성향을 찾아보자.

국내 축구장에서의 '붉은 악마' 활동은 문화 · 사회적 성향(젊은이들의 행동 변화)을 나타내는 대표적인 경우이다. 이들의 응원 스타일에는 독특한 면이 있다. 결정적인 골 찬스 때 잠깐 흥분하기보다 상황의 변화에 구속되지 않고 응원 그 자체에 몰입하는 집단적인 응원을 원칙으로 한다. 그것은 다른 말로 하면 하나의 독자적인 공연이자 행위예술이다(이동연, 1998). 이러한 붉은 악마의 활동은 6 · 25 이후 국내에 깊게 뿌리를 내리고 있던 레드 콤플렉스를 해소하는 데 크게 기여했을 뿐만 아니라 2002년 한 · 일 월드컵 축구대회에서 한국 대표팀이 4강에 진입하는 데 결정적 역할을 하기도 했다. 또한 각 구단(축구단)의 서포터즈 확대로 연결되었으며, 각 구단은 마케팅 전략 수립에 반드시 서포터즈의 입장을 고려하지 않으면 안 되게 되었다.

천안에 근거지를 두었던 일화 축구팀이 2000년부터 성남으로 이전하였다. 그러나 이전과정에서 일화구단은 우여곡절을 겪었다. 성남시 의회에서 일화 구단을 두고 "특정 종교단체에서 운영…"라는 이유로 거세게 반대를 했기 때문이다. 이것 또한 종교라는 문화 · 사회적 성향이 마케팅 전략에

---

1) 미국 MLB의 경우 캐나다 몬트리올 지방에서는 불어로 경기를 중계방송한다. 이 지방의 주요 언어는 불어이기 때문이다.

영향을 미칠 수 있는 사례라고 할 수 있다.

(4) 자연적인 환경

자연적인 상황에 가장 많은 영향을 받는 스포츠는 당연히 스키, 서핑 등 계절 스포츠이다. 굳이 계절 스포츠가 아니더라도 자연적인 환경을 고려하여 마케팅 전략을 수립해야 하는 스포츠가 늘어나고 있다. 예를 들어 야구장의 돔 구장 건설이나 축구장의 관중석에 지붕을 덮는 것도 비가 내릴 경우, 팬들의 불편을 감소시켜보고자 하는 전략의 일환이다. 최근 환경단체의 목소리가 높아짐에 따라 골프경기협회는 이들과의 마찰을 줄이기 위해 많은 노력을 하고 있다. 이러한 사례들은 자연적인 상황이 스포츠 마케팅 전략 수립에 영향을 미칠 수 있다는 것을 보여주고 있다.

한편 국내에서는 잠실 경기장에서 대형 축구 이벤트가 개최될 경우(예: 1999년 3월 한국과 브라질 축구 경기) 팬들의 시각적인 효과를 높이기 위해 잔디에 페인트칠을 한 적이 있다. 왜냐하면 경기가 개최되는 시기가 초봄인 만큼 잔디가 푸르지 못해 맨땅처럼 보여 팬들이 느끼는 재미가 반감될 수 있기 때문이다.

년 초에는 남해에서 가끔 한국 중국 및 일본 프로 축구팀의 친선 경기가 열린다. 일종의 윈터 리그인 셈이다. 남해에서 경기가 개최된다는 것 자체가 자연적인 한계(겨울)를 극복하고자 하는 의도에서 출발했다.

(5) 정치적 · 법적 · 규제적 환경

정치적 · 법적 · 규제적 환경이 스포츠 마케팅 전략 수립에 중대한 영향을 미치기도 한다. 최근 미국에서는 구단이 건설하여 자치단체에 기부하는 형식으로 구장이 건설되는 경우도 있지만 대부분의 대형 경기장은 자치단체의 경비로 건설된다고 한다. 우리 나라에서도 경기장 건설에 필요한 경비를 지방자치 단체가 부담하는 경우가 대부분이다. 지방자치 단체의 부담이라는 것은 결국 그 지방 주민들이 낸 세금을 의미한다. 따라서 그 지방

출신 국회의원 혹은 지방의원들이 정치적 목적으로 구장 건설을 반대할 경우 그 경기장을 사용하는 팀의 마케팅 전략에는 차질을 가져올 수밖에 없다.

2000년 서울시 체육시설 관리공단이 잠실 경기장 내 맥주판매 허용을 추진했다가 청소년에게 술을 팔 수 없다는 규정으로 인해 두 손을 들고 말았다.[2)] 당초 구장 내 맥주 판매가 허용될 것으로 기대했던 LG 트윈즈 및 두산베어즈의 마케팅 전략도 차질을 가져오게 되었음은 두말할 나위가 없다. 이 것 역시 정치적 · 법적 · 규제적 환경이 마케팅 전략에 영향을 미칠 수 있는 사례라고 할 수 있다.

실제 국내에서는 조세 규정이 스포츠 구단의 마케팅 활동에 차질을 가져오는 사례가 있다(〈해설 6-1〉참조).

해설 6-1 조세 규정과 마케팅 활동

국내 프로 스포츠 시장에서는 구단이 마케팅 활동을 열심히 하면 할수록 손해를 본다는 인식이 팽배해 있다. 마케팅 활동을 열심히 하면 할수록 구단이나 모기업이 모두 세금을 내야 하는 이중적 구조 때문이다.

예를 들어, A라는 모기업과 a라는 스포츠 구단이 있다고 가정하자. a스포츠 구단의 연간 각종 경비의 합계가 100억 원 이며 이 가운데 구단이 자체적으로 해결할 수 있는 금액은 50억 원 이라고 한다면 a 구단은 모기업인 A로부터 50억 원(광고비 형식으로)을 지원받게 된다. a 스포츠 구단은 50억원의 자체조달금과 50억원의 모기업 적자보전금으로 인해 수지 균형을 맞추게 된다.

이제 스포츠 구단이 마케팅 활동을 열심히 하여 자체적으로 조달할 수 있는 금액이 60억 원이라고 가정해 보자. 그러면 이 구단은 모기업으로부터 50억 원의 광고 수입(지원금)을 받아 전체적으로 10억 원 정도의 영업이익이 발생하게 된다. 스포츠 구단은 10억 원의 이익금에 해당하는 세금(법인세)을 납부한다.

이 때 모기업인 A 기업의 입장에서 살펴보자. A는 a라는 스포츠 구단에 50억 원을 지불하고 광고권(구단 명칭 사용권 등)을 사들인다. 이 때 A는 현행 조세 규정상 10억 원에 대해 세금을 납부해야 한다. 국내 조세 예규(1982. 2.

2) 2003년 5월 1일부터 잠실 경기장 내 주류 판매가 부분적으로 허용되고 있다.

26)에 따르면 모기업이 스포츠 구단에게 지원하는 금액에 대해 광고선전비로 인정하여 손비처리가 가능하도록 되어 있다. 그런데 손비처리가 가능한 금액이 스포츠 구단의 결손금 이내로 한정하고 있다. 따라서 모기업이 50억원을 지원하게 되면 40억 원은 정당한 광고금액으로 인정되지만 10억원에 대해서는 정당한 비용으로 인정되지 않는다. A라는 모기업 입장에서도 10억원이라는 금액은 비용이 아닌 수익으로 인정되어 세금을 납부해야 한다는 것이다. 결국 A라는 모기업과 a라는 스포츠 구단은 같은 금액에 대해 두 번의 세금을 내는 형태가 된다. 따라서 A라는 모기업은 50억 원이 아닌 40억 원을 a구단에게 지불하게 되는 경우가 많다.

다시 a라는 스포츠 구단 입장으로 돌아가 보자. a구단이 마케팅 활동을 열심히 하여 자체적으로 조달할 수 있는 금액이 90억 원이면 모기업으로부터의 지원금은 10억 원이 되며, 역으로 구단이 자체적으로 조달할 수 있는 금액이 10억 원이면 구단으로부터의 지원금은 90억 원이 된다. 어떻게 하든 구단은 수지 균형을 맞출 수 있기 때문에 마케팅 활동을 열심히 할 이유가 없다는 것이다.

김화섭, 임동순(2001)

(6) 인구 통계

인구의 특성을 나타낸 것이 인구 통계이다. 인구 통계에는 인구수를 비롯하여 나이, 인종 분포, 인구 이동 등이 포함되어 있다. 인종 분포는 특히 미국에서 중요한 의미를 가진다. 미국 프로야구 LA다저스의 경우 80년대 초 멕시코 출신 발렌수엘라를 앞세워 마케팅에 크게 성공한 예가 있다. 이는 LA지역에 중남미 출신인 히스패닉이 많이 살고 있기 때문이다. 80년대 후반부터 아시아계 미국인 많아짐에 따라 아시아 출신 선수들에 관심을 가지기 시작했으며, 대표적인 선수가 일본출신 노모와 우리 나라 출신 박찬호이다. 이들이 팀에 소속함으로써 아시아계 출신 미국인을 상대로 마케팅 전략을 수립하기가 수월하기 때문이다.

미국 NBA에는 '토론토 랩토스' 라는 팀이 있다. 물론 캐나타 토론토에 연고를 두고 있다. 이 팀은 수시로 중국인의 밤(Chinese night)이라는 이벤트를 가지며 그룹 티켓 판매 행사를 가진다. 캐나다 토론토에 많은 중국인이 거주하고 있음을 쉽게 짐작할 수 있다.

그런데 우리 나라의 경우 인종 분포니 인구 이동이니 하는 것은 별 의미가 없다. 오로지 인구수만이 가장 큰 영향력을 가지고 있다. 2000년 SK가 야구팀을 창단하면서 서울 연고를 강력히 원했다. 타 구단의 반대로 우여곡절 끝에 인천으로 결정되었다. 왜 SK가 서울을 원했으며 타 구단이 반대했는가? 대답은 간단하다. 서울에는 사람이 많기 때문이다. 사람이 많다는 것은 수익을 높일 수 있는 기회가 많다는 것이다. 사람이 많으면 마케팅 전략 수립 및 실행에 비슷한 노력을 기울이고도 더 많은 효과를 거둘 수 있기 때문이다.

프로농구계에서 삼성 썬더스와 SK 나이츠가 당초 수원 및 청주에 연고를 두고 있다가 서울로 옮겼다. 이들 두 구단은 연고지역을 서울로 옮기면서 속칭 비싼 권리금을 지불했다. 즉 서울에는 인구가 많아 장사(마케팅)가 잘 될 것이라고 보기 때문에 비싼 프리미엄을 낸 것이다.

(7) 경제 사정

경제 사정 또한 스포츠 마케팅 전략 수립에 중대한 영향을 미친다. 경제 사정이 호경기인지 불경기인지에 따라 마케팅 전략도 달라져야 되며, 개인들의 소득수준에 의해서도 영향을 받는다. 여기서 개인들의 소득수준이란 재량(discretionary income) 소득[3]을 의미한다. 개인들의 재량 소득 크기에 따라 스포츠 상품 판매도 크게 달라질 수 있다.

그런데 경제 사정이 나쁘다고 해서 스포츠 상품의 판매가 반드시 감소하는 것은 아니다. 예를 들어 1998년 국내 프로야구는 전년에 비해 관중이 32%나 줄어드는 최악의 시즌을 맞기도 했다. 이러한 현상은 IMF 관리경제에 의해 크게 영향을 받은 것임에 틀림이 없다. 반면 같은 해 축구 관중은 사상 처음으로 200만 명을 넘어서기도 했다. 즉 경제사정이 좋지 않더라도

3) 총소득에서 세금을 빼면 가처분소득(disposable income)이 된다. 가처분소득에서 생활에 꼭 필요한 비용을 제외하고 남는 소득이 재량소득이다.

마케팅 전략에 따라 팬들을 오히려 증대시킬 수도 있다는 것을 명심해야 한다.

실제 연구에서도 경기장을 찾는 관중 수는 그 지역 인구수보다는 여타 마케팅 요인에 보다 밀접한 관계가 있는 것으로 나타났했다(임동순 · 김화섭, 2003).

2. 내부 상황 요인

내부의 상황 요인의 변화로는 우선 조직의 사명 및 목적 변화를 들 수 있다. 예를 들어 어느 구단의 사명과 목적이 다음과 같다고 하자.

사명: 연고지 시민의 정신건강을 증대시킨다.
사업 목적: 팬들을 만족시킬 수 있는 방안을 꾸준히 연구한다.
마케팅 목표: 관중 동원을 전년에 비해 10% 증대시킨다.

위에서 보는 바와 같이 사명, 목적 및 목표의 차이점은 목표→목적→사명으로 갈수록 장기적인 성격을 가지며 추상적이다. 그 반대의 경우 단기적인 성격이 강하며 구체적이다. 그런데 사명, 목적 및 목표 가운데 어느 하나 혹은 전부다 바뀌거나 다른 내용이 추가될 수 있다. 예를 들어 사명에서 '연고지'가 보다 넓은 지역으로 바뀔 수도 있고 전국으로 바뀔 수도 있다. 이렇게 되면 마케팅 전략도 당연히 수정되기 마련이다.

마케팅 전략이 바뀌는 또 다른 경우도 있다. 조직 내에서 일을 하다 보면, 조직원의 능력과 소질이 업무에 맞지 않을 수 있다. 이런 경우에는 조직원간 임무를 교체하여 업무가 효율적으로 수행되도록 한다. 즉 조직원의 능력도 내부 상황요인의 일종이라는 것이다.

3. SWOT 분석

외·내부 상황 요인의 변화가 항상 조직에게 불리하게만 작용하는 것은 아니다. 예를 들어 어떤 이유인지는 모르지만 경쟁사(예를 들면 영화관 등)가 자금사정으로 인해 마케팅 활동을 크게 축소시키는 경우가 있다. 이러한 경우는 우리 조직에게 유리하게 작용한다. 또 앞에서 설명한 외부 상황요인 및 내부 상황요인을 내용을 자세히 보면 조직 내에서 통제가 가능한 것이 있고 통제가 불가능한 것이 있다. 통제가 가능한 것이 내부 상황요인이고 외부 상황요인은 대체로 통제가 불가능하다. 그렇다면 상황요인의 변화들을 크게 강점(Strengths), 약점(Weaknesses), 기회(Opportunities), 위협(Threats) 등 네 가지로 나눌 수 있다. 이들 강점, 약점, 기회, 위협의 첫머리 글자를 따라 SWOT라고 한다. 즉 S와 W는 내부상황의 장단점을 나타내

그림 6-1 SWOT 분석 과정

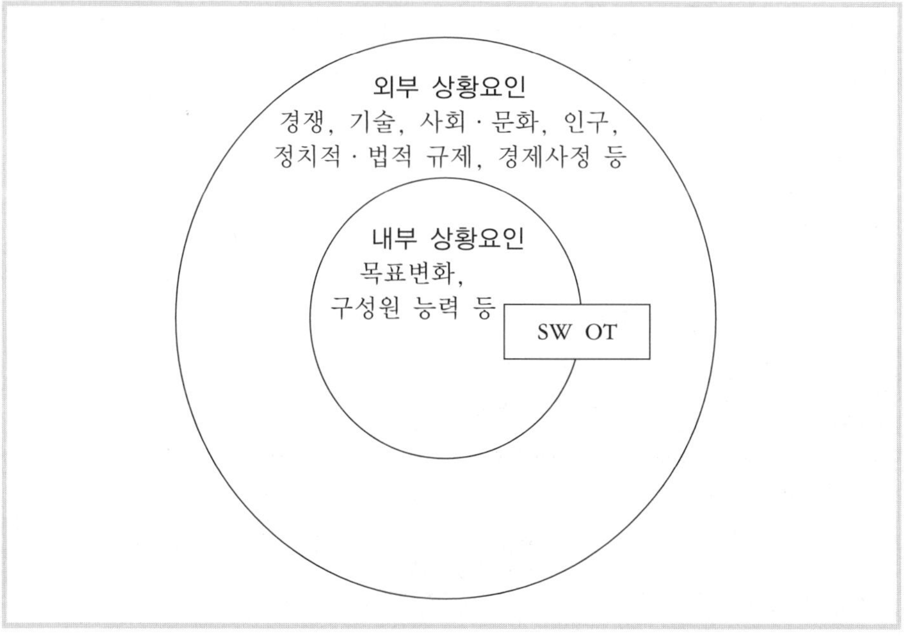

며, O와 T는 외부 상황요인의 장단점을 표시한다(〈그림 6-1〉참조).

그런데 여기서 의문이 생길 수 있다. 스포츠 마케팅을 담당하는 조직이 특정 팀 내에 있지 않고 에이전트(여기서는 기업형 에이전트가 된다)가 담당하는 경우, 위에서 이야기한 내부 상황요인은 외부 상황요인이 되지 않느냐고? 그렇다. 그러나 에이전트와 마케팅 업무를 의뢰한 스포츠 단체는 항상 의사소통이 가능하기 때문에 결국 그 성격은 내부 상황요인과 다를 바가 없다. 예를 들어 프로 야구 연맹(KBO)이 마케팅 업무를 대행사(KBOP)에게 의뢰했다고 가정하고 프로 야구 연맹측이 리그 사명을 바꾼다면 이를 KBOP측에서 보면 외부 상황요인의 변화가 된다. 그러나 KBO측과 KBOP측은 항상 의사소통이 가능하기 때문에 프로야구 리그의 사명 변화는 KBOP측에서 보아도 결국 내부 상황요인 변화와 같다는 이야기이다. 즉 마케팅 업무를 팀 내부에서 하든 마케팅 에이전트에게 의뢰하든 SWOT 관계는 변화가 없다는 것이다.

마케팅업무를 담당하는 조직은 SWOT 분석을 한 다음 전반적인 마케팅 방향을 설정한다. 〈그림 6-2〉를 보면서 이야기해 보자. SWOT 분석 결과 조직이 ①(SO)에 있는 경우, 내·외부 상황요인 모두가 유리한 상태이므로 마케팅 전략 수립에도 신바람이 날 것이다. 조직은 내부 강점을 외부 기회와 어떻게 연결시키느냐에 전략의 초점을 모으면 된다.

그림 6-2 **SWOT 분석과 마케팅 전략 선택**

	S	W
O	① 내·외부 장점 결합	② 내부 역량 강화
T	③ 공격적 마케팅	④ 마케팅 포기 검토

조직이 ②(WO)에 있는 경우, 외부 상황요인은 유리하게 작용하지만 내부 상황요인은 불리하게 작용한다. 다행히 불리한 내부상황이 통제 가능한 요인이므로 조직의 힘을 키워 마케팅 전략을 수립하는 것이 바람직하다. 예를 들어 조직의 목적을 적절히 수정한다거나 아니면 외부로부터 전문인력을 스카웃하여 역량을 키우는 것도 좋은 방법이 된다.

조직이 ③(ST)에 있는 경우 조직은 나름대로 강점을 가지고 있으나 통제가 어려운 외부 상황요인에서는 불리한 경우이다. 이 경우에는 조직 내 강점을 믿고 공격적으로 마케팅을 전개해 보는 것도 방법이다. 예를 들어 경기가 개최되는 날 같은 지역 영화관에서 재미있는 영화를 상영하여 팬들이 영화관으로 몰릴 가능성이 있다고 가정하면 이는 ③(ST)에 해당한다. 이 경우 팀은 입장료를 대폭 할인하거나 입장에 따른 추가적인 선물을 제공하는 등의 공격적인 마케팅을 전개할 수도 있다는 것이다. 조직이 ④(WT)에 있는 경우에는 내·외부 상황요인 모두가 불리하다. 이 경우에는 마케팅 활동을 포기하는 것도 검토되어야 한다.

지금까지 이야기한 외부적, 내부적 상황요인들은 고정된 것이 아니고 항상 끊임없이 변화할 가능성이 높은 것들이다. 따라서 마케팅 담당자들이 SWOT분석을 제대로 수행하기 위해서는 내·외부 상황요인의 변화에 대해 항상 예의 주시하며 관찰해야 한다. 더욱 중요한 것은 조직원 상호간 정보공유이다. 예를 들어 경쟁상황이 변했는데도 어떤 조직원은 알고 있고 다른 동료 조직원이 모르고 있다면 SWOT 분석이 제대로 이루어질 수 없을 뿐만 아니라 스포츠 마케팅 전략 전체도 제대로 수립될 수 없다.

♠ 연습 · 토의문제

- 국내 스포츠 시장에서 마케팅 활동을 저해하는 제도적 요인에는 어떠한 것들이 있는지 프로야구, 프로 축구 혹은 프로 농구 관계자들과 만나 조사해 보도록 합시다.
- 국내 프로축구 제주 유나이티드 FC는 당초 부천에 연고를 두고 있던 SK 이었습니다. SK는 왜 부천 및 주변지역보다 인구가 적은 제주도로 연고지를 옮겼을까요? 서로 토의해 봅시다.
- 마케팅에 영향을 미치는 문화 · 사회적 성향 가운데에는 언어도 중요한 위치를 차지하고 있습니다. 본문에서 "우리나라는 언어적 성향이 그다지 중요하지 않다"고 했습니다. 그러나 최근 인터넷에서 통용되는 언어는 새로운 영역을 구축하는 경향을 보이고 있습니다. 이러한 인터넷 언어가 마케팅에 영향을 미치지는 않을까요?

제 7 장

시장조사 및 목표 설정

마케팅 전략 계획 수립과정에서 가장 먼저 해야 할 일은 시장을 조사하는 일이다. 시장조사를 통해 고객(팬)들이 어떤 생각을 가지고 있는지 무엇을 바라는지에 대해 알아보아야 한다. 이를 전문적인 용어로 소비자(팬) 행동 조사라고 한다. 시장 조사를 하여 팬들의 욕구사항에 대한 분석이 이

그림 7-1 시장조사 및 목표 설정

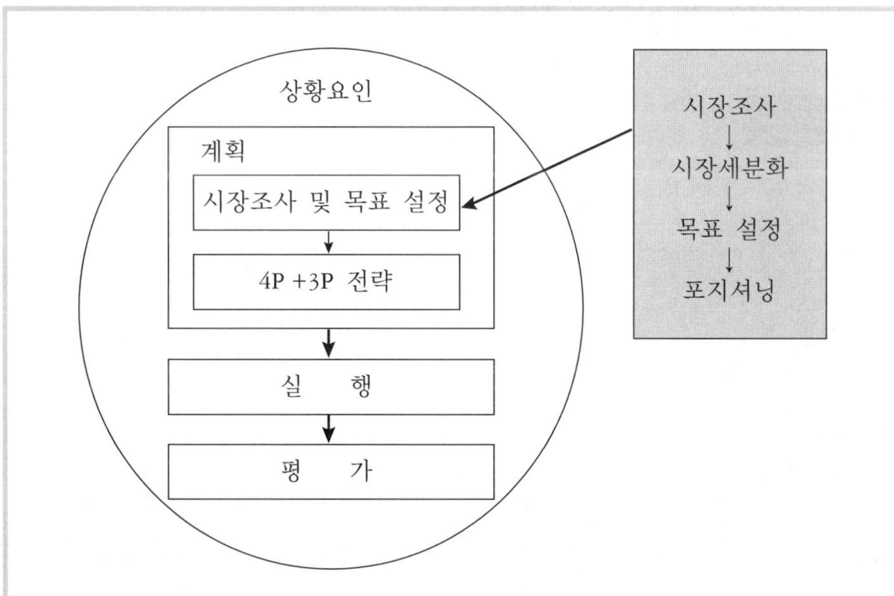

루어지면 구체적으로 어떤 시장을 대상으로 마케팅활동을 할 것인지를 결정한다. 즉 표적 시장을 선택(목표 설정)하는 것이다. 표적 시장 선택은 다음과 같은 과정을 거친다. 첫째, 시장의 범위를 여러 개로 좁힌다(시장세분화 전략). 둘째, 이 가운데 하나 혹은 여러 시장을 공략 대상으로 정한다(목표 설정). 셋째, 어떤 방법을 통해 상품을 목표시장 내에 있는 팬(고객)에게 인식시킬 것인가(포지셔닝)를 결정한다(〈그림 7-1〉참조).

1. 시장 조사

마케팅은 팬 위주로 실시되어야 한다는 것은 이미 제 1 부에서 언급한 적이 있다. 그러면 팬은 어디에 있는가? 바로 시장에 있다. 따라서 스포츠 마케팅의 성공 여부는 시장에 대한 정보를 얼마만큼 가지고 있으며 이러한 정보를 어떻게 활용하느냐에 달려있다. 이러한 시장 정보는 시장조사를 통해 얻어진다.

그러면 시장조사는 어떻게 이루어지는가? 결론부터 말하면 시장조사는 〈그림 7-2〉와 같이 4단계의 과정을 거친다.

그림 7-2 시장조사 과정

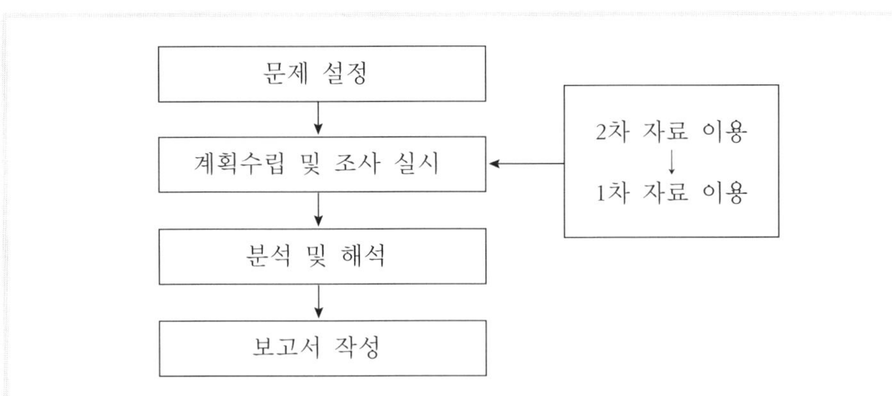

(1) 문제 설정

우선 '문제 설정' 단계부터 알아보자. 스포츠 마케팅 일을 하다보면 궁금한 것이 많다. 팬들은 왜 구장을 찾는 것일까?에서부터 시작하여 관중이 감소하면 감소하는 대로 증가하면 증가하는 대로 요인이 무엇인지에 대해서도 궁금할 것이다. 또 팬들이 수용할 수 있는 입장료는 어느 정도까지일까? 팬들은 다른 팀에 비해 우리 팀을 어떻게 생각할까? 등등 수없이 많다. 이러한 문제들 가운데 가장 궁금하고 시급하게 알아야 할 사항이 있으면 이것을 문제로 설정한다. 예를 들어 축구장을 찾는 팬들이 급격히 감소했을 경우, 팬들이 구장을 찾는 일련의 행동을 살펴봄으로써 팬들이 급격히 감소한 원인을 파악할 수 있다. 이처럼 시장 조사 과정에서 가장 먼저 해야 하는 일이 바로 문제 설정이다.

(2) 계획 수립 및 조사실시

설정된 문제에 대한 해답을 찾기 위해 어떤 정보가 필요한지를 검토한 다음 이러한 정보를 제대로 수집할 수 있는 계획을 세운다. 그런 다음 계획대로 조사를 실시하게 된다. 이 단계에서는 어떠한 자료를 사용할 것인지에 대해 우선 결정한다. 여기서 어떠한 자료라고 하는 것에는 1차 자료와 2차 자료가 있다.

1차 자료와 2차 자료의 구분은 자기가 직접 얻은 것이냐 아니면 남이 조사·분석한 것이냐에 따라 이루어진다. 자기가 직접 조사하여 얻은 것을 1차 자료라고 하고 남이 해 둔 자료를 2차 자료라고 한다. 따라서 우편, 전화 및 인터넷을 통한 자료는 1차 자료이고, 통계청 자료, 연구소 자료, 경기 협회(또는 경기 연맹) 자료, 과거 조사한 적이 있는 자료, 책, 잡지 심지어 경쟁 팀의 자료도 2차 자료가 된다.

1) 2차 자료를 이용한 시장 조사

요즈음은 각 기관, 학교 및 정부부처의 정보 공개가 일반화되어 있는

바, 괜찮은 2차 자료를 많이 그리고 쉽게 구할 수 있다. 특히 인터넷의 보편화로 인해 필요한 2차 자료 구하기가 매우 용이해졌다. 따라서 마케팅 담당자는 우선 2차 자료를 통해 시장 조사를 해 보는 것이 좋다. 만약 2차 자료를 이용하여 만족할 만한 해답을 얻었다면 굳이 1차 자료를 이용한 계획 수립 및 조사를 실시할 필요가 없다.

2) 1차 자료를 이용한 시장 조사

2차 자료를 이용한 시장 조사가 마음에 들지 않거나 만족할 만한 해답을 얻었다 하더라도 좀더 자세한 정보를 알고자 할 때에는 1차 자료를 이용한 시장 조사를 실시한다. 우선 계획을 수립하고자 할 때에 조사방법, 조사대상, 조사 범위 등을 정하고 조사 방법에서 설문 조사가 필요하다고 판단되면 설문지를 작성한다. 설문지를 통한 조사 방법에는 그 목적에 따라 탐색적 조사(Exploratory Design) 서술적 조사(Descriptive Design), 인과적 조사(Casual Design)로 나누어진다.

탐색적 조사는 모든 마케팅 조사의 기본이 되는 조사로서 주로 문제 설정을 위해 실시된다. 따라서 탐색적 조사는 설문지 작성을 위한 자료를 수집하기 위해 이루어지기도 한다.

서술적 조사는 실태를 정확히 파악하기 위한 조사이며, 조사자가 응답자에게 직접 물어보는 설문조사의 방법이 가장 많이 사용된다.

인과적 조사는 마케팅 활동과 마케팅 성과간의 상관관계를 알아내기 위해 사용되는 방법이다. 예를 들어 마케팅 활동 가운데 하나인 티켓 세일즈(유통경로 전략)를 창구 판매에서 은행 판매 및 인터넷 판매 등으로 다양화할 경우 이는 입장수입에 어떤 영향을 미쳤을까? 주말 경기와 주중 경기의 입장료를 차별화(가격 전략)할 경우 관중 수 변화는 어떻게 나타날까? 등과 같은 상관관계를 조사하는 것이 바로 인과적 조사이다.

이 책에서는 가장 일반적인 서술적 조사에 대해 알아보도록 하자. 서술적 조사방법에서 첫번째로 해야 할 일은 응답자와의 접촉 방법을 결정하는 것이며 그 다음에는 표본 설계를 작성한다(〈그림 7-3〉참조).

그림 7-3 1차자료(설문지) 서술적 조사 절차

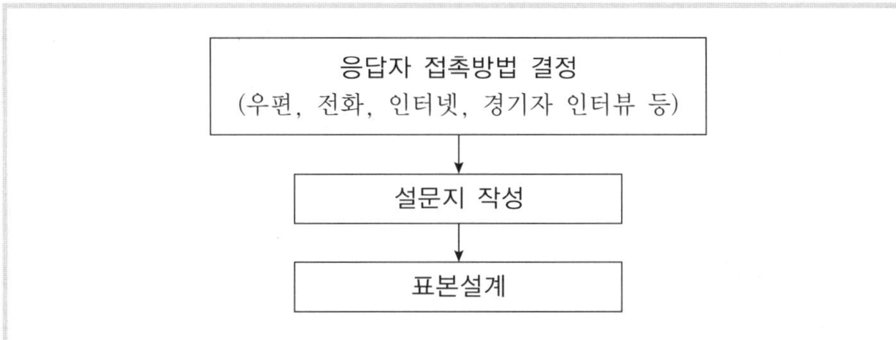

① 응답자 접촉 방법 결정

접촉 방법은 우편, 전화, 경기장에서의 인터뷰 그리고 인터넷을 통한 접촉 등 다양하다. 이들 방법은 각각 장단점을 가지고 있다(〈표 7-1〉). 마케팅 담당자는 각 방법의 장단점을 고려하여 접촉 방법을 결정해야 한다. 물론 충분한 시간과 돈이 있으면 모든 방법을 다 사용할 수 있다. 그러나 시장이라는 곳이 마케팅 담당자에게 충분한 시간을 줄 만큼 한가한 곳은 아니다.

② 설문지 작성

응답자와의 접촉방법이 결정되면, 설문지를 작성해야 한다. 설문지를 작성할 때, 설문 내용은 다음과 같은 원칙을 지켜 대상자가 짜증스럽지 않고 편안하게 답변할 수 있도록 하는 것이 중요하다.

- 가급적 객관식으로 작성하며 주관식은 피할 것
- 질문 내용이 짧고 쉬운 용어를 사용할 것
- 답변이 둘 이상 나오는 질문내용은 삼갈 것
- 한 질문내용에 둘 이상의 답변을 요구하는 것은 삼갈 것
- 유도성 질문 내용은 피할 것
- 전체 질문 내용이 많지 않아야 할 것

설문 내용에는 응답자의 나이, 성별, 주소, 취미 등 개인적인 질문을 곁들이는 것도 좋다. 사적인 질문은 다음 절에서 이야기할 시장세분화 작

표 7-1 응답자 접촉 방법 장단점 비교

	우편	전화	경기장인터뷰	인터넷
비용	싸다	보통	비싸다 (많은 시간 소요)	싸다
의사소통 융통성	낮음	낮음	매우 높음	낮음
조사자에 의한 답변 왜곡 가능성	없음	없음	매우 높음	없음
응답률	매우 낮음	보통	매우 높음	낮음
자료수집 속도	매우 느림	높음	보통	높음

자료: Matthew D. Shank(1999).

업에 크게 도움이 되기 때문이다. 그런데 이러한 사적인 질문은 설문지의 마지막 부분에서 언급하는 것이 좋다. 설문지 초반에 이런 질문들이 포함되면 응답자가 경계심을 가지고 부담을 느끼기 때문이다.

한편 조사자는 응답자와의 접촉이 끝난 후 응답자에 조그마한 답례품을 제공하는 것도 고려해야 한다. 왜냐하면 이러한 방법은 응답자의 성의있는 답변을 유도할 수 있기 때문이다.

③ **표본 설계**

설문지 작성이 끝나면 조사 범위를 결정해야 한다. 모든 사람을 대상으로 조사를 실시할 수는 없기 때문이다. 따라서 표본이 될 만한 사람들을 선정하여 조사를 하도록 한다. 즉 누구를 대상으로 하며, 응답자의 수는 어느 정도로 하는 것이 바람직한가를 결정해야 한다. 이를 표본 설계라고 한다. 표본 설계만 잘 하면 모든 사람을 대상으로 하는 것과 유사한 결과를 얻을 수 있다.

쉬운 예를 들어 다시 설명해 보자. 우리는 5년마다 한번씩 대통령 선거를 한다. 그런데 선거일 이전에 여론 조사기관들은 여러 차례에 걸쳐 전화를 통해 여론 조사를 실시한다. 물론 여기서 전화라는 것은 앞에서 언급한 응답자 접촉 방법에 해당한다. 여론 조사 과정에서 전국민을 대상으로 하지는 않는다. 전 국민을 대상으로 할 수도 없다. 약 1,000명 정도의 유권자를 대상으로 조사하는 것으로 알려지고 있다. 그럼에도 불구하고 실제 선거 결과는 여론 조사와 비슷한 결과가 나온다. 비슷한 결과라고 하는 것은 전체 결과뿐만 아니라 연령층, 지역층에 따른 지지도 등의 결과도 포함한다. 여기서 1,000명이 바로 표본에 해당한다. 1,000명만을 대상으로 했음에도 불구하고 결과가 잘 나온다는 것은 표본 설계가 잘 이루어졌다는 것을 의미한다.

(3) 분석 및 해석

시장 조사에 대한 계획서 작성 및 조사 실시 단계가 끝나면, 수집된 자료를 토대로 분석 및 해석을 한다. 조사 실시를 통해 수집된 자료가 충분하면 분석은 그다지 어렵지 않다. 최근에는 수집된 자료를 이용하여 통계 처리하는 컴퓨터 프로그램이 많이 개발되어 있기 때문이다. 중요한 것은 분석 결과를 어떻게 해석하느냐이다. 같은 결과를 놓고서도 보는 사람에 따라 해석은 크게 차이가 날 수 있다. 따라서 조사 실시된 자료를 분석하고자 할 때에는 외부에 의뢰할 수도 있지만 분석 결과를 해석하고자 할 때에는 마케팅 담당자가 직접 실시해야 한다.

(4) 보고서 작성

시장 조사를 토대로 이루어지는 스포츠 마케팅 전략 마련 또는 전략 변화 등에 대한 최종 결정은 경영자가 한다. 예를 들어 어떤 야구단이 팬의 성향을 알아보기 위해 시장 조사를 했으며, 조사 결과 마케팅 전략에 변화가 필요하다고 판단되면 최종 결정은 야구단 단장이 내린다. 따라서 시장 조사를 실시하고 분석·해석한 마케팅 담당자는 단장에게 보고를 하게 된다. 보고 방법에는 보고서를 작성하여 하는 것과 말로 하는 것이 있다.

그런데 스포츠 구단뿐만 아니라 기업체 경영을 맡고 있는 대부분의 책임자들은 통계에 대해 깊은 이해를 하지 못한다. 또한 이들은 시장 조사에 대해서도 경험이 풍부하지 않으며, 대단히 바쁜 사람들이다. 따라서 이들에서 보고서를 제출할 때에는 가급적 짧게 중요한 내용들만 축약해서 보고해야 한다. 조사 방법은 어떻게 했으며, 조사 과정에서 이러한 문제가 있었다니, 통계 처리는 어떻게 했다느니 등등의 보고는 조사 실시자의 자랑에 지나지 않으며 책임자로 하여금 짜증을 내게 한다. 나아가서는 조사 결과가 폐기처분될 가능성도 있다. 보고서의 수요자는 최고 경영자이다. 그렇다면 마케팅 조사 결과 보고서도 수요자의 입장을 고려하여 짧게 중요한 내용만 포함되도록 한다. 말하자면 팬들을 상대로 한 마케팅 전략을 수립하기에 앞서 보고서 작성도 마케팅 정신에 입각하여 이루어져야 한다는 것이다.

한편 조사 방법, 조사 과정 그리고 기타 사항 등은 보고서 맨 뒤에 부록으로 처리하도록 해야 한다.

2. 목표 설정(Market Selection)

(1) 시장 세분화(Market Segmentation)

시장 세분화란 말 그대로 시장을 잘게 쪼개는 것이다. 시장을 왜 쪼개는가? 그리고 어떻게 쪼개는 것일까? 아무리 유능한 기업 또는 스포츠 조직이라 할지라도 모든 시장을 상대로 마케팅 전략을 수립할 수는 없다. 예를 들어 축구장을 찾거나 야구장을 찾는 팬들은 많다. 학생들도 있고 성인들도 있다. 남학생이 있는가 하면 여학생도 있다. 직장생활을 하시는 분도 계시고 사업을 하시는 분들도 구장을 찾는다. 선수들이 운동장에서 열심히 경기하는 모습에 매료되어 찾는 사람도 있고 그저 운동장에서 소리를 질러 스트레스를 해소하고자 하는 사람도 있다. 또 다른 이유로 운동장을 찾는 사람도 많다. 운동장을 찾는 사람들이 100명이면 찾는 이유도 100가지는 된다고 보면 된다. 말하자면 학생들을 상대로 하는 마케팅 전략과 성인들을 상대로 하는 마케팅 전략은 같을 수가 없다. 따라서 운동장에 더 많은 팬들이 찾아오도록 하기 위해서는 이들 모두에게 공통된 한 가지의 마케팅 전략을 수립해서는 안 된다. 그렇다고 해서 100가지 전략을 수립할 수도 없다. 그러면 어떻게 해야 하나? 우선 나이가 비슷하거나 직업이 비슷한 사람 혹은 취미가 비슷한 사람 또는 운동장을 찾는 이유가 비슷한 사람끼리 구분을 해 보는 것이다. 이것이 바로 시장 세분화이다. 좀더 고상한 말로 표현하면 시장 세분화란 "어떤 한 기업이 전체의 시장을 일정한 기준에 따라 몇 개의 동질적인 소비자 집단으로 나누는 것"을 의미한다.

그렇다면 시장세분화를 위한 가장 바람직한 방법은 무엇인가? 대부분의 마케팅 교과서를 보면, "시장 세분화의 기초가 되는 요인들로는 …지리적인 변수, 인구통계학적인 변수, 심리학적인 변수, 행태적인 변수 등등이 있다…"라고 언급하고 있다. 이처럼 복잡하고 전문적인 용어를 사용하지 말고 다음과 같은 방법으로 시장을 세분화하는 것이 비교적 쉬울 것이다.

누가, 왜, 언제, 어떻게 등으로 나누어보는 것이다.[1] 그렇다고 해서 이러한 질문들이 위에서 말한 '지리적인 변수, 인구 통계학적인 변수, 행태적인 변수' 등과 전혀 무관한 것은 아니다. 예를 들어 '누가'라는 것에는 '나이는 어느 정도이며, 결혼은 했는지, 소득 수준은 어느 정도 되는지 그리고 학력은 어느 수준인지, 지금 살고 있는 지역은 어디인지 그리고 취미는 무엇인지 등이 포함된다. 이러한 내용들이 바로 지리학적인 변수(어디에 사는지)와 인구통계학적인 변수 그리고 심리적인 변수(취미)인 것이다. 또 '왜'라는 것을 좀 더 구체적으로 표현하면 축구나 야구 경기장에 왜 가느냐?에 대한 해답이다. 여기에는 '재미가 있어서', '스트레스를 해소하기 위해', '스타의 얼굴을 보기 위해' 또는 '요금이 싸서' 등등의 답변이 나올 수 있다. 이러한 것을 행태적인 변수라고 한다. '언제(날씨 좋은 날, 생일날, 주말 등)', '어떻게(연인과 함께, 가족과 함께, 친구와 함께, 혼자서 등)' 등에 대한 질문도 앞에서 언급한 전문적인 내용의 범위를 벗어날 수 없다. 어쨌든 이 가운데 가장 중요한 요소는 팬들이 구장을 '왜' 찾는가이다.

결론적으로 이야기해서 팬들에 대한 시장을 세분화하고자 할 때에는, '누가, 왜, 언제, 어떻게' 등을 기초적인 근거로 삼는 것이 편하고 쉽다는 것이다.

요즈음 인터넷이 보편화되면서, 회원에 가입하면 공짜로 각종 혜택을

1) 유필화 외(1999), p. 139.

준다는 사이트가 많다. 그런데 회원가입 서류에는 방금 언급한 사항들이 대부분 포함되어 있다. 이를 시장세분화에 기초적인 자료로 사용하고자 함은 두말할 나위가 없다.

다시 앞에서 언급한 선거 여론 조사로 돌아가 보자. 사전 여론 조사를 통하면 전국 남녀 지지율, 지역별 지지율, 연령별 지지율 등을 알 수 있다. 이러한 내용이 바로 일종의 시장 세분화 기준이다. 즉 시장 조사에서 표본설계를 잘하고 설문 내용이 잘 구성되면 시장 세분화 또한 쉽게 이루어진다는 의미이다.

(2) 표적 시장 선택(Target Market)

시장을 세분화하다 보면 쪼개진 시장은 여러 개가 된다. 심지어는 수십 개가 될 수도 있다. 스포츠 상품 공급자(예를 들면 스포츠 구단)는 이 때 어떤 시장(팬)을 공략할 것인지를 결정해야 한다. 즉 쪼개진 시장 가운데 하나를 공략할 것인지 아니면 둘 이상을 공략할 것인지 아니면 쪼개진 모든 시장에 대해 각기 다른 전략을 수립해서 공략할 것인지를 결정해야 한다. 물론 팀 또는 구단이 돈도 많고 능력이 있으면 쪼개진 모든 시장을 상대로 마케팅 활동을 할 수 있다. 그러나 이러한 경우는 극히 희박할 것이며, 또한 쪼개진 시장 가운데에는 굳이 새로운 마케팅 전략이 필요하지 않는 곳도 있을 것이다. 따라서 마케팅 담당자는 세분화된 시장 가운데 새로운 전략이 필요한 시장을 선택해야 하는데 이것이 바로 표적 시장 선택이다.

표적시장 선택 과정에서 고려되는 주요 요인들로는, 시장의 성장률과 잠재력, 경쟁력 그리고 자기 팀과의 적합성 등이 있다. 예를 들어 프로 농구 연맹(KBL)이 팬들을 상대로 시장조사를 하고 시장 세분화를 했더니 20대 남성과 30대 남성이 농구에 대해 비슷한 애호도를 보이고 있었다고 하자. 그리고 3 : 3 길거리 농구에는 20대가 30대에 비해 압도적으로 높은 관심도를 가지고 있는 것으로 나타났다고 해 보자. 그렇다면 KBL은 어떠한 팬을 표적시장으로 선택할 것인가? 물론 20대 남성 및 30대 남성 모두를 표적시장으로 선택할 수 있다. 만약 이들 두 개의 집단 가운데 하나만을 선택해

그림 7-4 시장세분화와 표적시장 선택

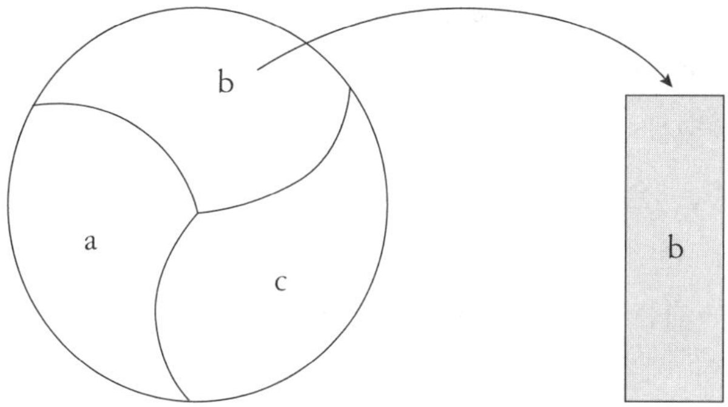

야 한다면 20대를 표적시장으로 선택할 가능성이 높다. 왜냐하면 20대 남성이 30대 남성에 비해 3 : 3 길거리 농구에 더 많은 관심을 가진다는 것은 농구 시장에 대한 고객으로서의 성장성 및 잠재력에서도 유리하다고 판단할 수 있기 때문이다.

〈그림 7-4〉는 지금까지 설명한 시장 세분화와 표적시장 선택을 간단하게 표시한 것이다. 어떠한 시장을 몇 가지의 기준으로 a, b, c 등 세 개의 시장으로 나눈다면 이것이 시장 세분화이다. 그리고 이 가운데 시장 잠재력 그리고 자기 팀의 사정 등을 고려하여 b 시장 팬들로 하여금 운동장을 찾게끔 하고자 한다면 여기서 b 시장이 바로 표적 시장인 것이다. 물론 여기서 표적 시장으로서 b 시장 하나만 선택될 수도 있고 둘 또는 모두 다 선택될 수도 있다.

(3) 포지셔닝(Positioning)

포지셔닝은 말 그대로 어디엔가 둔다는 의미이다. 그런데 어디에 둔다는 것인가? 바로 팬들이 가슴(마음) 속에 두는 것이다. 가슴 속에 둔다는 것은 팬들로 하여금 오래 기억하게 하고, 친근감을 느끼게 하여 경쟁 업종, 경쟁 팀 혹은 경쟁 선수와는 다르다는 것(차별화)을 보여주는 것이다.

축구를 예로 들어보자. 브라질 축구하면 화려한 공격 축구가 연상되며 이탈리아 축구하면 밀집수비가 연상된다. 잉글랜드하면 힘의 축구, 네덜란드하면 토탈 사커가 생각난다. 이러한 것들은 이미 팬들의 가슴 속에 포지셔닝이 된 것을 의미한다.

팀이 아닌 선수의 경우에도 마찬가지이다. 타이거 우즈는 천재성을 연상시키며 지금은 은퇴했지만 미국 NBA 데니스 로드먼은 악동이라는 이미지를 떠오르게 한다. 박지성은 성실 · 지구력, 김남일은 반항 · 터프 그리고 이천수는 톡톡 튀는 이미지로 포지셔닝되어 있다.

지금까지의 예는 스포츠 상품에 대한 포지셔닝을 스스로 결정한 것이 아니라 언론 등을 비롯한 외부에서 결정한 경우이다. 그러나 포지셔닝은 마케팅 전략 과정에서 대단히 중요하기 때문에 팀 내부에서도 팀 이미지 메이킹에 많은 노력을 기울이고 있다.

예를 들어 보자. 포지셔닝의 전단계는 표적시장 선택이다. 프로 농구에서 20대 남성을 표적시장으로 정했다면 농구라는 상품이 20대 남성에 맞도록 즉 20대 남성의 가슴 속에 남을 수 있도록 포지셔닝해야 한다. 물론 표적시장이 30대 남성이면 포지셔닝은 당연히 30대 남성의 가슴에 담을 수 있는 이미지로 구성되어야 한다.

포지셔닝 방법의 기준이 되는 요소에는 여러 가지가 있다. 해당 스포츠의 속성이 될 수도 있고 가격에 대비된 만족도도 될 수 있고 경쟁자도 될 수 있다. 이 책에서는 경쟁자가 포지셔닝 방법의 기준이 되는 경우를 상정하여 〈그림 7-5〉의 프로 농구를 통해 설명해보자.

프로농구의 경쟁자로는 사이버 오락(게임), 영화, 여타 참여 스포츠(프로 농구와 계절적으로 겹치는 스키 및 스노보드 등), 여행 등 여타 여가 · 오락 산업 등을 들 수 있다. 그리고 이들 경쟁자는 〈그림 7-5〉에서 동그라미로 표시되어 있다.

〈그림 7-5〉에서 가로축은 팬이 관여하는 정도가 능동적이냐 수동적이냐를 나타낸다. 세로축은 소비자가 참여할 때 긴장감을 가지느냐 아니면 여유 있게 참여하느냐를 나타낸다. 가로축에서 왼쪽으로 갈수록 능동적이며 오른쪽으로 갈수록 수동적이다. 세로축에서 위로 갈수록 긴장도가 높아

그림 7-5 프로 농구 포지셔닝(가상)

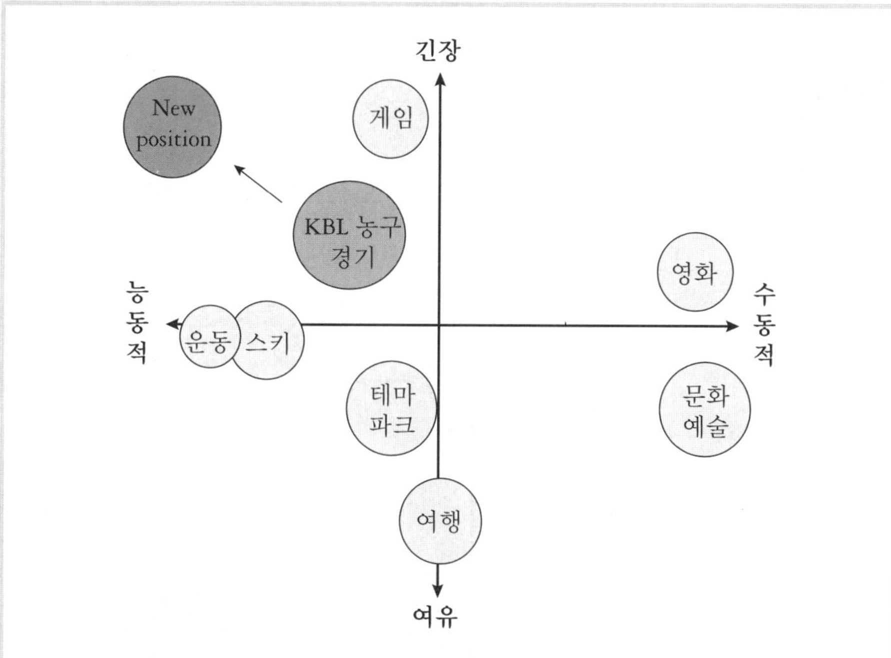

자료: 강준호(2003).

지며 아래쪽으로 갈수록 긴장감이 낮아진다.

〈그림 7-5〉에 의하면 프로 농구는 긴장도에서는 영화와 유사하며 능동성에서는 게임 및 테마파크와 유사한 것으로 포지셔닝되어 있다. 여기서 포지셔닝이 되어 있다는 것은 소비자 실사를 통해 얻은 정보를 근거로 프로 농구가 현재 소비자에게 어떻게 인식되어 있는가를 나타내는 것이다(물론 프로 농구 이외에 다른 경쟁업종도 현재 소비자에게 어떻게 인식되어 있는가를 보여주고 있다).

그런데 농구라는 상품이 현재의 위치에서 포지셔닝되어 있다면 그다지 경쟁력이 없다. 경쟁 상품에 비해 차별성이 없다는 것이다. 어떻게 해야 하나? 정답은 긴장도도 높고 능동적인 상품으로 인식되도록 전략을 수립해야 한다. 〈그림 7-5〉에서 화살표 방향이 이를 나타내고 있다.

이처럼 프로 농구를 긴장도가 높고 능동적인 것으로 재인식(새로운 포지셔닝)시키기로 했다면 여기에 걸맞는 슬로건 또는 광고 컨셉(예를 들면 '정열과 젊음' 등)을 채택하게 된다. 이러한 슬로건은 주로 광고 등을 통해 팬들

해설 7-1 로또의 포지셔닝 전략

독자들의 이해를 돕기 위해 사회적으로 큰 관심을 끌고 있는 로또의 포지셔닝에 대해 추가적으로 설명해보자.

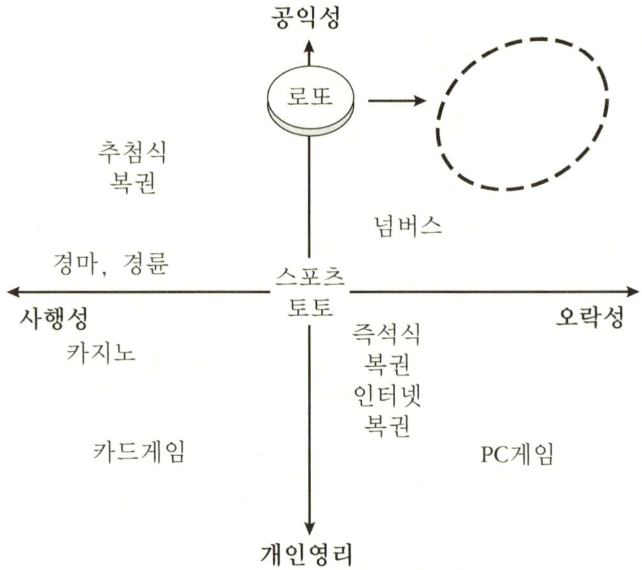

위 그림은 로또 사업이 시작되기 전 소비자 실사조사를 통한 포지셔닝이다. 즉 경쟁자가 포지셔닝 방법의 기준이 되는 경우이다. 당시 로또는 그림에서 보는 바와 같이 공익성은 높지만 사행성은 그다지 높지 않은 것으로 인식되었다. 그러나 이러한 포지셔닝으로는 만족할 수 없다고 판단하여 새로운 포지셔닝 전략을 구사하게 된다. 공익성은 높은 것으로 이미 인식되고 있으니 이왕이면 여타 경쟁 업종에 비해 사행성 또한 낮은 것으로 인식(포지셔닝)되기를 기대했을 것이다. 그림에서 점선으로 원을 이루고 있는 것이 이를 나타내고 있다. 구체적인 조치로는 점선으로 원을 그리고 있는 형태에 적합한 슬로건(또는 광고 컨셉)을 채택하게 된다. 이러한 과정이 포지셔닝 전략이다.

에게 인식 즉 포지셔닝된다.

1996년 미국 프로야구의 엔터테인먼트사 회장에 취임한 그레그 머피(Greg Murphy)는 "스포츠 마케팅에는 이미지가 전부다"라고 언급한 적이 있다. 이는 스포츠 마케팅에서 이미지에 의한 포지셔닝의 중요성을 강조한 것이다. 어쨌든 포지셔닝은 팀 또는 선수의 이미지와 직결되며 관중 동원에도 큰 영향을 미친다는 것을 명심해야 한다.

한편 시장세분화(Segmentation)와 표적시장 선택(Targeting) 그리고 포지셔닝(Positioning) 첫머리 글자를 STP 전략이라고 한다. 이러한 STP 전략(시장 조사 및 목표설정)은 제 8 장 및 제 9 장에서 이야기할 4P 또는 +3P 전략과는 달리 기본 전략이라고도 한다.

연습 · 토의문제

- 독자가 살고 있는 인근 지역 주민들은 어떠한 스포츠를 좋아하는지 알아봅시다. 그리고 인근 지역 주민들이 이러한 종목을 좋아하는 이유를 알아보기 위한 설문지를 작성해 봅시다. 지역 주민들이 좋아하는 스포츠가 관람 스포츠가 아니라도 상관없습니다.
- 독자가 특정 스포츠 마케팅 담당자라면 해당 스포츠의 포지셔닝을 통해 여타 경쟁 상품과 비교해 봅시다. 그런 다음 그 스포츠에 어떠한 컨셉을 설정하면 좋을 것인지에 대해서도 생각해 보도록 합시다. 시중 광고의 유명한 컨셉을 참고하셔도 좋습니다.

제 8 장

스포츠 마케팅 4P 전략

제 5 장에서도 언급한 적이 있지만 4P란 Product(상품), Price(가격), 유통(Place), 촉진(Promotion)을 의미한다. 그런데 이 가운데에서 가장 기본이 되는 것은 Product, 즉 상품이다. 왜냐하면 다른 3P의 마케팅 전략은 결국 상품과 관련되는 것이기 때문이다.

그림 8-1 스포츠 마케팅의 4P 전략

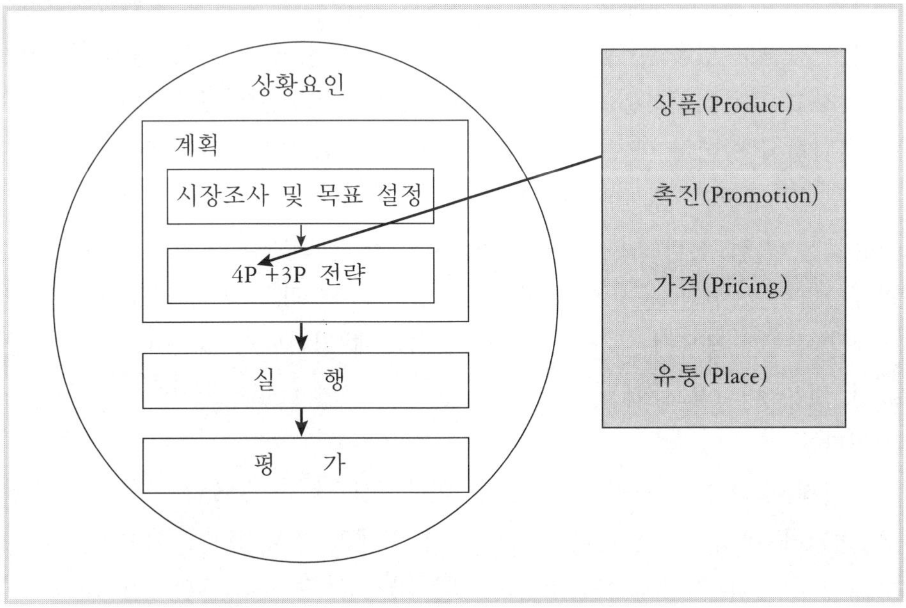

1. 상품(Product) 전략

이 책에서는 「관람 스포츠」를 중심으로 설명한다는 것은 이미 제 1 부에서 밝힌 바 있다. 또한 스포츠 상품의 속성은 오락성에서 출발한다고 했다. 그렇다면 스포츠 상품은 서비스 상품에 속하며 다음과 같은 특성을 가지고 있다.

(1) 스포츠 상품의 특성

첫째, 만져볼 수 없다. 모든 제품은 모양을 가지고 있는바, 만져볼 수 있으나 스포츠 상품은 만져볼 수 없다. 야구장에서 생산되는 야구 경기를 연상하면 된다.

둘째, 질이 고르지 않다. 치약이면 치약, 책상이면 책상 이것들에 대한 질은 대체로 가격이 비쌀수록 좋다. 그러나 스포츠 상품은 비싸다고 해서 질이 반드시 좋은 것은 아니다. 예를 들어 동일한 야구 경기내용 혹은 결과를 두고 질이 좋다고 느끼는 사람이 있는가 하면 질이 형편없다고 혹평하는 사람도 있을 수 있다. 즉 스포츠 상품의 질에 대한 판단은 객관적이지 못하고 주관적이라는 것이다. 상품 질에 대한 판단이 주관적이라는 것은 상품 거래에 있어서 마케팅의 역할이 그만큼 중요하다는 것을 의미한다.

셋째, 생산과 동시에 소비된다. 경기장에서 경기가 이루어질 때(생산) 관중들은 직접 본다(소비)는 것이다. 물론 경기 결과를 비디오로 제작하여 판매한다면 생산과 동시에 소비되는 것은 아니다라고 반문할 수 있다. 그렇다. 이러한 경우에는 생산과 소비가 동시에 일어나지 않는다. 그러나 중요한 것은 비디오로 제작되기 전에 경기장에서 생산과 동시에 소비된다는 점이다.

넷째, 스포츠 상품은 분리될 수 없다. 경기라는 상품을 구입하는 관중은 경기와 분리되지 않는다. 예를 들어 집에 노트북이라는 제품이 있으면 학교에 가거나 직장에 출근할 때 이를 가지고 갈 수도 있고 가지고 가지 않을 수도 있다. 즉 일반적인 제품은 사람(수요자)과 분리성이 있다는 것이다. 그런데 스포츠 경기라는 상품은 팬과 분리되지 않는다. 경기장에서 보건 집에서 TV를 통해서 보건 항상 같이 있다. 만약 보지 않는 경기(상품)가 있으면 이 경기는 끝남과 동시에 없어진다.

(2) 상품[1] 전략

스포츠를 중심으로 이야기한다고 해서 스포츠 마케팅 대상이 되는 상품이 서비스만으로 구성되는 것은 아니다. 제품도 마케팅 대상이 될 수 있다. 예를 들어 경기장내 식·음료수 판매에서도 마케팅 전략이 필요하다. 이러한 경우 전문적인 용어로 경기를 핵심상품(core product)이라고 하며, 식·음료수를 확장상품(product extention)[2]이라고 한다. 그런데 경기장 수입 가운데에는 핵심상품 판매로 인한 수입보다 확장상품 판매 또는 브랜드 판매[3]로 인한 수입이 더 많을 수 있다. 이것 또한 스포츠 마케팅 과정에서 볼 수 있는 특징이다.

이제 이러한 핵심상품과 확장상품에 대해서 좀더 자세히 알아보자. 핵심상품이란 고객의 본질적인 욕구를 충족시키기 위한 것을 의미하며, 확장(보조)상품은 핵심상품의 이용을 편하게 하거나 그 내용을 확대한 것을 의미한다. 예를 들어 비행기를 타고 중국으로 간다고 하자. 그러면 비행기를 타고 중국으로 가는 것 그 자체가 핵심상품이며 비행기 티켓을 손쉽게 구입하기 위한 예약, 비행기 내에서 제공되는 식사 및 음료 등은 보조상품이다.

최근 시내 안과는 종전과는 크게 다른 모습을 보여주고 있다. 새롭게 생기는 안과는 물론 기존 안과도 최신 의료장비를 도입하여 라식 수술을 시행하고 있다. 그런데 이러한 라식 수술은 눈병에 대한 치료가 아니다.

---

1) 상품 전략에 대해 설명하기 전에 상품이란 어떠한 것인지에 대한 언급이 있어야 한다. 스포츠 상품에 대해서는 1부에서 간단하게 언급한 적이 있다. 그런데 여기(제 2 부)서는 고객이 팬인 경우를 설명하고 있다. 따라서 제2부에서 이야기되는 스포츠 상품은 당연히 「경기 관람」이다.

2) 보조상품이라고도 한다.

3) 브랜드 판매에 대해서는 제21장에서 구체적으로 설명한다.

안과의 기본적인 임무는 각종 안 질환(눈병)에 대한 치료이다. 따라서 라식 수술은 일종의 보조상품인 셈이다.

국내 보유대수가 수천만 대나 된다는 이동 통신을 예로 들어보자. 이동 통신에서 핵심 상품은 당연히 전화 통화 그 자체이다. 그러나 이동 통신에는 전화 통화 이외에 온갖 서비스가 제공된다. 문자 메시지, 음성 사서함, 결제(카드), 인터넷, 카메라 기능 등등. 이러한 것들이 보조 상품이 된다(〈그림 8-2〉 참조).

그런데 이러한 서비스산업에서 볼 수 있는 주요한 특징 가운데 하나가 서비스 상품은 특허 등으로 인해 보호받지 못한다는 점이다. 즉 핵심상품을 다른 경쟁회사가 쉽게 모방할 수 있다는 것이다. 이에 따라 서비스 상품을 판매하는 회사 또는 기업은 보조상품 차별화에 많은 노력을 기울이고

그림 8-2 핵심상품과 보조상품(휴대폰)

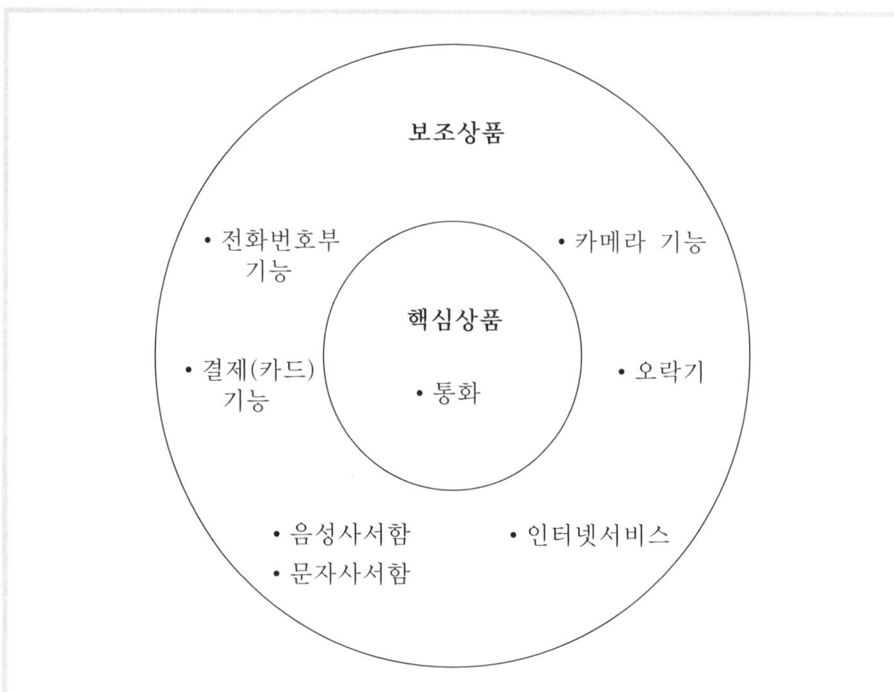

자료: 이유재(1999), p. 167 수정 작성.

있다.

그러면 스포츠 상품에서 핵심상품과 보조상품에 대해 이야기해 보자. 경기장에서의 핵심상품은 단연 경기 그 자체이다. 그리고 안락한 의자나 대형 모니터 설치에 의한 현장 중계 등은 보조상품에 속한다. 뿐만 아니다. 경기장 내에서 판매하는 음료, 기념품, 프로그램 및 주차료 등도 보조상품에 해당한다.

그런데 스포츠 시장에서는 마케팅 여하에 따라 핵심상품 판매로 인한 수입보다 보조상품 판매로 인한 수입이 더 많을 수 있다. 미국의 스포츠 마케팅 컨설팅 회사인 팀 마케팅 리포트(TRM)는 1998년 10월 메이저리그 각 야구장에서 관중들의 평균 소비금액을 자료화한 바 있다. 이 자료에 따르면 다저스 스타디움에 입장하는 관중 1인당 평균 지출은 약 28달러로 추정되었다. 입장 티켓의 가격이 12달러 정도인 점을 감안하면 맥주, 핫도그, 주차료 기념품, 프로그램 등의 가격은 16달러 정도에 이르는 것으로 판단된다. 즉 핵심상품에 의한 수입보다 보조상품에 의한 수입이 높다는 것이다. 미국 NBA의 경우에도 구장에 따라 보조상품의 전체 가격이 핵심상품의 가격을 넘어서거나 거의 유사한 수준을 보이고 있다(〈표 8-1〉참조). 따라서 각 스포츠 구단은 보조 상품 마케팅에도 주력하게 된다.

한편 보조 상품 다양화 전략에는 팬들의 심리를 자극하는 방법도 있다. 팬들 가운데에는 만약 자기가 해설자가 되면 아마추어 수준을 능가할 것으

표 8-1 미국 NBA 주요 구단 핵심상품과 보조상품 가격 비교

	핵심상품 (관람권)	보조상품						
		맥주	소다	핫도그	주차료	프로그램	모자	계
뉴 욕	42.14	5.25	2.35	3.25	17.00	5.00	20.00	52.82
포틀랜드	47.49	4.00	2.00	1.75	10.00	4.00	12.00	33.75
시 카 고	42.97	4.50	2.50	2.75	10.00	5.00	15.00	39.75
L A	38.39	4.00	2.25	2.75	7.00	5.00	18.00	38.50
시 애 틀	39.76	4.00	2.00	2.50	10.00	5.00	12.00	35.50
보 스 톤	39.25	3.50	2.25	2.50	15.00	5.00	10.00	38.25

주: Team Marketing Report, 「Team Marketing Report's NBA Cost Index 1996-97」.

로 장담하는 팬들도 있다. 심지어는 어떤 식으로든 흉내를 내 보고 싶어하는 팬들도 있다.

이러한 팬들의 가려움을 해소하기 위해서는 보조상품 전략이 필요하다. 구장 내 특정 공간에 자기만이 해설할 수 있는 공간을 마련한 다음 자기가 해설하는 목소리를 녹음하도록 하는 것이다. 이러한 전략은 유력한 촉진전략인 동시에 보조 상품 마케팅 전략이라고도 할 수 있다.

실제 미국 MLB에서는 이와 유사한 전략이 실행되고 있다. 1983년 오

해설 8-1 **경기장 내 주류 판매와 보조상품 전략**

2000년 초 국내 잠실 야구장 내 맥주 판매 허용을 둘러싸고 논란을 벌인 적이 있다. 구단측은, '구장내에는 이미 상당수 팬들이 감시의 눈을 피해 술을 반입하고 있다. 따라서 구장 내 맥주 판매를 금지하는 것은 더 이상 의미가 없다'고 보고 이를 폐지해야 한다고 주장했다. 그러나 결국은 청소년에게 술을 판매할 수 없다는 서울시의 주장에 두 손을 들고 말았다. 구단의 이러한 주장은 음성적 술 문화를 양성화 한다라는 주장보다는 보조상품의 판매 확대를 통해 보다 많은 수익을 올려보자는 의도에서 출발했다.

미국의 경우 경기장 내 주류 판매에 의한 수입은 매점 수입 전체의 45% 정도에 이른다. 또한 프로구장과 대학구장의 매점사업은 매출액에서 많은 차이를 보이고 있다. 학생 스포츠의 식음료 판매사업 수익성이 프로 스포츠에 비해 낮은 것은 기본적으로 팬들의 구매력 격차에 기인하지만 주류(맥주) 판매 허용 여부도 주요 원인이 되고 있다. 학교 구장의 매점 매출액은 프로 경기 매점 매출액의 약 35% 정도에 머무르고 있다(Howard & Crompton, 1995). 프로 구장에서는 주류 판매가 허용되지만 대학구장에서는 허용되지 않기 때문이다.

아무튼 국내 스포츠 구장 내 주류 판매 여부는 향후에도 논란의 대상이 되겠지만 이는 기본적으로 다양한 보조상품 마케팅 전략의 일환으로 보는 것이 타당하다.

한편 잠실 경기장에서는 2003년 5월 1일부터 맥주 판매가 부분적으로 허용되었다.

클랜드 에이스(Oakland A'S) 구단은 팬들과의 일체감을 높이고 구단수익을 증대하기 위해 라디오 프로듀서인 프레드 그린(Fred Green)과 함께 사업을 추진하였다. 그린은 녹음산업에서 아이디어를 얻어 왔으며 이를 야구에 적용하여 '환상의 플레이 바이 플레이(Fantasy Play-By-Play)' 프로그램을 만들었다. 팬들은 특별한 시설을 갖춘 방송실 내에 앉아서 자신이 직접 오클랜드 에이스 경기를 실황중계하며 오디오나 비디오를 통하여 녹음이나 녹화를 할 수 있었다. 팬들은 자신이 마치 진짜 해설자가 되는 듯한 기분을 느낄 수 있었다(김종 · 김종환 역, 1997, p. 89).

2. 촉진(Promotion) 전략

(1) 개 념

촉진(프로모션)이란 일반인들에게는 스포츠 단체가 존재한다는 것을 알려 관심을 갖도록 하며, 팬들에게는 더욱 친밀감을 느낄 수 있도록 고안된 각종 마케팅 활동을 의미한다. 즉 촉진의 목적은 정보를 제공하여 자기 스포츠(단체 혹은 팀)에게 호의적인 반응을 보이도록 설득한 다음 최종적으로는 자기 팀의 팬이 되도록 하는 것이다. 따라서 스포츠 구단의 마케팅 담당자 혹은 마케팅업무를 의뢰 받은 마케팅 회사들은 팬들에게 구단의 스포츠 상품이 어필될 수 있는 효과적인 방법 개발에 박차를 가하게 된다.

그런데 프로모션이란 스포츠 마케팅 전략 가운데 가장 중요한 것으로 평가되고 있다. 제 1 부에서도 언급한 적이 있지만 현대 마케팅은 관계 마케팅으로 정착되고 있다. 이러한 관계마케팅이 원활히 이루어지기 위해서는 프로모션이 가장 중요하기 때문이다. 그래서 최근에는 프로모션이라는 말과 함께 Communication(커뮤니케이션)이라는 용어도 많이 쓰인다. 커뮤니케이션이란 말 그대로 어느 한 쪽이 일방적으로 의견을 전달하거나 이야기하는 것이 아니라 당사자 쌍방간에 의견을 주고받는 것을 의미한다. 즉 원활한 커뮤니케이션은 바로 원활한 관계마케팅이라는 것이다.

(2) 기본 원리

앞에서도 언급했지만 프로모션의 목적은 고객을 설득하는 것이다. 설득하기 위해서는 커뮤니케이션이 필요하다. 따라서 프로모션 전략을 수립하기 위해서는 우선 커뮤니케이션의 기본 원리를 파악하는 것이 중요하다. 그런데 이러한 커뮤니케이션의 기본 원리는 여자친구를 사귀는 원리 · 과정과 다를 바가 없다.

〈그림 8-3〉을 보면서 커뮤니케이션 원리를 설명해 보자. Ro라는 남자는 우연한 기회 혹은 공식적인 행사 등을 통해 Qi라는 여자를 만났는데 Qi가 눈이 예쁘고 마음씨가 착해 사귀어 보기로 마음을 먹었다. Ro가 Qi에게 사랑을 표현하는 방법에는 여러 가지가 있다. 우선 직접 고백하는 방법이 있을 것이다. 〈그림 8-3〉에서 직접 고백이라는 점선이 이를 나타낸다.

그런데 Ro와 Qi가 지리적 · 공간적으로 멀리 떨어져 있다면 직접고백을 통한 사랑 표현은 어렵다. 그렇다고 해서 방법이 없는 것은 아니다. 전화를 할 수도 있고, e-mail을 보낼 수도 있고, 편지를 쓸 수도 있고, 서로 잘 아는 친구에게 부탁할 수도 있고 심지어 신문에 광고를 낼 수도 있다.

그림 8-3 Ro의 여자친구 사귀기

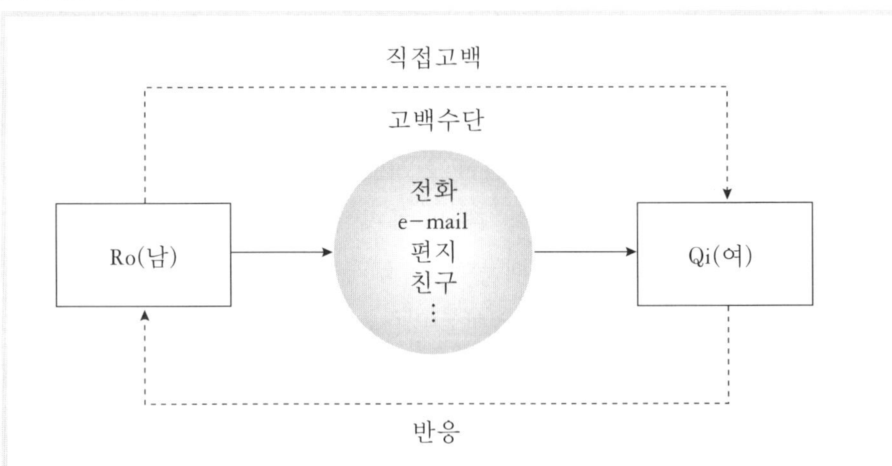

즉 지리적 · 공간적 제약으로 인해 직접 대면할 기회가 적다 하더라도 사랑을 고백할 수 있는 수단은 얼마든지 있다는 이야기이다. 〈그림 8-3〉에서 각종 고백 수단이 이를 나타내고 있다.

여기서 Ro는 어떠한 고백 수단을 선택해야 할 것인지를 결정해야 한다. 해답은 간단하다. 우선 Qi가 가장 쉽게 접할 수 있는 수단을 선택한다. 그리고 Qi의 반응을 쉽게 알 수 있는 수단이 무엇인지를 고려해야 한다. 아무리 사랑을 고백한다 하더라도 Qi로부터의 반응을 알 수 없는 수단을 사용한다면 별 소용이 없다. Qi의 반응을 알아야 다른 방법을 사용할 것인지 다음 작전에 들어갈 것인지 아니면 포기할 것인지를 결정할 수 있기 때문이다. 〈그림 8-3〉에서 반응이라는 점선이 이를 표시하고 있다.

Qi가 쉽게 접하고 또 Qi의 반응을 쉽게 알 수 있는 수단이 e-mail이라고 해 보자. 그러면 Ro는 e-mail을 통해 사랑을 고백한다. 고백하는 내용도 천차만별이다. 노골적으로 사랑을 고백할 수도 있고, 첫 인상이 이러했다느니 저러했다느니 하면서 아부성 발언을 할 수도 있고, 그럴듯한 음악을 보낼 수 도 있고, 시(詩)를 보낼 수도 있다. Ro의 오랜 노력 끝에 Qi는 Ro의 사랑을 받아들이기로 했다.

그런데 Qi가 Ro의 사랑을 받아들이겠다고 해서 Ro의 모든 일이 끝난 것은 아니다. 자주 만나 밀담을 나누기도 하고 새로운 면은 발견하기도 하면서 계속해서 Qi와의 관계를 가꾸어 나가야 한다. Qi에게 지속적인 관심을 가지지 않으면 Qi가 토라지거나 떠날 수도 있기 때문이다.

이 이야기를 스포츠 마케팅 커뮤니케이션 기본 원리에 대응해 보자. 〈그림 8-3〉에서 Ro를 스포츠 단체라고 하고 Qi를 팬으로 보면 모든 것이 쉽게 이해된다. Qi는 시장세분화 과정을 통해 선택된 표적시장이다. Ro와 Qi간 직접 대화가 쉽지 않다는 것은 스포츠 구단 입장에서도 마찬가지이다. 스포츠 구단이 팬 한명 한명을 일일이 상대하기는 매우 어렵다.

고백 수단은 마케팅 커뮤니케이션에서 중간 전달자, 즉 매체로 둔갑한다. 다만 스포츠 마케팅 커뮤니케이션에서 논의되는 매체에는 TV, 라디오, 신문, 잡지 등으로까지 확대되어 여자친구 사귀기 때보다 그 수가 많다는 차이점이 있다. 때로는 구장 분위기도 매체가 될 수 있다. 왜냐하면 다른 팬들의 관전태도가 좋으면 당연히 그 팀에 대해서도 호감을 가지기 때문이다. 그 반대로 음주 행패가 잦은 팬을 가진 팀에 대한 호감은 크게 감소하게 된다.

'고백 수단 선택하기'는 '매체 수단 선택하기'에 대응된다. 여기서도 팬들이 자주 접하고 팬들의 반응을 알 수 있는 매체를 선택해야 한다. 팬들의 반응을 전문용어로 피드 백(feed back)이라고 하는데 이는 〈그림 8-3〉에서 Qi의 반응과 같다. Qi가 무슨 생각을 하며 어떻게 반응을 보이느냐에 따라 Ro의 다음 전략이 달라지듯 스포츠 마케팅에서도 팬들의 feed back에 따라 다음의 마케팅 전략도 달라질 수 있다.

이러한 feed back의 중요성은 아무리 강조해도 지나침이 없다. 팬들의 feed back이 없는 스포츠 구단은 발전이 있을 수 없다. 물론 feed back되는 내용에는 듣기 좋은 칭찬도 있고 듣기 거북한 비방도 있다. 마케팅 담당자는 듣기 싫은 feed back에 더 많은 관심을 기울여야 한다. 왜냐하면 듣기 싫은 feed back 반응을 보이는 팬들은 그만큼 구단에 대해 관심이 많다는 것을 의미하기 때문이다. 이러한 feed back이 바로 관계 마케팅의 기본적인 요소라는 것을 명심해야 한다.

Ro의 여자 친구사귀기에서 사랑을 고백하는 내용에는 여러 가지가 있다고 했다. 마찬가지로 스포츠 구단 또한 모든 팬들에게 똑같은 내용을 전달하지는 않는다. 팬들에 따라 전달하는 내용 또한 달라진다. Qi가 일단 마음을 열기로 한 다음 Ro가 Qi와의 관계를 가꾸어 나가는 과정은 스포츠 마케팅에서 스포츠 구단이 팬들을 지속적으로 관리하는 이른바 관계 마케팅에 해당한다.

〈그림 8-4〉는 스포츠 마케팅 커뮤니케이션 과정을 나타내고 있다. 그런데 이는 〈그림 8-3〉에서 단어만 바꾼 것에 불과하다. 즉 스포츠 마케팅의 프로 모션 전략에서 필요한 커뮤니케이션의 기본 원리는 여자 친구 사귀기 과정과 다를 바가 없다는 것을 의미한다.

이야기를 다시 처음으로 돌려 보자. 마케팅 커뮤니케이션에서 전달되는 메시지는 기억하기 쉽도록 짧고 간결하게 만들어져야 한다. 길게 만들어진 메시지는 팬들로 하여금 기억하기 어렵게 한다. 이는 비효율적인 커

그림 8-4 스포츠 마케팅 커뮤니케이션 과정

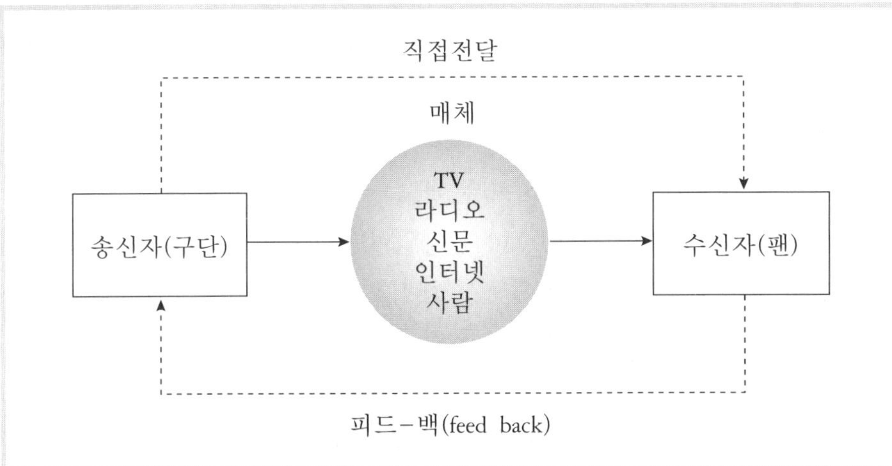

주: 실선은 스포츠 상품의 흐름을, 점선은 상품 구입에 대한 대가를 의미.

뮤니케이션 및 기존 팬들의 지지도 감소로도 연결될 우려가 있기 때문이다. 특히 TV 또는 잡지를 통해 메시지를 전달할 때에는 직접적인 표현을 사용하지 않고 팬들로 하여금 그 뜻을 해독하도록 유도하는 경우가 많다. 따라서 메시지는 팬들이 이해하기 편하도록 쉽게 만들어져야 한다.

(3) 프로모션 수단

프로모션에도 여러 가지 방법이 있다. 쉽게 말해 돈이 드는 방법이 있는가 하면 돈이 들지 않는 방법도 있다. 심지어는 돈을 벌어가면서 하는 방법도 있다. 돈이 드는 방법에는 광고, 판매촉진, 인적 판매 등이 있으며 돈이 들지 않는 방법에는 홍보가 있다. 스폰서십 또는 엔도스먼트 유치는 수입을 거두어들이는 프로모션 방법이다. 그런데 앞에서 스폰서니 엔도스먼트니 하는 것은 스포츠 상품을 구입하는 수요자와 관련된 문제라고 언급한 적이 있는데 프로모션과는 또 어떠한 관계가 있는가 하는 의문이 생길 수 있다. 이러한 논의에 대해서는 제 4 부에서 자세히 언급하기로 하고 여기서는 여타 프로모션 방법에 대해 논의하기로 한다.

1) 광고(Advertising)

광고는 우리가 TV나 신문 등을 통해 매일 접하게 되는 프로모션 수단이다. 따라서 스포츠 마케팅에서 광고란 TV나 라디오 그리고 잡지 등의 매체에게 비용을 지불하고 이러한 매체를 통해 구단 혹은 팀의 정보를 알리는 수단으로 이해하면 된다. 이러한 광고는 짧은 시간에 많은 팬들 혹은 잠재적 팬들에게 접근할 수 있으며 팬들 1인당 지불하는 비용도 많지 않다는 장점이 있다. 그러나 팬들에게 구체적으로 구단의 세세한 정보까지는 제대로 알리지 못하며 특히 일방적 커뮤니케이션의 형태를 띠고 있기 때문에 관계 마케팅 전략에는 그다지 유용하지 못하다는 단점이 있다.

광고에 이용될 수 있는 매체도 다양하다. 〈표 8-2〉는 광고에 이용되는 각종 매체에 따른 장단점을 나타내고 있다. 광고 매체를 선택하고자 할 경우, 우선 표적 시장 내에 있는 팬들이 가장 많이 이용하는 매체가 무엇인지부터 파악해야 한다. 그리고 메시지 내용, 비용, 효과 등을 고려하여 매체를 결정한다.

매체 선택에는 이러한 요소들이 고려되지만 인터넷을 통한 광고가 관계 마케팅에 대한 기여도에서 가장 높게 평가되고 있다. 즉 인터넷을 통한 광고는, 광고가 다른 프로모션 수단에 비해 커뮤니케이션이 쌍방향이지 못하다는 단점을 완화시킬 수 있는 장점을 가지고 있다.

인터넷을 활용하는 것이 프로모션의 중요한 수단으로 자리를 잡게 되자 국내 각 스포츠 구단은 구단에 관한 단순 정보제공(일방향 커뮤니케이션)의 수준을 벗어나 팬들과 대화하는 쌍방향 커뮤니케이션 시스템을 구축하고 있다. 각 스포츠 구단은 인터넷을 통해 경기일정, 기록실, 구단소개 등 기본적인 사항 이외에 쌍방 커뮤니케이션이 가능한 팬레터 등의 코너를 열어두고 팬들과의 관계 강화에 노력을 기울이고 있다.

표 8-2 광고에 이용되는 매체의 장단점 비교

매체	장 점	단 점	관계마케팅에 대한 기여
인터넷	• 쌍방향 커뮤니케이션 가능 • 틈새시장까지 접근 가능 • 많은 양의 정보 전달 가능	• 광고효과 측정에 어려움	높음
신문	• 많은 양의 정보 전달 가능 • 신뢰성 상대적으로 높음	• 광고 수명이 짧음	낮음
TV	• 노출에 비해 적은 비용 • 시각, 청각, 감정 등에 호소하는 복합적인 수단	• 절대적 광고비용 과다 • 표적시장 선택 불가능 • 각종 광고 홍수에 파묻힐 가능성 존재 • 리모콘 사용 보편화로 광고 방송시 시청자들 채널 변경 용이	낮음
우편	• 표적시장에 대한 접근 용이 • 광고 홍수에 파묻힐 가능성 없음	• 비교적 많은 비용 • 우편이 쓰레기화(junk mail) 될 가능성 높음	보통
라디오	• 적은 비용 • 표적시장이 지역별로 나누어질 경우 접근 용이	• 오로지 청각에만 호소 • 짧은 광고시간	낮음
잡지	• 광고의 수명이 길다 • 시각에도 호소 가능(칼라광고가 가능하기 때문) • 표적시장 내 고객이 많이 보는 잡지 선택 가능	• 계약 과정을 거쳐 실행되기까지 많은 시간 소요 • 비용 과다	낮음
옥외광고	• 낮은 비용 • 반복되는 노출 효과	• 전달가능 정보 제한 • 독창성 제한	낮음
경기장광고	• 표적시장에 직접 도달 가능	• 비용 점차 높아지는 추세	낮음

해설 8-2 **인터넷 광고(프로모션)의 장점**

인터넷을 통한 프로모션 전략은 다음과 같은 장점이 있다.

첫째, 시간적·공간적 제약이 없다는 점을 들 수 있다. 인터넷으로 접근할 수 있는 부대시설만 갖추면 팬들과 손쉽게 연결될 수 있으며, 자사의 웹사이트와 전자우편을 통해 24시간 프로모션할 수 있다.

둘째, 표적시장에 대한 접근이 용이하다. 인터넷을 이용한 마케팅(프로모션 전략)은 TV나 라디오를 이용하는 기존의 매스 마케팅(mass marketing)과 비교해 표적 마케팅(target marketing)적이라고 할 수 있다. 뿐만 아니라 인터넷을 이용한 마케팅의 잠재능력은 표적집단의 범위를 더욱 좁히고 구체화시켜 1 : 1 마케팅(one-to-one marketing)으로 나아갈 수 있는 장점이 있다.

예를 들어 로그인(login) 정보를 이용하여 특정 팬의 성향이나 취미 혹은 구단에 대한 요구 사항 등을 알 수 있다. 또는 팬의 관심과 개성에 적합한 맞춤 정보를 이미지, 동영상 등의 기능을 부가하여 이메일(e-mail)로 보내는 전략을 쓸 수도 있다.

셋째, 광고비가 저렴하다. 기존 매체 특히 TV나 신문의 경우 인기 프로그램이나 시선을 주목시키는 지면을 사기 위해서는 최소 수백 만원에서 수천 만원까지 필요하다. TV의 경우 원하는 프로그램을 사기 위해서는 원하지 않는 프로그램까지 덧붙여서 사야하는 일도 있다. 이에 비해 자기 구단의 광고를 24시간 내보낼 수 있는 인터넷은 비용 면에서 크게 유리하다.

넷째, 인터넷의 가장 중요한 장점으로서 쌍방향 커뮤니케이션이 가능하다는 점이다. 팬들은 인터넷을 통해 원하는 정보나 희망사항을 전달받을 수 있으며, 구단은 팬 개개인에 대한 욕구사항을 들어 줄 수 있다. 비록 모든 욕구사항을 들어 줄 수는 없다 하더라도 팬이 납득할 수 있는 수준 정도의 설명은 가능하다.

(이두희, 1999 pp. 31-45)에서 수정 작성

2) 판매 촉진(Sales Promotions)

판매 촉진은 팬들로 하여금 특별한 관심을 가지게 하여 즉각적인 반응을 보이도록 하는 수단이다. 따라서 판매 촉진은 단기적으로 수행되는 것인바, 장기적인 효과를 기대하는 광고와는 다르다.

판매 촉진에도 여러 가지 방법이 있다. 여기에는 가격을 이용한 촉진과 다른 방법을 이용하는 비가격 촉진으로 나눌 수 있다. 가격 촉진에는 입장료를 싸게 해 주거나, 부모와 함께 오는 어린이는 입장 무료, 두 명이 함께 입장하면 한 명에 대한 입장료 면제(buy one gets one free) 등과 같은 방법을 의미한다. 그런데 이러한 방법이 장기간 실시되거나 주기적으로 실시된다면 판매 촉진이 아니라 마케팅 4P 전략 가운데 하나인 가격전략이 된다.

비가격 촉진에는 사은품 증정(premium), 경연(contest)과 추첨(sweepstakes), 견본(sampling), 쿠폰(coupons), 단골 팬 보상(continuity program) 그리고 특별 이벤트 개최 등이 있다.

① 사은품 증정

경기장에 입장할 때 선수카드나 야구공 등을 무료로 제공하는 것 등이 여기에 해당한다. 속된 말로 '끼워 주기'로 이해하면 된다. 예를 들어 경기장에 먼저 오는 팬들에게 스타 선수와 인터뷰할 기회를 준다거나 경기장면이 담긴 CD 등을 제공하는 것도 사은품 증정 판촉에 해당한다.

② 경연과 추첨

어떤 조건을 만족시키면 상금이나 상품을 지급하는 것으로서 국내 경기장에서 가장 성행하고 있는 판촉 수단이다. 예를 들어 팬들을 상대로 '하프라인에서 골을 성공시키면 상금 ○○원 지급'(농구) '야구공 멀리 던지기', '투구 시속 경연 대회'(야구) 등의 프로그램이 여기에 속한다. 추첨에 대해서는 별도의 설명이 필요 없을 것이다. 그런데 추첨은 완전히 운에 좌우되는 반면 경연은 상당한 노력과 기술을 필요로 한다는 데에서 차이점이 있다.

③ 견 본

견본을 통한 판촉 활동은 팬들에게 무료로 상품을 나누어주는 활동을 의미한다. 스포츠 마케팅에서는 주로 「참여 스포츠 산업」에서 널리 행해지고 있다. 예를 들어 동네 사설 테니스 코트나 스쿼시 클럽이 새롭게 문을 열면 일정기간 동안 무료로 사용하게 하는 것이 여기에 속한다. 이는 일반 제품에서의 「견본」과 같은 성격을 가지게 된다. 한편 「관람 스포츠 산업」에서 굳이 예를 찾자면 프로야구 시범경기, 올림픽 시범경기가 여기에 속한다. 올림픽에서 시범종목으로 개최되어 팬들의 관심을 끌게 되면 다음 대회 때부터는 정식종목이 된다.

④ 쿠 폰

쿠폰이란 요금 또는 입장료를 인하한다는 증명서이다. 예를 들어 구단 또는 스포츠 단체가 신문, 잡지 등을 통해 할인조건, 유효기간 등이 정해진 쿠폰을 배포하고 이를 가지고 입장하는 팬에게는 입장료를 할인해 주는 것이 여기에 해당한다. 이 방법도 국내에서 자주 볼 수 있다. 축구나 야구 혹은 농구 관련 대부분의 잡지에서는 티켓 교환권을 볼 수 있는데 이것이 바로 쿠폰의 일종이다.

⑤ 단골 팬 보상(마일리지 판촉)

일주일이면 일주일 혹은 한 달이면 한 달 등의 기간을 정하여 이 기간 동안 몇 회 이상 입장하면 그 이후로는 사은품이나 요금을 인하해 주는 방법이다. 예를 들어 '5월 가정을 달을 맞이하여 저희 ○○구단의 야구나 축구 경기에 3회 이상 입장하시는 분에게는 ×××을 무료로 드립니다'라는 촉진 수단을 사용하면 이는 단골 팬 보상 판촉 수단이다. 쉽게 언급하면 마일리지 판촉이다.

⑥ 특별 행사 개최

경기가 개최되기 전 또는 휴식시간에 유명 가수를 초청하여 공연을 가지는 것이 특별 행사 개최의 전형적인 방법이다. 국내에서는 시즌 개막 경기 때 주로 이용된다. 판촉 수단을 통해 제공되는 각종 상품은 스포츠 상품이 아니라 치약, 샴푸, TV 심지어 자동차에 이르기까지 다양한데 주로 일반제품이 되는 경우가 더 많다. 이는 일반 제품을 만드는 기업이 스포츠 상품을 생산하는 스포츠 단체나 구단에 스폰서한 경우가 대부분이며 스포츠 상품의 촉진뿐만 아니라 일반 제품의 촉진활동도 동시에 발생하게 된다.

스포츠 마케팅에서 특별 행사 가운데 빼 놓을 수 없는 것이 체험 이벤트이다. 어떠한 스포츠 종목이든 '그 종목의 경기를 보는 것뿐만 아니라 하는 것도 매우 좋아하는 집단'이 있다. 쉽게 말하면 야구하는 것을 좋아하는 사람은 야구 경기를 보는 것도 좋아하며, 축구하는 것을 좋아하

표 8-3 판매촉진의 다양한 방법 예시

<table>
<tr><td rowspan="7">판
매
촉
진</td><td>가격촉진</td><td colspan="2">• 어린이날 어린이 입장료 무료
• 연인과 함께 입장하면 입장료 50% 할인
• buy one gets one free 등</td></tr>
<tr><td rowspan="6">비가격촉진</td><td>사은품 증정</td><td>• 선수카드 제공</td></tr>
<tr><td>경연 및 추첨</td><td>• 3점 슛 쏘기
• 야구공 멀리던지기
• 경품 추첨</td></tr>
<tr><td>견 본</td><td>• 프로야구시범경기, 올림픽 시범경기</td></tr>
<tr><td>쿠 폰</td><td>• 신문 모퉁이에 할인쿠폰 게재</td></tr>
<tr><td>단골팬 보상</td><td>• 자주 입장하는 팬에게 사은품 제공</td></tr>
<tr><td>특별행사개최</td><td>• 체험 이벤트</td></tr>
</table>

는 사람은 축구 경기를 보는 것도 좋아한다는 것이다. 이러한 팬들에게 선수와 같이 운동할 수 있는 기회를 제공하는 것이 체험 이벤트이다. 이러한 이벤트는 팬들로 하여금 충성도를 더욱 높이기 위한 프로모션 전략의 일종이다.

미국 MLB의 환타지 캠프, 골프 신동 타이거 우즈와 동반 라운딩 그리고 두뇌 스포츠라고 일컬어지는 바둑에서 '프로를 이기자' 라는 프로그램 등이 여기에 해당한다.

3) 인적 판매(Personal Sales)

인적 판매란 판매원(salesperson)이 고객을 직접 만나 자기 팀 또는 구단의 상품을 구입하도록 설득하는 촉진활동이다. 보험 판매원을 연상하면 쉽게 이해할 수 있다. 보험 판매 가운데 상당부분은 인간관계를 통해 이루어진다. 이것이 바로 인적 판매인 것이다.

인적 판매에는 다음과 같은 장점이 있다. 표적이 되는 고객에게 선별적으로 그리고 직접 접근할 수 있을 뿐만 아니라 개인 대 개인으로 대화를 하게 되므로 고객을 집중적으로 설득할 수 있다. 특히 즉각적이고 분명한 피드백을 통해 수요자의 반응을 알 수 있기 때문에 시간이 절약되고 장기적으로는 수요자와 안정적인 관계를 유지하는 데 도움이 된다. 즉 관계 마케팅에는 인적 판매가 유리한 수단이 된다는 것이다.

그러나 판매원 관리, 유지 및 교육 등에 많은 비용이 드는 단점이 있다. 따라서 스포츠 마케팅에서 인적 판매는 팬들을 상대할 때보다 기업 또는 TV 방송국과의 거래 그리고 경기장 호화 관람석(boxes) 판매에 주로 이용된다. 기업을 상대로 스폰서십 또는 엔도스먼트 유치협상을 할 때 그리고 TV 방송국과 중계료협상을 할 때에는 큰 돈이 오고 갈 뿐만 아니라 광고, 판촉 또는 홍보 등의 프로모션 방법을 통해서는 불가능하기 때문이다.

4) 홍보(Publicity)

홍보는 TV, 라디오, 신문, 잡지 등의 매체로 하여금 뉴스, 기사 및 논설 등의 형태로 자기 팀에 관한 정보를 전달하게 하는 것이다. 즉 매체에 자기 팀과 관련된 뉴스거리를 제공하여 자기 팀의 프로모션이 이루어지도록 하는 것이다. 따라서 홍보는 광고, 판촉 및 인적판매와는 달리 비용이 들지 않는 장점이 있다. 또한 뉴스, 기사 및 논설 등은 지나치게 많은 광고 홍수 속에 파묻힐 염려도 없으며, 고객들의 기억 속에 오래 남을 수 있는 장점도 있다. 특히 홍보는 자기들이 직접 작성하는 것이 아니고 매체가 작성하므로 고객들에게 객관성과 신뢰성을 줄 수 있다(〈해설 8-3〉 참조).

해설 8-3 **홍보의 위력**

김치의 사례

2002년 월드컵 축구대회 이후 그리고 2003년 상반기 현재 한국산 김치가 세계 시장에서 날개 돋친 듯 팔리고 있다. 2002년 김치 수출은 8,000만 달러로 사상 최대를 기록했다고 당국은 밝혔다. 1988년 서울 올림픽 이후 세계 무대에 알려지기 시작한 김치는 2002년 월드컵 축구대회 직후 본격적으로 수출되기 시작했다. 이처럼 2002년 대회 이후 외국인들이 김치에 많은 관심을 가지게 된 것은 우리 대표팀의 4강 진입과 무관하지 않다. 우리 대표팀이 4강에 진입한 것은 지칠 줄 모르는 스태미너 덕분이었으며 지칠 줄 모르는 스태미너는 김치 덕분이라는 외신 보도가 있었기 때문이다. 실제 일본에서는 김치 포장에 '정력제'라는 수식어가 따라 붙기도 한다. 또한 일부 일본인들은, 한국 여성의 긴 다리와 매끄러운 피부는 김치에서 비롯된다고 여기고 있을 정도이다.

2003년(상반기 현재)에 들어서서도 김치의 인기는 수그러들지 않았으며, 오히려 2002년 수준을 능가하는 추세를 보였다. 급기야 아시아인들에게 김치는 신비한 약처럼 인식되었다. 2003년 6월 17일자 LA타임즈는, "아시아인들은 배추, 마늘 및 고추 등으로 발효시킨 김치를 사재기하고 있으며, 이러한 한국 전통음식인 김치는 신기한 약으로 대접받고 있다"는 기사를 실었다. 아시아인들이 김치를 신기한 약으로 대접하는 이유는 2003년 아시아를 공포의 도가니로 몰아넣었던 사스 감염자가 유독 한국에서만은 발견되지 않았기 때문이다. 아시아인들은, 한국인들이 사스에 감염되지 않는 것은 김치를 많이 먹기 때문인 것으로 믿고 있다는 것이다.

김치가 스태미너를 증강시키고, 미용에도 도움이 되며, 심지어 병까지 예방할 수 있다는데 김치를 먹지 않을 사람이 어디에 있겠는가? 김치가 외국에서 날개 돋친듯 팔리는 것은 당연하다 하겠다.

김치가 이처럼 외국에서 불티나게 팔리는 것은 김치관련 협회나 단체가 많은 돈을 들여가며 판촉이나 광고 활동을 했기 때문인 것은 아니다. 언론을 통해 보도되었기 때문이다. 그것도 외국 언론이. 구체적으로 말하면, 영국 파이낸셜 타임즈는 2003년 4월 "마늘이 많이 들어있는 김치를 늘 먹는 음식 문화와 한국인들에 사스감염 환자가 없다는 사실은 결코 무관하지 않다"라는 기사를 내 보냈으며, 이를 계기로 김치 수요는 폭발적으로 늘어났다.

그런데 영국의 파이낸셜 타임즈는 어디서 이러한 정보를 듣고 기사를 실었을까? 바로 한국의 농촌 진흥원이다. 즉 농촌진흥원은 파이낸셜 타임즈를 상대로 김치홍보 전략(마케팅 전략)을 시행했으며 결과는 대성공이었던 것이다. 홍보의 위력을 새삼 느낄 수 있는 대목이라고 하겠다.

그러나 홍보는 언론사에서 작성하는 만큼 구단이나 팀이 개입할 여지가 없다. 이로 인해 때로는 팀이 원하지 않는 홍보 기사가 나갈 우려도 있다. 스포츠 팀이 사용할 수 있는 홍보 수단으로는, 보도 자료 배포, 경기 후 수훈 선수 기자회견 등이 있다.

한편 홍보와 비슷한 개념으로 사용되는 PR(Public Relation)이 있다. PR은 보통 '기업과 사회간의 이상적인 관계를 정립하기 위해 기업이 벌일 수 있는 여러 가지 활동'으로 정의하고 있다. 따라서 홍보도 PR의 일부로 볼 수 있다. 즉 홍보는 일반시민이나 소비자들에게 해당 팀(선수 포함)의 프로그램이나 팀 자체의 인식도를 증진시키는 데에 중점을 두는 것이며, PR은 이것뿐만 아니라 지역사회와의 우호를 증진하는 각종 활동도 포함하고 있다.

예를 들어 특정 팀이 연고지 지역 내 결식 어린이 돕기, 소년 소녀 가장 돕기, 팀 직원의 사회봉사 활동, 그 지역 내 초·중등학교 선수 지원 등

사례 8-1 **홍보를 통한 프로모션**

대전, 진로와 함께 대전지역 보육원 평화의집 방문

대전시티즌과 참이슬 진로가 대전 가양동에 있는 평화의 집에 방문하여, 100만원 상당의 물품을 전달하였다. 이번 보육원 방문은 대전시티즌과 참이슬진로가 올 3월초 광고협약식과 더불어 대전지역사회의 발전과 공헌을 위해 함께 노력하자는 뜻에 따라, 대전시티즌이 리그에서 승리할 경우 어려운 이웃을 찾아 방문하여 100만원상당의 물품을 전달하기로 합의하였다.

이에, 대전시티즌이 지난달 27일 제주와의 홈경기에 대전이 1:0으로 승리하게 되었고, 참이슬진로와의 약속에 따라 오늘 대전 가양동에 있는 평화의 집을 방문하여 100만원상당의 물품을 전달하였다.

이날 평화의 집 방문을 한 대전시티즌의 최근식선수와 이세인선수는 평화의집 김종태 원장에게 보육원시설의 상황을 듣고 나서 "생각했던 것보다 내 주위에 어려운 사람들이 많은걸 알았다"면서, "어려운 이웃을 돕기 위해 지금보다 더욱더 열심히 운동해야겠다"고 말했다.

〈플라마, 2007. 6. 1〉

의 활동은 PR에 해당한다. 그런데 이러한 활동들이 TV, 신문, 잡지 등에 뉴스로 보도될 때 이는 홍보가 되는 것이다.

아무튼 홍보가 다른 촉진 수단과는 달리 돈을 들이지 않고 더 많은 효과를 거둘 수 있는 커뮤니케이션 수단이라는 것에 대해서는 의심의 여지가 없다.

(4) 통합 프로모션 전략

스포츠 팀은 자기들의 스포츠 상품에 대한 정보가 원활하게 팬들에게 전달될 수 있도록 프로모션 수단을 선택한다. 이 때 '표적 시장의 성격'을 비롯하여 '촉진 수단의 효과', '사용 가능성', '상품과의 연계성' 등이 주요 고려 요인이 된다.[4] 그런데 중요한 것은 하나의 수단만을 선택하는 것이 아니라 다수의 프로모션 수단을 선택한다는 것이다(〈표 8-4〉 참조).

축구장에서 박지성이 아무리 뛰어난 선수라 해도 혼자만으로는 멋진 경기를 보여줄 수 없으며, 이승엽이 수많은 홈런을 쏘아 올리는 것도 동료들의 도움(예를 들면 이승엽의 다음 타자가 강타자일 경우 상대방 투수들은 이승

표 8-4 프로모션 수단별 특성 비교

	광 고	판매촉진	인적 판매	홍 보
비 용	보통	많음	많음	무료
메 시 지 통 제 가 능 성	낮음	보통	높음	보통
피 드 백 量	적음	보통	많음	적음
피 드 백 속 도	늦음	다양함	매우 빠름	늦음
표적 시장에 대한 도달 속도	빠름	빠름	느림	약간 빠름

4) 이러한 과정은 이미 〈그림 8-3〉에서 설명한 사랑 고백 수단 선택 과정과 같은 원리로 이루어진다.

그림 8-5 통합 프로모션 전략의 이해

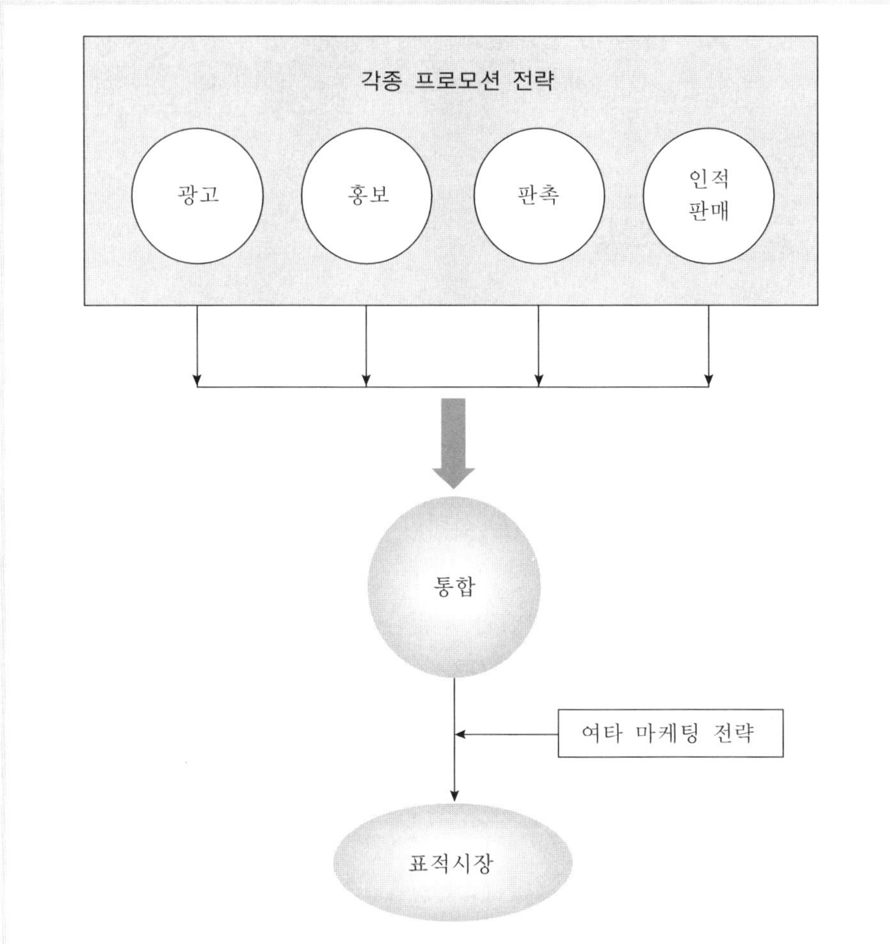

엽을 볼 넷으로 내보내기 어렵다)이 없으면 어렵다. 마찬가지로 스포츠 마케팅 프로모션 활동에는 하나의 수단이 아니라 여러 수단이 동시 혹은 시차를 두고 사용된다. 이것이 바로 통합 프로모션 전략이다(〈그림 8-5〉 참조).

이처럼 통합 프로모션 전략을 수립하는 이유는 프로모션 수단들이 상호 보완 작용을 하기 때문이다. 프로모션 수단들이 상호 보완작용을 한다는 것은 궁극적으로 하나의 프로모션 수단을 채택하는 것보다는 다수의 프로모션 수단을 적절하게 구사하는 것이 팬(고객)들과의 원활한 커뮤니케이

표 8-5 특정 스포츠 구단의 가상 통합 프로모션 전략

(단위: 만 원)

광 고	• TV, 신문광고 • 어린이 회원모집 포스터 제작	800
판 매 촉 진	• 부모와 동행한 어린이 입장료 50% 할인 • 청소년들이 좋아하는 가수 초청 프로그램 마련	800
인 적 판 매	• 스폰서십 유치 협상 전문가 고용	300
홍 보	• 경기 며칠 전 선수 사인회 개최 • 스타 선수 전년도 활약상 보도자료 배포 • 경기 후 스타 선수와의 기념촬영	
예 비 비		100
계		2,000

션에 더욱 효과적이라는 것이다.

예를 들어 보자. 특정 스포츠 구단이 개막 경기에 대비한 프로모션 비용 예산이 2,000만원으로 책정되었다면, 가상적이 통합 촉진 전략은 〈표 8-5〉와 유사한 형태를 보일 것이다. 여기서 판촉은 단기적인 수단이지만 나머지는 중·장기적인 프로모션 수단임을 명심해야 한다.

물론 〈표 8-5〉는 통합 프로모션 전략을 단순하게 표시한 것이다. 그런데 실제 스포츠 마케팅 전략을 수립할 때에는 더욱 세밀하고 구체적으로 이루어지도록 해야 한다. 스포츠 마케팅 현장에서는 통합 프로모션 전략이야말로 마케팅 승부를 결정짓는 가장 중요한 요인으로 인식되고 있다는 것을 알아두기 바란다.

3. 가격(Pricing) 전략

(1) 가격의 중요성

스포츠 팀이나 구단은 물론 일반 기업에서도 가격 설정 전략을 매우

중요하게 생각하고 있다. 왜냐하면 가격 전략은 상품전략, 프로모션 전략, 유통 전략 등 다른 모든 P전략과는 달리 직접 수입과 연결되기 때문이다. 즉 다른 전략을 구사하는 데에는 돈을 지출해야 하지만 가격전략은 돈을 곧바로 거두어들이는 수단이라는 것이다.

가격 전략은, 스포츠 상품에서 물량을 조절할 수 있는 유일한 수단이다. 일반 제품인 경우, 물건이 많이 팔리면 많이 생산하고 적게 팔리면 적게 생산한다. 또 적게 팔리더라도 많이 팔릴 것에 대비하여 생산한 다음 창고에 쌓아두기(재고)도 한다. 예를 들어 컴퓨터의 경우 학생들의 졸업시즌 및 입학시즌에 많이 팔린다. 따라서 컴퓨터 회사는 생산량 또는 재고량 조절을 통해 대비한다.

그런데 스포츠 상품의 경우 관중들이 많이 찾는다고 해서 많이 생산(경기)하고 적게 팔린다고 해서 게임 수를 줄일 수 없다. 따라서 스포츠 상품을 생산하는 구단 및 스포츠 단체측은 많이 팔리면(관중이 많으면) 가격을 높이고 적게 팔리면(관중이 적으면)가격을 내린다. 즉 가격전략은 스포츠 상품의 수요, 공급을 조절하는 유일한 수단이라는 것이다.

그림 8-6 가격결정의 기본 원리

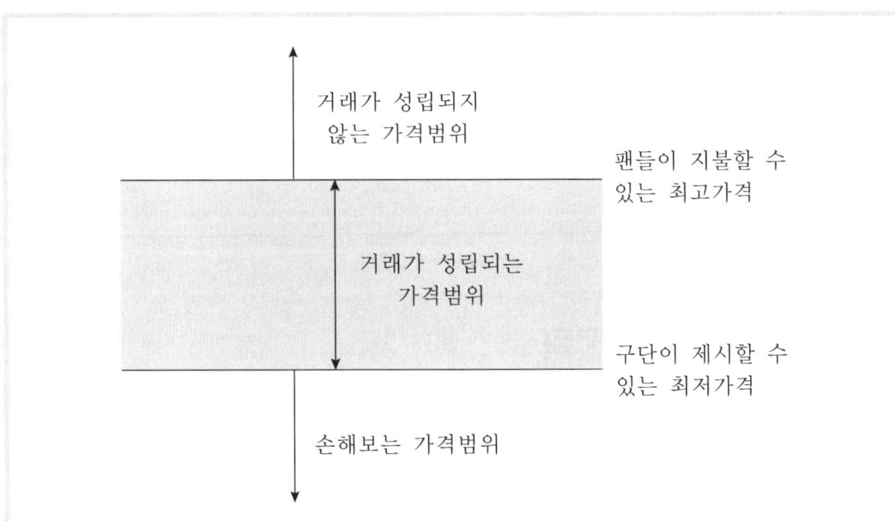

제 6 장에서 마케팅 계획은 내·외부 상황 요인을 고려하여 수립되어져야한다고 이야기한 적이 있다. 계획 수립되었다 하더라도 상황이 바뀌게 되면 마케팅 계획 또한 바뀌기 마련이다. 그런데 가격전략을 제외한 다른 전략을 수정하는 데에는 많은 시간이 소요될 수 있지만 가격(전략) 변경에는 긴 시간을 필요치 않고 바로 행동에 옮길 수 있다. 뿐만 아니라 전략 변경으로 인한 그 효과도 즉각적으로 나타난다. 따라서 가격 전략은 경쟁전략을 수립할 때에도 중요한 수단으로 인식되고 있다.[5)]

(2) 가격 결정 원리

가격을 어떻게 결정하는가? 대답은 간단하다. 손해를 보지 않는 선에서 결정해야 한다. 즉 밑지는 장사는 하지 않아야 한다는 것이다. 그렇다고 해서 가격을 무한정 올릴 수도 없다. 가격이 무한정 오르면 아무도 경기장을 찾지 않을 것이기 때문이다. 따라서 가격은 원가보다는 높게 그리고 팬들이 구입할 수 있는 가장 높은 가격보다는 낮은 선에서 결정된다. 이를 그림으로 표시한 것이 〈그림 8-6〉이다.

(3) 가격 결정 요인

1) 최고 가격 결정 요인

그렇다면 팬들이 구입할 수 있는 가장 높은 가격은 어떻게 결정될까? 팬들은, 경기를 보고 느낄 수 있는 가치가 티켓구입가격보다 높거나 최소한 같다고 판단되면 티켓을 구입한다. 그래야만 팬들도 손해를 보지 않고 티켓을 구입한다는 생각이 들기 때문이다.

좀더 자세히 이야기해 보자. 팬들은 티켓을 구입한 다음 경기를 관전하면 어느 정도의 만족을 느낄 수 있다고 판단한다. 이것이 바로 팬들이 경기에 대해 기대하는 혜택이다. 그런데 제 1 절에서 설명한 적이 있지만

---

5) 가격 전략이라고 해서 무조건 내리는 전략(저가 전략)만 있는 것이 아니라 올리는 전략(고가 전략)도 있다. 자세한 내용은 (3)가격 결정 요인에서 설명한다.

스포츠 상품(경기 관람)은 사람과 분리할 수 없기 때문에 티켓을 사려면 운동장까지 가서 보는 수밖에 없다.[6] 또한 티켓을 사려면 줄을 서서 기다려야 한다. 만약 운동장이 아닌 다른 곳에서 티켓을 판매한다면 그 장소까지 가야 한다. 말하자면 티켓을 구입하기 위해서는 수고(고생)도 해야 한다는 것이다. 뿐만 아니다. 경기장에 가서 구경하는 데에도 수고가 필요하다. 경기장 내 좌석이 아무리 편하다 하더라도 집에 있는 소파보다 편할 수는 없다. 즉 약간의 수고가 필요하다는 것이다. 이러한 수고가 바로 팬들이 지불하는 비용에 해당한다.

따라서 팬들은 티켓을 구입하고자 할 때 경기를 관전함으로써 만족할 것으로 기대되는 '혜택'과 경기를 보기 위해 치러야 하는 각종 '수고'를 동시에 고려하게 된다. 「혜택에서 수고를 뺀 것」이것이 바로 팬들이 느끼는 가치이다.

그림 8-7 최고 가격 결정 과정

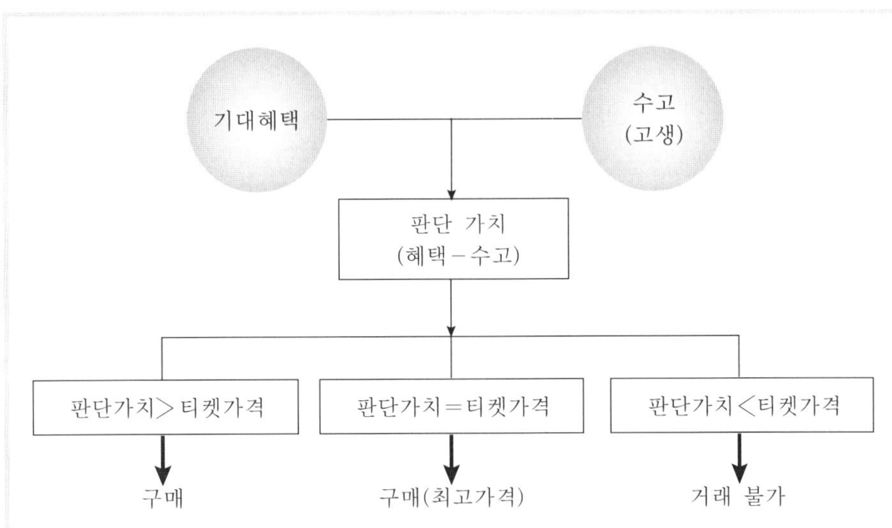

6) 물론 집에서 TV를 통해서도 볼 수 있지만 이 때에는 티켓구입과 그다지 관련이 없다. 따라서 가격에 대해 이야기할 필요가 없다.

기대 혜택－수고(고생)＝가치

그런데 이러한 가치가 티켓의 가격보다 높거나 같다고 생각될 때 팬들은 티켓을 구입[7]하며, 느끼는 가치가 가격과 같을 때 이 가격은 최고 가격이 되는 것이다. 〈그림 8-7〉은 이 과정을 그림으로 나타낸 것이다.

그런데 실제로 이러한 최고 가격은 팬들의 주관적인 판단에 의해 결정되기 때문에 마케팅 담당자들이 제대로 파악하기가 어렵다는 문제점이 있다. 따라서 마케팅 담당자들은 전문가들에게 의뢰, 팬들에게 직접 물어보는 방법, 여러 번의 시행착오 및 시장조사 등을 통해 최고 가격 수준을 알아보아야 할 것이다.

2) 최저가격 결정 요인

최저가격이란 손해를 보지 않고 티켓을 파는 가격이다. 따라서 최저가격을 결정할 때에는 원가가 가장 중요한 고려 요인이 된다. 그러면 원가는 어떻게 구성될까?

일반 기업이 원가를 계산할 때 여러 가지 비용을 고려한다. 예를 들어 축구공을 만드는 기업이 있다면, 이 기업은 축구공을 만들면서 각종 비용을 지불한다. 새 자동차를 타고 다니다 보면 그 가치가 하락하듯이 공장 설비도 해가 지날수록 가치가 하락한다. 공장 설비를 계속해서 사용하다 보면 기계가 닳아 점차 헌 것이 된다는 것이다. 이러한 것을 감가상각이라고 한다. 결국 축구공을 만드는 공장은 감가상각이라는 비용을 매년 지출하게 된다. 뿐만 아니다. 세금, 보험료 등등 정기적으로 지출해야 할 비용에도 여러 가지가 있다. 이러한 비용을 자세히 보면 축구공 생산량과 관계없이 지출하게 되는 것이다. 이러한 것을 고정비용이라고 한다.

그런데 축구공을 만들다 보면 가죽이 필요하게 되며 이러한 가죽을 구입하는 데에는 돈이 든다. 축구공이 많이 팔리면 축구공을 만드는 근로자도 더 필요하게 된다. 즉 인건비가 더 많이 든다는 것이다. 이러한 비용(가죽 구입 비용 및 인건비)을 가변비용이라고 한다. 축구공을 많이 만들면 많이

7) 물론 기대되는 혜택이 수고보다 작다고 생각되면 팬들은 티켓을 구매하지 않는다.

만들수록 가변비용은 많이 들게 된다. 따라서 축구공을 만드는 기업이 손해를 보지 않고 축구공을 만들어 팔려면 손익분기점을 찾아야 한다. 쉽게 말하면 본전이 될 수 있는 가격을 정해야 한다는 것이다. 본전을 찾는다는 것은 들어간 비용을 모두 찾는다는 의미이다.

좀더 구체적으로 이야기해 보자. 축구공을 만드는 회사가 연간 10억 원의 고정 비용을 사용하고 축구공을 만들 수 있는 능력이 100만 개이며 이 100만 개를 다 팔 수 있다고 한다면, 적어도 축구공 100만 개를 팔아서 10억 원의 이익이 남아야 본전이 된다. 그러면 공 한 개당 얼마 정도의 이익이 남아야 할까? 정답은 1,000원이다(남는 이익 1,000원×100만개=10억 원). 공 한 개 만드는데 필요한 가변비용(가죽 값+인건비)이 3,000원이라면 적어도 공 값으로 4,000원 이상을 받아야 한다는 것이다. 이것이 바로 기업이 원가를 고려하여 최저가격을 결정하는 원리이다.

이를 수식으로 표현하면 다음과 같다.

손익 분기점에 필요한 생산량=고정비용/1개당(가격−가변비용)

위 식에서, 가격−가변비용은 이익이다. 이러한 이익을 전문적인 용어로 공헌이익이라고 한다.

스포츠 구단의 최저가격 결정에도 위의 논리를 적용할 수 있다. 스포츠 구단 운영 원가에 가장 큰 영향을 미치는 요인은 팀 유지비이다. 야구팀을 운영한다고 생각해 보자. 경기를 하기 위해서는 선수가 필요하고 이들에게는 연봉뿐만 아니라 이들이 사용하는 각종 글러브, 배트 등의 구입에도 비용이 들어간다. 또한 선수 이외에 감독, 코치, 트레이너, 장비 매니저 등의 인원도 필요하다. 선수들이 시합을 할 때 운동장이 필요하며, 만약 전용구장이 없으면 구장을 임대해야 한다. 이 때에는 구장 임대비용이 필요하다. 선수들이 기숙사 생활을 할 경우 기숙사 운영비용(관리자 인건비, 숙식비 청소비용 등)도 필요하다.

또 있다. 광고 등 프로모션 비용이 필요하여 경우에 따라서는 전문 스카우트도 고용해야 한다. 경기를 가지기 위해 다른 지방으로의 이동이 필요한바, 교통비도 확보해야 한다. 이 밖에도 많은 비용이 필요할 것이다.

구단의 손익 분기점을 찾아보기 위해서는 우선 가변비용이 무엇인지부터 알아내야 한다. 그런데 스포츠 구단 운영에는 일반 기업과는 달리 가변비용을 찾기가 매우 어렵다. 대부분의 비용이 경기와는 상관없이 지출되고 있으며 한 경기 한 경기를 치를 때마다(상품 한개 한개를 만들 때마다)소요되는 가변비용에는 어떠한 것이 있는지 파악하기가 쉽지 않다.

광고비용을 가변비용으로 보는 견해도 있다(Mattew D.Shank, 1999). 광고비용은 한 경기 한 경기를 할 때마다 달라진다는 것이다. 왜냐하면 이번 경기에 관중수가 예상보다 적으면 다음 경기에는 더 많은 광고비를 투입하게 되며, 또 관중이 예상보다 많으면 많은 대로 다음 경기의 광고비에 변화가 생길 수 있기 때문이다. 그러나 광고비용은 통상 연간 프로모션 비용에 포함되며 이러한 프로모션 비용은 연초에 결정되는 경우가 많다. 즉 광고비용이 게임마다 차이가 난다고 하더라도 연간 필요비용은 일정하므로 엄밀한 의미에서 가변비용으로 보기는 어렵다.

앞에서 축구공 생산을 이야기할 때 인건비를 가변비용[8)]이라고 이야기했다. 그런데 스포츠 팀(특히 관람 스포츠)에서는 인건비를 가변비용으로 보기에는 무리가 따른다. 예를 들어보자. 야구장에 많은 사람들이 찾아온다고 해서 더 많은 선수들이 필요한 것은 아니다. 더 많은 선수들이 필요하지 않다는 것은 인건비가 더 많이 늘어나지 않는다는 것을 뜻한다. 즉 프로 야구와 같은 스포츠에서 인건비를 가변비용으로 보기는 어렵다.

그렇다면 도대체 어떠한 비용을 가변비용으로 보아야 할 것인가? 가변비용이란 상품 하나를 만들 때마다 추가적으로 들어가는 비용이라고 했다. 제 1 부에서 팬들이 스포츠 상품을 구입할 때 경기관람권을 통해 구체화된다고 했다. 그러면 경기관람권 만드는 데 들어가는 비용을 가변비용으로 보면 되지 않겠는가? 즉 경기 관람권 한 장마다 남는 이윤이 공헌 이익이 되는 것이다. 예를 들어 경기관람권이 5,000원이라면 5,000원에서 인쇄비, 각종 수수료, 세금 그리고 기금(국민체육진흥기금) 등이 가변비용이며 5,000원에서 이들을 제외한 나머지가 공헌이익이 된다. 따라서 연간 관중이 어느 정도 될 것이라고 예상이 되면 티켓가격을 얼마로 해야 본전이 되는지

8) 인건비를 가변비용으로 보는 것은 경제학에서 일반적인 개념이다.

계산이 된다.

다시 한번 예를 들어보자. 어느 구단의 연간 필요경비는 10억 원이고 관중은 약 20만 명으로 예상되며 티켓 한 장당 인쇄비, 각종 수수료 및 체육진흥기금이 500원이라고 가정하자.[9] 그러면 가격은 어느 정도 되어야 손해를 보지 않겠는가? 이러한 경우 위 식은 다음과 같이 된다.

200,000(이십만 명)=1,000,000,000(10억 원)/X-500(원)

여기서 X가 바로 최저가격이다. 따라서 최저가격은 5,500원이 된다. 한편 가격은 주어져 있다면 '관중을 어느 정도를 동원해야 손해를 보지 않는가' 하는 계산도 가능할 것이다. 지금까지 언급한 바에 따르면 스포츠 구단 운영에 필요한 가변비용은 매우 적다. 관중수가 늘어나는 데 대한 추가적 비용(가변 비용)이 거의 들지 않기 때문에 관중이 느는 만큼 순수입은 늘어난다. 따라서 구단들은 관중 수 증대에 큰 관심을 가지게 되는 것이다.

한편 이러한 설명은 기업 및 TV 방송국으로부터의 수입은 없는 것으로 가정한 것이다. 만약 기업(스폰서 및 라이센싱)으로부터의 수입과 중계료 수입을 감안하면 최저가격은 더욱 낮아진다.

3) 거래 가능 가격 결정 요인(가격 전략)

지금까지 최고가격 결정요인과 최저가격 결정요인에 대해 설명했다. 가격은 최고 가격과 최저가격 사이에서 결정된다. 최고 가격과 최저 가격 사이에서 여러 가지 요인들을 감안하여 결정한다는 것이다. 그렇다면 최고 가격과 최저가격의 중간에 있는 '거래 가능한 가격' 결정에 영향을 주는 요인들은 어떠한 것들이 있을까? 이러한 요인들을 제대로 파악하는 것이 바로 가격 설정 전략의 열쇠라고 하겠다.

① 경 쟁

가정 먼저 생각되는 요인은 경쟁이다. 이 책에서 경쟁이라는 말에 대

9) 우리 나라의 경우 경기장 입장비용 가운데에는 지방자치단체의 수입도 포함되어 있다. 따라서 가변비용은 늘어나게 된다.

해 여러 번 설명한 적이 있다. 그리고 그 경쟁의 대상은 스포츠가 아니라 여타 오락산업이라고 했다. 영화나 연극 그리고 PC방 등의 이용 요금은 얼마인지, 이들이 스포츠 시장을 잠식한다고 판단되면 어떻게 해야 하는지 등을 고려하여 가격을 결정한다는 것이다.

② 조직의 목표

조직의 목표가 많은 수입을 거두기 위한 것인지 아니면 관중을 많이 모으기 위한 것인지에 따라 가격은 달라진다. 통상 가격 전략이라고 해서 가격을 낮추기만 하는 것은 아니다. '고급 이미지 구축'을 조직의 목표로 삼고 가격 전략을 구사하는 경우도 있다. 이 경우에는 고가 전략을 채택하게 된다.

"○○○기업이 자기 회사 제품 가격 뒤에 0을 하나 더 붙였더니 날개 돋친 듯 팔렸다더라." 이러한 우스개 소리를 한두 번 이상 들어본 적 있을 것이다. 이러한 이야기는 우스개 소리라기보다는 가격 전략(고가 전략)의 일종으로 보는 것이 바람직하다.

스포츠계에서는 미국 NBA가 철저하게 고가 전략을 채택하고 있다. NBA의 가격 전략은, 'NBA 상품은 싸구려가 아니다'라는 조직의 목표 인식에서 출발한다. 2003년 잠실에서 선을 보인 적이 있는 미국 WWE (World Wrestling Entertainment)도 철저하게 고가전략을 구사하고 있다(〈사례 8-2〉참조).[10]

사례 8-2 미국 프로레슬링의 고가 전략

미 프로레슬링, 한국 뒤집었다

'후끈 달아 오르는구만!'

한마디로 열광의 도가니였다. 23일 잠실 실내체육관을 가득 메운 1만 5천여 관중들은 미 프로레슬러의 몸짓 하나 하나에 열광했고, 좋아하는 스타

10) 프로 레슬링이 스포츠냐 아니냐에 대해서는 논란의 여지가 있지만 오락성이 사업의 핵심 요소라는 점에서 스포츠 산업과 같다.

를 담기 위해 쉴 새 없이 플래시를 터뜨렸다. 화려한 조명과 폭죽 아래 반짝이는 형형색색의 플래카드는 마치 미국 현지의 WWE 경기장에 온 것으로 착각할 정도였다.

… (중략) 영하의 추운 날씨에도 아랑 곳 없이 모여든 1만 5천여 관중들은 자신들이 좋아하는 스타급 선수를 직접 봤다는 설레임에 자리를 뜰 줄 몰랐다. 사상 처음 국내에 상륙한 WWE 투어는 대단한 성공작이었다.

… (중략) WWE의 무차별 수용에 대한 찬반 양론은 논외로 제쳐두고 흥행적인 면에서만 본다면 그야말로 대박이다. 이번 WWE 아시아투어 마케팅 및 광고홍보를 맡은 스포츠마케팅사 SNE의 관계자는 "WWE측에서 상당히 만족하고 있다. 한국내의 뜨거운 열기에 그들도 놀랐다고 전했다. 올해 안에 한 번 더 열릴 가능성이 높다. 단, 정확한 시기는 스폰서나 라이센스 업체가 확실해질 때 밝힐 수 있을 것 같다"며 한국 시장이 또다른 흥행보증수표로 자리잡을 것으로 예상했다.

한편 이날 입장료는 좌석에 따라 다르지만 최저 2만원에서 최고 13만원으로 매우 비싼 가격이었다.

〈스포츠서울, 2003. 1. 24〉

③ 정부의 규제

구단끼리 담합을 하여 가격을 크게 높인다면 팬들에게 불이익이 돌아갈 수 있다. 이러한 경우에는 정부가 프로 스포츠의 공익성을 내세워 일정 가격 이상을 제한할 수 있다.

④ 다른 마케팅 전략에 의한 영향

가격 전략은 상품전략, 프로모션 전략 또는 유통전략에 의해서도 크게 영향을 받는다. 상품 전략에서 핵심상품보다 확장상품 판매에 더 많은 관심을 가진다면 핵심상품의 가격을 낮출 수도 있다. 예를 들어 입장권(핵심상품)을 많이 파는 것보다 음식료품이나 기념품을 많이 팔면 더 큰돈이 될 것이라고 판단되면 입장권의 가격은 낮아진다. 때에 따라서는 티켓 가격에 입장권과 음료수 값이 포함될 수도 있을 것이다.[11]

11) 이를 전문용어로 다발가격(Price bundling)이라고 한다.

⑤ 시 간

주말 경기에는 많은 팬들이 몰리는 반면 주중에는 경기장을 찾는 팬들이 상대적으로 적다. 또한 야간경기 때와 주간경기 때의 관중 수가 서로 다르다. 따라서 구단은 관중이 적게 찾아오는 때(주중 · 주간경기) 가격을 깎아줄 수도 있다.

⑥ 구입하는 양

티켓을 한장 한장 구입할 때와 여러 장을 한꺼번에 구입할 때와는 가격이 같지 않다. 시즌 티켓 구입,[12] 쿠폰 구입[13] 등을 여러 장을 한꺼번에 구입하는 형태이다.

⑦ 관전 장소

지정석, 일반석, 군경 · 학생석, 어린이석 등 고객의 성격에 따라 관전 장소가 나누어지는 경우가 있는가 하면 내야석 및 외야석(야구) 등 위치에 따라 관전 장소가 나누어지기도 한다. 관전 장소가 나누어진다는 것은 가격 또한 다르게 적용된다는 것을 의미한다. 따라서 각 좌석마다 차별화된 마케팅 전략을 수립해야 함은 당연하다.

사례 8-3 **구입량, 단체 여부 및 특정 조건에 따른 가격 전략**

일반석, 군, 경로, 학생, 어린이

구분			입장요금	비고
일반	일반		5,000	19세 이상 64세 이하인 고객 65세 이상 경로 우대증 소지 소객 무료
	할인	단체 · 제휴카드	4,000	10명 이상 적용 및 제휴카드 소지자
		연동제		프로구단(농구, 축구) 입장권 소지자에 한함

12) 우리 나라에서는 아직 이 방법이 많지 않으나 미국, 일본에서는 보편화되어 있다.

13) 팬들로 하여금 티켓을 10장 또는 20장을 구입하게 하여 자기가 원하는 경기를 관람할 수 있도록 하는 것이다.

구분			입장요금	비고
군 경 학 생 청소년	일반		3,000	13세 이상 18세 이하인 고객, 장애인 학생증 소지하신 중, 고생 및 청소년층 소지자
	할인	단체 · 제휴카드	2,400	10명 이상 적용 및 제휴카드 소지자
		연동제		프로구단(농구, 축구) 입장권 소지자에 한함
어린이	일반		1,000	초등학교 학생과 5세 이상 12세 이하인 고객
어린이 회원			무료	어린이 회원카드 소지자

※입장권 예매시 6日전 20%, 3日전 10% 할인.(중복 카드할인 불가)

특별석, 지정석

구분		입장요금	비고
특별석	일반	30,000	-주차 서비스(사전예약자에 한함) -경기 정보지 제공 -도시락(Outback) 또는 치킨(BBQ) 제공 -우산 및 모포 대여 -상품구입 포인트 적립
	좌석 요금 : 10,000		
	서비스 요금 : 20,000		
지정석	일 반	8,000	
	학 생	5,000	
	어린이	3,000	
외야가족석 (매경기 선착순 21가족)	일반	일반석과 동일	2대 가족: 테이블 있는 좌석 부여, 씨하우스 무료식사권 1매(선착순 5가족) 3대 가족: 테이블 있는 좌석 부여, 우방랜드 자유이용권 2매, 야구장 그라운드 투어, 포토 타임 제공

자료: 삼성라이온즈 홈페이지

⑧ 단체 티켓 구입

한명 한명이 입장할 때보다는 여러 명이 한꺼번에 입장하면 입장료가 할인되는 경우가 많다. 국내 경기장에서는 20명 이상 입장할 경우 단체로 인정하고 있다.

⑨ 특정한 조건에 해당하는 경우

특정한 관객에게 입장료를 할인해 주는 경우이다. 어린이 팬클럽, 서포터즈, 경로 우대 등이 여기에 속한다.

(4) 가격 결정의 기본 방침

가격 결정의 원리를 알았고 가격 결정에 영향을 미치는 요인들에 대해서 이야기했다. 이제 가격 결정의 기본 방침에 대해 이야기해 보자. 가격이란 수익과 직결된다고 했다. 수익을 크게 올리려면 어떻게 해야 하나? 간단하다. 비싸게 파는 것이다. 그렇지 않으면 같은 가격에 많은 사람이 사도록 하는 것이다. 즉 〈그림 8-5〉의 가격 결정의 원리에서 팬들이 지불할 수 있는 최고가격을 올리거나 팬들이 지불할 수 있는 최고가격에서 많은 팬들이 사도록 하면 된다는 것이다.

최고 가격을 어떻게 올리나? 이제 그 설명을 해 보자. 앞에서 팬들이 느끼는 가치는 다음과 같다고 이야기한 적이 있다.

가치=기대 혜택－수고(고생)

여기서 가치를 크게 하면 당연히 티켓가격은 올라가기 마련이다. 우선 기대 혜택을 크게 하는 방법이 있다. 기대 혜택을 크게 하는 방법 가운데 가장 좋은 방법은 경기내용을 알차게 하는 것이다. 그런데 경기내용을 알차게 하는 것은 마케팅 팀(또는 마케팅 담당 에이전트) 권한 밖의 일이다. 또 다른 방법은 구장을 찾는 팬들에게 보다 좋은 서비스를 제공함으로써 기대 혜택을 크게 하는 것이다. 거의 모든 구단들이 팬 서비스 증대에 노력하는 것도 바로 이 때문이다.

기대혜택을 크게 하는 방법 이외에 팬들의 고생을 감소시키는 방법도 있다. 팬들이 치러야 하는 '수고(고생)'을 줄이면 가치가 커지게 되는 것은 당연하다. 최근 우리 주변에서 이러한 예를 많이 찾아볼 수 있다. 철도나 고속버스 티켓을 현장에 가지 않고 전화나 인터넷을 통해 예약하는 방법도 여기에 해당한다. 또 있다. 스포츠 중계방송을 보다 보면 퀴즈 문제가 나오고 이러한 문제는 누구나 맞출 수 있을 정도로 쉽다. 정답을 맞춘 자에게는 추첨을 통해 상품도 제공한다. 그런데 팬들은 정답을 700－××××이란 전화를 통해 알린다. 전화를 통해 정답을 알리는 방법은 종전의 우편이나 엽서를 통해서 알리는 방법보다 훨씬 간편하다. 즉 방송국은 팬들에게 '수고'를 크게 덜어준 셈이다. 그렇다고 해서 방송국 측에게 남는 것이 없는 것은 아니다. 모두 알다시피 전화 700－××××사용은 유료이다. 따라서 방송국측은 종전에 비해 더 많은 경품을 지급하지 않으면서도 전화 수입료를 짭짤하게 챙기고 있다.

'팬들이 치러야 하는 수고를 줄이는 방법' 이것이야말로 팬들의 만족을 통해 구단의 이윤을 추구하는 것으로서 마케팅의 기본이다. 즉 마케팅 가격전략의 기본 방침은 팬들의 수고(고생)를 덜어주는 데에서 출발해야 한다는 것이다.

4. 유통 경로 전략(Place)[14)]

유통 경로에 대해서는 다른 부분에 비해 조금 더 많은 설명이 필요하다. 왜냐하면 유통 경로 전략은 제 3 부, 제 4 부 및 제 5 부 설명의 근간이 되기 때문이다.

(1) 유통 경로 관리 중요성 및 방안

1) 유통 경로 관리의 중요성

유통이란 무엇인가? 유통이란 단어는 유(流)자와 통(通)자로 만들어져 있다. 흐를 '류'와 통할 '통'으로 구성되어 있다는 것이다. 즉 유통이라는 말은 흐르고 통한다는 의미이다. 그런데 이러한 유통이라는 말은 일반 사

14) Place는 장소로 번역되나 마케팅에서는 유통 경로 또는 마케팅 경로 등으로 해석되는 경우가 많다. 따라서 이 책에서도 유통 경로라는 용어를 사용하기로 한다.

회생활에서보다 경제거래에서 많이 사용된다. 그렇다면 경제거래에서 유통이란 무엇을 의미하는 것인가? 경제거래에는 반드시 상품이 개입한다. 그 상품이 구체적인 형태를 갖춘 제조품이든 아니면 서비스 상품이든 어느 것이나 상관없다. 이렇게 보면 우리가 일반적으로 사용하는 유통이라는 용어는 상품이 흐르고 통하는 것이라고 할 수 있다.

상품이 흐르고 통하는 길은 무수히 많다. 준영이의 DVD 기기 구입을 예로 들어 보자. 준영이는 DVD를 사기로 마음먹었다. DVD를 사려면 집 근방 가전제품 가게에 갈 수도 있고 용산전자상가 혹은 테크노마트에 갈 수도 있다. 물론 집 근방 가전제품 가게나 용산전자상가 혹은 테크노마트에서 DVD를 만들지는 않는다. 어디인지는 모르지만 이들은 어디에서부터 DVD를 가지고 온다. 여기서 어디라는 것은 중간 도매상일 수도 있고 공장일 수도 있다. 어쨌든 준영이가 사려고 하는 DVD가 전달되는 과정을 거꾸로 거슬러 올라가면 끝은 공장이다.

DVD가 흐르는 길은 '공장 → 용산전자상가 → 준영이'가 될 수도 있고, '공장 → 테크노마트 → 준영이'가 될 수도 있으며, 공장 → 테크노마트 → '동네 가전제품 가게 → 준영이'가 될 수도 있다. 이것뿐만 아니라 이 밖에 생각할 수 있는 길은 얼마든지 있다. 심지어 공장과 준영이 사이에 사람이 개입할 수도 있다. 특별히 가게를 열지 않고 용달차를 끌고 공장에 가서 물건을 사서(실제 이러한 경우는 드물다) 다시 준영이에게 되팔 수도 있다는 것이다. 어쨌든 DVD 기기라는 물건은 공장에서부터 흐르기(유통) 시작하여 준영이에서 끝이 난다. 여기서 공장이라는 말을 생산자라는 말로 바꿀 수 있으며, 준영이라는 단어를 소비자라는 말로 고쳐 쓸 수 있다. 그렇다면 유통이란 생산자에서 시작하여 소비자에서 끝이 난다는 의미이다.

생산자(공장)가 유통을 시작하는 곳이며 소비자(준영이)가 유통을 마감하는 곳이라고 한다면 용산전자상가, 테크노마트, 동네 가전제품 가게 혹은 용달차 판매인을 무엇이라고 하는가? 간단하다. DVD기기가 흘러(유통)가는 길이다. 따라서 이들을 말 그대로 유통 경로(distribution channel)라고 한다.

이러한 유통 경로를 전문적인 용어를 사용하여 설명하면 다음과 같다.

"유통 경로란 제품과 서비스가 생산자로부터 소비자 및 최종사용자에게 옮겨가는 과정에 참여하는 모든 개인 및 회사를 말한다"

그렇다면 이러한 유통 경로는 경제거래 특히 마케팅에서 도대체 얼마나 중요한 위치를 차지하고 있을까? 종래의 마케팅에서는 유통 경로 관리에 대해 그다지 많은 관심도 그리고 그다지 많은 노력도 기울이지 않았다. 마케팅이라고 하면, 주로 상품 개발이나 광고, 가격인하 등과 같은 다른 마케팅 활동에 역점을 두어 온 것이 사실이다. 그러나 최근 상품의 종류 및 상품 거래가 다양해지면서 유통 경로와 관련된 마케팅 활동의 중요성이 더욱 높아지고 있다. 그 이유 가운데 하나가 유통 경로 관리는 생산자 자기 뜻대로 되지 않는다는 점이다. 기업 운영에 필요한 각종 사업활동은 실패하건 성공하건 자기들 책임 하에 알아서 할 수 있지만 유통 경로와 관련된 마케팅은 생산자 자기 뜻대로 하기가 매우 어렵다. 왜냐하면 유통 경로에는 자기 회사가 아닌 다른 회사, 즉 독립된 회사가 많이 개입하기 때문이다.

예를 들어 DVD 기기를 생산하는 공장이 삼성전자이고 유통경로가 용산전자상가라면 당연히 용산전자상가는 삼성전자 소속이 아니다. 즉 유통 경로와 관련된 마케팅은 유통 경로 당사자들과 어떤 식으로든 협력과 대화가 필요하다. 협력과 대화가 필요하다는 것은, 잘못 되면 기업 전체 마케팅에 차질을 가져올 수도 있다는 것을 나타낸다. 기업 마케팅의 경쟁력에서 유통 경로 관리(마케팅)가 중요한 부분으로 자리를 잡게 되었다는 의미이다.

다시 앞에서 설명한 유통 경로의 정의를 보도록 하자. 여기서 유통 경로를 따라 흐르는 상품 가운데에는 서비스도 있다고 했다. 우리가 이 책을 통해 알아보려는 스포츠 상품은 서비스 상품에 해당한다. 즉 스포츠 상품이라고 해서 지금까지 설명한 유통 경로 관리 개념과 무관한 것이 아니며, 유통 경로의 중요성에서 더더욱 벗어날 수 없다는 이야기이다.

2) 유통 경로 관리 방안

① 유통 경로 선택

유통 경로를 제대로 관리하려면 적절한 유통 경로 선택이 우선되어야

그림 8-8 유통경로의 선택과정

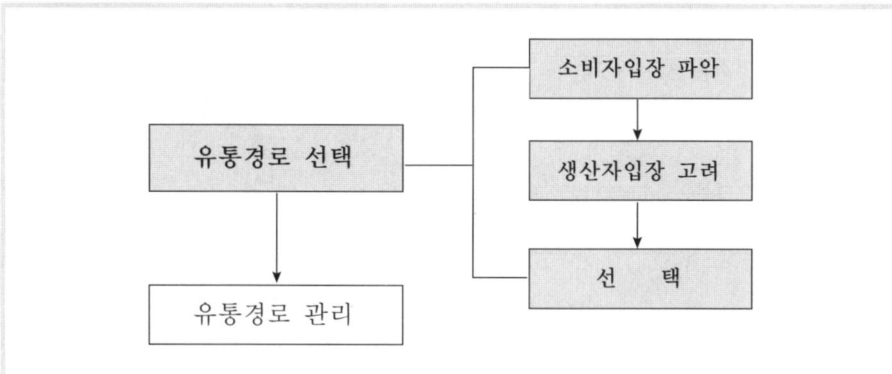

한다. 유통 경로를 선택하는 데에는 우선 소비자의 입장이 파악되어야 한다. 왜냐하면 유통 관리의 기본 목적이 소비자 관점에서 유통관련 문제를 접근하고 풀어가는 데 있기 때문이다. 소비자의 입장에는 '접근 용이성', '짧은 대기시간', 그리고 '종업원의 친절한 서비스' 등이 중요한 요인으로 자리잡고 있다.

소비자의 입장을 파악하고 이러한 소비자의 입장을 모두 들어주면 좋다. 그러나 실제는 소비자의 입장을 모두 반영할 수는 없다. 비용 및 효율성 등 여러 가지 요소를 감안해야 하기 때문이다. 따라서 생산자의 입장도 반영되어야 한다. 생산자의 입장에서 고려해야 할 요인들에는 회사 경제사정, 회사의 특성, 경쟁 상태 및 각종 제도 등이 있다. 소비자와 생산자의 입장이 종합적으로 고려되면 마지막으로 유통 경로를 선택하게 된다(〈그림 8-8〉 참조).

② 유통 경로 관리 방안

유통 경로를 선택하고 나면 유통 경로를 어떻게 관리할 것인지를 결정해야 한다. 유통 경로 관리가 제대로 이루어지지 않으면 아무리 유통 경로를 합리적으로 선택했다 하더라도 제 기능을 발휘할 수 없다. 유통 경로가 제 기능을 발휘하지 못하면 회사 전반적인 마케팅 전략에도 차질을 초래한다.

유통 경로 관리 과정 또한 크게 두 가지로 나눌 수 있다. 첫째는 유통 경로에서 발생 할 수 있는 갈등을 미리 예측·파악해 보는 과정이다. 둘

그림 8-9 유통 경로 관리 과정

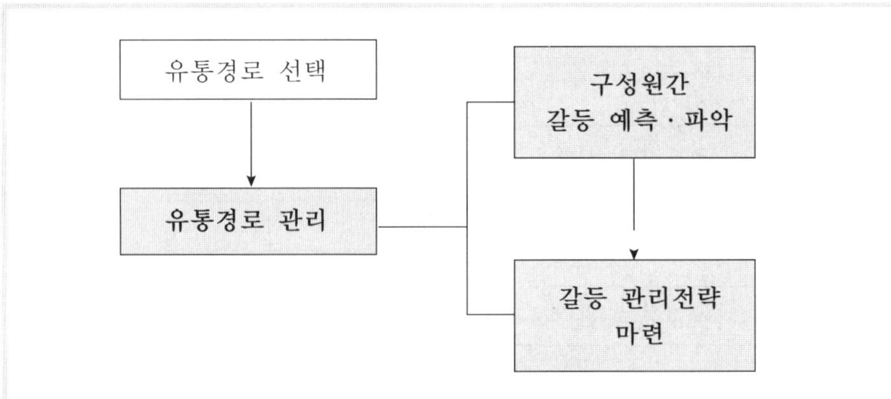

째, 갈등이 발생할 경우 이를 해결하는 과정이다(〈그림 8-9〉 참조).

이미 앞에서도 언급한 적이 있지만 유통 경로 과정에 있는 구성원들은 대부분 독립된 사업체이다. 생산자와 유통 경로 구성원 그리고 유통 경로 구성원 상호간은 인간적인 측면으로부터 맺어진 관계라기보다는 금전적 이해관계로 맺어진 사이라고 보는 것이 바람직하다. 예를 들어 어느 공장에서 기계가 잘 돌아가지 않으면 기계를 수리하거나 부속품을 갈아 끼우면 된다. 기계 속 부품간의 갈등은 완전히 해소할 수 있다는 것이다. 그러나 조직체간 갈등에는 인간관계가 포함되기 때문에 완전히 해소되지는 않는다. 해소된다 하더라도 이는 일시적이며 언제든지 재발할 가능성 또한 존재한다. 따라서 일반적으로 유통 관리 전략이란 유통 경로 구성원간에 나타나는 갈등을 완전히 해소하고자 하는 것이 아니라 어떻게 잘 관리하느냐를 의미한다.

이러한 갈등을 관리하는 데에는 여러 가지가 방법이 있다. 서로 자주 만나 대화를 통해 해결하는 방법도 있으며, 누군가가 총대를 메고 해결하는 방법도 있다.

㉠ 서로 대화를 통해 해결 '서로 대화를 통한 해결' 우리는 이러한 말들은 자주 접하게 된다. 서로 못 잡아 먹어서 으르렁거리는 정치계에서도, 매년 봄이면 산업계에서 나타나는 임금투쟁에서도 심지어 국가간 외

교문제를 언급할 때에도 이러한 말이 사용된다. 유통 경로라고 해서 예외가 될 수 없다. 유통 경로 구성원들은 상호 갈등 발생을 미연에 방지하기 위해 모임을 조직한다. 협의회 구성, 잦은 야유회 활동 등이 여기에 해당한다. 이러한 활동은 서로간의 이해를 높여 갈등의 소지를 크게 감소시키기도 한다.

또한 이러한 잦은 만남과 이를 통한 잦은 대화는 상호 지속적인 협력과 신뢰관계를 구축하는 데에도 도움이 된다. 상호 지속적인 협력과 신뢰관계 구축은 불필요한 비용절감과 효과적인 전략(예를 들면 유통 경로 전략 혹은 회사 전체 마케팅 전략) 수행이라는 두 가지 이득을 얻을 수 있다. 즉 경로 구성원간 잦은 대화는 유통 경로 내에서 시너지 효과(synergy effect)를 내는 데 유리하다는 의미이다.

㉡ 누군가가 총대를 메고 해결 경로 구성원간에 발생하는 갈등을 대화를 통해 해결하면 가장 바람직하지만 그렇지 못한 경우도 있다. 실제 이해관계가 복잡하게 얽히게 되면 상호 신뢰구축이 어렵게 된다. 이렇게 되면 누군가가 나서서 총대를 메고 해결해야 한다. 그런데 누군가가 나서서 총대를 멘다고 해서 경로 구성원들이 순순히 따르는 것은 아니다. 총대를 메는 누군가는 경로 구성원들이 순순히 따를 수 있는 힘을 가져야 한다. 이처럼 경로 구성원들이 순순히 따를 수 있는 힘을 가진 누군가를 경로 주도자(channel captain)[15]라고 한다.

그런데 여기서 이야기하는 힘에도 여러 가지가 있다. 가장 쉽게 생각할 수 있는 것이 폭력(강제력: coerce power)이다. 유통 경로 구성원과 갈등이 생기면 조폭 집단을 동원할 수도 있을 것이다.

아는 사람을 통해 갈등을 해소하는 방법도 있다. 여기서 아는 사람이란 친척(혈연), 학연, 지연 등을 의미한다. 우리 나라에서는 아직도 이러한 방법이 많이 사용되는 것으로 알려지고 있다. 이러한 힘을 준거력(referent power)이라고 한다.

---

15) 경로 주도자는 말 그대로 경로 내에서 가장 큰 힘을 가진 자(또는 법인)를 의미한다. 예를 들어 생산자가 대기업인 경우 생산자(대기업)가 경로 주도자가 되지만 생산자가 대기업이 아닌 경우에는 유통 경로에 있는 중간상이 경로 주도자가 될 수 있다. 특히 최근에는 백화점(중간상)이 유통 경로의 주도자가 되는 경우가 많다.

합법력(legitimate power)에 의해 해결하는 방법도 있다. 생산자와 경로 구성원들간에는 계약서가 작성되는 것이 일반적이다. 합법력에 의한 해결은 주로 계약관계에 의존한다. 계약서가 아니더라도 관련 규범 및 법령 등에 의존하는 것도 합법력에 의한 해결 방안이다.

보상력(reward power) 또한 갈등을 미연에 방지할 수 있는 수단이다. 생산자(기업)가 중간상에게 외상(신용)으로 상품을 공급하는 것도 일종의 보상력이다. 보상력에 의한 갈등 방지에는 보호적 보상 형태가 많이 이용된다. 이를테면, 각자의 중간상(유통 경로)들에게 그들이 독점적으로 영업 할 수 있는 구역을 정해 준다. 일정한 구역 내에서 생산자는 같은 상품을 취급하는 중간상을 두지 않는다는 것이다.

전문지식(expertise)에 의해서도 갈등을 관리할 수 있다. 대기업(생산자) 혹은 백화점 등 경로주도자는 일반적으로 여타 유통 경로에 비해 자금 측면에서 강점을 가지고 있으며, 이에 따라 이들은 수시로 소비자 행태 조사를 실시하기도 한다. 소비자 행태를 수시로 조사한다는 것은 소비자들에 대한 전문적인 지식을 가지고 있다는 것을 의미한다. 경로 주도자가 전문지식을 갖추고 있을 때 갈등은 쉽게 해소된다. 만약 갈등의 원인이 소비자 관련 사항이 아니라 생산 기술과 관련된 것이라면 기업 규모와 관계없이 생산자가 전문지식을 활용할 수 있을 것이다.

그런데 지금까지 언급한 힘(power)에도 각각의 특징이 있다. 합법력, 강제력 및 준거력에 의존하면 효과는 단기간에 나타날 수 있다. 그러나 신뢰관계에 금이 가게 된다. 반면 보상력 및 전문지식에 의한 방법은 갈등을 미연에 방지할 수 있을 뿐만 아니라 상호 의존관계 구축에도 도움이 된다.

(2) 관람 스포츠 유통 경로 관리 전략

1) 유통 경로 개념 및 종류

관람 스포츠 마케팅에서도 앞에서 설명한 논리를 적용할 수 있다. 스포츠 상품이 팬에게 전달되는 중간 경로가 바로 스포츠 상품 유통 경로인 것이다. 스포츠 상품이 팬에게 전달되는 과정은 다양하다. 〈그림 8-10〉을 보면서 설명해 보도록 하자.

〈그림 8-10〉에서 보는 바와 같이 스포츠 상품은 팬, 기업 및 TV 방송국을 비롯한 미디어 등으로 흘러간다(유통). 이 과정에서 스포츠 마케터 혹은 에이전트들이 개입한다. 그런데 이 그림은 전혀 새로운 그림이 아니다.

그림 8-10 관람 스포츠 상품 유통 경로 개념도

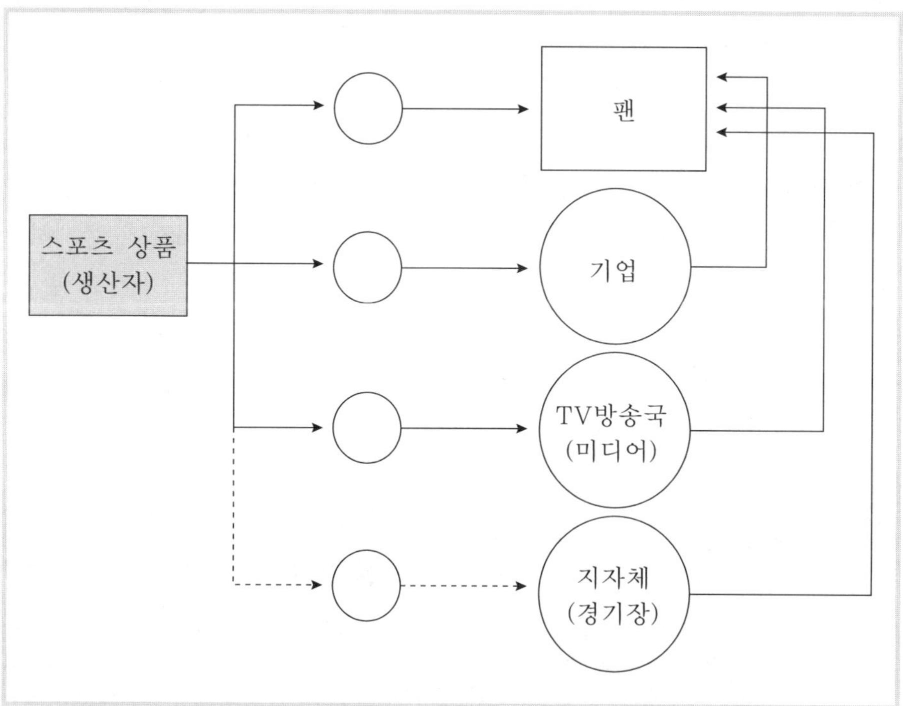

주: ○는 유통경로, 즉 에이전트를 의미.

제 2 장 〈그림 2-2〉에서 에이전트 업무를 보다 세밀하게 작성한 것에 불과하다. 에이전트 혹은 스포츠 마케터가 유통경로에 해당한다는 의미이다.

〈그림 8-10〉에서 에이전트 혹은 스포츠 마케터들만 동그라미로 표시된 것이 아니고 기업, 미디어 그리고 지자체도 동그라미로 표시되어 있다. 이들도 유통 경로에 해당한다는 의미인가? 결론부터 언급하면 그렇다. 그림에서 보는 바와 같이 스포츠 상품이 이들을 통해서 팬으로 연결된다. 즉 이들도 유통 경로가 될 수 있다는 것을 의미한다.

한편 기업 및 TV 방송국은 고객의 역할을 하기도 한다. 〈그림 8-10〉에서 스포츠 상품이 팬에게 전달되는 과정과 마찬가지로 기업 및 TV 방송국으로 전달되는 과정이 실선으로 표시된 것이 이를 나타내고 있다. 이러한 설명은 이미 제 1 장에서 언급한 내용이다.

그렇다면 스포츠 상품과 점선으로 연결된 지자체는 어떤 역할을 하는가? 점선으로 표시되어 있는 것은 지자체가 스포츠 상품을 필요로 하는 고객[16]이 아니라는 뜻이다. 그럼에도 불구하고 동그라미로 표시된 것은 유통경로에 해당한다는 의미이다.

TV 방송국, 기업 및 지자체가 유통경로가 되면 이들에 대한 관리전략 또한 필요하다. 이들을 관리하는 구체적인 전략(마케팅이 유통 경로 관리 전략)에 대해서는 각각 제 3 부, 제 4 부 및 제 5 부에서 별도로 언급한다.

본 장에서는 스포츠 상품이 이들 고객으로 연결되는 과정에 존재하는 유통 경로, 즉 에이전트(혹은 마케터) 관리 전략에 대해 언급하기로 한다. 그런데 스포츠 상품이 팬으로 연결되는 과정에 존재하는 에이전트는 통상 티켓 판매 대행사이다. 따라서 이하에서는 에이전트 관리 전략과 함께 티켓 유통 대행사 관리 전략에 대해 논의하기로 한다.[17]

---

16) 사실은 지자체가 스포츠 상품의 고객이 될 수도 있다. 이 부분에 대해서는 제 5 부에서 구체적으로 언급한다.

17) 여기서 의문이 발생한다. 이 책의 전반적인 내용이 에이전트의 마케팅 전략 및 활동에 대해서 논의하고 있는데 왜 여기서는 에이전트 관리 전략이야기가 나오느냐고? 답은 이렇다. 아래에서 언급하는 에이전트 관리 전략은 에이전트의 마케팅 전략이 아니라 에이전트에게 대행을 의뢰하는 공급자의 마케팅 전략이다.

2) 에이전트 관리 전략

이미 앞에서 언급한 바와 같이 유통 경로 관리 전략은 크게 두 가지로 나누어진다. 누구를 선택하느냐 하는 문제와 어떻게 관리하느냐하는 문제이다.

① 선택 전략

관람 스포츠 상품의 유통 경로에서 두드러진 특징은 수요자가 다양하며 수요자가 다양한 만큼 각 수요자들의 욕구를 충족시켜 줄 에이전트가 개입할 가능성이 높다는 것이다. 따라서 에이전트(혹은 마케터)의 선정은 중요한 의미를 가진다.

다방면에서 다양한 경험과 능력을 보유하고 있는 에이전트를 선정하면 바람직하겠지만 모든 능력을 갖춘 에이전트를 찾기란 쉽지 않다. 이하에서는 에이전트 선정시 고려되어야 할 기본적인 사항에 대해서만 논의하기로 한다.

㉠ 권리 개념 숙지 능력　　에이전트의 권리 개념 숙지 능력을 파악하는 것이 중요한 이유는 스포츠 상품은 권리 개념으로 거래되기 때문이다. 권리 개념의 거래에서 문제가 발생할 경우 일반 거래에 비해 법률적인 분쟁이 많이 따른다. 또한 스포츠 시장이 발전하고 스포츠 상품 유통 경로가 확대될수록 거래 당사자간 분쟁 또한 더욱 복잡해지게 된다. 스포츠 상품의 유통 경로에 자리잡고 있는 에이전트를 선택할 때 에이전트의 법률적인 지식을 파악하는 것은 지극히 당연하다 하겠다.

㉡ IT에 대한 이해 및 능력 보유　　TV방송국은 스포츠 근대화의 주역으로 인정되고 있다. 그런데 최근에는 인터넷이 스포츠의 발전에 깊숙이 개입하고 있다. 대표적인 예가 인터넷을 통한 경기 생방송이다. 구단이나 스포츠 단체 또는 선수가 촉진(Promotion)을 목적으로 운영하는 사이트가 아니라 스포츠 그 자체를 콘텐츠로 하는 사이트가 늘어나고 있다는 것이다.

그런데 인터넷은 인터넷 그 자체로서만이 아니라 TV 방송국과 결합하는 새로운 모습을 보여주기도 한다. TV 방송국 입장에서는 스포츠를 중계할 때 인터넷과 결합하면 보다 강력하게 스포츠팬들에게 어필할 수 있다는 것을 알고 있다. 강력하게 어필할 수 있다는 것은 시청률을 높일 수 있고 이에 따라 보다 많은 광고 수입을 거둘 수 있다는 것과 직결된다.

예를 들어 축구 경기 도중 어떤 선수가 헤딩슛을 성공시켰다고 하자. 그러면 안방에 있는 팬들은 이 때의 장면을 다른 각도에서 보면 어떨 것인지? 보다 가까이서 볼 수는 없는지? 헤딩슛을 할 때 눈을 뜨고 하는 지 아니면 눈을 감고 하는지? 등등에 대해 궁금해 할 수 있다. 또 있다. 이 선수가 주요 대회에서 거둔 성적은? 키는? 몸무게는? 심지어 결혼은 했는지? 하지 않았으면 애인은 있는지? 이러한 모든 의문점에 대해서는 인터넷을 통해 해결할 수 있다. 클릭만 하면 카메라의 위치를 자유자재로 선택할 수 있으며 선수에 대한 온갖 정보도 알 수 있게 된다. 이러한 현상은 TV 방송국으로 하여금 스포츠를 보다 큰 돈을 벌 수 있는 수단으로 여기게 한다는 것이다.

이러한 현상들은 IT 기술이 발달함에 따라 나타나는 현상이다. 뿐만 아니라 향후 IT 기술의 발달은 스포츠 마케팅의 도구(Tool)마저 IT화할 가능성이 있다. 따라서 스포츠 에이전트 선정시 에이전트 후보자들의 IT에 대한 이해와 능력을 판단하는 것은 그만큼 중요하다 하겠다.

㉢ 마케팅 능력 보유 　　스포츠 에이전트의 업무는 스포츠 마케팅이라고 여러 번 언급한 적이 있다. 이 책의 전반적인 내용은 이들 에이전트의 역할에 대해서 언급하고 있다. 다시 한번 에이전트의 업무에 대해 언급해보면, 스포츠 단체 · 팀 · 선수에 대한 스폰서 모집, TV 중계권 판매, 캐릭터 · 로고 등 라이센싱 사업, 선수 및 팀의 매니지먼트, 경기 이벤트 기획 및 실행, 관중동원 전략 수립 및 대형 경기장을 갖춘 지자체 홍보 업무 대행 등이다. 그런데 이러한 업무들을 자세히 보면 모두가 마케팅 담당자가 담당하는 것이다. 즉 에이전트의 업무가 바로 스포츠 마케팅이라는 것이다.

이렇듯 관람 스포츠에서 에이전트는 실제 마케팅 업무를 담당할 수도 있는 중요한 위치에 있다. 에이전트 선정시 경력 및 경험 등을 근거로 마케팅 업무 능력을 사전에 파악하는 것이 필요하다 하겠다.

㉣ 스포츠에 대한 이해 　　에이전트들이 갖추어야 할 능력 가운데에는 스포츠에 대한 이해도 중요한 위치를 차지하고 있다. 스포츠 상품 생산

자는 법률 상식이나 회계상식에 대해 다른 사람에게 자문을 의뢰할 수 있어도 경기력에 대한 전문지식은 에이전트에게 자문을 구하는 것이 좋다. 만약 이 때 에이전트가 스포츠에 대해 제대로 이해를 하지 못하면 에이전트 능력을 신뢰하기 어렵다. 즉 에이전트 선택(유통 경로 선택)에서는 에이전트의 스포츠에 대한 전문 지식 수준을 검토해야 한다는 의미이다.

㉤ 스포츠에 대한 애정 　　스포츠 상품의 핵심은 재미이다. 재미를 보전하는 데 가장 필요한 것은 스포츠에 대한 애정이다. 특히 스포츠에 대해 애정을 가져야 하는 집단은 스포츠가 상품으로 거래될 때 사고 파는 현장의 일선에 있는 유통 경로 담당자(에이전트)들이다. 이들이 스포츠의 재미보다는 금전적인 이득에 더 많은 관심을 가지게 되면 오히려 스포츠 산업의 발전은 역행할 수도 있기 때문이다.

② 관리 전략

에이전트 관리 전략에도 '서로 대화를 통해 해결하는 방안'과 '경로주도자가 총대를 메고 해결하는 방안'이 있다. 이하에서는 '경로 주도자가 총대를 메고 해결하는 방안'에 대해 논의해 보자.

스포츠 상품 생산자와 스포츠 에이전트간에는 주로 법적인 계약을 근거로 업무 협약이 체결된다. 이들에 대한 관리 방안에는 합법력(legitimate power)에 의한 해결방안이 주를 이루고 있다는 의미이다.

보상력(reward power)도 경로 관리 방안이 될 수 있다. 스포츠 상품 공급업자들은 팬들을 상대하는 에이전트, 기업을 접촉하는 에이전트 그리고 TV 방송국을 접촉하는 에이전트를 각각 별도로 두는 경우가 많다. 팬들을 상대하는 마케팅에서도 업무 성격에 따라 에이전트를 달리 둘 수 있다. 예를 들면 관중 동원 증대 전략을 수립하는 에이전트와 티켓 유통 대행 업무을 담당하는 에이전트는 같지 않다는 것이다. 이처럼 별도의 에이전트를 두는 방법은 일반 제품 유통경로에서 각자의 중간상(유통 경로)들에게 그들이 독점적으로 영업을 할 수 있도록 구역을 정해 주는 것과 같다. 일정한 구역 내에서 생산자는 같은 상품을 취급하는 중간상(유통 경로)을 두지 않는 이른바 보상력에 의한 유통경로 관리 방안이다.

전문지식(expretise)에 의해서도 갈등을 관리할 수 있다. 경기단체가 에이전트들에게 마케팅 업무 대행을 의뢰할 경우 에이전트들의 전문성을 보고 의뢰할 수도 있지만 경우에 따라서는 경기 단체 인력 부족으로 인해 대행을 의뢰할 수 있다. 이 때 스포츠 단체(생산자)는 전문 지식을 토대로 유통 경로를 관리하게 된다.

3) 티켓 유통 대행사 관리 전략

① 티켓 유통 대행사 필요성

티켓 판매(입장수입)는 TV 중계료, 스폰서십 유치 등과 함께 스포츠 단체 수입의 큰 몫을 차지하고 있다. 특히 우리 나라의 경우 스폰서십 유치나 TV 중계료 수입 등이 아직 제 자리를 잡지 못하고 있기 때문에 스포츠 단체는 티켓 판매에 크게 의존하고 있는 실정이다. 미국 주요 스포츠의 경우 입장 수입은 30% 정도를 차지하고 있지만 우리 나라의 경우 모기업으로부터 광고비 형식의 지원금을 제외하면 입장 수입이 구단이 거두어들이는 수입 가운데 약 80% 정도에 이르는 것으로 추정된다. 즉 원활한 티켓 판매를 위한 마케팅 전략이 중요한 의미를 가진다는 것이다.

현재 국내 각 경기에는 일반권, 군경·학생권, 어린이 할인권, 경로우대권, 내야 및 외야석권(야구의 경우) 등 여러 종류의 티켓이 존재한다. 이들 티켓을 모두 경기장 매표소에서 판매한다면, 매표자가 혼란스러울 뿐만 아니라 매표자가 표를 고르는 동안 고객인 팬은 그만큼 많은 시간을 줄을 서서 기다려야 한다. 이렇게 되면 팬들은 짜증을 내게 되며 나아가서는 다음 기회에 구장을 찾는 횟수가 줄어들게 될 수도 있다.

입장권 종류별 팬들이 따로 줄을 서게 하는 방법도 있다. 이렇게 되면 팬들이 줄을 서서 기다리는 시간이 줄어들 것이다. 그러나 만약 팬들이 가족과 함께 오는 경우 가족들이 각기 다른 줄을 서서 기다려야 하는 불편을 겪어야 한다. 매표원의 업무가 수월해진다고 하더라도 팬들이 불편을 겪게 되면 이는 바람직한 유통 경로 관리 전략이 아니다. 이러한 이유들로 인해 티켓 판매를 대행사에 의뢰하는 방법이 마련되고 있다. 티켓 판매 대행사는 일반제품에 비유하면 소매상, 즉 유통 경로의 구성원이 된다. 즉 팬들로 하여금 티켓을 쉽고 편하게 구입하도록 하는 역할을 한다는 것이다.

팬들로 하여금 티켓을 쉽게 구입하도록 하는 구체적인 방법에는 경기장을 찾지 않고 동네 슈퍼나 은행 그리고 서점 등에서 구입하게 하는 방법이 있다. 이러한 방법이 국내에서는 가장 보편화된 티켓 유통 경로이다. 이 방법을 채택하고자 할 때에는 사람들이 많이 모이는 장소에 있는 대행사를 선택하는 것이 중요하다. 왜냐하면 사람이 많이 모이는 장소에는 충동적으로 티켓을 구매하는 사람도 많기 때문이다. 충동적으로 티켓을 구매하는 사람이 많다는 것은 구단의 수입 증가로 연결된다. 한편 대부분의 판매 대행사는 단말기(CRT: Computer Remove Terminal)를 이용하여 직접 티켓을 발매한다. 이 방법은 구단 입장에서는 티켓 인쇄비용을 줄일 수 있으며, 판매 대행사 입장에서는 팔고 남은 입장권을 반납해야 하는 번거로움을 피할 수 있다. 특히 팬들의 입장에서는 판매 대행사를 통해 자기가 원하는 좌석을 직접 고를 수 있는 장점이 있다.

그런데 중요한 것은 티켓 대행사의 역할이 단지 소비자들이 쉽게 티켓을 구입하도록 하는 데에만 있는 것이 아니라는 점이다. 경우에 따라서는 게임에 대한 마케팅, 고객에 대한 서비스, 상품 생산자에 대한 기술적인 지원 등의 기능도 하게 된다. 이러한 기능들은 궁극적으로 소비자들 하여금 티켓가격이 더욱 싸지는 듯한 느낌을 가지게 한다.

② 티켓 대행사 관리: 선정시 주의 사항

티켓 대행사 관리란 스포츠 상품 생산자와 티켓 대행사간 발생할 수 있는 분쟁을 사전에 방지하는 것이다. 나아가서는 이러한 분쟁을 사전에 방지함으로써 티켓 유통을 보다 원활하게 하는 데 궁극적인 목적이 있다. 생산자와 티켓 대행사간 분쟁이 발생할 경우 티켓 유통이 원활하게 이루어지지 않을 뿐만 아니라(이는 금전적인 손해를 가져온다) 팬들이 느끼는 스포츠 상품 생산자의 이미지가 훼손되는 결과를 초래한다. 왜냐하면 팬들은 스포츠 상품 생산자와 티켓 대행사를 동일한 조직(회사)으로 판단할 가능성이 높기 때문이다.

스포츠 상품 생산자와 티켓 대행사간의 갈등을 방지하는 데에는 이미 에이전트 관리 전략에서도 언급한 바와 같이 대화를 통한 해결과 합법력, 보상력, 전문지식 등에 의한 해결 방법 등이 있다. 이러한 방법들은 관람 스포츠 시장 유통 경로에서 상품 생산자와 유통 경로(티켓 판매 대행사)간의 갈등 해소에도 그대로 적용된다. 따라서 여기서는 이러한 방법들에 대한 설명은 생략하기로 한다.

이하에서는 스포츠 상품 생산자가 티켓 유통 경로 대행사를 선정하고자 할 때 관심을 가지고 체크해야 할 사항에 대해 중점적으로 언급하기로 한다. 이러한 체크 사항 가운데 상당부분은 계약서 작성 과정에서 참고 또는 포함되어야 할 내용들이다.

티켓회사 선정시 체크 포인트

- 대행사 선정시 주도권을 확보하기 위해 복수 후보자와 협상한다.
- 티켓 대행사의 직원들이 고객 만족을 위한 충분한 자질을 갖추고 있는지를 판단한다.
- 티켓 대행사의 직원들이 상품 생산자들의 내외 상황 요인을 잘 이해하고 있는지를 판단한다.
- 티켓 대행사들이 팬들에게 전가하는 비용(예를 들면 티켓 가격 인상)을 통제할 수 있는지 여부를 검토한다.
- 티켓 대행사에 대한 감사권[18]을 가질 수 있는지 여부를 판단한다.
- 티켓 판매점의 적절한 장소 및 적절한 수에 대해 대행사와 긴밀히 협의한다.
- 티켓 제작과 관련된 비용은 누가 부담하는지를 명확히 한다.
- 보상 또는 계약을 취소할 수 있는 규정을 마련한다.
- 계약 파기가 발생할 경우 청산될 수 있는 손해의 양에 대해 구체적으로 정해 둔다.
- 티켓 대행사의 인쇄기술을 판단한다. 이는 위조 입장권 방지뿐만 아니라 유형물 관리 전략[19]을 위해서도 중요한 사항이다.
- 대행사가 티켓 유통과 관련된 각종 법규를 이해하고 있는지를 알아본다.
- 티켓 대행사 직원이 입장권 매점(買占) 등 시장 교란 행위를 할 경우 생산자가 통제를 할 수 있는 장치를 마련한다.

---

18) 이러한 감사권에 대해서는 제21장 라이센싱 전략에서 다시 언급한다.
19) 유형물 관리 전략에 대해서는 제 9 장에서 별도로 논의한다.

- 티켓 대행사를 선정하고자 할 경우 필요한 계약 사항이 각종 여타 계약 사항과 상충되는 부분이 있는지를 검토한다.
- 티켓 유통업자가 다른 티켓 유통업자와 재하청 계약을 할 가능성 여부에 대해서도 면밀히 검토한다.
- 관련 업체(예를 들면 스폰서 기업)에게 프로모션 용으로 티켓을 지급할 수 있는 정도에 대해 합의한다.

♠ 연습 · 토의문제

- 스포츠 마케팅 전략에는 Product(상품), Promotion(촉진), Price(가격) 그리고 Place(유통) 등 4P가 있습니다. 이 가운데 Promotion전략 수립에는 고객과의 커뮤니케이션이 중요합니다. 이러한 커뮤니케이션 원리를 여자친구 사귀기와 비교하여 파악해 봅시다.
- 유통 경로 전략은 다른 전략과 비교하여 차별화된 특징이 있다고 했습니다. 그런데 관람 스포츠에서는 여타 업종에 비해 유통 경로 전략이 더욱 중요한 의미를 가집니다. 왜 그런지 그 이유에 대해 토론해 봅시다.
- 골프(참여)는 관람 스포츠는 아니지만 최근 스포츠계에서 가장 빠르게 고객을 넓혀가는 업종입니다. 골프장 코스 중간중간에 있는 휴게소는 휴식 공간 제공뿐만 아니라 각종 음료수 등도 판매하고 있습니다. 이를 마케팅 측면에서 어떻게 해석하면 좋을까요?

제 9 장

스포츠 마케팅+3P 확대 전략

지금까지 SWOT 분석(제 6 장), 시장조사 및 목표설정(제 7 장), 4P마케팅 전략(제 8 장) 등에 대해 설명하였다. 그리고 이러한 논의는 일반 제품에서 이야기되는 전략과 기본 개념 및 매커니즘 등과는 큰 차이가 없다. 이야기를 다시 뒤로 돌려보자. 제 8 장 제 1 절 스포츠 상품의 특성을 이야기 할 때 '비분리성'을 언급한 적이 있다. 일반제품은 고객과 분리될 수 있으나 스포츠 상품은 분리될 수 없다는 것이다. 분리될 수 없다는 것은 배달될 수 없다는 것을 나타낸다. 배달될 수 없다는 것은 일반제품과는 달리 고객(팬)이 와서 소비를 해야하는 과정이 반드시 필요하다는 것을 의미한다. 고객(팬)이 스포츠 상품을 소비하기 위해서는 '와서' '소비하고' '돌아가는' 과정을 거치게 되며, 스포츠 마케팅에서는 고객이 '와서', '소비하고', '돌아가는' 과정에서의 전략이 필요하다. 따라서 스포츠 마케팅에서는 위에서 언급한 4P전략 이외에 추가적인 전략이 필요하다.

추가적인 전략에는 팬들의 행동과정을 도와주는 전략이 있을 수 있다. 팬들의 행동과정을 직접적으로 도와주지는 않더라도 주변 시설을 아름답게 꾸며 팬들로 하여금 기분좋게 하는 전략도 필요하다. 또한 팬들의 행동과정을 도와주기 위해서는 종업원들의 사기를 높여주고 기분 좋게 일할 수 있는 시스템을 만드는 전략도 필요하다. 이러한 전략들은 프로세스(Process: 팬들의 행동과정 도움)관리 전략, 유형물(Physical evidence: 유형물)관리 전략 및 내부마케팅(People: 종업원 사기 진작)이라고 하는 것으로서 바로 추가적인

그림 9-1 스포츠 마케팅 +3P 확대 전략

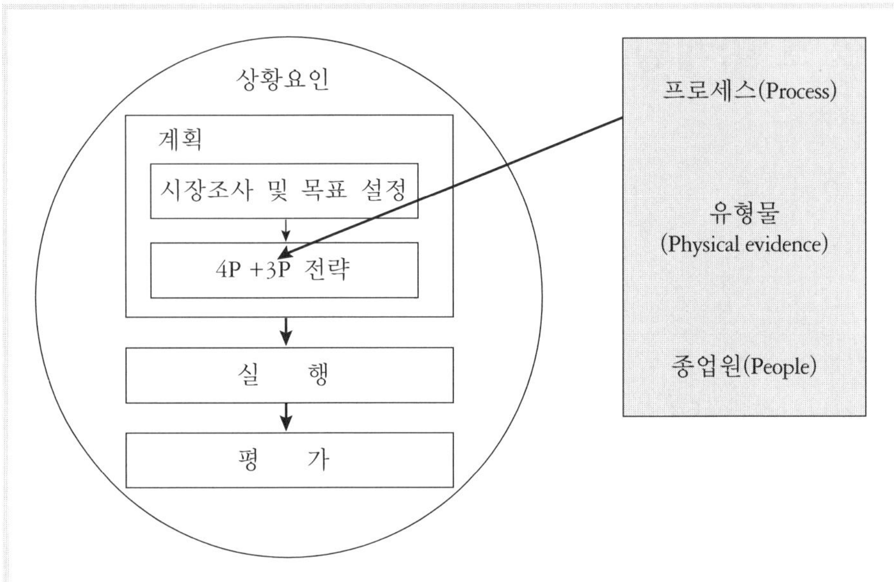

마케팅 전략들이다. 이러한 보완적인 전략을 「+3P전략」 또는 마케팅 확장 믹스(이유재, 1999)라고 한다(〈그림 9-1〉참조).

1. 프로세스(Process) 관리 전략

팬들이 경기장을 찾아 경기를 관전하는 데에는, 언제 경기가 열리는지를 알아보는 단계에서부터 시작하여 경기를 관전한 다음 집으로 귀가하는 단계까지를 포함하고 있다. 즉 '와서', '소비하고', '돌아가는' 과정을 포함하고 있다는 것이다. 프로세스 관리 전략이란 이러한 일련의 과정에서 팬들의 불편을 해소하여 팬들로 하여금 경기를 편하게 관전(소비)할 수 있도록 할 뿐만 아니라 경기장에서 기분 좋은 체험을 하게 하여 다음에도 부담 없이 경기장을 찾도록 하는 전략이다.

경기관람과정에서 팬은 구단 혹은 마케팅 담당자와 상호 얼굴을 맞대

그림 9-2 경기장 입장과 관련된 팬들의 행동 프로세스

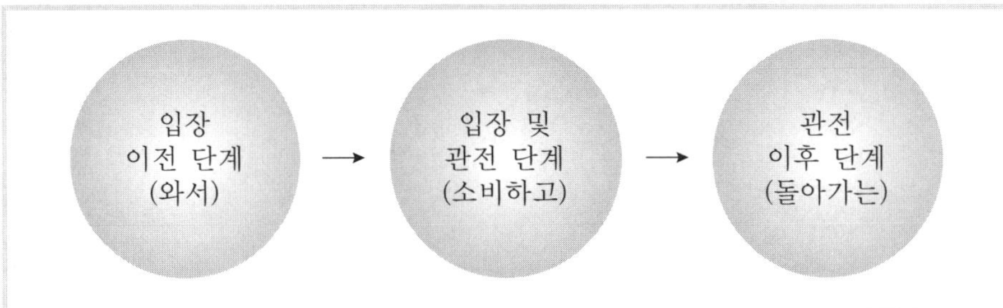

거나 전화 및 인터넷으로 접촉하는 경우가 많다. 이처럼 서로 접촉하는 것을 전문 용어로 MOT[1)](Moments Of Truth: MOT)라고 한다. 한편 팬은 마케팅 관련자와 상호 접촉이 필요하지 않은 경우(독립된 행동)도 있다. 티켓을 사기 위해 줄을 서는 행동이 대표적인 경우이다. 따라서 프로세스 관리를 설명할 때 'MOT'와 '독립된 행동'으로 나누어 설명하기도 한다.

또다른 설명 방법으로는 팬들의 행동 단계별로 언급하는 방법이 있다. 팬들이 경기장을 찾아가서 표를 사고 관전을 한 다음 집으로 돌아가는 과정을 시간별로 나누어 설명하는 것이다. 이 책에서는 팬들의 행동 단계별로 프로세스 관리를 설명하기로 한다.

팬들의 행동 단계별 프로세스(과정)는 입장 이전 단계(와서), 입장 및 관전 단계(소비하고) 그리고 관전 이후 단계(돌아가는) 등 3단계로 나누어진다(〈그림 9-2〉참조).

한편 설명의 편의를 위해 본 장에서는 스포츠 구단이 마케팅과 관련된 대부분의 업무를 대행사(에이전트)에 의뢰한 것으로 가정한다.

(1) 입장 이전 단계('와서' 단계)

팬들이 경기장에 입장하기 이전의 행동은 정보탐색, 예약, 경기장으로

1) 이는 스웨덴의 학자인 리차드 노먼이 처음으로 제창한 용어(진실의 순간: Moment Of Truth)로서 고객과의 접촉에 적용되었던 용어 가운데 하나로 사용되었다. 쉽게 말하면 고객이 기업과 만나는 순간이자 고객이 기업을 평가하는 순간이다.

그림 9-3 입장 이전 단계, 팬들의 행동 프로세스

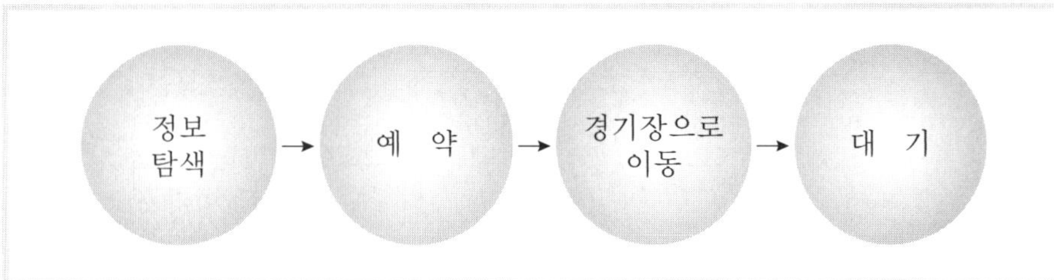

이동 및 대기 등 크게 4가지 형태로 나눌 수 있다(〈그림 9-3〉참조).

1) 정보 탐색

팬들이 경기에 관심이 있으면 이 경기가 언제, 어디서 열리는지 입장료는 얼마인지 등에 대한 정보를 필요로 한다. 이러한 단계를 정보탐색 단계라고 한다. 위와 같은 정보들은 대체로 신문, TV 광고 혹은 스포츠 단체 및 팀의 홈페이지 등을 통해 알 수 있다. 그런데 어떤 팬들은 구단에게 직접 전화 연락을 할 수도 있을 것이다. 경우에 따라 극성 팬들은 "이번 시합에 ○○○가 부상으로 출전하지 못한다는 소문이 있는데 그게 사실이냐" 등의 질문을 하기도 한다.

팬들의 정보 탐색에는 주로 구단 홍보팀[2]이 대응하게 된다. 비록 스포츠 상품 공급업자가 경기와 관련된 마케팅 업무를 대행사(에이전트)에게 의뢰했다 하더라도 팬들은 이러한 사실을 제대로 숙지하는 경우가 드물며, 구단측은 구단 정보에까지 에이전트에게 대행을 맡길 수는 없기 때문이다. 따라서 스포츠 상품 공급업자(구단)는 팬들의 전화 및 인터넷 연락에 대해 친절하게 대해야 하는 것은 물론 팬들이 특정 선수와 관련된 내용을 질문하는 경우에 대비하여 선수들의 움직임 등에 대한 정보도 제대로 파악하고 있어야 한다.

모든 스포츠 단체들이 홈페이지를 개설해 두고 팬들이 궁금해할 수 있는 최신의 정보들을 끊임없이 올리고 있는 것도 프로세스 관리 전략[3]의 일

2) 최근에는 홈 페이지를 전문적으로 관리하는 대행사도 늘어나고 있다.
3) 이는 프로모션 전략이기도 하다.

환으로 보면 된다.

2) 예 약

예약 프로세스 전략은 팬들로 하여금 수고를 들어주기 위해 마련한 것으로서 유통 경로 전략과 보완적으로 작용한다. 예약 프로세스 관리에서, 에이전트는 스포츠 상품 공급업자로부터 모든 마케팅 업무를 의뢰받았다 하더라도 티켓 예약은 단독으로 실시하기 어렵다. 왜냐하면 팬들은 티켓을 예약하고자 할 때 티켓 판매 에이전트보다 스포츠 상품 공급업자에게 연락할 가능성이 더 높기 때문이다. 또한 티켓 발매 현황에 대해 에이전트와 구단은 항상 정보를 교환해야 할 필요가 있다. 따라서 예약 프로세스와 관련해서는 에이전트와 구단간 원활한 협조관계가 필요하다.

한편 예약 프로세스에서 접수자(에이전트 또는 구단)는 팬들과의 예약 업무를 친절하게 수행해야 함은 당연하다.

3) 경기장으로 이동

에이전트이든 구단이든 마케팅 관련자는 팬들로 하여금 구장에 쉽게 접근할 수 있도록 편의를 제공하는 것이 좋다. 과거 백화점이나 대형 유통센터(이마트, K 마트, 까르푸 등)가 인근 지역을 순환하는 셔틀버스를 운행한 적이 있다. 이를 연상하면 쉽게 이해될 것이다. 국내 프로축구 제주 FC가 전용구장 무료셔틀 버스를 운행하고 있는 것도 같은 맥락이다.

자가용을 타고 오는 팬들을 위해서는 주차 안내요원의 배치가 필수적이며 안내요원의 친절한 행동이 '경기장으로 이동'과 관련된 프로세스 관리 전략의 중요한 포인트이다.

4) 대 기

여기서 대기라고 하는 것을 경기장 입구에서 표를 구입하려고 줄을 서서 기다리거나 미리 예약을 했다하더라도 현장에서 티켓을 교부 받아야 하는 경우 등을 의미한다. '대기'라 함은 지루함을 가장 먼저 떠올리게 한다. 따라서 대기 관리에서는 팬들의 지루함을 해소하는 데 초점을 두어야 한다.

지루함을 해소하는 데에는 크게 두 가지 방법이 있다. 하나는 실제 대기시간을 줄이는 방법(operation management) 있으며, 또 하나는 실제 대기시간은 줄지 않더라고 대기시간이 줄었다는 느낌을 가지도록(perception management) 하는 방법이다.

① 대기 시간 축소

실제 대기시간을 줄이는 일반적인 방법은 티켓 대행사를 통한 티켓 판매이다. 이 부분에 대해서는 유통 경로 전략에서 이미 언급한 적이 있기 때문에 더 이상의 설명이 필요 없을 것이다.

미리 예약을 했다 하더라도 경기 자체가 빅 이벤트인 경우 창구에서 티켓을 교환하려는 팬들이 줄을 서서 기다려야 하는 경우가 있다. 이러한 경우에는 예약 당시 예약한 사람의 거주지별로 티켓 교부시간 또는 교부 창구를 지정해주는 것도 좋은 방법이 될 수 있다. 이 때 명심해야 할 것은 예약을 한 팬들과 예약을 하지 않고 현장을 찾아온 팬들 가운데 누구에게 먼저 티켓을 교부할 것인가를 미리 결정해 두어야 하는 것이다. 만약 예약한 팬들에게 티켓을 먼저 교부하기로 결정했다면 이러한 사실을 광고 및 홍보 등을 통해 사전에 알려야 한다. 사전에 알렸음에도 불구하고 경기장으로 직접 찾아온 팬들이 불평을 할 경우에는 납득할 수 있는 설명을 하는 세심한 배려가 필요하다.

대기 시간을 줄이는 가장 중요하고도 간단한 방법은 속칭 '새치기'를 없애는 방법이다. 새치기를 당하면 대기 시간이 길어질 뿐만 아니라 감정까지 크게 상하게 된다. 마케팅 관계자들은 대기시간이 공정해질 수 있도록 준비해야 한다.

② 심리적 대기 시간 축소

대기 시간을 줄이는 것은 매우 중요하기 때문에 실제 시간을 줄일 수 있는 방안 개발에 많은 노력을 기울여야 한다. 그러나 아무리 좋은 방안이 개발된다 하더라도 팬들이 많이 몰릴 경우에는 실제 시간을 줄이는 데는 한계가 있다. 이러한 경우에는 실제 대기 시간은 줄지 않더라도 심리적으로 지루함을 느끼지 않도록 배려하는 방안이 마련되어야 한다.

은행이나 병원에서는 고객 · 환자들에게 번호표를 나누어준다. 이 번호표를 받아 쥔 고객 · 환자들은 자기들 앞에 몇 사람이 있으며 시간적으로 얼마 정도 지나면 자기 차례가 될 것이라는 것을 예측할 수 있다. 종래 번호표를 받지 않고 무작정 줄을 서서 기다릴 때와 비교해 대기 시간이 줄어들지는 않았을 것이다. 그러나 자기 차례가 되는 시간을 예측할 수 있기 때문에 심리적으로 지루한 감을 크게 해소할 수 있다.

팬들이 경기장에서 표를 구입하려고 줄을 서면 '매표구에서 매표를 시작했는지 매표를 시작했으면 나는 언제쯤 표를 살 수 있을 것인지'가 궁금하다. 따라서 줄을 서는 팬들에게 은행 번호표를 나누어주는 것과 같은 시스템을 도입하는 것도 괜찮은 방법일 것이다. 이 때 팬 한 명이 매표를 하는 데 시간이 어느 정도 소요되는지를 알려주는 것도 중요하다.

그런데 이러한 시스템을 도입한다 하더라도 앞에서 줄을 서서 대기하는 팬이 티켓을 반드시 한 장만 구입하는 것이 아니다. 예를 들어 가족 단위로 경기장을 찾는 팬은 여러 장의 티켓을 구입하게 된다. 이렇게 되면 뒤에서 대기하는 팬은 번호표를 받았다 하더라도 자기가 매표할 수 있는 시간을 예측하기가 어려우며 오히려 더욱 지루한 감을 느낄 수 있다. 그렇다고 해서 가족 모두가 줄을 서게 할 수는 없다. 이러한 경우에는 표를 여러 장 구입하는 팬들에게 같이 온 팬만큼 번호표를 교부하는 방법이 있다. 이렇게 되면 줄을 서는 팬들이 자기가 구입할 수 있는 시간을 예측할 수 있어 지루함을 적게 느낄 수 있다. 뿐만 아니라 이러한 방법은 속칭 '새치기'를 방지할 수도 있다.

자기 차례를 예측하게 함으로써 지루한 느낌을 덜어주는 방법 이외에 다른 볼거리를 제공함으로써 심리적으로 지루하지 않게 하는 것도 좋은 방법이다. 이를테면 경기장 밖에서 간단한 이벤트를 개최할 수도 있다. 또한 대형 모니터를 설치하여 현재 선수들이 연습을 하고 있는지 아니면 쉬고 있는지 그렇지 않으면 감독과 작전을 토의하고 있는지 등을 보여주는 것도 좋은 방법이 될 것이다.

(2) 입장 및 관전단계('소비하고' 단계)

팬들이 경기장에 입장한 다음 스탠드를 떠날 때까지의 행동은, 매표, 입장, 대기(1), 관전, 대기(2), 관전 등 6단계로 나누어 볼 수 있다[4](〈그림 9-4〉 참조). 여기서 관전하는 단계는 실제 팬들이 상품을 소비하는 단계이다. 따라서 관전 단계에서는 구단 또는 대행사 직원들이 팬들과 직접 대면할 기회는 거의 없다. 그러나 관전 단계에서는 갑자기 게임이 중단된다거나 하는 돌발 사태가 나타날 가능성이 있다. 따라서 본 소절에서는 매표, 입장, 대기 및 돌발사태 등으로 나누어 설명하기로 한다.

1) 매　　표

매표하는 단계는 실제로 스포츠 상품을 구입하는 단계이다. 이 과정에서 매표원은 팬들에게 친절하게 대해야 함은 물론 미리 충분한 잔돈을 준비하여 거스름돈을 원활하게 내어줄 수 있도록 해야 한다. 90년대 후반부터 철도 매표 창구가 크게 바뀌었다. 매표 창구를 크게 낮추었을 뿐만 아니라 매표소 내부를 바깥에서도 볼 수 있게 투명한 시설로 교체했다. 이는 손님과 얼굴을 맞대고 원활한 대화를 하기 위함이다. 국내 일부 경기장에서는 아직도 옛날의 모습을 그대로 간직하고 있다. 매표원의 얼굴은 전혀 볼 수 없고 조그마한 구멍만 있을 뿐이다. 팬들이 표를 요구하거나 거스름돈을 받을 때 그리고 의문 사항이 있을 때에는 고개를 숙여 조그마한 구멍

그림 9-4 입장 및 관전단계, 팬들의 행동 프로세스

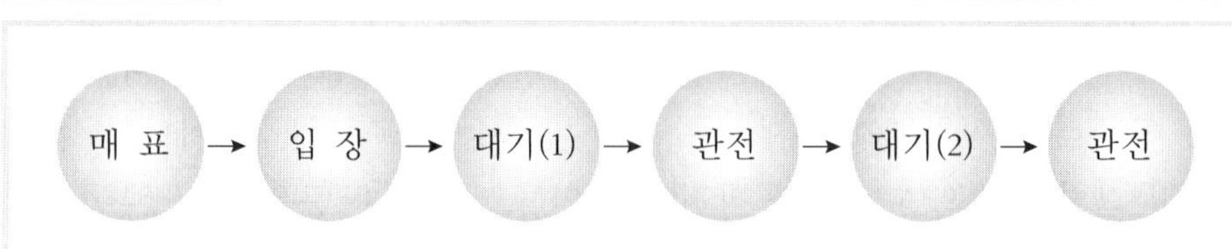

주: 축구 등 전·후반으로 나누어진 경기를 상정.

---

4) 경기가 축구처럼 전후반으로 나누어지는 경우를 가정한다.

을 통해 자기의사를 전달해야 하는 불편을 겪고 있다. 구단은 시설관리를 담당하고 있는 지자체 관계자와의 협의를 거쳐 매표원이 팬들과 마주보며 일을 할 수 있도록 추진해야 한다.

한편 창구 시설이 개선되어 속이 훤히 들여다보일 경우 창구 쪽에 있는 직원들은 모두 매표 업무에 종사하도록 해야 한다. 많은 팬들이 줄을 서서 기다리고 있음에도 불구하고 창구 안쪽에서 매표 업무 이외의 일을 하는 사람이 있으면 팬들은 짜증을 낼 가능성이 높기 때문이다.

2) 입　　장

입장하는 단계에서는 안내원이 친절하게 자리를 안내하는 것이 핵심이다. 특히 국내 대부분 경기장의 경우 영화관처럼 좌석이 별도로 정해진 곳이 드물기 때문에, 안내원은 팬들의 안전사고에 특별히 관심을 가져야 한다.

그러나 국내에서도 스포츠 산업이 크게 번창할 경우 외국처럼 지정 좌석제도가 도입될 것이다. 이 때 안내원은 팬들을 좌석까지 편안하게 안내하도록 해야한다.

3) 대　　기

경기장 내에서 대기는 여러 번에 걸쳐서 발생한다. 축구의 경우, 입장한 다음 경기가 시작되기 전 그리고 전반전이 끝나고 후반전이 시작되기 전인 하프 타임 등 2번이 있으며, 야구의 경우 이닝이 바뀌고 공격과 수비가 교체될 때마다 발생한다. 농구의 경우 쿼터와 쿼터간 그리고 작전타임 시간에 발생한다. 대기시간에 국내 각 스포츠 구단은 대형 가수들이 참여하는 이벤트를 마련하거나 치어리더를 동원하여 팬들에게 즐거움을 선사하는 등의 노력을 기울이고 있다.

'3점 슛 던지기' '공 멀리차기' 등 팬들이 직접 참여하는 프로그램도 대기시간 관리 전략에 해당한다. 이러한 방법들은 프로모션 전략이기도 하다.

4) 돌발 사태

경기라는 스포츠 상품은 공장에서 만들어지는 제품이 아니기 때문에 돌발 사태에 의해 생산 활동이 중단될 가능성도 있다. 예를 들면 경기 도중 갑자기 폭우가 내려 더 이상 경기를 진행할 수 없다거나, 선수들간 집단난투극이 벌어져 경기가 몰수되는 경우 등이 여기에 해당한다. 1999년 강릉에서 벌어진 천안 일화(당시)와 모 팀간의 축구 경기에서 나타났듯이 조명 탑 불량으로 인해 경기가 중단되는 경우도 발생한다. 또한 일부 팬들의 난폭한 행위로 인해 경기 진행이 어려울 수도 있다.

구단 혹은 대행사(에이전트)측은 이러한 돌발사태에 항상 대비해야 한다. 이 때 팬들이 가장 관심을 가지는 것은, 경기가 속개될 것인지? 속개된다면 언제 속개되는지? 경기가 취소된다면 입장료를 환불받을 수 있는지? 등이다. 경기가 돌발사태로 인해 중단된다면 구단 혹은 대행사(에이전트)는 팬들이 가질 수 있는 의문에 대해 신속히 답변할 수 있도록 준비해야 한다.

경기와 관련된 모든 업무(마케팅 업무 포함)를 대행사가 치른다 하더라도 입장료를 환불해야 하는 경우에는 대행사와 구단 측은 상호 긴밀한 협조가 필요하다. 대행사와 구단간의 긴밀한 협조 관계 유지는 상호 관계 유지에 도움이 될 뿐만 아니라 결국은 팬들의 불편함을 해소할 수 있는 지름길이기도 하다.

국내에서 가끔 경기가 중단되고 이로 인해 팬들이 과격한 행동을 보이는 경우가 있다. 그 다음의 절차는 온갖 언론에서 팬들을 비난하고 나서는 것이다. 관중 자질 운운하면서 '관전 문화 미성숙'이라는 기사를 내 보낸다. 그러나 이러한 사태들은 관중들의 관전 수준 운운하기 전에 구단(혹은 대행사)이 재빠른 대응을 했더라면 막을 수 있는 것들이다. 즉 경기장에서 발생할 수 있는 돌발사태에 대해 미리 준비하는 것도 스포츠 마케팅 전략의 한 부분이다.

(3) 관전 이후 단계('돌아가는' 단계)

이 단계에서의 전략은 입장 이전 단계의 전략과 거의 동일하다. 다만 입장 이전 단계에서는 대기하는 과정이 포함되어 있으나 관전 이후 단계에서는 대기 과정이 포함되어 있지 않다는 점에서 차이를 보이고 있다(<그림

그림 9-5 관전 이후 단계, 팬들의 행동 프로세스

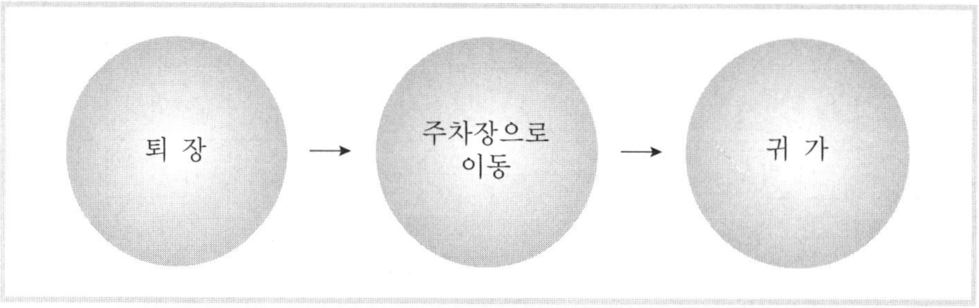

9-5〉 참조).

이 단계에서도 팬들이 경기장을 빠져나갈 때 안내원들의 친절한 태도가 필요하다. 경우에 따라서는 주차 관리원의 능숙한 안내와 셔틀버스의 안전한 운행(귀가)도 필요할 것이다.

(4) 소 결

팬들의 행동 프로세스 관리 전략을 종합적으로 나타낸 것이〈그림 9-6〉이다.

〈그림 9-6〉에서 보는 바와 같이 팬의 행동이 에이전트(혹은 구단)와 상호 연결되는 실선이 있는가 하면 연결되지 않고 독립된 행동도 있다. 실선으로 연결된 선은 팬들이 어떠한 행동을 할 때 마케팅 관계자와 1:1 대응이 가능한 전략을 의미하며, 매표원의 친절도, 숙련도 그리고 구장 안내원의 태도 등이 대표적이다. 에이전트와 연결이 되지 않는 팬의 행동에 대해서는 에이전트(혹은 구단)가 1:1 대응보다는 집단적인 대응 전략을 마련하는 것이 유리하며 대기 과정이 여기에 속한다.

한편 점선으로 연결된 부분(관전과 경기)은 팬들의 행동 프로세스 관리 전략이라기보다는 스포츠 상품 전략으로 파악하는 것이 바람직하다.

지금까지의 논의는 프로세스 관리전략을 단순화하여 설명한 것이다. 실제 스포츠 마케팅에서 프로세스 관리 전략을 수립하고자 할 경우에는 보다 많은 단계별 전략이 필요하다. 예를 들어 경기장에 들어가서 좌석에 앉

그림 9-6 팬 행동 순서에 따른 프로세스 관리

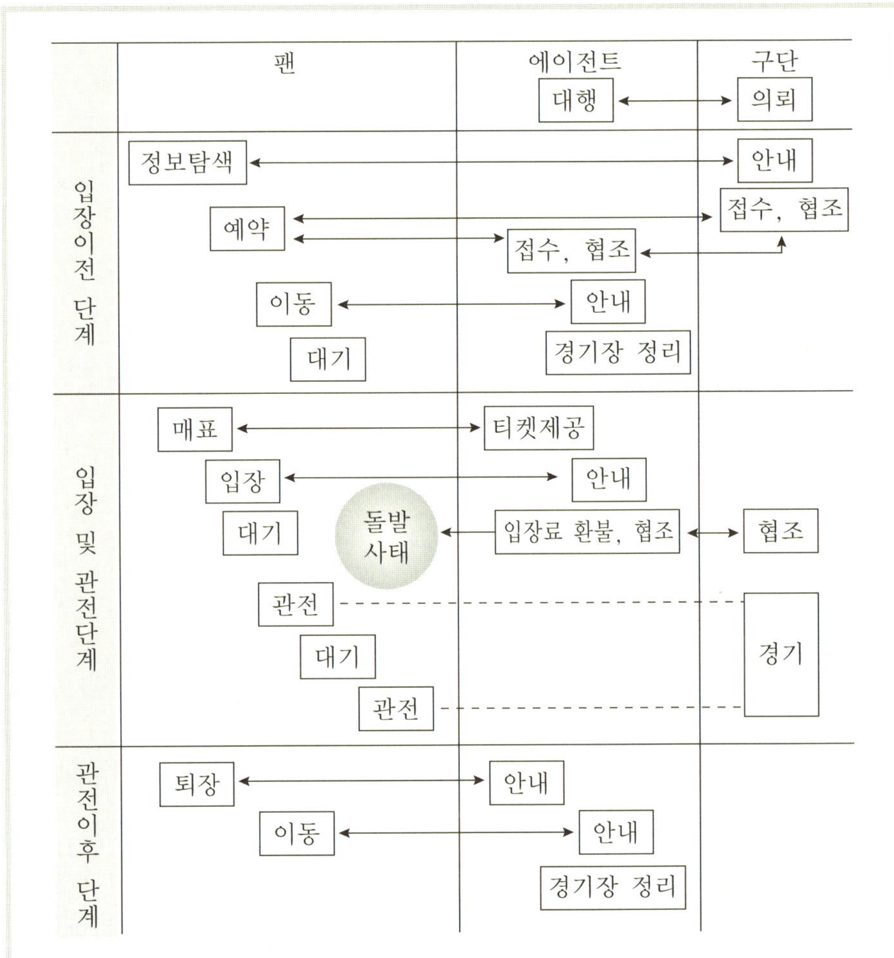

기까지 그리고 복도에서 이동할 때의 전략도 필요하며, 경우에 따라서는 스폰서 기업 및 라이센스 기업의 홍보·판촉물이 팬들과 자연스럽게 만날 수 있는 전략도 수립해야 한다.[5)]

중요한 것은 팬들의 행동과정에서 팬들이 가려워하는 부분은 어디에 있으며 가려운 부분을 어떻게 긁어 줄 것인지를 항상 염두에 두는 것이다.

5) 이 부분에 대해서는 제 6 부 통합마케팅 전략에서 별도로 설명한다.

2. 유형물(Physical evidence) 관리 전략

(1) 개념 및 의의

경기장은 '만질 수 없는 스포츠 상품을 담아두는 만질 수 있는 그릇'이라고 할 수 있다. 이왕 그릇 이야기가 나왔으니 식당 이야기를 한 번 해보자. 기가 막히게 맛있는 레스토랑이 있다고 하자. 이 식당에 들어가서 식사를 하는 데에는 물론 맛이 가장 중요하다. 그런데 '맛' 못지 않게 고객들의 관심을 끄는 것은 주문을 받고 음식을 가져오는 종업원의 태도이다. 이러한 종업원의 태도가 위에서 언급한 프로세스 관리 전략에 해당한다. 종업원의 태도뿐만 아니라 음식을 담아오는 그릇도 음식의 맛에 간접적인 영향을 미친다. 이왕이면 아무런 특징이 없는 그릇보다는 개성과 특징이 있는 그릇이 손님들의 관심을 끌기에 유리하다. 만약 음식을 담아오는 그릇이 이빨 빠진 것이라면 음식 맛이 아무리 뛰어나도 그 손님이 다음에 또 찾아올 것이라고 기대하는 것은 무리다.

식당 분위기도 한 몫을 한다. 요즈음 식당 분위기를 색다르게 하려는 노력이 많아지고 있다. 기차모양 식당이나 범선 모양의 카페가 여기에 해당한다. 심지어는 폐 항공기를 가져다 내부수리를 한 다음 카페로 사용하는 경우도 있다. 이러한 노력은 결국 차별화를 통해 고객에게 좀 더 가까이 가기 위한 마케팅 전략의 일환이며 모두가 만질 수 있는 유형물이라는 것이다.

스포츠 마케팅도 마찬가지다. 스포츠 마케팅에서도 상품을 담아내는 그릇(유형물)이 있으며 이러한 그릇은 팬들에게 중요한 영향을 미치는 마케팅 수단으로 작용한다. 경기장에 사람들이 많이 오도록 하기 위해서는 팬들이 좋아하는 팀이 경기에서 계속해서 승리하는 것이다. 그러나 이는 불가능하다. 때문에 유형물 관리전략은 더욱 중요한 의미를 가진다. Wakefield와 Blodgett(1996)는 "축구경기장 및 야구경기장에서의 물리적 환경은 팬들이 느끼는 상품의 품질뿐만 아니라 향후 경기장을 다시 찾는 데에도 중대한 영향을 미친다”라고 주장한 바 있다(이유재, 1999, p. 390).

실제로 많은 축구팬들은 국내 프로축구보다는 박지성이나 이영표 나오는 잉글랜드 축구(EPL)에 더 많은 재미를 느낀다. 이는 EPL의 경기 수준이 국내 경기 수준보다 높은 데에만 기인하는 것은 아니다. TV 화면에 비치는 EPL의 경기장 모습은 어떠한가? 구장의 잔디는 종횡으로 가지런히 정돈되어 있으며 모든 구장 나름대로의 특징을 가지고 있다. 즉 EPL의 경기장 모습이 국내 경기장과는 비교할 수 없을 정도로 우수하기 때문에 EPL이 더 재미있게 느껴지기도 한다는 것이다.

이렇듯 스포츠 마케팅에서 가장 먼저 떠올릴 수 있는 유형물은 단연 경기장이다. 경기장 내부는 내부대로 외부는 외부대로 팬들이 느낄 수 있는 분위기에 영향을 미친다. 이 밖에 경기장 내 의자나 화장실 등도 중요한 역할을 한다. 또한 선수들의 유니폼도 팬들의 인상에 영향을 주며 심지어 경기장 바깥 주차장에 있는 안내판도 중요한 마케팅 수단이 될 수 있다.

유형물에 대한 관리 전략도 앞에서 이야기한 프로세스 관리 전략에서처럼 ‘입장 이전 단계’, ‘입장 및 관전 단계’ 그리고 ‘관전 이후 단계’ 등으로 나누어 볼 수 있다. 그러나 좀 더 자세히 보면 이러한 유형물은 경기장 안과 경기장 바깥으로 양분할 수 있다. 따라서 이하에서는 경기장 내부 유형물과 경기장 외부 유형물로 나누어 설명하기로 한다(〈표 9-1〉 참조).

표 9-1 유형물 관리 전략 대상의 구분

경기장 내부	경기장 외부	기 타
• 경기장 내부 모양 • 의자 • 화장실 • 전광판 • 모니터 • 각종 안내판 • 경기 시설물 • 기타 시설물 등	• 경기장 외부 모양 • 안내판 • 주차장 위치 • 조형물 • 주변환경 등	• 선수 유니폼 • 심판, 도우미, 청소원 등의 단정한 복장 • 입장권 바탕무늬 • 팜플렛 디자인 • 명함 도안 등

(2) 경기장 내부 유형물

경기장 그 자체도 내부 유형물 관리 전략의 하나에 포함된다. 경기장을 건축할 때 우천에 대비하여 지붕을 얹는 것은 기본인 것으로 인식되고 있다. 또한 구장의 특성을 살려 미적인 가치를 높이는 데에도 많은 노력을 기울이고 있다.

경기장 내부 형태도 팬들의 입장을 반영하고 있다. TV를 통해 자주 접할 수 있는 미국 MLB구장을 상기해 보자. 대부분의 국내구장은 파울 라인과 스탠드간 거리가 상당히 넓다. 관중들의 안전을 위해서다. 그런데 미국의 구장은 파울 라인과 경기장 스탠드간 거리가 매우 좁다. 이는 팬들로 하여금 보다 가까운 곳에서 경기를 즐기도록 하기 위함이다.

축구 경기장에서 전용구장이 강조되고 있는 것도 이 때문이다. 종합경기장에서 축구 경기가 개최될 경우 선수들의 숨소리를 제대로 느낄 수 없을 뿐만 아니라 뒤 자석 맨 위쪽에서는 경기하는 선수들의 등 번호조차 제대로 볼 수 없다. 전용 구장에서는 육상경기용 트랙이 없기 때문에 팬들은 보다 가까운 곳에서 선수들을 볼 수 있다.

경기장 내 시설물도 많은 변화를 보여왔다. 축구장 골 네트는 수직 받침대와 수평 받침대로 구성되어 있다. 이러한 받침대의 모양과 길이가 점차 변해 왔다. 골대와 연결되는 수평 받침대의 길이가 점차 길어지고 있다는 것이다. 왜냐하면 수평 받침대의 길이가 길수록 골로 연결된 볼이 골대 안에서 머무는 시간이 길어 더욱 극적인 효과를 보여주기 때문이다.

농구 경기장에서 백보드를 투명 시설로 하는 것은 이미 오래 전의 일이다. 백 보드 뒤쪽에 앉는 팬들도 불편 없이 관전하도록 하기 위함이다.

한편 좌석을 비롯한 관람석의 각종 시설도 점차 고급화되는 경향을 보이고 있다. 좌석에서 각종 음·식료를 주문할 수 있도록 건설한다거나(디트로이트 피스톤즈 홈 경기장) 좌석을 배치할 때 발을 길게 뻗을 수 있도록 한다거나(볼티모어 캠든 야드 경기장), 외야석에 수영장 시설을 한다거나(애리조나 다이야몬드백스 구장), 아이들을 위한 놀이기구와 부모를 위한 TV 모니터를 갖춘 가족 놀이터를 설치한다거나(오클랜드 에이스 구장) 하는 것 따위가 모두 구장 내부 시설 변화에 물결을 타고 나타난 것이다.

국내에서도 2000년부터 변화를 보이기 시작했다. 2000년부터 잠실 야구경기장을 LG 트윈스와 두산 베어스가 서울시로부터 공동으로 위탁을 받아 경영하고 있다. 이에 따라 잠실 야구경기장에는 팔걸이와 컵걸이가 부착된 접이형 지정석을 비롯해 헤어드라이어와 물비누가 비치된 청결하고 밝은 화장실, 대형 TV로 경기를 시청할 수 있는 휴게실, 문화공간으로 꾸며진 테마파크 등이 새롭게 선보여 관람환경이 크게 개선되었다(〈사례 9-1〉 참조). 잠실 야구경기장뿐만 아니라 기타 야구장도 종전에 비해 크게 변화된 모습을 보여주고 있다. 지금까지 언급한 것들은 경기장 내부 유형물 관리 전략의 극히 일부분에 불과하다. 실제 마케팅 전략을 수립할 때에는 더욱 세밀하고 구체적으로 준비해야 한다.

사례 9-1 **유형물 관리 전략**

도심속 시민휴식공간 '탈바꿈'

[프로야구 잠망경] 잠실구장 "팬들 속으로…"

쿠션의자에 앉아 유유히 뷔페를 먹는다. 대형 라이브비전을 보며 짜릿한 역전의 감동을 재생한다. 경기장 옆 풀장에서 수영을 하다 우연히 날아오는 홈런볼을 잡는다? 메이저리그에서나 가능했던 풍경을 오는 3월부터는 우리 야구장에서도 볼 수 있다. 지난해 서울시로부터 3년간 잠실구장 운영권을 위탁받았던 LG와 두산이 34억여 원을 투자, 잠실구장을 도심속의 시민휴식공간으로 바꾸기 때문이다.

■ 관람석

야구장에도 2인석이 따로 있다면 얼마나 좋을까. 주니치의 홈구장인 나고야 돔에는 바로 이런 '연인석'이 있다. 가족과 친구들이 함께 볼 수 있는 4인용, 10인용 관람석 등 좌석이 다양해 골라앉는 재미가 있다.

잠실구장의 좌석은 평균적인 성인 남자가 앉기에도 비좁다. 열광적으로 응원도구를 흔들다보면 옆 사람과 부딪치기 일쑤. 음식을 놓아둘 자리도 마땅치 않아 바닥에는 음식쓰레기가 뒹군다.

3월 이후 이런 비좁고 불편한 플라스틱 의자는 사라진다. 이미 6억원의 공사비를 들여 지정석을 보다 편안한 의자로 전면교체했다. 게다가 관중의 이동이 편리한 접이식 의자다.

물론 좌석의 크기도 커졌다. 이렇게 되면 전보다 약 700석이 줄어들지만 관중들의 편의를 우선적으로 고려한다는 것이 잠실구장의 입장이다. 아직까지 나고야 돔구장처럼 골라앉는 재미를 즐길 순 없지만 동행자들과 여유롭게 관람할 수 있는 공간은 확보됐다. 잠실구장은 일반석 및 외야석도 연차적으로 바꿔나갈 예정이다.

■ 화장실

최근 화장실 개조 바람이 불고 있다. 잠실구장이 가장 신경쓰고 있는 부분도 화장실이다. 야구장의 얼굴인 화장실은 이미지 변신의 결정타인 셈이다.

잠실구장은 10억여 원을 들여 '공중' 화장실을 '호텔급'으로 바꾼다. 우선 올해 1억여 원을 투자, 기본 갖추기에 돌입한다. 잠실구장 화장실은 82년 설치 이후 한번도 개보수 작업이 이뤄지지 않아 시설이 낙후된 상태.

비누와 거울을 비치하고 등도 달아 기존의 칙칙한 화장실 이미지에서 벗어나는 것이 올해 목표다. 기본을 갖춘 후 헤어 드라이어까지 구비된 깨끗한 휴식공간으로 점차 탈바꿈한다.

■ 문화공간과 대형 TV

이밖에도 잠실구장은 외부 전광판 뒤쪽에 잔디를 깔아 친환경적인 조형공원 및 각종 이벤트를 개최할 수 있는 테마광장으로 활용할 계획이다. 야구장 1, 3루 복도에 TV를 설치, 편의점을 이용하면서도 경기의 중요장면을 놓치지 않도록 할 작정이다.

'작은 차이가 명품을 만든다'면 작은 변화가 명구장을 만든다. 잠실구장이 도심속의 시민휴식공간으로 자리잡기까지는 시간이 걸리겠지만 타 구장과 차별화를 위한 작은 시도는 '꿈의 구장'을 향한 초석이다.

〈스포츠서울, 2000. 2. 26〉

(3) 경기장 외부 유형물

팬들이 경기장을 외부에서 보고 느낌을 가진다는 것은 경기장 외부 유형물 전략이 필요하다는 것을 의미한다. 잠실 경기장은 우리 나라 전통악기인 장구 모양을 하고 있으며, 상암동 월드컵 축구 주 경기장은 '방패연과 황포 돛대'의 모습이다. 이러한 형상은 국내 팬들뿐만 아니라 외국 팬들에게도 깊은 인상을 남기기 위한 전략의 하나라고 볼 수 있다. 이 밖에 여타 월드컵 축구 경기장들도 각 지방의 특징을 반영하고 있다.

경기장 외부 유형물 가운데에는 주차장 시설과 각종 안내 간판도 중요한 역할을 한다. 이들은 경기장을 찾는 팬들의 첫 인상과 밀접한 관계가 있기 때문이다.

한편 경기장 또는 경기장과 관련이 있는 시설뿐만 아니라 경기장의 주변환경도 유형물 전략의 대상이 된다. 경기장 주변이 일반 주택가이냐 아니면 상가이냐에 따라 팬들이 느끼는 분위기도 크게 달라지기 때문이다. 심지어 경기장 주변 청소 상태도 팬들이 경기장을 다시 찾는 데 영향을 미친다.

(4) 기타 유형물

경기장 내·외부 시설물이 아니더라도 팬들의 행동에 영향을 미치는 유형물이 있다. 대표적인 경우가 선수들의 유니폼이다. 선수들의 유니폼이 보편적인 것보다 산뜻하고 개성을 갖춘 것이라면 팬들의 뇌리에 깊은 영향을 주는 것은 당연하다. 이에 따라 각 팀도 연고지를 반영하는 특색 있는 색상과 무늬 선택에 골몰한다.

유니폼은 선수들의 경기복 수준을 넘어 팀의 이미지와도 연결된다. 국내 프로축구의 경우, 각 팀의 서포터즈들은 자기가 좋아하는 팀의 유니폼을 입거나 그렇지 않으면 색깔이라도 같은 옷을 입고 구장에 나와 응원한다. 이는 유니폼도 팬들의 행동과 관심에 영향을 미치는 유형물이라는 것을 의미한다.

국가 대항전에서도 마찬가지다. 지난 1996년 잉글랜드에서 개최된 유럽선수권 대회에서 독일과 잉글랜드는 준결승전에서 만나게 되었다. 그런데 두 팀 모두 유니폼의 상의가 흰색이었다. 결국 동전을 던져서 진 팀이 보조 유니폼을 입기로 한바, 잉글랜드가 졌다. 잉글랜드는 새로 디자인한 엷은 청색을 입어야 했는데 잉글랜드인들의 반발이 심했다. "흰색은 어차

피 물 건너갔으나 청색은 왠지 어색하다. 특히 1966년 월드컵 때에는 빨간색을 입고 독일을 이겨 우승한 적이 있다"는 주장마저 나왔으며 총리까지 거들면서 잉글랜드 대표팀의 빨간색 유니폼 착용이 진지하게 논의되기도 했다고 한다. 그 와중에 빨간색 유니폼이 잉글랜드에서 상품화되어 1주일 만에 120만장이나 팔렸다. 결국 이러한 예는 선수들의 유니폼 디자인이나 색상도 팬들의 관심도와 깊은 관계가 있으며 나아가 마케팅의 중요한 수단이 된다는 것을 단적으로 보여주고 있다 하겠다.

2002년 한국 축구가 신화를 창조했던 FIFA 월드컵 축구대회에서 온 국민이 붉은색 유니폼을 입고 응원한 것도 축구 협회 혹은 관계자들의 유형

사례 9-2 유형물(선수 유니폼) 관리 전략

붉은악마들 "거리로… 거리로…"

"한국의 축구 역사를 다시 쓰자. 필승! 코리아"

한국 축구 대표팀의 월드컵 사상 첫 16강 진출을 가늠할 포르투갈과의 경기가 열린 14일 서울 전역은 또다시 붉은 물결로 넘실댔다. '붉은 악마' 응원복을 입은 70여만 명의 시민이 거리로 쏟아져 나와 목이 터져라 한국 대표팀의 선전을 응원했다.

또 직장과 가정에서도 시민들이 가족이나 동료들과 함께 TV로 경기를 지켜보며 열렬히 한국팀에 응원을 보냈다. 서울 시민들은 이날 남녀노소 할 것 없이 모두 하나가 됐다.

세종로 네거리 및 시청 앞: 이 날 서울 세종로 네거리와 서울시청 앞에는 35만여 명의 인파가 운집해 발 디딜 틈이 없었고 이들이 입은 붉은 티셔츠로 일대가 온통 붉은색으로 물들었다.

시민들은 경기 시작 10여시간 전인 오전 9시경부터 삼삼오오 모여들기 시작했으며 대형 전광판을 통해 경기를 보기에 좋은 자리는 정오 무렵부터 이미 붐볐다.

…… (중략)

〈동아일보, 2002. 4. 15〉

물 관리전략의 산물로 보면 된다. 한편 이 전략은 친밀감 확대를 통한 프로모션 전략의 일환이기도 하다(〈사례 9-2〉 참조).

이 밖에 심판 및 도우미들의 복장, 입장권의 바탕 그림, 구단을 소개하는 팜플렛의 디자인 심지어 구단 직원의 명함 도안도 유형물 관리 전략의 중요한 수단이 될 수 있다.

3. 종업원(People) 관리 전략

(1) 개념 및 의의

제 1 절 팬들의 프로세스 관리 전략에서 이미 본 바와 같이 스포츠 마케팅 전략에는 사람과 사람이 얼굴을 맞대거나 전화 · 인터넷 등으로 커뮤니케이션하는 과정이 많다. 즉 종업원의 지식이나 기술 등 기능적인 측면뿐만 아니라 예의범절, 인내심 등 심리적인 요소도 마케팅 성패에 크게 영향을 미친다는 것이다. 예를 들어 일반 제조업에서 근무하는 종업원이 그 날 컨디션이 좋지 않아(조직에 대한 불만 등 심리적인 요인 포함) 불량품을 생산했다고 하더라도 품질 검사 과정에서 이를 제거하여 출하하지 않을 수 있다. 그러나 스포츠 마케팅에서 종업원[6]이 조직에 대해 불만이 많다면 그 불만은 그대로 팬 서비스 수준 저하로 연결된다. 따라서 스포츠 마케팅 전략 가운데에는 내부 종업원들 관리, 즉 내부 마케팅 전략도 중요한 위치를 차지하고 있다.

외부 마케팅의 목표가 소비자, 즉 팬들의 만족에 있다면 내부 마케팅의 목표는 종업원의 만족에 있다. 외부 마케팅에서 팬들에게 제공하는 것이 즐거움이라면 내부 마케팅에서 종업원에게 제공하는 것은 사기 진작과 양호한 근무환경이다. 따라서 내부 마케팅에서는 종업원의 사기 진작과 양호한 근무환경 조성에 초점이 맞추어진다.

6) 스포츠 마케팅에 대한 권한을 구단이 아닌 스포츠 마케팅 에이전트 회사가 가지고 있다면 이 때 종업원은 대행사 직원을 의미한다.

내부 마케팅의 궁극적인 목적은 외부 마케팅과 차이가 없다. 종업원들에 대한 사기 진작(내부 마케팅)은 결국 팬들의 만족과 연결되기 때문이다. 종업원이 만족하여 기분 좋게 일을 하면 종업원들과 얼굴을 맞대는 팬들도 기분이 좋고 팬들의 기분이 좋으면 구장을 자주 찾게 되거나 그 팀에 대한 충성도도 높아지게 된다. 이는 결국 구단의 수입 증가와 연결된다. 즉 고객 만족(팬 만족)을 통한 이윤 추구(구단 수입 증가)는 현대 마케팅의 기본 개념이며 이러한 기본 개념을 달성하는 데에는 종업원의 사기 진작(내부 마케팅)도 큰 몫을 차지한다는 것이다(〈그림 9-7〉 참조).

그런데 스포츠 산업에서는 선수들도 종업원이 된다. 즉 선수들도 내부 마케팅의 대상이 된다는 것이다. 선수들이 비신사적인 경기를 하는 것보다는 페어플레이를 할 때 팬들의 만족도가 증가하기 때문이다. 대부분의 스포츠 단체가, 선수들이 경기 도중 욕설 및 폭력을 행사하는 경우 징계조치를 취하는 것도 선수들을 상대로 한 내부 마케팅전략의 일종이다. 선수라는 종업원을 상대로 하는 내부 마케팅이 경기장 내부(예를 들면 페어 플레이)

그림 9-7 종업원 관리전략과 그 효과의 순환

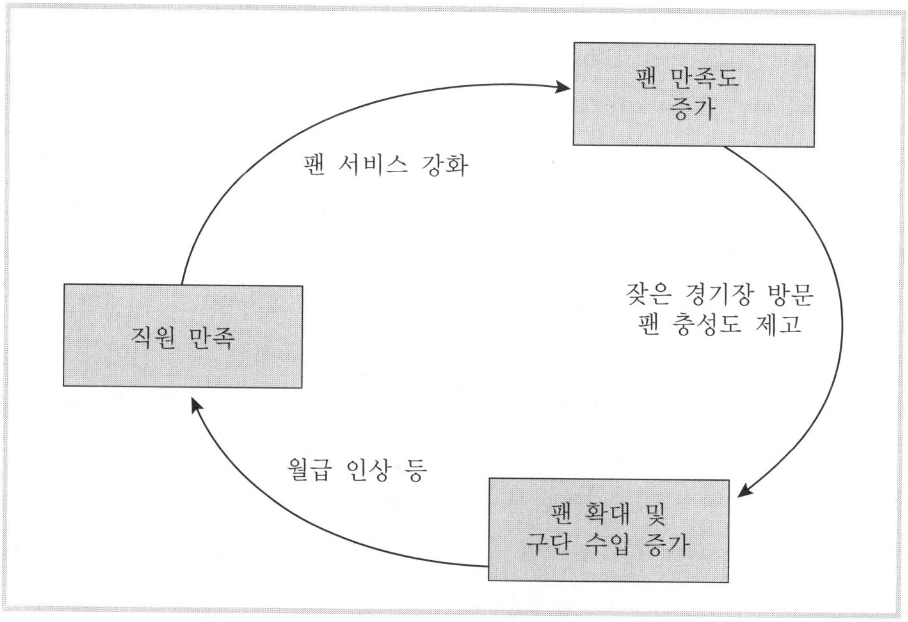

에만 존재하는 것은 아니다. 경기장 외부에도 존재한다. 공인다운 행동, 건전한 사생활 준수 등이 여기에 해당한다.

(2) 구체적인 전략

종업원으로 하여금 기분 좋게 일하도록(종업원 만족) 하는 방법에는 여러 가지가 있다. 가장 쉽게 그리고 먼저 떠올릴 수 있는 것은 월급 즉 돈을 많이 주는 것이다. 그러나 월급을 많이 주는 것은 한계가 있다. 우선 일이 잘 돌아가야 대행사(혹은 스포츠 단체)의 수입이 늘어나고 수입이 늘어나야 종업원에게 지불되는 급료도 많아지기 때문이다. 그렇다면 종업원들에게 많은 급료를 지급하는 방법 이외에 종업원을 만족시키는 전략을 찾아야 할 것이다. 여기에는 '각 종업원에 대한 권한 부여', '공정한 평가제도 구축', '하의상달식 조직 마련' 등이 대표적인 전략으로 꼽히고 있다.

1) 권한 부여

어느 조직에서나 마찬가지로 각 종업원에 대해 권한을 부여하는 것은 대단히 중요하다. 특히 스포츠 마케팅에서는 고객이 팬뿐만 아니라 기업, TV 방송국 그리고 경우에 따라서는 지방자치단체도 포함될 수 있다.[7] 이처럼 고객이 많다는 것은 다양한 마케팅 전략이 필요하다는 것을 의미한다. 필요한 마케팅 전략이 다양하면 조직 상층부인 경영자가 모든 결정을 내리기에는 시간적으로 공간적으로 제약이 많다. 따라서 상당 부분에 대한 결정 권한을 현장 종업원이 가지도록 하는 것이 바람직하다.

예를 들어 촉진전략, 프로세스 관리 전략 혹은 유형물 관리 전략 등과 관련된 마케팅 계획을 수립할 때 직접 팬들과 접촉하는 종업원이 스스로 전략을 마련하도록 권한을 부여하는 것이다. 종업원들에게 상당한 권한을 부여하는 것은 경영자의 부담을 덜 수 있을 뿐만 아니라, 종업원은 자기 일은 자기가 책임진다는 자부심을 가지고 온정과 열의를 다해 팬들을 대하기 때문에 일의 효율성도 높아질 수 있다. 특히 팬들과의 접촉에서 문제가

7) 이 부분에 대해서는 제 5 부에서 구체적으로 언급한다.

발생했을 경우 빨리 해결할 수 있는 장점도 있다.

한편 대행사 팀장(혹은 구단 상층부)은, 이러한 제도시행에는 종업원의 교육에 많은 비용이 소요되며 인건비가 크게 상승할 수도 있다는 것을 염두에 두어야 한다.

2) 공정한 평가제도 구축

공정한 평가제도는 아무리 강조해도 지나침이 없다. 각각의 종업원에게 자기 일은 자기가 맡아할 수 있는 권한을 부여했다면, 여기에는 공정한 평가제도가 수반되어야 한다. 권한을 부여받은 종업원들은 나타난 결과에 대해서도 책임감을 느끼게 된다. 그리고 이에 대한 반대 급부(예를 들면 인사, 급료 등)도 차등적으로 나타나게 되더라도 불만을 감수할 있다.

그런데 평가 과정이 비공개적이고 불투명하다면 종업원은 불만을 감수할 수 없다. 이는 종업원의 사기 저하를 가져오며 나아가서는 종업원의 팬서비스의 불량으로 이어진다.

3) 하의상달 경로 마련

거듭 반복되는 이야기이지만 스포츠 마케팅에서 가장 중요하게 고려해야 하고 가장 힘있는 집단은 단연 '팬'이다. 이에 따라 스포츠 마케팅 전략을 수립하는 데 참여하는 관계자는 팬들의 반응을 살피고 팬들의 관심을 끄는 데 주력한다. 그런데 팬들의 관심을 가장 잘 파악하고 있는 관계자는 일선에서 항상 팬들과 접촉하는 종업원이다. 따라서 이러한 종업원들의 의견이나 건의가 경영자에게 제대로 전달될 수 있는 경로(하의상달: 下意上達)를 마련하는 것은 중요하다 하겠다.

경영자가 일방적으로 의견을 종업원에게 전달하는 방식(상명하달: 上命下達)은 바람직하지 않다. 왜냐하면 이처럼 경영자가 종업원에게 일방적으로 전달하는 의사는 합리적이지 못한 경우가 많으며 속칭 '감'에 의한 결정이기 때문에 팬들이 요구하는 것과는 상당한 차이가 나타나기 마련이다. 실제로 대부분의 경영자는 항상 여러 가지 일로 바쁜바, 팬들의 관심 사항을 제대로 파악하고 있지 못한다.

그림 9-8 상명하달식 의사 전달 경로

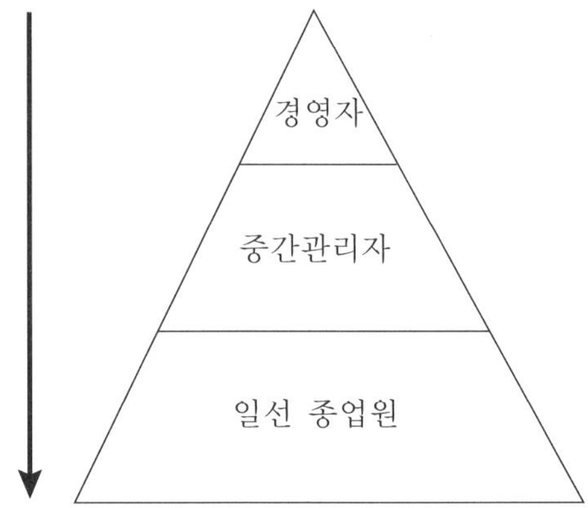

그림 9-9 하의상달식 의사 전달 경로

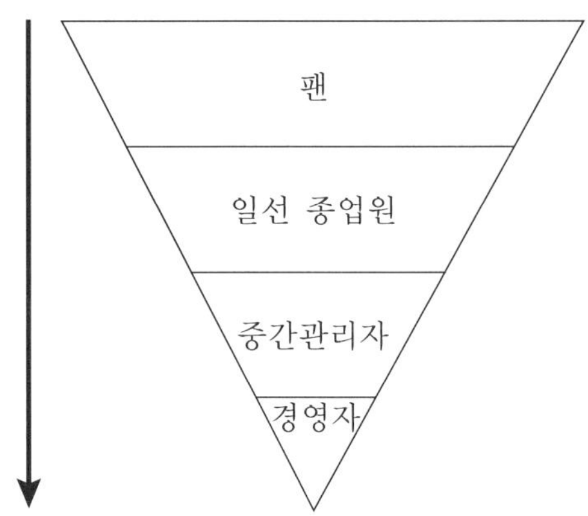

결론적으로 말하면, 스포츠 마케팅 경영자는 종업원에게 명령을 내리는 사람이 아니라 종업원을 도와주는 사람으로 인식해야 한다. 이는 종업원의 사기를 높이고 창의력을 이끌어내는 데 유리할 뿐만 아니라 원활한 내부 마케팅을 위해서도 필요하다.

연습 · 토의문제

- 독자가 속해 있는 곳이 학교든 직장이든 동료들과 1박 2일의 MT가 예정되어 있으며 독자가 직접 MT 계획을 마련해야 한다고 가정해 봅시다. MT 계획을 어떻게 마련하는 것이 효율적일까요? 프로세스 관리 전략을 참고하여 계획을 수립해 보세요.
- 국내 프로스포츠계에 병역비리가 터진 적이 있었습니다. 당시 이 문제로 인해 경기단체를 비롯한 각 구단들이 골머리를 앓은 적이 있습니다. 이 문제를 내부 마케팅 측면에서 서로 의견을 교환해 보도록 합시다.

제10장

실행 및 평가

1. 실 행

지금까지 언급한 '시장조사 및 목표 설정(제 7 장)', '4P전략(제 8 장), + 3P전략(제 9 장)' 은 모두 마케팅 계획수립과 관련된 내용이다. 마케팅 계획이 수립되면 이러한 계획을 실행에 옮겨야 한다. 아무리 우수한 계획이라도 제대로 실행되지 않으면 종이 조각에 불과하다.

스포츠 마케팅 계획을 제대로 수립하기 위해서는 다음과 같은 것들이 필요하다.

(1) 원활한 커뮤니케이션

마케팅 계획을 실행하는 데 가장 중요한 것은 조직 내 원활한 커뮤니케이션이다. 이러한 커뮤니케이션은 상하관계의 커뮤니케이션뿐만 아니라 동료들간의 커뮤니케이션도 포함하고 있다. 커뮤니케이션이 제대로 이루어져야 각 종업원은 자기 일은 무엇인지, 어떻게 수행해야 할 지 그리고 동료는 지금 어떤 일을 하고 있는지를 명확하게 알 수 있다. 즉 커뮤니케이션이 원활하게 이루어지면 종업원간 업무 조정도 수월하게 이루어질 수 있으며, 특정 업무 수행에 적성이 맞지 않는 종업원에 대해서는 그 종업원의 적성에 맞는 다른 일을 부여하는 데에도 편리하다는 것이다. 원활한 커뮤니케이션이 제대로 이루어지지 않으면 속된 말로 조직이 '손 따로 발 따로' 움직이게 되어 효율적인 업무수행을 기대할 수 없다.

(2) 조직의 유연성

조직 내 원활한 커뮤니케이션이 이루어지도록 하기 위해서는 조직의 구조가 유연성을 가져야 한다. 조직 구조가 유연하지 못하고 경직되어 있으면 원활한 커뮤니케이션을 기대할 수 없다. 특히 경직된 조직에서는 일선 종업원의 의견이 상층부로 전달될 수가 없으며, 조직이 경쟁력을 지속적으로 유지하는 데 필요한 새로운 아이디어 창출도 기대할 수 없다. 내부 마케팅에서 언급한 하의상달식 조직 체계는 합리적인 조직 구성의 한 방편이 될 수 있다.

또한 이미 제 6 장에서 언급한 적이 있지만 스포츠 마케팅 계획을 수립하고 실행할 때 고려해야 할 상황요인들은 매우 다양하다. 이는 상황요인에 변화가 발생하면 이러한 변화에 따라 전략도 변화되어야 한다는 것을 의미한다. 특히 스포츠 마케팅에는 타이밍이 중요하다. 예를 들어 프로모션 전략 가운데 단기 전략인 판매촉진의 성패는 타이밍에 크게 좌우된다. 이 때 조직이 유연성을 가지지 못하고 경직되어 있으면 변화된 상황을 따라갈 수 없다.

(3) 조직 내 적합한 인적 구성

이미 앞부분에서도 여러 번 언급한 바 있지만 스포츠 마케팅에서는 다양한 고객이 존재한다. 다양한 고객이 존재한다는 것은 고객의 입맛을 맞출 수 있는 다양한 능력과 기술들을 필요로 한다. 예를 들면, 스포츠 상품 거래는 '권리' 개념을 포함하고 있으므로 법률적인 지식을 가진 인적 자원이 필요하며, 팬뿐만 아니라 기업 및 TV 방송국도 주요한 고객을 구성하고 있으므로 이들 기업 및 TV 방송국의 요구사항을 제대로 이해할 수 있는 인적 자원도 필요하다.

또한 선수를 상품화할 경우, 특정 선수가 상품화가치를 가지고 있는지 여부에 대한 지식도 필요하다. 이럴 경우에는 경기 종목에 따른 전문적인 지식이 필요하다. 회계 및 예산 집행, 세무 등에 대한 지식을 갖춘 인적자원도 필요하다.

(4) 적절한 보상제도

종업원의 업무 수행에 대해서는 적절한 보상과 인센티브가 필요하다. 보상에는 금전적인 방법과 비금전적인 방법이 있으며 장기적인 보상과 단기적인 보상이 있다. 구체적으로는 호봉승급, 보너스 지급, 스톡옵션, 승진(강등), 표창(비난) 등이 있다.

한편 이러한 '적절한 보상제도' 실시에는 내부 마케팅에서 언급한 공정한 평가제도가 선행되어야 한다.

(5) 적절한 예산 분배

마케팅 전략을 실행하는 데에 자금이 필요한 것은 당연하다. 필요 자금이 없으면 마케팅 전략은 계획으로 끝나버리기 때문이다. 모든 계획을 충분히 실행할 수 있는 자금이 있다면 문제가 될 수 없으나 대부분의 조직은 한정된 자금을 보유하고 있다. 따라서 그 자금 내에서 마케팅 계획의 우선 순위를 감안하여 적절한 예산분배가 이루어져야 한다.

2. 평가 및 재조정

스포츠 마케팅에는 항상 끊임없이 변화하는 내·외적 다양한 상황요인들이 존재하며 이에 따라 스포츠 마케팅도 계획대로만 실행되지는 않는다. 때로는 계획보다 좋은 결과를 가져올 수도 있고 때로는 계획에 크게 미치지 못하기도 한다. 따라서 스포츠 마케팅의 계획 또는 실행 방법이 수시로 변화되고 조정되어야 한다. 만약 계획한 대로 실행되지 않으면 계획을 바꾸든지 그렇지 않으면 실행 방법을 바꾸어야 한다.

한편 실행 결과를 보고 계획 및 실행 방법을 재조정할 수도 있다. 결과 측정대상에는 여러 가지가 있다. 경기장을 찾아온 관중 수가 계획대로 동원되었는지? 목표로 했던 관중(예를 들어 학생이면 학생, 직장인이면 직장인)들이 많이 찾아왔는지? 이익은 당초 목표한 대로 달성되었는지? 등이 있다. 그러나 가장 중요한 결과 측정은 찾아 온 팬들이 만족했는지 여부를 검토하는 것이다.

♠ 연습 · 토의문제

• 07년 국내 프로야구 전반기 리그 도중 다음과 같은 기사가 난 적이 있습니다. 이는 스포츠 마케팅과 관계가 있을까요? '적절한 보상제도' 와 관련하여 의견을 교환해 봅시다.

"신상우 KBO 총재 이만수 코치에게 상 주겠다"

프로야구 SK 와이번스의 이만수(49) 수석코치가 시원한 '속옷 질주' 로 상을 받을 전망이다. 신상우 한국야구위원회(KBO) 총재는 5일 오전 BBS불교방송 프로그램인 '조순용의 아침저널' 과의 인터뷰에서 "각 구단이 팬 서비스를 잘하면 특별상을 제정해 시상하려고 한다. 우선 이만수 코치에게 상을 주려고 생각하고 있다"고 밝혔다.

신 총재는 "이만수 코치가 운동장을 팬티 바람으로 돈 것, 김재박 감독 등 LG 선수단이 지하철에서 팬 사인회를 연 것, 롯데가 우승할 때 복장을 다시 입는 등 구단들의 팬서비스가 야구의 관심을 높이는데 큰 도움이 됐다"고 덧붙였다.

신 총재는 또 "올해 관중 400만 유치를 목표로 내걸었을 때 반응이 시큰둥했다. 하지만 언론 분석에서도 나타나듯 지금은 400만명을 확실히 돌파할 수 있다. 말이 앞서면 좋지 않지만 기대에 부풀어 있다"고 기대감을 나타냈다....(중략)

〈연합뉴스, 2007. 6. 5〉

제11장

마케팅 전략과정 복습하기

1. 가상적인 스포츠 마케팅 사례

지금까지 스포츠 마케팅 전략에 대해 장황하게 설명했다. 이제 스포츠 마케팅의 이해를 돕기 위해 간단한 가상적인 마케팅 전략을 수립해 보자. 모델은 ○○ 축구단으로 한다.

○○ 축구단 가상적 마케팅 전략

시장조사를 해 본 결과 직장인들을 대상으로 적극적인 마케팅 활동을 하는 것이 가장 바람직하다는 결론이 도출되었다. 마케팅 담당자는 직장인(많은 직장인들이 지역 경기 침체로 인해 미래에 대한 불안감을 가지고 있는 것으로 가정한다)들에게 어필하기 위해 '우리는 항상 이긴다는 약속은 할 수 없습니다. 그러나 어떠한 어려움에도 굴하지 않고 항상 최선을 다하는 모습을 보여줄 것을 약속드립니다' 라는 캐치 플레이즈를 내걸었다. 그리고 대표적인 모델로 '한계 극복' 을 연상시키는 김준영 선수를 내세웠다.

또한 OO 축구단은 연고지 및 인근 지역의 소년 소녀 가장들에게 어떠한 어려움이 있더라도 굴하지 말고 꿋꿋하게 생활하도록 격려하기로 했다. 구체적으로는 선수들의 골 및 어시스트 하나를 기록할 때마다 얼마간의 금액을 적립하여 이들에게 지급하기로 결정하였다. 이러한 결정들은 지역 신문 또는 지역 방송국을 통해 기사 또는 뉴스로 취급되었다. 신문 기사 또는 뉴스에서는 어려움을 딛고 열심히 살아가는 소년 소녀 가장의 모습을 대구 FC가 창단되기 전 전 소속 팀에서 서러움을 딛고 일어선 선수들과 대비하기도 했다.

직장별로 티켓을 구입하는 경우 10% 싸게 하기로 결정하고, 경기 시작 시간이 직장인 퇴근 시간과 유사해 구단 측은 이러한 직장인들의 편의를 위해 사무실이 몰려 있는 지역에서 구장까지 셔틀버스를 운행하기로 결정했다. 또한 구단은 인터넷, 시내 각 은행 또는 택시 내에서도 티켓을 구입 또는 예약할 수 있도록 조치했다.

경기장으로 바로 찾아와 매표소 앞에서 줄을 서는 팬들을 위해 구장 내에서 연습하는 선수들의 모습을 볼 수 있도록 매표소 부근에 대형 모니터를 설치하였다. 좌석도 팬들이 발을 뻗을 수 있도록 넓혔다. 그리고 구장 안내원들에게는 팬들에게 친절한 모습을 보여주도록 교육시키고 이들의 복장을 '대구 FC' 유니폼과 동일한 것으로 통일시켰다.

경기가 시작되기 전에는 직장인(일반 팬 포함)들을 상대로 PK 차기 컨테스트도 마련하였다. 경기가 진행되는 동안에는 다른 구장에서와 마찬가지로 치어리더를 동원하였다. 그러나 다른 구장과의 차별화를 위해 치어리더들에 국내인뿐만 아니라 외국인도 포함되도록 했다.

경기가 진행되는 도중 폭우가 쏟아져 경기가 중단되었다. 구단 측은 "만약 심판진들이 더 이상 경기를 진행할 수 없다고 판정을 내리면 입장료를 환불해드리겠습니다. 환불은 여러분의 편의를 위해 시내 각 은행 혹은 동사무소에서도 가능합니다"라고 방송하였다.

경기가 끝난 후 직장에 차를 주차해 둔 직장인을 위해 경기 전과 마찬가지로 셔틀버스를 운행한다. 한편 마케팅 담당 부서에서는 시즌이 끝난 후 일선 종업원 가운데 선발하여 선수들이 외국으로 전훈을 떠날 때 동행하여 관광을 할 수 있도록 배려했다.

이상은 ○○ 축구단의 가상적인 그리고 아주 간단한 마케팅 사례이다. 이제 이 사례를 마케팅 일반론에 대입시켜 보자.

위에서 직장인은 시장조사, 시장세분화의 단계를 거쳐 설정된 표적시장이다. 그리고 '어려움을 딛고 … 한계 극복'이라는 캐치플레이즈와 김준영 선수를 모델로 삼은 것은 상품에 대한 포지셔닝이다.

○○ 축구단이 내세운 스포츠 상품은 ○○ 축구단이 벌이는 경기와 팀 이미지에 걸맞게 포장된 김준영 선수이다. 직장별로 티켓을 구입할 경우 10% 할인해 주는 것은 가격전략이며 인터넷, 은행 및 택시 내에서도 티켓을 구입할 수 있도록 한 것은 유통전략이다. 소년 소녀 가장을 돕는다는 기사 및 뉴스는 프로모션 전략 가운데 하나(홍보)이며, 경기가 시작되기 전 팬들을 상대로 실시한 PK 차기 컨테스트도 프로모션 전략(판매촉진)이다.

직장인들이 경기장을 찾아올 때 그리고 돌아갈 때의 셔틀버스 운행, 매표소 부근 대형 모니터 설치, 경기가 중단되었을 때 즉각적인 티켓 환불 방송, 구장 내 직원들의 친절한 안내, 외국인 치어리더 동원 등은 팬들의 행동에 따른 프로세스 관리전략이다. 또한 PK 차기 컨테스트는 프로세스

표 11-1 ○○ 축구단의 가상적 마케팅 전략

	구 분	대 상
기본전략	ST(시장세분화 및 표적 설정) Positioning(포지셔닝)	직장인 '어려움을 딛고 …'
4P전략	Product(상품) Promotion(촉진) Price(가격) Place(유통)	경기, 김준영 선수 • 소년소녀가장 돕기 기사(뉴스) • PK 차기 컨테스트 • 직장인 단체 10% 할인 • 인터넷 은행 및 택시 내에서 티켓 구입 또는 예약 가능
+3P전략	Process(프로세스) Physical evidence(유형물) People(내부마케팅)	• 셔틀버스 운행 • 인터넷, 은행 및 택시 내에서 티켓 구입 또는 예약 가능 • 매표소 옆 대형모니터 설치 • PK 차기 컨테스트(경기전) • 외국인 치어리더(휴식시간) • 안내원의 친절 • 경기 중단시 티켓 환불에 대한 신속한 조치 • 보다 편안한 좌석 • 안내원 유니폼 • 종업원 해외 관광

관리전략인 동시에 프로모션 전략이기도 하다.

구장 내 화장실을 청결하게 하는 것, 보다 편안하게 관전할 수 있도록 좌석을 넓힌 것 그리고 구장 안내원들의 복장을 선수들의 유니폼과 동일하게한 것 등은 유형물 관리 전략이다. 또한 엄선된 일선 종업원을 외국으로 보내는 것은 내부 마케팅에 해당한다. 〈표 11-1〉은 이러한 과정을 요약한 것이다.

위 내용은 극히 단편적인 마케팅 전략의 일부를 소개한 것에 불과하다. 실제 마케팅 계획을 수립하고자 할 때에는 보다 구체적이고 경쟁력 갖춘 전략을 마련해야 한다.

위 내용을 자세히 보면, 특정한 조치가 하나의 전략이 아닌 복수의 전략으로 나타나고 있다. 예를 들어, '인터넷, 은행 및 택시 내에서 티켓 구입 또는 예약 가능'은 유통전략인 동시에 프로세스 관리 전략이기도 하다. '경기 시작되기 전 팬들을 상대로 한 PK 차기 컨테스트'는 프로세스 관리(대기) 전략인 동시에 프로모션 전략이 된다. 또한 매표소 옆에 대형 모니터를 설치한 것이 표를 구입하려고 줄을 서는 팬들에게 지루감을 덜어주기 위한 것이라면 이는 프로세스 관리(대기)전략이지만 다른 한편으로는 이러한 모니터의 화상이 선명하다던가 또는 겉모양이 독특하게 생겼다면 유형물 관리 전략으로도 볼 수 있다. 즉 마케팅을 위한 특정 조치가 반드시 하나의 전략으로만 나타나는 것은 아니라는 것이다. 특정 마케팅 전략은 반드시 특정 P전략으로 대입시킬 필요는 없다는 의미이다.

한편 4P와 +3P 마케팅 전략은 독립된 형태로 존재하는 것이 아니라 때로는 상호 깊은 관계를 가지고 있다. 예를 들어 촉진 전략을 수행할 때 광고 매체로서 TV 방송국을 선택하면 많은 비용이 든다. 많은 비용이 든다는 것은 가격 전략에 직접적인 영향을 미친다는 것을 의미한다. 또 다른 예도 있다. 축구 경기장에 돈을 들여 사철 푸른 잔디로 단장했다고 가정해 보자. 봄, 늦가을 그리고 겨울에도 푸른 잔디는 팬들에게 어필할 수 있는 좋은 유형물 관리 전략의 하나이다. 그런데 질이 좋은 잔디는 경기 수준의 향상을 기대할 수 있다. 경기 수준이 향상된다는 것은 상품 전략의 하나이다. 즉 이러한 경우 유형물 관리전략은 상품전략과 깊은 관련이 있다는 것이다.

2. 전략의 핵심: STP와 4P +3P와의 관계

제2부 전반에 걸쳐 마케팅 전략과정에 대해 설명했다. 계획단계, 실행 그리고 평가단계 어느 것 하나 소홀히 할 수 없을 정도로 중요성을 가진다. 그러나 이 가운데 계획단계가 여타 단계에 비해 상대적으로 많은 노력을 필요로 할 것이다. 실제 마케팅이라고 하면 계획단계에서 언급되는 STP 및 4P+3P 등이 마케팅의 모든 것을 대변하는 것처럼 착각하기도 한다. 그만큼 STP 및 4P+3P가 중요하다는 의미이다.

그렇다면 이러한 STP와 4P+3P 간에는 어떠한 관계가 형성되어야 하는가? 이미 본문을 통해 설명했지만 여기서 다시 한번 복습을 통해 이들 간의 관계를 강조하기로 한다. 앞 절에서 가상적인 마케팅 사례 즉 〈표 11-1〉을 보면서 이야기해 보자.

〈표 11-1〉에서 STP 대상과 전략은 '직장인' 그리고 '어려움을 딛고'였다. 4P전략과 +3P의 전략도 다양하게 나타나 있다. 마케팅 전략 수립과정에서는 STP전략과 4P+3P 전략은 상호 밀접한 관계를 가지고 계획·진행되어야 한다. 그런데 〈표 11-1〉에서의 이들은 상호 밀접한 관계를 맺고 있는 것일까? 하나의 예를 들어 보자. '매표소 옆 대형 모니터 설치'라는 전략이 있다. 이러한 전략은 표적시장인 '직장인' 그리고 주요 포지셔닝인 '어려움을 딛고'와 어떤 관계를 맺고 있는 것인가? 이러한 전략이 STP전략과 부합되는 것인가?

물론 '매표소 옆 대형 모니터 설치'라는 전략은 매우 중요하며 반드시 실시되어야 할 전략이다. 그러나 이러한 전략은 구체적인 목표를 두고 이루어지는 것이 아니라 평범하고 일반적인(일반인을 대상으로 한) 마케팅 전략으로서 당초 마케팅 계획을 수립할 때 중요시 되었던 STP전략과는 직접적인 연관성이 낮다는 것이다.

또 다른 예를 들어 설명해 보자. 〈그림 7-5〉 '프로농구 포지셔닝(가상)'을 보도록 하자. 여기에는 프로농구가 당초의 'KBL농구경기' 위치에서 'New position'으로 포지셔닝되어야 함을 강조하고 있다. 프로농구라는 상

그림 11-1 STP 전략과 4P +3P 전략과의 관계

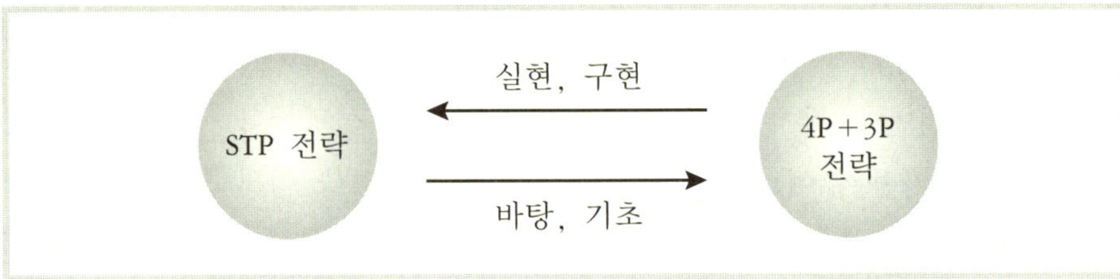

품의 위치가 'New position'으로 이동해야 하는데 이동시키는 방법은 프로모션 전략, 가격전략, 프로세스 전략 등등 4P+3P를 통해서 나타난다. 즉 〈그림 7-5〉프로농구 포지셔닝(가상)의 구체적인 전략 또한 여기에 초점이 맞추어져야 한다는 것이다. STP와 4P+3P가 따로 움직여서는 안 된다(〈그림 11-1〉참조).

연습 · 토의문제

- 〈그림 7-5〉에서 '프로농구 포지셔닝(가상)'을 토대로 간단한 4P+3P 전략을 수립해 보도록 합시다.

제 3 부

에이전트의 업무(2): 고객이 미디어인 경우 마케팅 전략

제 2 부에서는 고객인 팬인 경우 스포츠 마케팅 전략에 대해 논의했다. 제 3 부에서는 고객이 미디어인 경우 스포츠 마케팅 전략에 대해 설명한다.

제12장에서는 스포츠가 근대산업화된 데에는 미디어가 자리잡고 있다는 것을 이야기한다. 제13장에서는 스포츠 시장에서 미디어의 성격을 규명한 다음 제14장에서 미디어를 상대로 한 마케팅 전략에 대해서 논의한다.

제12장

미디어: 스포츠 근대 산업화의 주역

제 1 부에서 스포츠 산업에 대해 이야기했다. 그리고 스포츠 산업은 오락성에 바탕을 둔다고도 했다. 그렇다면 이러한 스포츠 산업(관람 스포츠 산업)은 근대화된 것일까?

1. 근대 산업화란?

「근대 산업화」란 무엇인가?

"… 어떤 형태의 사회에 있어서나 그 사회가 존속하기 위해서는 소비가 끊임없이 계속되어야 하고 이에 따라 생산 또한 반복 계속되지 않으면 안 된다. 이러한 생산과 소비의 반복적인 계속을 단순 재생산이라고 한다. 그러나 일반적으로 소비는 해를 거듭할수록 확대되며 이에 따라 생산도 확대된다. 이처럼 생산과 소비과정 매년 확대되어 가는 것을 확대재생산이라고 … 그런데 생산과정이 매년 확대되기 위해서는 새로운 자본, 즉 자본의 축적이 필요하다. 확대재생산은 잉여가치의 일부가 축적으로 돌려져 추가 자본으로 바뀜으로써 이루어지는 것으로서 … 산업근대화는 이러한 자본의 축적과 확대재생산을 목적으로 …"

좀 어려운 것 같다. 간단하게 이야기해 보자. 확대재생산은 물건을 만들어 판 이후 남은 이익 가운데 일부를 다시 자본으로 투자하여 물건을 더욱 많이 만들어서 늘어나는 소비에 대처하는 것이다. 속된 말로 표현하면 상품과 자금이 계속해서 돌고 도는 것이다. 전문적인 용어로 표현하면, 근대산업화란 "재화(서비스 포함)와 자금의 안정적인 유통·순환 시스템의 성립"이라고 할 수 있다.

2. 미디어에 의한 근대 산업화

그렇다면 스포츠 산업에서 "재화(서비스 포함)와 자금의 안정적인 유통·순환 시스템의 성립"은 어떻게 달성되는가?

앞에서도 언급한 바와 같이 「근대 산업화」에는 소비 확대가 우선적으로 필요하다. 그러면 어떠한 과정을 거쳐서 스포츠에 대한 소비가 확대되는 것일까?

1973년 미국의 사회학자 다니엘 벨(Daniel Bell)은 그의 저서 「탈공업화 시대의 도래」를 통해, 생산중심의 사회에서 서비스 중심의 사회로 변해 가고 있다는 논리를 전개한 바 있다. 이 무렵 선진국에서는, 생활 만족도에 대한 척도가 물질의 풍요로움에서 마음의 풍요로움으로 바뀌고 있는 상태였다. 현대사회에서 소비행위는 단순히 상품이 가지는 사용가치 때문에 이루어지는 것이 아니라 상품에 부여된 의미나 가치로 인해 이루어지기 때문이다. 소비는 결핍을 충족시키는 것이 아니라 하나의 사회적 위계나 차이를 드러내는 행위가 되기도 한다는 것이다.

한편 사람들의 소비욕구가 변화함에 따라 광고가 소비욕구를 자극하는 중요수단으로 자리를 잡게 되었다. 광고가 상품의 가치 형성에 전례 없이 중요한 역할을 수행하게 된 것이다. 이에 따라 상품의 성능 그 자체보다는 그 상품을 구입함으로써 얻을 수 있는 만족감이라는 심리적 요인을 자극하는 이미지 광고가 늘어나게 되었다. 다른 말로 표현하면 광고가 상품의 가치를 나타내는 수단이 되었다는 것이다.

1970년대(한국은 1980년대)는 미디어가 급격히 확대된 시기이기도 하다. 이러한 미디어는 사람들의 변화된 소비욕망을 자극하고 또한 사람들의 호

기심을 만족시키기 위해 발전을 거듭하였다. 특히 컬러 TV의 보급확대는 사람들의 소비욕구를 자극하는 광고매체로서의 중요한 자리를 차지했을 뿐만 아니라 대중이 선호하는 프로그램의 거대한 수요도 창출하게 되었다. 즉 TV는 드라마, 음악 혹은 스포츠 등의 방송 프로그램을 필요로 했다. 사람들의 소비욕구는 '상품이 가지는 사용가치' → '상품에 부여된 가치' → '스펙타클(볼거리) 가치'의 과정을 거치면서 발전하게 된 것이다.

그런데 스펙타클로서의 가치를 따지면 스포츠를 따라갈 수 있는 프로그램은 없다고 해도 과언이 아니다. 우선 방송국의 입장에서 보면, 한편의 드라마 혹은 쇼 프로그램을 제작하기 위해서는 엄청난 에너지와 많은 비용을 필요로 한다. 이에 따라 방송 프로그램을 제작하는 회사도 그다지 많지 않다. 그러나 시간대를 떼우기 위해서는 많은 콘텐츠가 필요하다. 다시 말하자면 수요는 많은데 공급은 모자라 언제나 초과수요가 존재한다는 것이다.

이에 비해 스포츠라는 콘텐츠는 방송국이 직접 제작하는 것이 아니다. 연출할 필요도 없고, 대본을 쓸 필요도 없고, 수개월 혹은 수년이나 소요되는 제작기간도 필요치 않으며, 출연할 탤런트 또는 가수를 섭외할 필요도 없다. 그저 경기장에 중계차만 가면 콘텐츠가 만들어진다. 콘텐츠를 제작하는 데 소요되는 시간, 에너지 그리고 비용이 다른 스펙터클(볼거리)에 비해 적게 든다는 것이다.

스포츠가 다른 볼거리에 비해 방송국에게 유리한 콘텐츠라고 해서 일반 사람들에게는 별로 유리하지 않는 것일까? 말하자면 스포츠가 음악이나 드라마 등 다른 스펙터클과는 달리 일반 소비자에게 줄 수 있는 소비가치는 무엇인가에 대한 대답이 있어야 한다.

즐거움을 주는 오락이라는 측면에서 스포츠가 음악이나 드라마 혹은 쇼 프로그램과 별로 다를 바가 없다. 그러나 스포츠는 움직임이 많아 다이나믹하며, 세대를 불문하고 이해하기 쉬운 장점을 가지고 있다. 예를 들어, 한국과 일본간 축구경기가 열린다고 하자. 그 결과에 대해서는 누구도 예측하기 힘들다. 그러나 경기가 끝나면 너도 나도 전문가가 되어 "어느 선수가 수훈선수니, 감독 작전이 어떠했느니, 선수교체에 문제가 있었다"

느니 하면서 경기 결과에 대하여 해석하고 분석한다. 한·일전 축구경기와 같은 빅 이벤트는 그 결과에 대해 가정에서 혹은 직장에서 며칠을 두고 사람들의 입에 오르내린다.

음악이나 쇼 프로그램 이후에도 이러한 현상이 나타날까? 축구경기가 끝난 후 '박지성'의 헤딩슛에 대해서는 할아버지나 손자 모두가 칭찬을 아끼지 않은 경우는 많아도 보아가 노래를 잘 부른다고 할아버지와 손자간 의견이 일치되는 경우는 많지 않다. 말하자면 스포츠는 역동적이며 누구나 이해하기 쉬운 장점을 가지고 있다. 즉 스포츠는 다른 스펙터클에 비해 유리한 소비가치를 제공하기 때문에 미디어화에 적합한 최상의 스펙터클 콘텐츠라는 것이다.

또한 스포츠는 음악이나 드라마처럼 엔터테인먼트이면서도 공공성을 가지고 있기 때문에 뉴스로서도 보도되는 특권적 지위를 가진다. 「스포츠 뉴스」라는 별도의 방송 프로그램이 이를 증명하고 있다.

스포츠의 이러한 특성 때문에 미디어 매체는 스포츠를 콘텐츠로 필요로 하며 여기에는 자금 흐름이 따라다닌다. 즉 방송국이 돈을 주고 스포츠를 산다는 것이다. 방송국이 스포츠를 돈을 주고 산다는 것은 스포츠 상품 생산자 입장에서 보면 안정적인 자금의 확보가 가능하다는 의미이다. 자금의 안정적인 확보 그리고 미디어에 의한 지속적인 노출 이것이 바로 앞에서 언급한 자금과 상품이 돌고 돈다는 근대 산업화이다.

재화의 안정적인 유통·순환은 스포츠의 미디어에 의한 광범위한 「노출」을 의미하며, 자금의 안정적인 유통·순환은 미디어에 의한 「수익」확보를 의미한다. 즉 스포츠 산업의 근대화는 미디어와의 밀월관계에서 탄생한 것이다. 현대 스포츠는 미디어를 매개로 미디어 스펙터클(볼거리)로서 우리들의 소비대상이 된다.

연습 · 토의문제

• 올림픽에서 중요한 것은 커다란 경기장이 아니다. 중요한 것은 경기장에 몇 대의 TV 카메라를 설치할 수 있는가에 있다." 이는 피터 위버로스(Peter V. Ueberroth) LA 올림픽 조직위원장이 남긴 유명한 말입니다. 이러한 발언이 스포츠 산업에서 무엇을 의미하는 것인지 토의해 보도록 합시다.

제 13 장

스포츠 시장에서 미디어의 성격

스포츠 시장에서 TV 방송국을 비롯한 미디어의 성격은 단순하지 않다. 결론부터 언급하면 고객이 되기도 하고 유통 경로 역할을 하기도 한다.

1. 고객 역할

TV 방송국(각종 미디어를 포함한 개념이다. 아래에서는 특별한 경우가 아니면 TV 방송국으로 통칭하기로 한다)이 스포츠 시장에서 고객이라면 TV 방송국이 필요로 하는 스포츠 상품이 있어야 한다. 여기서 이야기하는 스포츠 상품이란 엄밀히 말해서 방송 중계권을 의미한다. 저작권법 제18조에 의하면, "스포츠 단체[1]는 '특정 스포츠'라는 저작물을 창작한 단체 명의의 저작권자로서 저작권자는 그 저작물을 방송할 권리를 가진다"라고 규정하고 있다. 따라서 TV 방송국이 중계료를 지불하는 것은 경기인 측으로부터 TV 중계권이라는 상품을 구입하기 위한 것이다.

스포츠 시장에서 TV 방송국은 어떠한 과정을 거쳐 고객이 되는지를 알아보자. 경제사회에서는 재화와 용역(서비스)이 끊임없이 생산되고 있다. 이러한 생산물은 수요라는 이름으로 처분된다. 수요는 용도에 따라 중간수요와 최종수요로 구분된다. 생산물이 각 산업부문에서 생산활동의 중간재로

1) 경기인측, 즉 스포츠 상품 생산업자를 의미한다.

사용될 때 이를 중간수요라 하며, 이와는 달리 가정에서 소비재로, 기업에서 자본재로 사용하거나 외국으로 수출되면 이를 최종수요라고 한다.

예를 들어 밀가루가 가정에 판매되어 수제비로 만들어진다면 밀가루에 대한 수요는 최종수요가 된다. 반면 제빵공장에 빵의 원료로 판매되었을 때에는 중간수요가 된다. 이 때 가정이라는 소비자는 최종수요자가 되며, 제빵공장은 중간 수요자가 된다. 한편 제빵공장은 빵을 만들어 팔게 되므로 부가가치가 높아진 상품의 생산자(가공업자)이기도 하다.

TV 방송국이 스포츠 상품을 필요로 하는 이유는 다양하지만 스포츠가 돈벌이 수단으로서의 가치를 가지고 있다는 데 주요 요인이 있다. 특히 최근 방송 매체간 경쟁이 치열해짐에 따라 스포츠 상품에 대한 수요는 더욱 늘어나는 추세이다. 전통적 TV뿐만 아니라 새로운 매체로서 위성과 케이블 TV, 디지털 TV, 쌍방향 TV, 광 케이블에 의한 인터넷 그리고 Mobile Data Network를 이용하는 무선 이동통신 등 스포츠를 필요로 하는 매체가 다양해졌으며, 새로운 매체의 등장은 결국 이들 매체간 경쟁을 불러오게 했다. 이러한 방송 매체의 입장에서는 자기채널을 시청하는 다수의 안정적인 시청자 수를 확보해야 한다. 이렇게 해야만 자기가 가공한 콘텐츠를 여타 매

해설 13-1 중계권에 대한 추가적 해석

FIFA는 월드컵 중계권 계약과 관련하여 다음과 같이 언급하고 있다. '국제축구연맹(FIFA)은 축구와 관련된 스포츠 이벤트를 관장하는 기구로서 월드컵을 포함한 각종 축구 경기를 재가하고 개최할 권리를 보유하며, 이러한 경기에 관한 모든 방송중계권을 인가할 권리를 보유한다'(2002 & 2006 FIFA TV Broadcasting Agreement)

즉 스포츠와 이를 중계할 수 있는 권리가 해당 스포츠를 주최하는 스포츠 단체에 있음을 명확히 하고 있다. 이러한 논리는 축구뿐만 아니라 다른 모든 스포츠에도 적용된다. 이에 근거하여 중계권료의 지급, 즉 권리를 갖지 못한 자(방송사)가 권리 소유자(스포츠 단체)에게 권리 사용의 대가(중계권료)를 지불하는 법률적 근거가 마련된다고 볼 수 있다.

신영락(2003), p. 136.

체에게 판매하거나 기업으로부터 보다 많은 광고 수입을 거두어들일 수 있기 때문이다.

즉 TV 방송국이 스포츠를 필요로 하는 것은, 제빵공장이 보다 많은 빵(부가가치가 높은 상품)을 팔기 위해서는 보다 많은 밀가루가 필요한 것과 같은 이치이다. 보다 많은 밀가루가 필요하다는 것 이것이 바로 TV 방송국이 스포츠를 필요로 하는 고객이라는 것이다.

올림픽이나 월드컵 축구대회 등 초대형 스포츠 이벤트의 TV 중계료가 점차 높아지는 것은 TV 방송국이 스포츠 시장에서 고객으로서의 위치가 점차 높아지는 것을 반영한다. 초대형 스포츠 이벤트가 아니더라도 국내 프로 스포츠에서도 이러한 현상을 볼 수 있다.

2. 유통 경로 역할

TV 방송국이 스포츠 상품의 유통경로가 된다는 것은 쉽게 이해할 수 있다. 경기장에서 생산되는 상품이 TV라는 유통 경로를 거쳐 안방에 전달되기 때문이다. 따라서 안방에 있는 팬들은 경기장에 가지 않고서도 경기를 관전(상품 구매)할 수 있다. 또한 TV 방송국은 경기장과 멀리 떨어져 있거나 경기장을 찾을 수 없는 지역의 팬들에게까지 경기라는 상품을 전달한다. TV 방송국은 스포츠 상품에 대한 잠재 시장에까지 접근할 수 있는 중요한 도구가 된다.[2] 즉 스포츠 상품의 최종 소비자는 팬이며 TV 방송국은 이들 최종 수요자에게 스포츠 상품을 전달하는 유통경로 역할을 한다는 것이다.

한편 TV 방송국은 방송 중계권을 재판매하는 경우도 있다. 대표적인 경우가 1998년부터 2000년까지 미국 MLB 중계권을 확보한 바 있는 I 방송국이다. I 방송국은 전국 지역 방송국에 MLB 중계권을 되팔았다. 이때 I 방송국은 유통 경로 역할도 담당했다.

TV 방송국과 유사하게 유통 경로의 성격을 띠고 있는 것은 앞에서 언

2) 이러한 경우에는 TV 방송국이 스포츠의 프로모션 역할을 한다.

급한 각종 TV 이외에 스포츠 신문이나 스포츠 잡지, 라디오, 전화, 인터넷, 비디오 테이프 및 CD-ROM 등 다양하다(〈그림 13-1〉 참조).

그림 13-1 미디어 유통 경로의 종류

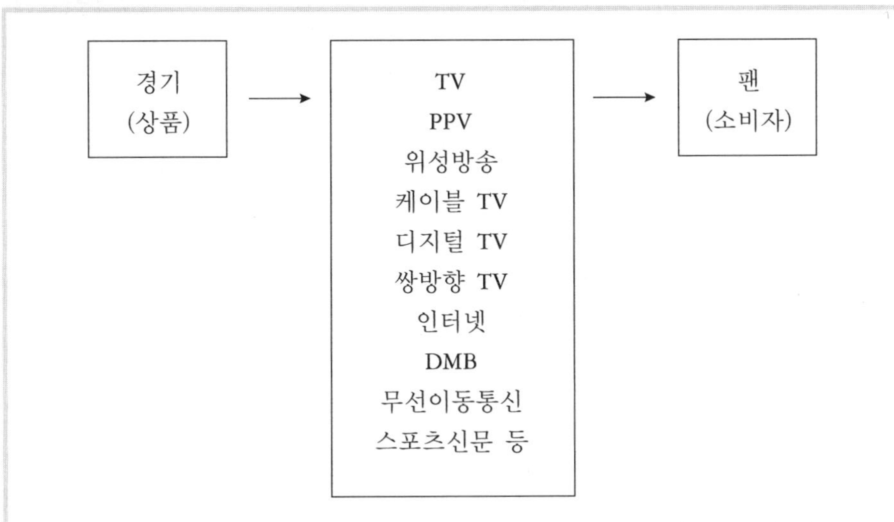

연습 · 토의문제

- 스포츠 시장에서 TV 방송국은 어떠한 역할을 하는지에 대해 구체적인 예를 들면서 토의해 봅시다. 특히 고객으로서 뿐만 아니라 유통 경로로서도 중요한 위치를 차지하고 있다는 데 유의하면서 의견을 제시하도록 합시다.

제14장

마케팅 전략

제13장에서 TV 방송국을 비롯한 미디어는 고객으로서 그리고 유통 경로로서의 역할을 한다고 했다. 그렇다면 미디어에 대한 마케팅 전략 역시 두 가지 측면에서 접근이 가능하다(〈그림 14-1〉 참조).

그림 14-1 TV 방송국(미디어)의 성격 구분과 마케팅 전략

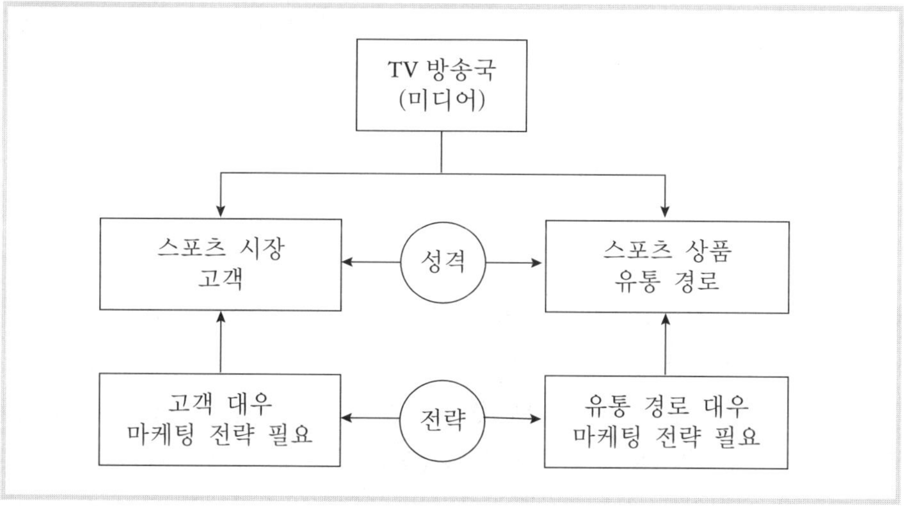

1. 주요 미디어 종류와 특성[1)]

(1) 라디오 방송

라디오는 TV의 출현 이전 스포츠 현장의 상황을 음성으로 전달한 미디어 중계의 효시이다. 그렇다고 해서 라디오가 첨단 미디어 중계 시대에서 경쟁력과 그 설자리를 완전히 상실한 것은 아니다. 라디오는 산업화되고 바쁜 일상을 살아가는 현대인들에게 공간적 제약을 받지 않는 전통적 오디오 매체의 특성을 바탕으로 점차 더 그 본래의 가치와 중요성을 찾아가고 있는 추세이다. 예를 들어 팬들이 스포츠 경기가 벌어지는 시간대에 자동차로 이동하고 있는 중이라면 중계방송사에 주파수를 고정하여 청취하게 된다. 경기 주최자와 라디오 방송사는 출·퇴근 시간대에 전날 경기의 결과 및 향후 경기일정 등 다양한 정보를 팬들에게 제공하여 해당 스포츠에 대한 관심을 유도할 수 있다. 라디오는 인체의 감각 중 비교적 집중도가 뛰어난 청각에 의존하는바, 최근 주요 스포츠 경기 단체는 라디오를 중요한 스포츠 이벤트 프로모션 수단(Tool)으로 인식하고 있다.

(2) 지역 TV

각종 프로스포츠가 지역 연고제를 바탕으로 마케팅을 하고 있는 점을 감안하면 프로 구단과 지역 TV 방송사는 비즈니스 동반자에 해당한다. 각 지역 TV는 특별한 사정이 없는 한 해당 지역을 연고로 하는 메이저 스포츠팀의 경기를 중계한다. 이 때 TV 광고를 원하는 기업은 해당 경기 가시청권 내의 지역 주민을 마케팅 대상(Target)으로 삼는다.

그런데 재미있는 현상은, 국내의 경우 지역 방송이 연고팀의 홈 경기를 대부분 중계하는 데 반해 외국의 경우 연고팀의 어웨이 경기를 중계하

---

1) 신영락(2003), pp. 138~141을 요약 작성한 것이다.

고 홈 경기는 중계하지 않도록 계약을 체결하고 있다는 점이다. 이는 홈 경기 중계(TV 시청)로 인해 경기장 입장 관중이 감소하는 것을 방지하기 위한 것이다.

(3) 케이블 TV

각 전문 영역별로 특화된 케이블 TV는 국내에서도 상당한 시청자를 확보하고 있다. 골프채널, 축구 채널, 스포츠 TV 등이 대표적이다. 이처럼 상당한 시청자를 확보하고 있는 것은 스포츠가 케이블 TV의 특성에 잘 부합하고 있기 때문이다. 케이블 TV는 단순히 시청자 수만을 고려할 때 절대적인 우위를 보이는 지상파(예, KBS, MBC, SBS 등)와는 비교가 되지 않지만 연령대별, 성별, 지역별로 특화되고 차별화된 시청자를 확보할 수 있는 장점을 가지고 있다.

케이블 TV는 중앙 지상파 방송의 대량광고(Mass Communication)에 의한 비효율성을 극복할 대안으로도 떠오르고 있다. 비교적 적은 광고비용으로 표적 시장(Targeted Market)을 공략할 수 있는 뛰어난 광고효과를 거둘 수 있기 때문이다. 케이블 TV를 통한 중계 및 이를 통한 광고는 향후에도 효력을 발휘할 것으로 예상되는바, 골프, 축구뿐만 아니라 에어로빅, 육상, 수영 등 각 스포츠 종목별로 차별화되고 구체화된 광고의 수요가 점차 많아질 것으로 보인다.

(4) 전국네트워크 TV-지상파 방송(Nation-Wide Network TV)

지상파 방송은 그 시청자 수가 다른 방송매체와는 비교될 수 없을 정도로 많은 바 폭발적인 영향력을 가지고 있다. 따라서 지상파 방송은 올림픽이나 월드컵 등과 같은 대형 스포츠 이벤트 및 주요 인기스포츠의 독점적 중계를 원한다. 그리고 IOC, FIFA, NBA, NFL 등 대형 스포츠 단체는 대회의 폭넓은 홍보와 성공을 위해 그들의 경기가 각국의 지상파를 통해 중계되기를 원한다. 그러나 지상파 TV는 다(多) 미디어 다(多) 채널 시대를 맞이하여 컨텐츠 확보를 위한 치열한 도전에 직면해 있는 것도 사실이다.

(5) 유료채널 TV(Pay-per-View: PPV)

TV 시청자들이 안방에서 무료로 스포츠의 감동을 맛볼 수 있는 것은 중계방송 도중에 삽입되는 광고를 시청하는 대가이다. PPV는 당초 주로 권투경기 중계를 목적으로 유료채널 TV 형태로 고안되었다. 프로복싱 경기에는 많은 경비가 소요되는바(왜냐하면 파이터 머니가 포함되어 있기 때문), 중계권료 및 입장수입 등만으로는 필요경비를 조달하는 데 어려움이 있었기 때문이다.

유료 TV 중계방송에서 시청자는 광고를 시청하지 않는 대신 스포츠 경기 중계(상품)를 시청(소비)하기 위해서는 방송사에 직접 대가를 지불해야 한다. 이에 따라 논리적으로는 중계 방송 도중에 상업적 광고가 끼어들 여지가 없다.

(6) 위성 TV

최근에는 조그마한 위성방송 수신 장치만으로도 세계 도처에서 벌어지는 스포츠 이벤트를 고화질의 화면과 CD 수준의 음질로 현장감을 즐기며 시청할 수 있다. 위성 통신 기술의 발달은 스포츠 이벤트 주최자들에게 '새로운 마케팅 패러다임'을 요구한다는 측면에서 의미가 있다. 기존 방송이 국경(國境)이라는 제한된 영역에서 이루어지는 반면 위성방송은 국경을 초월(越境)하는바, 스포츠 상품 생산자에게 새로운 기회와 과제를 동시에 제시하고 있다. 국내 스포츠 이벤트만으로도 전세계적으로 확장된 광고시장을 개척할 수 있는 것이 기회라면 기존 방송 중계권 계약이 국경내로 한정하는 것이 관행인데 국경을 초월하는 위성방송의 등장으로 이를 어떻게 통제할 것인가가 과제이다.

(7) Internet 등 New Media

인터넷을 필두로 한 새로운 미디어 발달은 향후 스포츠 중계의 지평을 넓혀 줄 것이다. 그러나 새로운 미디어의 출현이 반드시 스포츠 이벤트 주최자에게 유리하게만 작용하는 것은 아니다. FIFA는 수많은 인터넷 방송의 열화 같은 요구에도 불구하고 인터넷 중계에 제한을 하고 있다. 인터넷에 대해서는 공간적, 시간적 통제가 곤란하기 때문이다. 만약 인터넷 방송이 허용되면 각 나라별로 차등화된 중계권료가 사라질 뿐만 아니라 중계권 거래에서 가장 중요하게 취급되는 독점성이 훼손될 수 있기 때문이다. 이 것은 스포츠 상품 생산자 입장에서 현재 방송사로부터 받고 있는 중계권료를 잠식시키는 요인으로 작용하는 바, 중계 권한 없는 제3의 뉴 미디어로부터 중계권리 보호라는 새로운 숙제를 안게 되는 것을 뜻한다.

2. 고객 대우 마케팅 전략[2)]

마케팅이란 고객의 가려운 곳을 긁어 주고 이렇게 함으로써 결국은 상품 판매자도 만족을 하게 되는 것이라고 했다. 그리고 TV 방송국도 스포츠 상품의 주요 고객이라는 것도 설명했다. 그렇다면 TV 방송국을 상대로 하는 마케팅 전략도 필요하다.

즉 TV 방송국이 가려워할 만한 부분이 어디에 있는지 그리고 이를 어떻게 긁어줄 것인지를 연구·검토해야 한다는 것이다. 여기서는 몇 가지 중요한 부분만 언급하기로 한다.

2) 제1절에서 각종 다양한 미디어에 대해 살펴보았다. 그리고 각 미디어별로 차별화된 특성이 존재한다는 것도 알았다. 미디어별로 차별화된 특성이 존재한다는 것은 각 미디어별 마케팅 전략도 다르다는 것을 의미한다. 그러나 본 절 및 다음의 제3절에서는 미디어 가운데 대표성을 지닌 TV 방송국을 대상으로 논의를 전개하기로 한다.

(1) 경기 시간 변경

거듭 반복되는 이야기이지만 TV 방송국이 스포츠 상품을 구입하는 가장 큰 이유는 돈벌이에 있다. 돈벌이는 스포츠를 TV를 통해 내보낼 때 광고를 원하는 기업으로부터 광고료를 받는 형태로 이루어진다. 비싼 광고료를 받으려면 사람들이 TV를 많이 보는 시간 소위 황금시간대에 재미있는 경기를 중계하면 된다. 그런데 모든 경기를 황금시간대에 중계방송할 수는 없다.

TV 방송국은 경기가 재미있을 것 같지는 않으나 중계방송할 필요가 있다고 판단되면 황금시간대가 아닌 다른 시간대에 중계하기를 원한다. 이때 스포츠 단체는 TV 방송국과 접촉하여 방송중계를 제안할 때 경기력에 크게 영향을 받지 않는다면 경기 시간에 융통성이 있다는 것을 제시하여야 한다.

1988년 서울올림픽 기간 동안 서머타임이 실시된 것은 다 알고 있는 사실이다. 이는 시청자수가 가장 많은 미국사람들로 하여금 보다 편리한 시간대에 경기를 볼 수 있도록 하기 위함이었다. 1994년 미국에서 개최된 월드컵 축구 대회 때에는 40℃가 되는 날씨에도 불구하고 대낮에 경기가 진행되었다. 이는 축구 팬들이 가장 많은 유럽인들이 편안하게 시청할 수 있도록 조치한 것이다. FIFA가 월드컵 대륙간 순환 개최의 폐지를 검토하고 있는 것도 유럽 축구 팬들이 보다 편안하게 중계방송을 즐길 수 있도록 하기 위해서이다.

결론적으로 말해 스포츠 단체가 TV 방송국의 요구에 따라 경기 시간대를 변경하는 것은 기본적인 마케팅 전략으로 인식되고 있다. 더욱 중요한 것은 경기가 황금시간대에 중계되도록 하기 위해서는 팬들을 대상으로 하는 마케팅을 적극적으로 전개하여 경기장을 찾는 팬들을 더욱 확대하는 길이다.

(2) 경기 룰 변경

TV가 스포츠 중계방송을 통해 보다 많은 광고를 유치하기 위해서는 경기 도중 많은 광고가 나가도록 해야 한다. 많은 광고를 내기 위해서는 경기가 자주 끊어지도록 해야 하고 경기가 자주 끊어지기 위해서는 경기 룰이 변경되어야 한다.

그런데 경기 룰이 변경되면 경기 자체의 재미가 반감될 수 있다. 경기 자체의 재미가 반감되면 TV 중계가 이루어지지 않는다. 따라서 스포츠 단체 등 스포츠 상품 공급자들은 경기 자체의 재미가 그대로 유지된 채 TV 방송에 적합하도록 경기 룰을 변경하는 자세가 필요하다.

실제 TV 방송을 위해 경기 룰이 변경된 사례는 많다. 대표적인 경기가 농구이다. 종래 아마추어 경기는 전후반전 경기로 진행되었지만 이제는 4쿼터로 진행된다. 광고시간을 많이 할애하기 위한 것임을 쉽게 알 수 있다. 그리고 위성방송 중계를 보면 미국 NBA의 작전타임 시간이 국내 리그보다 훨씬 길다는 것을 느낄 수 있다.[3] 이것 또한 TV로 하여금 보다 많은 광고수입을 얻을 수 있도록 하기 위한 것이다.

세계적으로 가장 인기가 높은 스포츠는 단연 축구이다. 그런데 정작 스포츠 왕국이라고 일컬어지는 미국에서는 그다지 인기가 높지 않다. TV 방송국이 중계방송을 꺼리기 때문이다. TV 방송국이 기업을 상대로 광고타임을 팔 수 있는 시간대가 경기 전후 및 하프타임에 불과하기 때문이다. 그래서 미국은 축구에서 작전타임 도입, 2점 슛 라인 설치 등 다양한 룰 개정을 시도한 적이 있다. 그러나 축구에 대한 헤게모니를 유럽이 쥐고 있기 때문에 미국의 이러한 노력은 쉽게 성과를 거두지 못했다.

경기력을 향상시키면서 경기 룰을 바꾸는 경우도 있다. 풋살, 즉 실내축구가 대표적이다. 풋살은 좁은 공간에서 세밀한 패스를 필요로 하는 경기이다. 풋살에서의 많은 경험은 실제 경기에도 도움을 줄 수 있다. 또한 풋살은 박진감이 넘치기 때문에 TV 중계에도 적합하다.

결론적으로 스포츠 단체 측은 TV를 통해 보다 많은 경기가 중계될 수 있도록 룰의 변화에 대해서도 지속적인 관심을 가지는 것이 좋다. TV 중계에 적합한 룰 개정은 궁극적으로 그 스포츠에 대한 팬들의 인지도를 증가

3) 사실은 미국 NBA에는 작전시간도 다양하게 존재하는바, 팀이 긴 작전시간을 요구할 수 있다.

시키며 나아가서는 팬 증가라는 파급효과를 가져올 수 있기 때문이다.

(3) 경기 용품 및 경기복의 변화

TV 방송국을 상대로 하는 마케팅 전략 가운데 빼 놓을 수 없는 것이 바로 '경기 용품 및 경기복의 변화'이다. 앞에서 설명한 '경기 시간 변경' 및 '경기 룰의 변경'이 TV 방송국으로 하여금 보다 많은 광고 수입을 거두어들이도록 도와주는 것이라면 '경기 용품 및 경기복의 변화' 전략은 시청

사례 14-1 경기복 변화

"유니폼 덜 섹시하다"고 벌금?
국제배구연맹 새 규정 어긴 5개국에 3천달러 징계

"섹시하지 않다고 벌금을 내라니…."

일반적인 상식으로 납득이 가지 않는 얘기다. 그러나 실제 상황이다.

지난 3일 일본에서 개막된 98 세계여자배구선수권대회에 참가중인 16개국 중에 5개국이 3천달러의 벌금을 부과받았다. 이유는 단 하나 국제배구연맹(FIVB)의 새 유니폼 규정에 따르지 않았기 때문. 브라질, 러시아, 불가리아, 이탈리아, 크로아티아 5개국이 그 주인공이다.

FIVB는 최근 침체돼 가는 여자배구의 활성화를 위해 이번 대회부터 여성미가 잘 드러나는 새 유니폼 착용을 권장해 왔다. 새 유니폼은 수영복스타일의 원피스형과 종전처럼 투피스형 두가지인데 모두 히프의 곡선미를 잘 살리도록 짧은 삼각형의 팬츠. 이들 5개국은 "너무 야하다"며 선수들이 입기를 꺼려 결국 벌금형을 맞았다. FIVB는 예선리그에서 유니폼 패션심사를 했는데 한국은 쿠바 일본 페루 태국과 함께 우수상을 수상했다.

"노골적인 여성의 성 상품화가 아니냐"는 각국 선수들의 비난에 대해 FIVB는 "반드시 수영복차림의 원피스형을 입으라는 것은 아니다. 두 가지 스타일중 택해 입으면 될텐데 5개팀은 아예 새 규정을 무시했다"며 징계의 배경을 설명했다. 여자배구의 새 유니폼이 국제스포츠계의 핫 이슈로 등장했다.

〈스포츠서울, 1998. 11. 9〉

자를 자극시키는 전략, 즉 TV 방송국으로 하여금 시청률을 높이도록 지원하는 전략이다.

실제로 이러한 예는 많다. 우선 테니스의 경우를 보자. 선수들이 경기를 하건 동호인들이 경기를 하건 볼은 모두 노란색이다. 그러나 이러한 볼은 70년대만 하더라도 모두 흰색이었다. 흰색은 눈에 잘 띄지 않을 뿐만 아니라 경기 판정에도 애로점을 노출했다. 특히 흰색 볼은 중계시 TV 화면에 잘 잡히지 않는 문제점이 있었다. 1984년 윔블던 테니스 대회에서 공인구의 색깔이 주황색으로 바뀌면서 모든 대회의 테니스볼은 노란색으로 바뀌었다.

탁구공도 예전에는 흰색이었으나 보다 나은 TV중계를 위해 주황색으로 바뀌었다. 유도복도 종전에는 흰색 일색이었으나 1997년부터 칼라 유도복이 도입되었다. TV 중계를 위한 조치였다.

1998년 프랑스 월드컵 축구대회 때부터 TV를 통해 경기를 본 사람들은 선수들의 숨소리가 들리는 듯한 느낌을 받았다고 한다. 그런데 느낌이 아니라 실제 들렸다. 이 대회에서 사용된 공은 튜브 안 공 한가운데 에 7g짜리 초정밀 마이크 진동판을 매달도록 고안되었다. 경기장 주변에 설치된 리시버가 공 속의 마이크 전파를 디지털 신호로 바꾼 뒤 이를 스피커와 TV 등에 전달하도록 되어 있었다. 이에 따라 관중들이나 TV시청자들이 선수들의 숨소리와 공차는 소리를 실감나게 들을 수 있었던 것이다. 축구 전문가들은 마이크가 7g에 불과한 데다가 공의 무게 중심에 매달려 있어 경기에는 별다른 영향을 미치지 않는 것으로 판단하고 있다(최한수 · 최영환, 1999, p. 81).

경기복장의 변화에서도 예를 찾아볼 수 있다. 지금은 고인이 되었지만 1988년 서울 올림픽에서 미국의 그리피스 조이너는 여자 100m, 200m에서 금메달을 획득했다. 그런데 그녀는 종전에는 볼 수 없었던 특이한 경기 복을 입고 출장했다. 소위 배꼽티라는 것이다. 최근에는 여자 필드 육상선수들 대부분이 이러한 배꼽티를 입고 출전한다. 배꼽티 경기복이 경기력을 증가시키는 데에 도움이 되었지만 TV 방송국 측에게도 크게 어필했음을 부인할 수 없다.

국내 여자 농구경기에서도 선수들이 투피스 경기복을 입지 않고 몸에 착 달라붙는 원피스 경기복을 입고 출장한 적이 있었다.[4] 이는 선수들의 각선미를 드러나게 함으로써 팬들에게 경기 외적인 즐거움을 주기 위함이다. 뿐만 아니라 안방에서 TV를 통해 보는 팬들도 마찬가지의 느낌을 가질 것이다.

세계배구선수권대회에서는 1998년부터 선수들의 원피스 착용을 의무화하여 이를 지키지 않는 나라에 대해서는 벌금을 부과하고 있다. 여자선수들을 성적 노리개로 삼으려 한다는 일부 국가의 반대에도 불구하고 FIVA(세계배구연맹)는 이를 강행하고 있다. 뿐만 아니라 한 걸음 더 나아가 비치발리볼 대회 때는 비키니의 규격까지 정해두고 있다. 이러한 변화는 경기장의 팬들뿐만 아니라 TV를 통해 경기를 관전하는 팬들도 높은 관심을 가지게 하는 수단으로 작용한다. 경기장에서 팬들의 시각을 충족시켜 주는 것은 안방에서도 팬들의 시각을 충족시켜 주기 때문이다.

중요한 것은 TV 방송국을 상대로 스포츠 마케팅을 할 때 경기 용품이나 경기복의 변화가 TV 방송국으로 하여금 보다 많은 관심을 가지게 하는 요인이라는 것을 명심하는 것이다. 따라서 TV 방송국을 상대하는 마케팅 담당자는 용품이나 경기 복장 변경에 적극적인 자세를 가져야 한다. 다만 경기 용품이나 경기복의 변화가 경기 그 자체의 재미를 반감시키는 것이어서는 안 된다.

3. 유통 경로 대우 마케팅 전략

제 8 장 제 4 절에서 유통 경로를 관리하는 주체는 유통 경로 주도자라고 했다. 즉 마케팅 유통 경로 관리 전략을 수립하고 실행하는 주체가 해당 상품 유통 경로 주도자이어야 한다는 것이다. 따라서 본 절에서 언급하는 TV방송국(미디어)을 유통 경로로 보고 마케팅 전략을 수립하고 할 때에는 우선 자기(해당 스포츠 단체)가 유통 경로 주도자인지 여부를 파악해야 한다. 자기가 유통 경로 주도자인 것으로 판단되면 유통 경로 선택 및 유통 경로 관리 단계로 진입한다(〈그림 14-2〉 참조).

4) 2001년부터 이 제도는 폐지되었다.

그림 14-2 미디어 유통 경로 관리 전략 절차

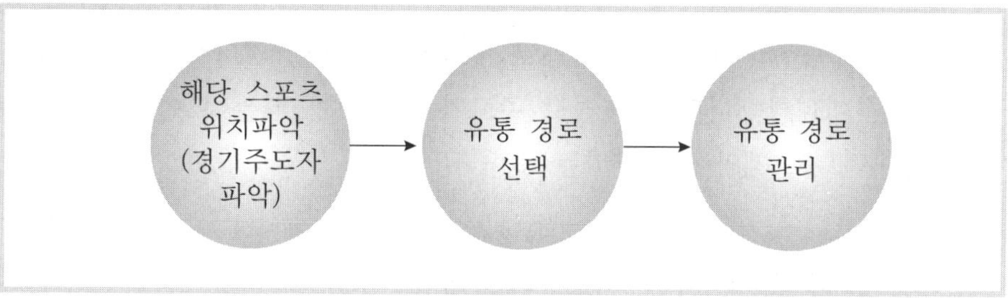

(1) 해당 스포츠 위치 파악: 경로 주도자 파악

해당 스포츠의 위치 파악(유통경로 주도자 파악)이란 해당 스포츠가 인기 스포츠(Hot Property)인지 아닌지를 판단하는 것이다. 해당 스포츠의 콘텐츠 가치(Contents Value)가 어느 정도인지를 파악한다는 것이다. 해당 스포츠가 인기 스포츠(Hot Property)라면 마케팅 담당자 혹은 중계권 판매 에이전트는 경로 주도자 역할을 할 수 있다. 중계에 소요되는 제작비에 대해서는 그다지 관심을 가지지 않아도 되며 나아가서는 방송사간 경쟁을 유발할 수도 있다. 즉 TV 방송국과의 협상에서 유리한 카드를 행사 할 수 있다.

스포츠 이벤트가 좋기는 하나 인기 스포츠(Hot Property)가 아닌 경우, 방송국은 스포츠 단체와의 중계권 협상에서 몇 가지 양보카드를 요구할 수도 있다. 중계권료를 지불하지 않는(Zero Rights-fee) 대신 이벤트 스폰서로부터의 수입을 스포츠 단체와 자기들(방송사)이 나누어 가지는 카드이다.

비인기 스포츠의 경우, 향후 수년 내에 인기 종목으로의 도약을 바라보고 홍보, 프로모션 차원에서 중계방송을 유치할 수 있다. 이 때 중계권료를 받지 않음은 물론 스폰서료, 광고권료까지도 중계방송사에 양보하고 필요한 경우 중계 스텝의 숙식, 교통비 등의 비용까지도 지원할 수 있다[5] (신영락, 2003. p. 143).

5) 주목할 점은 스포츠 단체가 아닌 방송사가 먼저 비인기 종목의 중계를 자청하는 경우도 있다. KBS의 씨름, 배구, 마라톤 중계 등이 대표적이다. 일본 NHK의 지속적인 스모 경기 중계로 인해 전통 스포츠인 스모가 국제화한 사례는 이미 잘 알려져 있다. 이것은 상업 방송이 아니라 하더라도(NHK는 광고를 하지 않는다) 충분한 공익성과 명분(아마추어

지금까지의 설명을 종합하면, 인기 스포츠인 경우 유통경로 전략마련이 필요하다는 의미이다. 그렇다고 해서 인기가 낮거나 비인기 스포츠 관계자들은 TV 방송국(미디어)을 상대로 마케팅(유통경로) 전략을 수립할 수 없다는 것은 아니다. 다만 유통경로 주도자가 아니기 때문에 인기 스포츠에 비해 상대적으로 제약이 따른다는 뜻이다.

(2) 유통 경로 선택 전략[6]: 중계료 협상

해당 스포츠가 인기 종목이면 당연히 중계방송을 원하는 방송국 또한 다수가 될 수 있다. 이러한 경우 유통 경로 선택에는 여러 가지 방법이 있다.

1) 방송국이 경쟁하는 경우: 경매를 통한 선정

우선적으로 고려해 볼 수 있는 방법은 다수의 방송국을 상대로 경매 절차를 거쳐 중계방송국을 선정하는 것이다. 〈그림 14-3〉을 보면서 설명하도록 하자.

〈그림 14-3〉은 스포츠 생산자 측(예를 들면 스포츠 연맹)은 중계권을 특정 방송국에 독점적으로 제공하고자 하는 경우를 나타낸다. 〈그림 14-3〉에서 스포츠 중계권이 수직선 모양을 하고 있는 것이 이를 나타내고 있다. 스포츠를 중계하고자 하는 방송국은 A, B, C 등 3사가 존재하는데, 이들 방송국의 중계권구입 희망가격은 각각 a, b, c로 나타나 있다. 이러한 가격들은 각 방송국들이 자기들은 손해를 보지 않고 충분히 수익을 남길 수 있다고(돈벌이가 된다) 판단하는 가격일 것이다.

이때 스포츠 연맹 측은 당연히 A 방송국에게 a 가격으로 독점 중계권을 넘기게 된다. 가장 높은 가격에서 중계방송료가 결정된다는 의미이다.[7] 이

종목 육성 등)만 확보된다면 중계가 가능하다는 것을 보여준다.

6) 본 소절 및 다음 소절에서는 해당 스포츠가 유통 경로 주도자 즉 인기종목인 경우를 상정하여 논의를 전개한다. 한편 현재 국내 프로 야구, 축구 및 농구는 미디어와의 관계에서 유통 경로 주도자가 될 수 있을 것으로 판단된다.

7) 정확하게는 A 방송사에게 '우선 협상권'을 주는 것이다. 스포츠 단체측은 방송과 관련된 각종 조건과 관련하여 B, C방송국을 제쳐두고 A 방송사와 우선적으로 협상한다는 의미이다. 각종 협상 조건이 원만하게 타결되면 스포츠 단체측은 A 방송사와 중계권 계약을 체

그림 14-3 경매(Viding)를 통한 TV 방송국 선택

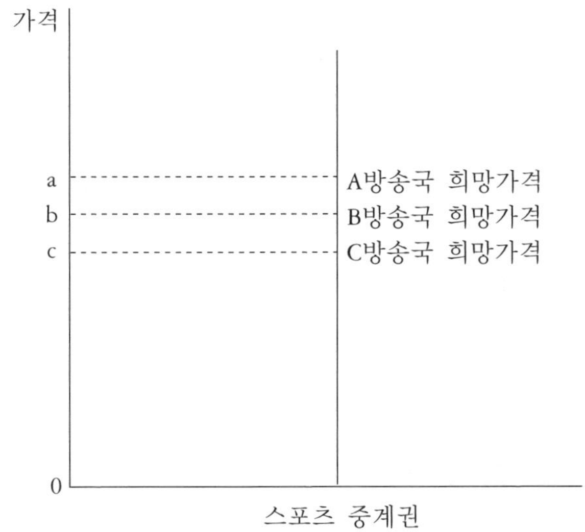

러한 유통 경로 선택 방법이 경매에 의한 유통 경로 선택이다. 물론 각 방송국이 제시하는 가격 이외의 조건은 동일한 경우이다. 예를 들어 방송국이 경기장 내 설치하는 카메라 대수, 중계방송 시간대 등은 방송국마다 동일하다는 의미이다.

2) 방송국이 담합하는 경우

그런데 방송국들이 경쟁을 하지 않고 담합하는 경우를 생각해 볼 수 있다. 방송국들이 담합하면 중계료가 대폭 낮아질 수 있다. 한편 방송국 입장에서는 중계료를 공동으로 분담하기 때문에 자금부담을 크게 줄일 수 있는 장점이 있다. 이러한 내용도 〈그림〉을 통한 설명이 가능하다. 〈그림 14-4〉가 이를 나타내고 있다.

결한다. 만약 A 방송사와의 협상에서 원만한 타결이 이루어지지 않으면 '우선 협상권'은 다른 방송사로 넘어가게 된다.

그림 14-4 방송국의 담합과 담합 결렬

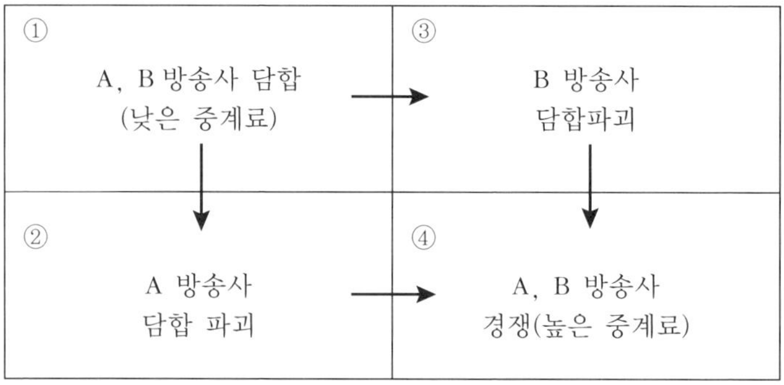

주: A, B 두 개의 방송국이 존재하는 경우를 가정.

① 담합이 성공한 경우

〈그림 14-4〉에서 ①은 방송사들이 담합을 하는 경우이다. 이렇게 되면 사실상 방송국은 1개사가 된다. 물론 스포츠를 제공하려는 생산자측도 1개사이다. 이처럼 공급자(생산자) 및 수요자(방송국) 각각 1개사일 때 이를 전문 용어로 쌍방 독점이라고 한다. 이러한 경우 스포츠 단체는 방송사(담합한 방송사들)와 협상을 통해 중계료를 결정한다. 〈그림 14-5〉가 이를 나타내고 있다. 당초 방송국 측은 P_b만큼의 중계료를 지불하려 할 것이고 스포츠 단체는 P_a만큼의 중계료를 요구할 것이다. 즉 양자간에 현격한 차이가 존재한다. 그러나 시간이 지날수록 방송국 측이 지불하려는 중계료는 점차 올라갈 가능성이 높은 반면 스포츠 단체가 요구하는 중계료는 점차 낮아질 가능성이 있다. 결국 어느 시점에 가서는 양자의 의견이 일치하는 곳에서 중계 방송료가 결정된다. 〈그림 14-5〉에서 P_e 가격이 여기에 해당한다. 물론 P_e 가격(중계료)은 경매에 의한 가격보다 낮을 것이다.

한편 2002 한·일 월드컵 축구대회 당시 우리 나라 방송사들은 담합을 통해 중계료를 낮춘 바 있다. 당시 FIFA측은 한국 방송단(KP: KBS, MBC, SBS 등 3사로 구성)에 1억 달러를 요구했으나 KP는 담합을 통해 이보다 훨씬 낮은 6,000만 달러에서 중계료 협상을 타결지었다(〈사례 14-2〉 참조).

그림 14-5 협상에 의한 중계료 결정

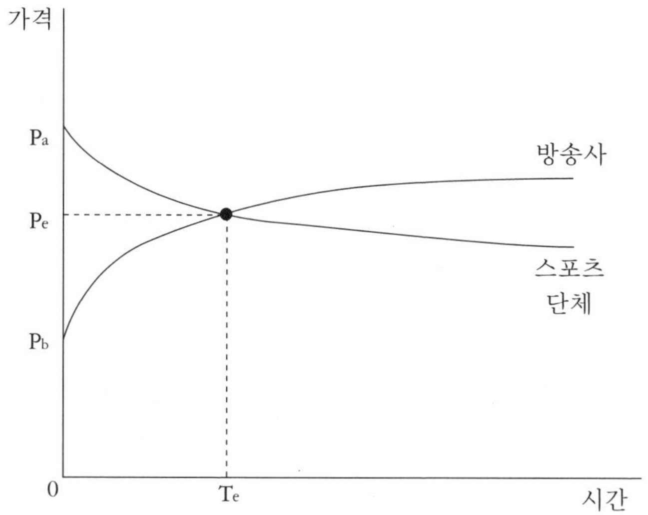

사례 14-2 담합에 의한 중계료 결정

2002 월드컵 방송중계료 최종합의

2002 월드컵 방송중계권 계약이 최종 타결됐다.

KBS, MBC, SBS 등 방송 3사가 구성한 한국방송단(KP : Korea Pool)과 국제축구연맹(FIFA)의 중계권판매 대행사인 독일의 키르히미디어(KM)는 15일 2002, 2006 월드컵축구대회 방송중계권 계약에 최종합의했다고 발표했다.

합의된 방송중계권료는 2002년과 2006년 월드컵을 합해 모두 6,000만 달러(약 750억 원)선. 한국방송단과 키르히미디어가 8, 9일 이틀간 서울에서 협의를 갖고 체결한 이번 계약서에는 KP를 대표해 KBS 박권상 사장, MBC 김중배 사장, SBS 송도균 사장과 독일 키르히미디어의 스티븐 딕슨 사장 등이 서명했다.

이번 계약은 2002, 2006 월드컵을 한꺼번에 묶고 본선 64경기 전체에 대해 지상파 TV와 케이블, 위성 및 라디오, 웹캐스팅 등 주요매체의 중계권과 HDTV(고화질 TV) 제작 및 중계권 등 일괄권리를 포함하고 있다. 따라서 2002

한·일월드컵 대회와 2006년에 열리는 독일월드컵 대회의 모든 경기를 우리말 또는 영어로 중계방송할 수 있게 됐다.

특히 국내 방송사는 HDTV(고화질 TV) 방영·제작권과 관련해 국내에서 열리는 32경기 중 23경기에 대해서는 모두 고화질 TV 방영을 위해 국제신호로 제작하고, 나머지 9경기에 대해서는 제작 여부를 자체판단할 수 있게 됐다.

한국방송협회는 "보통 한국과 일본의 월드컵 중계권료는 1대 3의 비율이었으나 이번 협상결과는 약 1대 7로 중계권료를 예년에 비해 크게 절감하는 효과를 거뒀다"면서 "우리 나라의 경우 이미 중계권협상이 완료된 브라질 스페인과 현재 협상이 진행중인 이탈리아 등과 비교해 볼때 흡족할 만한 수준"이라고 밝혔다.

그러나 KP의 한 관계자는 "일본의 2002년 중계권료 2억 달러의 6분의 1 내지 7분의 1 수준에서 협상을 마무리지었다"고 말해 대회당 3,000만 달러씩 6,000만 달러(약750 억원) 수준에서 방송권 협상이 일괄타결됐음을 시사했다.

〈스포츠투데이, 2001. 10. 15〉

② A 방송사가 담합을 파괴하는 경우

그런데 스포츠 중계 방송을 두고 방송사간 담합은 오래가지 않는 경우가 많다. 우리는 MLB 야구 경기 및 축구 대표팀 A매치 경기 중계 방송을 둘러싸고 방송국간 담합이 파괴되는 경우를 종종 보아왔다. 〈그림 14-4〉의 ②에서 A 방송국이 당초 B 방송국과 담합을 하기로 했으나 은밀히 담합을 파괴하는 경우이다. 담합을 파괴하는 이유는 중계방송권을 독점적으로 확보하면 비록 중계방송료를 예상보다 많이 지불하더라도 광고 수입, 지방방송에 대한 중계권 재판매 등을 통해 중계료보다 많은 수입을 올릴 수 있을 것으로 판단하기 때문이다. 이러한 경우 스포츠 단체측은 A 방송사와 단독으로 협상을 하며 ①의 경우(A, B 방송국의 담합이 성공한 경우)보다 높은 중계료를 받을 수 있다.

③ B 방송사가 담합을 파괴하는 경우

이 경우는 A 방송사가 담합을 파괴한 ②의 경우와 같다. 물론 스포츠 단체측은 A 방송사가 아닌 B 방송사와 중계 방송료를 두고 협상을 벌인다.

④ 담합이 완전 파괴된 경우

〈그림 14-4〉에서 ④는 방송사간 담합이 완전히 파괴된 경우이다. 이러한 경우는 스포츠 단체가 경매를 통해 중계 방송사를 선정하는 경우와 같게 된다(〈사례 14-3〉참조). 앞으로 국제 스포츠 이벤트를 둘러싸고 국내 방송사간 협력은 더욱 어려워질 것이다. 그 대신 경쟁은 더욱 치열해질 것이며 이에 따라 중계료도 어디까지 올라갈지 예측하기 힘들게 되었다. 한국

사례 14-3 방송사간 담합이 파괴된 경우

담합이 깨진 이후 방송사간 신경전

• 앵커 : SBS가 공중파 방송사의 공동협상창구인 코리아 풀을 위반하고 올림픽 중계권을 싹쓸이했습니다. 막대한 외화유출이 불가피해졌습니다.
OOO 기자입니다.

• 기자 : SBS가 2010년 벤쿠버 동계올림픽과 2012년 런던올림픽 등 4개의 올림픽 중계권을 단독으로 확보했다고 발표했습니다. 자회사인 SBS 인터내셔널을 통해 IOC와 협상해서 동계올림픽과 하계올림픽 각각 2개 대회 중계권을 단독 계약한 것입니다. 국제경기 중계권료를 합리적으로 협상하기 위해 만든 방송 3사의 코리아풀은 IOC와의 협상에서 완전 배제됐습니다. 과도한 외화유출을 피하기 위해 중계권료 협상을 공동으로 진행한다는 방송 3사 사장단의 협약서를 불과 두 달 만에 SBS가 파기한 것입니다.

당연히 중계권료는 폭등했습니다. SBS 인터내셔널이 밝힌 중계료는 총 7520만불, 우리 돈 약 726억원에 이릅니다. 코리아풀이 지불한 2002년부터 2008년 대회까지의 중계권료에 비해 109%나 뛰어오른 금액입니다. 우리보다 부국인 일본이 철저히 재팬 컨소시엄으로 대응한 반면 시청률 경쟁에 몰입한 한 방송사의 독점욕이 막대한 외화 유출을 야기한 것입니다. 게다가 SBS는 코리아풀의 일원으로 공동입찰을 했음에도 불구하고 이와는 별도로 SBS 인터내셔널을 통한 이중입찰에 나섰습니다. 이윤을 추구하는 상업방송이 막대한 중계권료를 지불하고 중계권계약에 나섬에 따라 기존의 시청자들이 누려왔던 볼 권리는 크게 제한될 전망입니다.

〈MBC뉴스, 2006. 8. 3〉

에서도 스포츠 중계료는 철저하게 시장 논리에 맞춰지게 된 것이다. 비싼 중계료 문제를 방송국의 탓으로만 돌릴 수 없다는 이야기이다.

3) 소 결

앞에서도 이야기 한 적이 있지만 방송국측에서 보면 스포츠는 충분한 재원적 가치(돈벌이 수단)를 가지는 콘텐츠이다. 이는 중계방송을 두고 방송사간 담합이 어렵다는 것을 의미한다. 향후 미디어가 급격하게 변화하고 방송 디지털화가 심화되면 이러한 현상(방송사간 담합이 어려운 현상)은 더욱

해설 14-1 유통 경로 재선택

스포츠 단체와 TV방송국간 중계계약 기간이 끝나면 새로운 중계계약을 체결해야 한다. 이 때에도 스포츠가 인기 스포츠(Hot Property)이냐 아니냐에 따라 달라진다. 만약 인기 스포츠가 아니라면 방송사가 협상에서 주도권을 쥐게 된다. 이 때 방송사는 일종의 우선 협상권을 가지게 된다. 다음 해에도 중계를 할 것인지 말 것인지 그리고 중계를 하게 되면 중계료 결정 과정 등에서 방송사의 입김이 크게 작용한다는 의미이다. 만약 여기서 기존 방송사가 중계방송을 포기하면 스포츠 단체측은 다른 방송사와 협상을 하게 된다.

스포츠가 인기 스포츠(Hot Property)인 경우 상황은 달라진다. 이 때에는 스포츠 단체가 주도권을 쥐게 된다. 기존 방송사가 마음에 들지 않았다면 스포츠 단체측은 기존 방송사와의 재계약 여부와 관련된 협상을 거부하게 된다. 이를 우선 거부권(the first refusal)이라고 한다. 국내 프로 스포츠 시장에서 스포츠 단체측이 방송사에 대해 이러한 우선 거부권을 가지는 경우는 드물다.

한편 실제 중계료 협상과정에서는 방송사간 담합 구조 이외에 경제사정, 유망 신인 선수 여부, 라이벌 구도, 시청률 및 경쟁 스포츠 상황 등이 고려된다. 경제사정이 좋으면 광고단가가 올라가기 때문에 보다 높은 중계료를 요구할 수 있다. 새롭게 리그에 들어오는 신인 유망 선수들이 많을수록, 작년 해당 스포츠에 대한 시청률이 높을수록, 특정 팀간 라이벌 구도가 계속될 것으로 예상될수록 그리고 경쟁 스포츠의 중계료가 높을수록 스포츠 단체 측은 중계료 협상에서도 유리한 고지에 설 수 있다.

빈발해질 것이다. 따라서 스포츠 단체 측은 미디어 유통 경로를 선정하고자 할 경우 방송사간 움직임을 예의 주시할 필요가 있다.

그러나 무엇보다 중요한 것은 스포츠팬들을 상대로 한 마케팅에 최선을 다하는 것이다. 팬들로부터 많은 관심을 받게 되면 유통 경로 선정(TV 방송국 선정)에서도 더욱 유리한 고지에 올라설 수 있기 때문이다.

(3) 유통 경로 관리 전략

TV 방송국을 상대로 한 유통 경로 관리에도 여러 가지 방안을 적용할 수 있다.[8] 가장 보편적인 방법이 합법력(legitimate power)에 의한 관리이다. 스포츠 단체측과 방송사간 계약서가 작성되는 것이 이를 반영하고 있다. 보상력(reward power)에 의한 관리 방안도 이용된다. 특정 방송국과 중계방송 계약을 체결하면 인터넷을 비롯한 여타 매체와는 중계권 계약을 체결하지 않고 방송국에게 독점 중계권을 부여하는 방법이 여기에 해당한다. 그러나 스포츠 단체가 TV 방송국의 비롯한 미디어를 유통 경로 관리 측면에서 접근할 때 가장 중요한 것은 전문지식(expertise)에 의한 관리이다. 따라서 이하에서는 전문 지식에 의한 관리 방안에 대해 논의하기로 한다.

1) 프로그램 관련자 전문성 요구 및 교육

앞에서도 밝힌 바 있지만 유통 경로를 관리하는 것은 최종 수요자(예를 들면 팬)들에게 스포츠 상품이 원활하게 전달되도록 하는 데 목적을 두고 있다. TV 방송국(미디어)을 통해 스포츠가 팬들에게 제대로 전달되기 위해서는 TV 방송국의 각종 노력이 필요하다.

TV 방송국이 고객이 되는 이유를 설명하면서 TV 방송국은 가공회사에 해당한다고 했다. 스포츠를 가공한다는 데 대해서 좀더 구체적으로 설명해 보자. 스포츠 경기는 생생하고 각본화되지 않는다. 그러나 TV를 통한 중계방송에서는 프로그램 제작자, 감독, 카메라 맨, 편집자 그리고 해설자 등은 실제 경기장에서 만들어지는 상품과 시청자들이 안방에서 보는 상품 사

8) 제 8 장에서 언급한 유통 경로 관리 전략을 다시 한번 상기하기 바란다.

이에 개입한다. 예를 들어 TV 중계는 멋진 장면을 재구성하여 슬로우 모션(느린 동작)으로 보여준다거나, 일반 시청자가 접할 수 없는 각종 기록을 상황 상황에 따라 해설을 해 준다거나 또는 단체경기의 경우 양쪽 팀의 간판선수들의 움직임을 집중 조명하여 단체경기가 간판선수간 대결구도로 몰고 간다거나 하는 것을 통해 상품의 부가가치를 높이는 것이 여기에 해당한다.

결국 TV 방송국이 스포츠를 가공하는 것은 팬들에게 보다 재미있는(부가가치가 높은) 상품을 전달(유통)하기 위한 것이라고 할 수 있다. 그런데 TV 방송국이 스포츠 상품의 부가가치를 높이기 위해서는 스포츠에 대한 전문지식을 필요로 한다. 예를 들어 스포츠에 대한 전문 지식을 갖춘 카메라맨이 경기 장면을 잡는 각도와 이에 따른 팬들의 느낌은 그렇지 않은 카메라 맨이 경기 장면을 잡는 각도와 이에 따른 팬들의 느낌은 판이하게 다르다. 따라서 스포츠 단체는 방송국에게 스포츠 프로그램 제작 관련자들의 전문성을 요구해야 한다. 그러나 방송국 관련자들은 스포츠에 대한 전문지식을 갖추지 못하는 경우가 많다. 이러한 경우 스포츠 단체측은 방송국 관련자들을 대상으로 관련 스포츠의 특성을 교육시킬 필요도 있을 것이다.

또한 스포츠 단체측은 방송국측에게 경기장에 더 많은 카메라 배치를 요구하거나 카메라 위치 선정에도 조언을 할 수 있어야 한다. 더 많은 카메라와 적절한 카메라 위치 선정은 보다 재미있는 스포츠 상품 생산 → 팬들에게 더 깊은 감동 전달의 단계로 연결되기 때문이다.

2) 살아있는 스포츠 드라마 제작 요구

미디어(특히 TV 방송국)는 드라마 제작에 비교우위를 가지는 만큼 스포츠 드라마를 통해 스포츠의 부가가치를 높이는 방법도 있을 것이다 구체적으로 이야기해 보자. 1994년 심은하, 장동건 그리고 손지창 등이 나와 제법 인기를 모은 '마지막 승부'라는 스포츠(농구)드라마가 있었다. 이 드라마 한편으로 심은하는 스타덤에 올랐으며, 당시 농구장에서는 이 드라마 주제곡이 속칭 오빠부대들에 의해 불려지기도 했다. 어떻게 보면 이 드라마가 당시 농구 붐 조성에 기여했다고도 할 수 있다. 그러나 이러한 기여도는 연속적이지 못하고 그 해 한해에 그치고 말았다. 살아있는 드라마가 아니었기 때문이다. 방송국은 이러한 심은하류의 드라마가 아니라 살아있는 스포츠 드라마를 제작해야 한다. 실제로 미국에서는 살아있는 스포츠 드라마가 방송국을 통해 제공되고 있다.

살아있는 스포츠 드라마란 어떤 것일까? 기억을 과거로 돌려보자. 2001년 6월 21일 미국 MLB에서는 박찬호와 김병현이 동시에 출격하여 맞대결을 벌인 적이 있다. 둘 다 호투하였으며 공교롭게도 둘 다 승패를 기록하지 못했다. 이를 두고 국내 언론에서는 '스포츠는 각본없는 드라마' 운운하며 분위기 띄우기에 열을 올리기도 했다. 그런데 이날 경기를 자세히 보면 아주 극적인 장면이 있었다. 마키스 그리솜이라는 선수가 홈런을 치고 난 직후의 장면이다. 그리솜의 홈런은 팀이 2 : 3으로 뒤지고 있을 때 터졌으며 이 홈런 한방으로 박찬호는 패전을 면하기도 했다. 그런데 그리솜이 홈런을 친 후 덕아웃에서 굿윈이라는 선수와 포옹하는 장면이 화면에 비친다. 굿윈은 좋아서 어쩔 줄을 모른다. 둘을 얼싸안고 뭐라 뭐라 이야기를 주고받는다. 그리고 이러한 장면은 이후 경기 도중 틈만 나면 화면을 통해 시청자들에게 전달되었다. 굿윈이라는 선수는 어떤 선수일까? 홈런을 치지 않은 굿윈이 왜 그토록 좋아했을까? 그리고 이러한 장면이 왜 화면에 자주 나오는 것일까?

굿윈은 다저스의 중견수로서 이날 1번 타자로 선발 출장했다. 그러나 이날따라 타격이 시원찮아 1번타자로서의 면모를 전혀 보여주지 못했다. 더욱이 그는 팀이 2 : 0으로 이기고 있는 4회 초 수비에서 결정적인 판단미스를 범해 팀이 2 : 3으로 역전당하는 빌미를 제공했다. 7회 홈런을 친 그리솜은 이러한 굿윈을 대신해서 타석에 들어섰다. 굿윈의 잘못을 그리솜이 만회해 준 꼴이다. 그러니 굿윈이 좋아할 수밖에. 방송국은 이러한 장면을 자주 내보내면서 이 짧은 장면을 드라마화한 것이다.

이러한 사례는 TV 방송국이 살아있는 드라마를 제작하기 위해 많은 준비를 하고 있다는 것을 나타내고 있다. 팬들이 중계방송을 통해 야구의 재미에 더욱 빠져들게 되는 것은 당연하다 하겠다.

방송 디지털화가 본격화되면 이처럼 경기 외적인 별도의 재미를 볼 수 있는 기회가 더욱 많아질 것이다. 이러한 현상은 방송과 인터넷이 결합하게 될 경우 더욱 효과적으로 나타나게 된다. 인터넷 활용이 고도화된다면 굿윈과 그리솜이 무슨 대화를 주고받았는지도 알 수 있어 팬들은 더욱 즐거워할 것이다.

MLB뿐만 아니다. 다른 메이저 스포츠에서도 짧은 드라마를 얼마든지 볼 수 있다. 1999년 9월 ESPN은 ABC방송과 제휴로 인터넷을 이용한 새로운 경기 중계방송을 시도했다. 미국에서 가장 인기가 높은 NFL 경기가 중계되는 도중에 "다음에는 어떤 작전이 나올 것으로 예상하는가?" "제 3 쿼터에는 몇 점을 올릴 것으로 보는가?" 등의 질문을 던져 현재 진행중인 게임의 시청을 더욱 흥미진진하게 하였다. 이러한 시도에서 만약 시청자들이 TV 시청과 동시에 인터넷에 접속한다면, 전국에 걸친 미식 축구 팬들이 동시에 대화를 나누며 게임을 시청하는 것과 같게 된다. ESPN의 이러한 시도는 당시 획기적인 아이디어로 평가되고 있다. 이러한 방식은 결국 시청자들도 참여하는 스포츠 드라마를 제작하는 것이 된다.

스포츠의 특징 가운데 하나가 국가에 따라 차이를 보이는 것이 아니라는 점이다. 드라마 소재가 될 수 있는 장면들이 미국에만 있는 것이 아니라 우리 나라에서도 얼마든지 있다. 그런데 방송국만의 힘으로 살아있는 스포츠 드라마를 제작하는 데에는 한계가 있다. 살아있는 스포츠 드라마를 제작하기 위해서는 해당 스포츠에 대한 전문 지식이 필요하지만 방송국 관계자들이 비록 드라마제작에는 비교우위를 가지고 있다 하더라도 스포츠 자체에 대해서는 스포츠 단체에 비해 비교우위에 있지 못하기 때문이다.

해설 14-2 MLB의 살아있는 드라마

야구중계의 질을 높여라

"TV 중계 기술을 좀더 향상시킬 수는 없을까요." 야구 구경이야 야구장에 직접 가서 봐야 제격이지만 부득이 그렇지 못한 사람들은 우리 TV방송사에 대해 수준 높은 중계를 해줄 것을 바라고 있다. 올해 MBC TV가 공중파와 케이블로 미국 메이저리그 중계를 집중적으로 하면서 볼거리가 늘어났다.

SBS 스포츠 TV도 예전처럼 메이저리그 중계를 하고 일본의 NHK 위성방송은 이치로와 사사키의 시애틀 매리너스전, 노모와 오카의 보스턴 레드삭스

전, 신조의 뉴욕 메츠전을 거의 매일 중계하기 때문에 야구팬들의 안목은 더욱 높아졌다.

지난 15일 뉴욕 양키스와 보스턴 경기를 중계를 살펴보자. 현역 최고의 투수인 로저 클레멘스와 페드로 마르티네스가 선발 맞대결한 이 경기에서 두 선수의 준비 과정과 순간 순간 표정이 생생하게, 숨막히게 클로즈업됐다. 지난해 맞대결에서 클레멘스가 9회에 투런 호머를 맞고 0 : 2로 패하는 장면이 우선 방영되더니 카메라는 양키스의 신예 2루수 알폰소 소리아노에게 집중됐다.

그가 4회말 수비에서 더블 플레이로 끝낼 수 있는 것을 안일하게 2루를 밟다가 세이프돼 2점을 내주는 빌미를 제공한 장면을 몇차례나 반복해 보여줬다. 분을 못이긴 그의 모습에 이어 7회초 공격 때는 야수선택으로 살아나간 그가 2루 도루에 이어 3루 도루까지 성공시켜 동점의 발판을 마련하자 팬들은 열광했다.

최고 투수 페드로 마르티네스가 자신의 조국인 도미니카 공화국 출신 무명 후배의 빠른 발에 무너지는 과정을 각종 자료를 제시하며 보여준 것이다. 이 날 두 거물투수는 7회 이전 동점 상황에서 내려와 우열을 가리지 못했으나 소리아노는 9회초 결승 솔로홈런을 때려 절정을 이루었다. 다음날 같은 경기에서 소리아노가 수비에 나서자 카메라는 경기전 연습 때 윌리 랜돌프 수비코치가 그에게 수비를 지도하는 장면을 잠깐 보여주었다.

소리아노가 발이 빠르고 타격도 좋으나 척 노블록을 대신한 수비가 매끄럽지 못하다는 해설이 뒤따랐다. 아니나다를까 소리아노는 또 한번 송구 실책을 저질렀다. 그러자 카메라는 덕아웃에 있는 랜돌프 코치의 한숨 쉬는 모습과 전날 소리아노의 베이스 터치 미숙 장면을 잇달아 연결했다. 카메라가 이렇게 시청자가 보고 싶은 사람들의 모습을 따라붙고 무명선수의 훈련 장면까지 녹화해 두면서 전날과 수년 전의 관련 장면을 보여 주니 시청자들은 메이저리그에 빠지지 않을 수 없다. 또 다른 구장 주요 장면도 순간순간 보여주니 야구사랑이 깊어진다.

우리 프로야구는 중계하는 곳이 늘어났다고 좋은 것만은 아니다. 가려운 곳을 긁어주듯이 야구팬들이 보고 싶은 것을 빈틈없이 보여주며 내용이 알차야 한다. 엉뚱한 장면도 가끔 보여주는 국내 프로야구 중계는 전문성을 더 키우고 볼거리 준비를 많이 해야 한다.

〈천일평, 일간스포츠, 2001. 4. 28〉

스포츠 단체의 전문 지식을 이용한 조언이 필요하다는 의미이다. 즉 스포츠 단체는 방송국에게 살아있는 스포츠 드라마 제작을 요구하는 동시에 전문 지식을 통한 조언을 해야 한다. 전문 지식을 통한 조언 이것이 바로 유통 경로 관리 전략이다.

3) 경로 주도자 인식과 IT 기술 동향 추적

스포츠 상품 생산자(단체)가 TV 방송국에게 각종 혜택을 부여할 수 있는 관리 전략을 마련한다고 하더라도 이들 양자간에는 언제든지 갈등이 발생할 소지가 있다. 특히 스포츠 상품 생산자와 TV 방송국간의 갈등은 스포츠 상품 생산자와 스폰서(혹은 라이선시 기업)간의 갈등보다 더욱 빈발하게 나타날 가능성이 높다. 왜냐하면 TV 방송국은 IT 기술 발전의 영향을 직접적으로 받는 곳이기 때문이다. IT 등의 새로운 기술 발전은 TV 방송 중계 방법 및 이에 따른 각종 권리 개념을 복잡하게 만든다. 따라서 TV 방송국과 관련된 유통 경로 관리에는 스포츠 상품 생산자가 경로 주도자가 된다는 인식과 함께 급변하는 IT 기술의 동향을 추적하는 것이 중요하다.

① 경로 주도자 인식

"…이 방송에 관한 일체의 권한, 재방송 및 재판매 등의 권리는 ○○○ 방송국의 독점 자산이므로 본 방송국이나 ×××협회의 서면 동의 없이는 사용을 할 수 없다." 이러한 문구나 멘트는 미국에서는 흔한 일이지만 국내에서는 거의 찾아볼 수 없다. 즉 미국에서는 TV를 통해 스포츠 중계방송을 할 때 스포츠 상품 소유자(스포츠 단체, 팀 등)와 스포츠 상품 구입자(TV 방송국)간 권리(중계권) 매매의 범위를 분명히 한다는 말이다.

스포츠 상품 생산자는 TV 방송국과 중계방송권 거래 계약서를 작성할 때 법률적 책임, 향후 옵션 등에 대해 세밀하게 체크해야 한다. 스포츠 시장이 활성화되면 방송국의 스포츠에 대한 수요가 증가하게 되고 수요가 증가하면 판매 가능한 상품도 다양해진다. 종래에는 TV 방송권이 위성방송과 케이블 방송으로 나누어 판매되는 것이 주를 이루었다. 그러나 위성방송권은 아날로그 판매와 디지털 판매로 나눌 수 있으며, 유료방송 판매(PPV: Pay Per View)도 가능하다. 또한 생방송 중계권과 녹화 중계권으로 나눌 수도 있고 하이라이트만 방송할 수 있는 권리를 판매할 수도 있다. 뿐만 아니라 비디오나 CD-ROM 제작권의 판매도 가능하다. 이처럼 판매 가능한 상품은 방송이 디지털화되면 더욱 늘어나게 된다.

따라서 스포츠 상품 생산자측은 상품이 다양화되고 이에 따라 돈을 벌 수 있는 길이 다양해질 경우(수익구조의 다양화)를 대비하여 미리 준비해두는 자세가 필요하다. 예를 들면 지적 소유권 문제에 대한 연구가 있어야 하며 특히 관련 영상법에 대한 철저한 검토가 수반되어야 한다.

또 다른 이해관계가 발생할 수 있다. 각종 스포츠 중계 영상을 누가 보관하느냐 하는 문제이다. 예를 들어보자. 미국에서는 스포츠 클래식이라는 전문 방송국이 있다. 이 방송국에서는 베이브 루스, 무하마드 알리, OJ 심슨 그리고 아놀드 파머 등과 같은 전설적인 선수들의 경기 모습을 방영하고 있다. 그런데 이 방송국의 이러한 프로그램을 방영권을 누구로부터 사들이는 것일까? 기존 방송국일까? 아니다. 스포츠 단체로부터 구입하고 있다. 각종 스포츠 중계 영상 보관에 대한 권리를 스포츠 단체가 소유하고 있다는 것이다(廣賴 一郎, 1997). 즉 스포츠 상품 생산자는 자기 이익(원소유권)에 대해서는 자기가 알아서 챙긴다는 의미이다.

우리 나라에서도 이러한 상황이 발생하지 말라는 법은 없다. 스포츠 단체는 이러한 문제에 대해서도 철저한 준비를 해야한다. 즉 스포츠 단체는 스포츠 상품에 대한 권리 발생은 권리 발생의 기초가 되는 스포츠 자체에서 시작되는바, 권리를 둘러싼 이해관계가 복잡해질 때 가장 강력한 위치, 즉 유통 경로 주도자 위치에 있다는 것을 명심해야 한다.

② 각종 IT 기술 발전에 대비

새로운 IT 기술의 발전에는 인터넷이 대표적인 형태로 꼽히고 있다. 인터넷을 통해 스포츠 상품을 소비(경기를 본다)한다는 것은 안방에서 보는 동영상이라는 점에서 TV 방송국을 통해 경기를 보는 것과 같다. 따라서 인터넷을 상대로 하는 마케팅 전략에서도 TV 방송국을 상대로 하는 마케팅 전략과 유사한 점이 많다. 그러나 인터넷은 TV 방송국보다 다양하게 소비자(팬)에게 접근하는 만큼 TV 방송국보다 많은 정보를 필요로 하게 된다. 예를 들면 선수나 팀에 대한 각종 데이터 베이스가 여기에 해당한다.

그런데 문제는 인터넷을 포함한 IT 기술이 현 상태에서 머무르는 것이 아니라 계속해서 발전해 간다는 데에 있다. IT 기술이 계속해서 발전한다는 것은 스포츠 상품 소유자가 관심을 가지고 예의 주시해야 할 사안들이 끊임없이 늘어난다는 것을 의미한다. 나아가서는 인터넷 방송이 스포츠 상품 생산자측에게 인터넷 방송에 적합한 새로운 것을 요구할지도 모른다.

가상 광고(Virtual Advertising) 또한 스포츠 상품 생산자와 TV 방송국간의 관계를 복잡하게 만들 가능성이 높다. FIFA 등 국제경기 단체 혹은 외국 스포츠 단체는 스포츠를 콘텐츠로 하는 사업적 권리를 자기들이 가지고 있음을 분명히 하고 있다. 그러나 2002년 11월 현재 국내에서는 추진되고 있는 스포츠 중계 가상광고에서는 관련 권리가 마치 스포츠 상품 생산자가 아닌 방송국이나 다른 사업자에게 있는 것처럼 전제하고 있다(〈해설 14-4〉참조).

또 다른 예를 생각해 볼 수 있다. 현재 각 방송국에서는 스포츠 경기를 중계할 때 승부 알아 맞추기 퀴즈(gaming)를 실시하고 있다. 물론 700-○○○○ 이라는 유료 전화를 이용하고 있으며 여기서 발생하는 수입은 방송국에 귀속된다. 이러한 수입이 방송국에 귀속되는 것이 중계방송 계약 당시 스포츠 상품 생산자 측과 합의된 사항인지 아닌지 알 수 없다. 만약 중계방송 계약 당시 합의된 사항이 아니라면 이 수입이 방송국에게 귀속되는 것이 바람직한지 그렇지 않으면 스포츠 상품 생산자에게 귀속되는 것이 바람직한지에 대한 판단이 우선되어야 한다. 아마도 그 수입이 그다지 크지 않아 스포츠 상품 생산자가 묵인하고 있는 것으로 추정된다.

그런데 앞으로는 이러한 퀴즈 게임이 더욱 확대될 수 있다. 이를테면 TV 중계를 하면서 인터넷을 통해 다양한 퀴즈를 할 수 있다. 예를 들어 이승엽이 타석에 들어서면 살아나갈 것인지 범타로 끝날 것인지 살아나간다면 홈런을 칠 것인지 아니면 장타를 칠 것인지 등을 두고 인터넷을 통해 알아 맞추기를 한다면, 이와 관련된 수입은 늘어날 것이며 이에 따라 이러한 수입의 귀속을 두고 당사자(스포츠 상품 생산자, 방송국, 인터넷 업자)간 이해 관계가 복잡하게 얽힐 가능성이 있다.

이처럼 각종 새로운 기술(〈사례 14-3〉 참조)들이 속출하고 이에 따라 이해관계가 복잡하게 전개되면 스포츠 상품 생산자는 가만히 지켜볼 수만은 없다. 스포츠 상품 생산자는 신기술 동향을 지속적으로 파악하고 있어야만 신속하게 대처할 수 있다. 또한 이러한 문제는 앞에서 언급한 지적 소유권 그리고 경로 주도자로서의 인식과 함께 맞물려 움직이는 사안이라는 것도 명심해야 한다.

해설 14-3 **국내 가상광고 도입과 스포츠 산업 발전**

가상광고 도입은 스포츠 산업을 살린다?

지난 6월 월드컵 축구대회를 통해 우리는 스포츠가 멀티플레이어라는 사실을 새롭게 인식했다. 스포츠가 국가 이미지 제고, 국민들 자긍심 고취 그리고 관련산업 발전 등등 수 많은 분야의 발전에 기여하는 것이 증명되었기 때문이다. 이에 따라 청와대에서 그리고 정부관련 부처에서 스포츠 산업 발전에 노력을 기울이겠다고 약속을 했다. 실제 정부(방송위원회)는 스포츠 산업 발전을 위한 결과물을 내놓았다. 이름하여 지난 8월 8일 방송회관에서 실시한 '가상광고 도입에 관한 공청회' 이다.

이 공청회에서 발제문을 통해 가상광고 도입목적 가운데 하나를 '스포츠 산업활성화' 라고 내세우고 있다. 광고의 구체적인 방법도 명기하여 입법예고하고 있다. '… 현존하는 광고판을 대체하는 방식에 한하여 할 수 있고, 운동경기 시작 전·종료 후 또는 중간 휴식시간에 광고판을 대체하거나 …' 라고 개정안을 내놓았다.

그런데 방송위원회의 이러한 안과 그리고 이러한 안을 만들어낸 과정에는 엄청난 문제점이 있음을 지적하지 않을 수 없다. 첫째, 스포츠 산업 발전이 목적가운데 하나라고 했다. 그리고 스포츠 산업이 발전하는 이유를 설명하고 있다. 방송위원회에서는 국민들이 많은 관심을 가지기 때문에 발전할 것이라고 하고 있다. 과연 그런가? 스포츠 산업이 발전하는 이유는 많은 사람들이 관심을 가지기 때문에 발전하는 것이 아니다. 많은 사람들이 관심을 가지면 이처럼 많은 사람들을 상대로 마케팅하려는 기업들이 많아지기 때문에 발전한다. 즉 경기에 스폰서로 참여하려는 기업들이 돈주머니를 풀어놓기 때문에 발전하는 것이다. 가상광고가 도입되면 경기에 스폰서로 참여하려는 기업들 가운데 상당수가 가상광고로 이동하게 된다. 그러면 스포츠는 가장 중요한 수입원을 잃게된다. 이것이 스포츠 산업을 발전시키기 위한 방법인가?

둘째, 구체적인 광고 방법이다. 현존하는 광고판 대체를 운운하고 있다. 예를 들면 프로농구 경기장에서 삼성 애니콜 간판을 대체하여 가상광고를 하겠다는 의도이다. 삼성전자(삼성 애니콜)는 왜 농구장에 광고간판을 세우겠는가? 경기장을 찾아오는 사람들을 대상으로 광고를 하기 위해서인가? 아니다.

경기장에 관중들이 오면 몇 명이나 오겠는가. 기껏해야 수천 명에 불과하다. 중계방송을 통해 광고 간판을 일반인(농구 팬)들에게 노출하기 위한 것이다. 그런데 이러한 애니콜 광고를 가상 광고를 통해 다른 광고로 대체하면 삼성전자는 경기장에서 광고할 이유가 없다. 아니면 광고를 하더라도 그 금액을 대폭 낮추려 할 것이다. 농구뿐만 아니라 프로야구, 프로축구도 마찬가지이다. 앞에서도 언급했지만 기업이 경기장을 떠나면 그 스포츠는 망하게 된다. 이것이 과연 스포츠 산업을 발전시키는 조치인지 되묻고 싶다.

셋째, 가상광고를 하면 그 수입은 어디로 귀속되는 것인가? 가상 광고 도입 목적에 디지털 재원 조달이라고 적혀있는 것으로 보아 방송국으로 귀속되는 것으로 판단하고 있는 듯하다. 그런데 가상광고를 하더라도 광고의 원천적 권리는 누가 가지고 있는지 생각해 볼 일이다. FIFA 규정에는 FIFA가 가상광고에 대한 원천적 권리 소유자라고 명기하고 있다. 즉 발제문의 안대로 시행되면 권리 소유를 둘러싸고 적지 않는 분쟁이 예상된다는 것이다. 권리 소유가 방송국에 귀속된다 하더라도 스포츠 중계방송이 활성화된다는 보장이 없다. 수입이 방송국에 귀속되면 스포츠 단체는 중계료를 지금의 100배 이상 요구할 수도 있기 때문이다.

입법 절차에도 의문점이 많다. 그 동안 방송위원회는 토론회 및 워크숍 등을 개최했으며 이번에도 각계 전문가를 모시고 공청회를 했다고 한다. 그런데 토론회 참석자 가운데 직접 이해 당사자인 경기단체 사람들은 단 한번도 참여한 적이 없다고 한다. 스포츠 단체 사람들의 의견을 들어보지도 않은 채 어떻게 가상광고가 스포츠 산업의 발전을 가져올 것이라고 단정할 수 있는지 이해할 수 없다. 방송위원회가 사례로 든 FIFA의 규정이나 EBU(유럽방송연맹) 메모랜덤에서도 관련 당사자(즉 스포츠 단체 포함)의 충분한 숙지와 사전 승인 없이는 가상 광고를 하지 못하도록 규정하고 있다. 방송위원회가 스포츠 단체 사람들을 배격한 채 일을 진행한 이유가 궁금하다. 스포츠를 몰라서인가 아니면 스포츠계를 무시해서인가.

〈저자, 2002.8.15, 가상광고 도입 추진 발표 이후〉

♠ 연습 · 토의문제

- TV 방송국이 더욱 재미있는 스포츠 중계방송을 위해서는 대학의 스포츠 관련학과 출신 혹은 스포츠 전문인들을 카메라 맨으로 고용해야 한다는 의견이 제시되고 있습니다. 이러한 의견이 타당한 것인지 '유통경로 관리 전략' 차원에서 각자의 의견을 말해 봅시다.
- 다음 기사를 읽고 향후 미디어가 어떻게 발전해 갈 것인지, 미디어가 발전하면 스포츠 중계시장이 어떤 식으로 전개될 것인지 그리고 독자가 마케팅 담당자라면 중계권 문제를 어떻게 처리해야 할 것인지에 대해 토론해 봅시다.

스포츠 인터넷 중계권 판매 '골머리'

스포츠를 가장 재미있게 즐기는 방법은 현장에서 직접 생생한 경기를 보는 것이다. 그러나 TV는 사람들에게 스포츠를 안방에서 편하게 즐길 수 있도록 만들었다. 경기장에서 직접 보는 사람보다 수백 배나 많은 사람이 동시에 즐길 수 있는 매스미디어의 위력은 스포츠 산업의 가장 중요한 요소를 관중수보다 시청률로 바꿔버렸다.

그런데 인터넷이 갖는 잠재성은 TV에 비할 바가 아니다. 일반 방송이라면 전파가 미치는 한계가 있지만 세계 곳곳에 거미줄처럼 깔려 있는 인터넷은 경기장 관중의 수만 배에 해당하는 사람들이 볼 수 있게 해 준다.

이런 인터넷의 특성 때문에 고민하는 사람들이 있다. 각 종목의 중계권 정책 담당자들이다. 스포츠 인터넷 방송의 중계권을 어떻게 정의하고 판매해야 할 지의 전략을 세우는 데 일반 방송에는 없던 인터넷의 특성 때문에 혼란스러운 게 한둘이 아니다.

냅스터나 소리바다의 파일공유 모델이 스포츠 인터넷 방송에 적용된다면 어떻게 될까. 어떤 개인이 중계 방송되는 화면을 텔레비전 카드를 통해 자신의 PC에 저장하고 이를 P2P 방식으로 공유시킨다면 한국야구위원회(KBO)나 메이저리그 사무국(MLB)은 이를 모두 통제하고 제어할 수 있을까. IMT-2000으로 현재 방송되고 있는 TV 화면을 본다면 어떻게 될까.

또 이동통신회사에 각 리그는 중계권을 주장할 수 있을까.

하루가 다르게 발전하는 IT 기술의 진보에 비해 이런 권리에 대한 법적인 해석은 너무 느리다. 1년 이상 걸려 소송이 끝날 때는 이미 다른 기술이 사용되는 형편이다. 스포츠 팬인 네티즌들에게는 우선은 신나는 일이겠지만 담당자들에게는 골치 아픈 일이다. 인터넷이 메이저 스포츠에 텔레비전과 같은 효자 노릇을 반드시 할 것이라고 예측하기가 힘들기 때문이다.

〈박기철, 동아일보, 2001. 6. 25〉

보　론

미디어, 스포츠 마케팅 국제화의 가교

— 미래 전략적 이슈 —

스포츠 마케팅의 국제화는 1992년 미국 NBA가 올림픽에 드림팀을 파견하면서부터 시작되었다고 할 수 있다. 이 대회 이후 전세계 농구 팬들은 NBA에 더욱 많은 관심을 가지게 되었으며, NBA에 세계 각국에서 뛰어난 선수들이 용병으로 몰려들었다. 이처럼 NBA가 국제화에 성공을 거두자 미국의 MLB 및 유럽 축구도 국제화에 열을 올리고 있다. 여기서는 스포츠 마케팅 국제화의 특징과 스포츠 마케팅 국제화가 여타 산업의 국제화에 어떻게 기여하는 가에 대해 알아보기로 한다.

1. 스포츠 마케팅 국제화의 특징

스포츠 상품이 서비스 상품인바 스포츠 상품의 특성도 일반 서비스 상품이 가지는 특성과 유사하다. 즉 스포츠 상품도 무형성(Intangibility), 비분리성(Inseparability), 이질성(Heterogenity), 소멸성(Perishability) 등의 특성을 가진다는 것이다. 이러한 특성에 대해서는 이미 제 8 장에서 설명한 바 있다. 그런데 스포츠 상품이 국제화 될 경우, 즉 스포츠 마케팅의 국제화 과정에서는 여타 서비스 상품과는 차별화된 다음과 같은 특징을 보여주기도 한다.

첫째, 일반 서비스 상품의 대부분은 외국 소비자에게 직접적으로 전달되는 반면 대부분의 스포츠 상품은 간접적으로 전달된다. 예를 들어 외국(미국)계 은행이 한국인을 상대로 금융업무를 할 경우 국내에 점포를 설치해야 한다. 또한 미국 헐리우드 영화가 한국 영화팬들을 만나는 장소도 미국이 아니라 한국이다. 항공사의 서비스도 마찬가지이다. 이러한 서비스 상품은 모두 소비자에게 직접적으로 전달되는 특징을 가지고 있다. 그러나 스포츠 상품은 간접적으로 전달되는 경우가 대부분이다. 만약 미국 MLB가 잠실 경기장에서 개최된다면 미국 서비스 상품이 한국 소비자(팬)들에게 직접 전달되는 것이지만 이러한 경우는 극히 예외적일 것이다. 국내 야구팬들은 MLB의 경기를 TV를 통해 소비하게 된다. NBA 농구경기도 마찬가지이다. 즉 스포츠 상품이 국제화될 때 소비자에게는 간접적으로 전달된다는 것이다.

둘째, 일반 서비스 상품이 수출될 때에는 수입국(또는 현지국)의 각종 법적·규제적 제한조치가 따르지만 스포츠 상품에는 이러한 제한조치들이 크게 완화된 형태로 나타난다. 예를 들어 외국으로부터 일반제품(자동차 등)이 수입될 경우 관세가 부과된다. 서비스 상품 수입에도 관세가 부과된다. 예를 들어 외국에서 제작된 광고가 수입될 때 관세가 부과된다는 것이다. 그러나 스포츠 상품이 수입될 경우에는 관세가 면제되는 것이 일반적이다. 스포츠 상품의 수입은 대부분 TV 중계를 통해 이루어진다. 이러한 중계에는 관세부과가 사실상 어렵다. 예를 들어 박찬호가 활약하는 미국 MLB가 국내에 중계될 때 이를 중계하는 국내 방송사는 관세를 물지 않는다. 즉 스포츠 상품은 일반 제품 및 여타 서비스 상품에 비해 관세 및 비관세 장벽으로부터 상대적으로 자유스럽다고 할 수 있다.

셋째, 일반 서비스 상품이 현지국의 문화적 장벽에 직면하는 경우가 많지만 스포츠 상품이 직면하는 문화적 장벽은 상대적으로 낮다. 문화적 장벽은 현지국 소비자의 관습 및 행동양식과 관련이 있다. 예를 들어 패스트푸드의 유명 다국적기업인 맥도널드는 프랑스에서 문화적 차이를 간과했다가 수년간 소송에 연루된 적이 있었다. 무엇보다도 청결을 중시하는 미국회사와는 달리 프랑스 회사는 상대적으로 청결에 무신경했다. 맥도널드의 프랑스 파트너는 청결을 간과하게 되었고 이는 프랑스인을 대상으로 할 때에는 별 문제가 없었지만 프랑스를 방문한 외국인들에게는 불결하다는 인상을 주었다. 이를 계기로 '맥도널드는 불결하다'는 부정적인 이미지가 전세계적으로 형성되기도 했다(이유재, 1999).

한국에서도 문화적 장벽의 예를 찾아볼 수 있다. 현재 전세계적으로 유통업계에서는 유명 다국적기업이 시장을 장악하고 있다. 그러나 한국에서는 한국계회사가 한국시장의 상당부분을 차지하고 있다. 이는 한국계 회사가 상품공급 및 진열 등에서 여타 다국적 유통회사보다 뛰어나기 때문인 것으로 여겨지고 있다. 즉 한국계 회사는 한국인의 문화적 장벽을 적절하게 활용하고 있다는 것이다.

스포츠 상품은 이러한 문화적 장벽으로부터도 그다지 큰 제한을 받지 않는다. 올림픽 경기가 개최되는 기간 동안 전 세계인이 관심을 가지고 지켜보며, 월드컵 축구대회가 개최되는 기간에는 지구상의 모든 축구 팬들이 열광하는 것이 이를 반영하고 있다. 이는 스포츠가 국적, 언어, 연령 등을 초월하는 속성을 가지고 있기 때문이다. 스포츠 상품은 현지국의 문화적 특성에 의해 영향을 받는 것이 아니라 오히려 서로 다른 국가의 국민들 사이에 공통된 문화로 자리잡고 있다고 할 수 있다.

2. 여타 산업 국제화에 기여

스포츠 마케팅 국제화의 특성은 여타 산업의 국제화에도 기여한다 구체적으로는 기업 국제 마케팅의 용이성, 무역장벽 우회효과, 지역주의 촉진효과 등이 있다.

(1) 기업의 국제 마케팅 용이성

스포츠 마케팅의 국제화는 스포츠 상품을 생산하는 기업(예를 들면 구단, 경기 단체 등)뿐만 아니라 스포츠를 국제 마케팅에 이용하려는 기업에게도 편의성을 제공한다. 일반 기업들이 국제마케팅을 하고자 할 때 국내 마케팅과 마찬가지로 가격전략, 유통전략, 상품전략 및 프로모션 전략 등을 필요로 한다. 국내 마케팅이나 국제마케팅은 그 기본원리가 같다는 것이다. 그러나 국내마케팅의 경우 표적시장이 국내에 그리고 국제 마케팅의 경우 표적시장이 나라밖에 있다는 점에서 큰 차이가 있다. 따라서 국제 마케팅에서는 시장환경 분석에서 국내 마케팅보다 많은 노력과 시간이 필요하게 되며 경우에 따라서는 현지국에 별도의 조직을 파견 또는 설립해야 한다.

진출하려는 국가의 경제 · 정치 · 법률 · 문화환경 등을 정확히 이해하고 평가해야 하며, 시장성 및 위험성 등 기업 운영환경에 대해서도 면밀한 사전조사를 실시해야 한다. 구체적인 예를 들어보자. 수년 전 국내 모 화장품 회사는 "촉촉히 적셔 줍니다"라는 컨셉으로 특정 국가에 진출을 시도한 적이 있다. 그러나 당초 예상과는 국제마케팅 성과가 미흡했다. 왜냐하면 그 지방은 연중 습기가 많은 곳인바, '촉촉히 적셔준다'는 캠페인이 전혀 설득력이 없었기 때문이다. 국제마케팅은 국내마케팅에 비해 각종 경제적 비경제적 환경조사에서 시간적 금전적 비용이 많이 든다는 것이다.

한편 스포츠는 그 속성상 국가간 큰 차이가 없다. 앞에서도 언급한 바와 같이 스포츠는 국가간 공통 언어 · 공통 문화적인 성격을 가지는바, 현지국의 시장환경 조사에서 상대적으로 적은 노력으로도 많은 성과를 거둘 수 있다. 특히 스포츠를 이용하여 국제마케팅을 시도하는 기업에게는 큰 효과를 가져다 줄 수도 있다. 미국 NBA 유명선수들에게 엔도스먼트로 참여하는 기업이 생산하는 용품 및 의류 등의 세계 판매량이 급격하게 증가한다거나 세계적 골퍼 타이거 우즈를 후원하는 기업의 이미지가 국제적으로 크게 제고된 사례가 여기에 해당한다. 즉 스포츠 마케팅의 국제화는 스포츠 그 자체뿐만 아니라 스포츠를 이용하여 국제마케팅하려는 기업에게도 시간적 금전적 편의성을 제공한다는 것이다.

(2) 무역장벽 우회 효과

스포츠 상품의 대부분은 관세 및 비관세 장벽으로부터 자유스럽기 때문에 무역장벽을 우회하는 데 유리한 면을 보유하고 있다. 이러한 스포츠 상품의 속성은 스포츠 마케팅의 국제화를 촉진시켜며 나아가서는 스포츠와 연계된 일반 상품의 수출입에 있어서도 무역장벽을 크게 우회할 수 있는 장점이 있다.

올림픽 및 월드컵 축구대회에는 세계 유명 다국적기업들이 스폰서로 참여한다. 이러한 대형 스포츠 이벤트를 통해 노출된 기업의 상품들은 세계시장에서 높은 점유율을 보이고 있다. 이들 상품은 스포츠 상품의 속성에 편승하여 개별국가로 수출될 때 관세장벽은 해소할 수 없다 하더라도 비관세 장벽으로부터는 상대적으로 자유스럽게 된다. 이러한 이유로 인해 올림픽 및 월드컵 축구대회 등 대형 스포츠 이벤트에 스폰서로 참여하기 위해 기업들간 치열한 경쟁이 벌어지게 된다.

결론적으로, 스포츠 마케팅의 국제화는 스포츠 및 스포츠와 연계된 상품의 국제거래에서 무역장벽을 완화시키는 역할을 하기도 하며 나아가서는 시장을 확대시키는 파급효과를 가져다준다고 할 수 있다.

(3) 지역주의(경제공동체) 촉진효과

스포츠 마케팅의 국제화는 지역주의[9] 촉진에도 기여한다. 유럽에는 연중 축구열기가 가득하다. 개별 국가 내 축구리그뿐만 아니라 UEFA컵, 챔피언즈리그 등 국가간 리그도 다양하게 전개된다. 축구는 유럽인들의 생활에 깊이 뿌리를 내리고 있는 문화로 인식되고 있다. 50년대 폐허화된 유럽대륙의 화해와 통합을 위해 만들어진 것이 '유럽 석탄 공동체'와 '유럽 철강 공동체'였다면 축구는 이를 유럽 공동체(EU)로 승화시키는 데 결정적인 역할을 했다.

미국, 캐나다, 멕시코로 이어지는 북미에서는 NAFTA라는 경제공동체가 탄생한 이후 미국 NBA는 더욱 발전된 모습을 보여주고 있다. 캐나다 토론토에 근거지를 둔 팀이 탄생했으며 멕시코에는 NBA 마이너급의 농구

9) 지역주의(경제공동체)란 미국, 캐나다 및 멕시코간 형성된 경제공동체(NAFTA), 유럽의 경제공동체(EU)등의 형태를 의미한다.

리그가 탄생하기도 했다.

이러한 스포츠 리그의 국제화(스포츠 마케팅의 국제화)는 경제공동체(지역주의)를 더욱 굳건하게 하며, 역으로 경제공동체의 원활한 움직임은 스포츠 마케팅의 국제화를 더욱 발전시키게 된다. 지역주의로 인한 자유무역은 상품의 자유로운 교역뿐만 아니라 '수송', '세관통관' 등에서도 각종 제한조치의 철폐를 동반한다. 스포츠 마케팅 국제화로 인해 인근 국가간 스포츠 교류가 왕성해지거나 단일 스포츠 리그가 탄생한다면 선수 이동, 경기진행 및 경기 결과 보도 등과 관련된 교통 및 통신 커뮤니케이션도 크게 발달할 것이다. 이는 인근 국가간 통신 수단 및 통신시장의 통일화 · 규격화에도 기여한다. 이러한 통신분야에서의 통일화 · 규격화는 무역 거래를 더욱 촉진하게 될 것이다(김화섭, 1999b). 스포츠 마케팅의 국제화는 수송 및 세관통관에서의 제한조치 완화를 추구하는 지역주의에도 크게 기여한다는 것이다.

3. 전략적 시사점

스포츠 마케팅의 국제화는 스포츠 산업 그 자체의 국제화뿐만 아니라 여타 산업의 국제화에도 기여한다. 그런데 앞에서도 살펴본 바와 같이 스포츠 마케팅의 국제화에는 미디어가 가교 역할을 한다. 따라서 스포츠 마케팅의 국제화에는 미디어를 상대로 한 마케팅 전략이 필요하다 하겠다. 우리나라라고 해서 예외는 아니다. 국제화가 가능한 종목 발굴, 국제 틈새 시장 확보 등의 전략을 통해 스포츠 마케팅의 국제화를 추진할 필요가 있다 하겠다. 물론 이러한 국제화에는 미디어에 대한 마케팅 전략이 동반되어야 한다. 미디어를 활용한 스포츠 마케팅의 국제화에도 프로모션을 비롯한 상품, 유통 등 다양한 전략이 필요하다. 이론적 연구를 비롯하여 사례 연구, 파급효과 분석 그리고 구체적 전략 마련 등의 작업이 필요하다는 것이다.

한편 이 책에서는 이처럼 스포츠 마케팅 국제화의 중요성에 대해서만 언급하고 구체적인 방안에 대한 논의는 미래 전략적 이슈로 남겨두기로 한다.

해설 1 잉글랜드 축구 마케팅의 국제화

잉글랜드가 세계 축구 최강이다.

세계 축구 최강이 어느 국가냐고 묻는다면 대부분의 사람들은 비록 최근 월드컵(2006년 독일)에서 이탈리아가 우승하긴 했지만 브라질과 아르헨티나 등 남미 국가를 꼽는데 주저하지 않을 것이다. 그러면서 브라질의 카카, 호나우딩요 아르헨티나의 메시 등의 환상적인 플레이를 떠올릴 것이다. 과연 그런가? 과연 이들 국가가 세계 최강인가?

다른 질문을 해보자. 미국에는 실리콘 밸리라는 소위 IT 분야의 새로운 기술이 만들어지는 곳이 있다. 그리고 여기서 만들어진 기술들은 각종 경로를 통해 전 세계로 유통된다. 이곳에서 일하는 사람들 가운데에는 중국인과 인도인이 가장 많다. 기술자들 가운데 중국인과 인도인이 가장 많으니 중국과 인도가 IT산업의 최강이다. 그런가?

당연히 아니다. IT산업의 세계 최강은 미국이다. 실리콘 밸리에 있는 기업의 자본이 미국 자본이기 때문이다. 자본주의 사회에서는 자본이 기술 개발과 부가가치 창출에 가장 중요한 역할을 한다. 이론 논리를 보면 IT산업의 최강국은 당연히 미국이라는 것이다.

실리콘 밸리에는 미국계 기업뿐만 아니라 외국계 기업도 많이 있지 않으냐고 반문할 수 있다. 그렇다. 그러나 최근 기업의 국적(정확히 표현하면 대주주의 국적)개념은 별 의미가 없다. 그 기업이 어디에 위치하고 있느냐가 중요하다. 기업이 소재하고 있는 장소가 실리콘 밸리이니 당연히 미국기업이며 전 세계로부터 거두어들이는 각종 부가가치는 미국으로 가장 많이 귀속된다. …… (중략)

이야기를 다시 원점으로 돌려보자. 저자 생각으로는 브라질 아르헨티나 등의 국가는 전 세계 축구 시장에서 우수한 기술자 및 노동자를 생산하여 수출하는 국가에 불과하며, 실제 가장 많은 부가가치(돈벌이)를 올리는 국가(지역)는 잉글랜드가 아닌가 싶다. 이렇게 판단하는 근거는 잉글랜드의 축구(산업) 시장이 가장 큰 것으로 보이기 때문이다. 그런데 잉글랜드의 축구 시장 확대는 마케팅의 국제화에 크게 기인하고 있으며 마케팅의 국제화에는 아시아 시장이 결정적인 역할을 한 것으로 보인다.

그러나 아시아 시장을 두고 각축을 벌이는 메이저 스포츠 가운데에서 잉글랜드 축구는 선두를 차지하고 있지는 않는 듯하다. 미국 NBA가 가장 앞서고 있으며 미국 MLB도 뒤를 추격하고 있는 형세이다. 잉글랜드 축구는 이들과 경쟁을 벌이고 있으며 특히 아시아 최대 시장인 중국을 두고 미국 NBA와의 경쟁은 피를 튀긴다는 표현이 어울릴 것으로 보인다 …… (중략) 하여간 축구(산업)에서 세계 최강은 잉글랜드이다. 브라질이나 아르헨티나가 아니다.

이제 추가적인 질문을 해보자. 한국과 일본 가운데 어느 나라의 축구가 더 강한가? 한국축구는 아직도 중국보다 강한가?

〈저자, 2007, 2월 북경에서〉

연습 · 토의문제

• 아래 기사는 스포츠 마케팅에서 여러 가지를 생각하게 합니다. 스포츠 마케팅의 국제화 측면에서 함께 토의해 봅시다.

양키스, ML 최초 중국인 선수 계약

만리장성 공략에 나선 뉴욕 양키스가 마침내 중국 선수를 영입했다.

AP 통신은 19일(한국시간) 양키스가 메이저리그 사상 처음으로 중국인 유망주 투수와 포수와의 계약에 합의했다고 보도했다.

기사에 따르면 양키스가 계약한 선수는 19세의 왼손 투수 19세의 포수 리우카이와 장젠왕. 이들은 7월 7일 양키스타디움에서 입단식을 가진 뒤 플로리다주 탬파의 양키스 산하 마이너리그 팀에 합류할 예정이다.

류카이는 6개 팀으로 리그를 벌이고 있는 중국 광동성에서 활약하고 있으며 중국 국가대표로 활약했다. 또 장젠왕은 지난해 리그 챔피언인 티안진 라이온스 소속으로 지난해 월드베이스볼클래식에도 참가했으나 타석에는 들어서지 않았다.

양키스 브라이언 캐시먼 단장은 "우리는 세계 곳곳에 스카우트를 파견하고 있으며 두 선수를 과거부터 지켜보았다"고 밝혔다.

양키스는 지난 1월말 랜디 레빈 구단 사장과 브라이언 캐시먼 단장 등 사절단을 중국에 파견, 중국야구 협회와의 교류에 합의하는 등 본격적인 중국 시장 진출을 노리고 있다.

당시 양키스는 중국내 유망주를 산하 마이너리그에서 육성하고 지도자 연수를 주선할 것이라고 밝혔었다.

〈조이뉴스24, 2007. 6. 19〉

제 4 부
에이전트의 업무(3): 고객이 기업인 경우 마케팅 전략

제 2 부에서는 고객이 팬인 경우 스포츠 마케팅 전략에 대해 그리고 제 3 부에서는 고객이 TV방송국(미디어)인 경우 스포츠 마케팅 전략에 대해 설명했다. 이제 스포츠 시장에서의 3대 고객 가운데 기업만 남았다. 제 4 부에서는 고객이 기업인 경우 스포츠 마케팅 전략에 대해 이야기한다. 제15장에서는 기업이 필요로 하는 스포츠 상품의 종류에 대하여 언급한다. 제16장에서는 기업이 스폰서로 스포츠 시장에 참여하는 경우, 제17장에서는 기업이 라이센시로 스포츠 시장에 참여하는 경우 그리고 제18장에서는 기업이 엔도스먼트로 스포츠 시장에 참여하는 경우 마케팅 전략에 대해 논의하기로 한다.

제15장

기업이 필요로 하는 스포츠 상품

1. 스포츠 시장에서 기업의 위치

기업이 스포츠 상품을 수요하는 형태는 다양하다. 경기 이벤트 스폰서십 형태, '스타 상품'에 대한 엔도스먼트 형태, 스포츠 상품(선수)을 자사 제품 광고 모델로 사용하는 형태, TV가 가공한 상품을 구입하는 형태 등이 있다.

2007년 시즌 프로축구 대회 공식 명칭은 「삼성 하우젠 K-리그 2007」이다. 이는 삼성전자라는 회사가 스폰서십 자격으로 스포츠 상품(정규시즌)을 구입한 것이다. 김미현이 경기에 출전할 때 KTF라는 마크가 새겨진 모자를 쓴다. 이것은 KTF라는 기업이 엔도스먼트(개인 스폰서)의 자격으로 스포츠 상품(김미현)을 구입한 것이다.

박지성이 하이트 맥주 광고에 얼굴을 내비치는 것은 기업이 스포츠 상품을 구입하여 광고모델로 사용하는 경우이다. 경기라는 상품에 대한 기업 스폰서의 대표적인 형태는 올림픽 및 FIFA 월드컵을 통해 볼 수 있다. FIFA 월드컵 대회 때에는 한국의 현대 자동차 및 KT를 비롯하여 아디다스, 버드와이저, 코카 콜라, 맥도널드 등 굴지의 다국적 기업들이 스폰서로 참여했다.

TV가 가공한 상품을 기업이 구입하는 경우도 있다. 경기 중계방송 직전 또는 직후 그리고 작전타임 시간, 휴식시간 등에 방송국이 기업의 광고 방송을 내보내는 것이 여기에 해당한다. 이러한 측면에서 볼 때 모든 종목의 인기가 같다고 하면 TV 방송국은 축구 경기보다는 야구 경기나 복싱 경기 방영을 선호할 것이다. 왜냐하면 이들 종목이 광고주(기업)를 보다 많이 끌어들일 수 있기 때문이다.

기업이 TV를 통해 가공된 스포츠 상품을 구입하는 것은 TV 방송국 입장에서 대단히 중요한 의미를 가진다. 왜냐하면 경기 중계방송권을 따낸 TV 방송국은 이러한 기업의 TV 중계방송 구입(광고수입)에 의해 대부분의 중계 방송료를 충당하고 나아가서는 이익을 추구하기 때문이다.

어쨌든 기업은 현대스포츠 산업에서 스포츠 단체의 주요 자금공급원이 되는 동시에 스타에게는 개인적 부를 가져다주는 수요자이다. 또한 TV 방송국의 입장에서도 빼 놓을 수 없는 주요한 고객이다. 기업은 스포츠 시장에서 여기저기 자금을 공급하는 자금 주머니인 셈이다. 그러나 기업이 스포츠 상품을 구입하는 이유는 무엇인가를 얻기 위해 투자를 하는 것이지 자선행위를 하는 것은 결코 아니다(졸저, 1999b, p. 162).

사례 15-1 기업의 스포츠 상품 구매(스폰서)에 따른 효과

삼성전자 '첼시 마케팅' 실제효과는?

…… (중략) 벽안의 현지 팬들 역시 구단 머플러와 첼시 유니폼을 갖춰 입고 열띤 응원전을 벌인다. 유니폼 상의에는 'SAMSUNG mobile'이라는 문구가 뚜렷히 아로새겨져 있다. 텔레비전을 통해 프리미어리그를 시청하는 국내 축구팬들이나 현지를 찾은 한국인들에게는 여간 뿌듯한 일이 아닐 수 없다.

하지만 삼성전자가 첼시의 공식 스폰서십을 확보하기까지는 우여곡절이 많았다. 감성을 넘어 치열한 경제 전쟁을 겪은 뒤 일궈낸 성과다. 삼성전자는 지난해 4월 첼시와 '공식 클럽 후원계약(Official Clbu Partner)'을 체결했다. 당시 창단 100주년을 맞은 첼시는 2003년 러시아 석유 재벌 로만 아브라모비치가 구단을 인수한 이후 2년 동안 2억 5000만 파운드(5000억원)를 선수 영입에 쏟아부으며 최강팀으로 변신했다.

런던의 남서쪽 첼시 지역를 연고지로 하는 첼시는 파란색 유니폼으로 K

리그의 수원 삼성 블루윙스처럼 'The Blues'라는 애칭을 갖고 있는데다 '프리미엄'을 추구하는 삼성휴대폰을 비롯한 삼성전자 브랜드 이미지와 절묘한 조화를 이뤘다. 삼성전자는 핀란드의 세계 최대 이동전화 제조기업인 '노키아'와 치열한 경쟁끝에 스폰서십을 따냈다.

유럽 시장에 교두보를 마련하려는 삼성전자에게 '첼시 효과'는 대단했다. 첼시와의 스폰서십을 확보하면서 자사 제품의 고급스런 이미지를 한껏 끌어올렸다. 첼시는 영국의 고급 소비층인 중상류 계층의 주거지인데다 전세계 스타 플레이어들이 모여있는 다국적 군단이라는 점에서 자연스럽게 글로벌 기업으로서의 이미지도 부각됐다.

중계를 통해 첼시의 경기를 지켜보는 인구가 연간 2억 5000만명이니 첼시의 유니폼이야말로 움직이는 광고판이나 다름없다. 삼성전자는 영국 내에서만 연간 6500만달러의 미디어노출효과를 거둔 것으로 조사됐고 삼성 핸드폰의 인지도도 첼시와 계약한 지 1년 만에 27.5%에서 38.2%로 상승했다.

…… (중략)

〈스포츠서울 2007. 4. 30〉

2. 기업의 스포츠 상품 필요 이유

기업은 왜 경기단체에 자금공급원의 역할을 하고 '스타'선수에게는 부를 안겨주는가? 이는 기업이 자사제품 판매촉진 혹은 자기 기업 이미지 제고 노력에 왜 스포츠 상품을 필요로 하는가 하는 문제와 동일하다.

스포츠하면 '페어 플레이 정신'를 연상시킨다. 이러한 '페어 플레이 정신'이 바로 기업이 필요로 하는 것이다(졸저, 1999b. p. 164). 지구상의 어떠한 국가를 막론하고 기업들은 좋은 이미지와 부정적인 이미지를 동시에 가지고 있다. 특히 나쁜 이미지는 '약삭빠른 상혼'이니 '불공정한 경쟁'이니 하는 언어로 표현된다. 과거 기업들은 광고(프로모션)를 할 때 제품 프로모션에는 열을 올렸으나 이미지 프로모션에는 그다지 큰 관심을 두지 않았다. 그러나 최근에는 제품광고뿐만 아니라 이미지 프로모션에도 상당한 중점을 두고 있다. 품질과 가격만으로 상품을 팔 수는 없으며 여기에 덧붙는 알파가 있어야 한다는 것이다. 알파란 기업에 대한 소비자들의 좋은 이미지이다. '약삭빠른 상혼'과 극명하게 대비되는 개념이 바로 스포츠 정신(페어 플레이 정신)이다. 따라서 기업들은 스포츠의 '페어 플레이 정신'을 자기 회사의 이미지와 결부시키고자 노력하기 때문에 스포츠 상품을 선호하게 된다. 이것이 기업이 스포츠 상품을 선호하는 첫번째 이유이다.

두 번째로는 전통적인 광고 방식이 날이 갈수록 목적 달성에 어려움을 드러내고 있다는 점을 들 수 있다. 하루에도 TV, 신문 등을 통해 수백 가지의 광고에 노출되어 있는 현대인들의 광고 수용력에는 한계가 있고 폭주하는 광고에 대한 소비자들의 거부감 또한 크다. 이에 따라 소비자에게 부담을 적게 주고 나아가 재미있으며 신뢰감까지 주는 광고물이 되기 위한 노력이 끊임없이 이루어지고 있다. 신뢰감을 심을 수 있는 광고에는 스포츠 상품이 유용한 수단이 된다는 것이다.

3. 기업이 필요로 하는 스포츠 상품 종류

앞에서 언급한 내용들을 요약하면서 기업이 스포츠 시장에서 필요로 하는 상품에 대해 정리해보자. 기업이 구입하는 스포츠 상품은 스폰서십 즉 「삼성 하우젠 K-리그 2007」 및 「2006-2007 MOBIS 프로농구」에서 보는 바와 같은 경기 명칭, FIFA 월드컵에서 볼 수 있었던 현대 자동차와 같은 공식 후원사(이상 스폰서), 하이트 맥주가 박지성을 광고모델로 내세우는 것(엔도스먼트) 그리고 모자를 만드는 회사가 LA 다저스 마크를 사용하는 것(라이센싱)등이 있다.

그런데 제 2 부 제 8 장에서 스포츠 상품은 만져볼 수 없다고 했는데 박지성 같은 선수는 만져볼 수 있는 모양을 갖추고 있지 않느냐고 반문할 수 있다. 답변은 이렇다. 하이트 맥주가 박지성이라는 상품을 사는 것은 박지성이라는 인간 그 자체가 아니고 박지성의 얼굴이다. 박지성의 초상권이라는 것이다. 이러한 초상권은 만져볼 수 없는 것이 당연하다.

한편 일반 제품 거래와 스포츠 상품 거래에서의 가장 큰 차이는 소유권 이전 여부에서 나타난다. 일반 제품 거래에서는 소유권 이전이 수반되지만 스포츠 상품 거래에서는 소유권 이전이 발생하지 않는다. 소유권이 이전한다면 박지성이 이 광고 저 광고에서 얼굴을 내밀 수 없다.

경기타이틀(경기 명칭)에 대한 소유권이 이전한다면 각종 스포츠 대회의 이름은 매년 같아야 한다. 그러나 축구의 경우 「하나은행 FA컵」대회(2007년 현재)라는 명칭이 사용되기도 한다. 즉 스포츠 상품의 거래에는 소유권 개념이 동반하는 것이 아니라 권리개념이 동반되며 그리고 이러한 권리 이전은 통상 한시적으로 이루어진다는 것이다.

이제 정리해 보자. 기업이 살 수 있는 주요 상품은 경기명칭 사용권(스폰서십),[1] 상품화권(라이센싱) 선수의 초상권(엔도스먼트) 등으로 나누어 볼 수 있다(〈15-1〉 참조).

이에 따라 제16장, 제17장 및 제18장에서는 스폰서십 유치 전략, 라이센싱 전략 그리고 엔도스먼트 전략에 대해 구체적으로 논의하기로 한다.

표 15-1 스포츠 시장에서 기업이 필요로 하는 주요 상품

수 요 자	스포츠 상품
기 업	경기명칭 사용권(스폰서십) 로고 및 캐릭터 사용권(라이센싱) 선수 초상권(엔도스먼트)

1) 물론 스폰서 십에는 경기명칭 사용권 이외에 다양하게 존재한다. 자세한 내용은 제20장에서 다시 언급한다.

연습 · 토의문제

- 스포츠 시장에서 기업이 고객으로 참여할 때 스폰서십, 라이센싱 그리고 엔도스먼트 등의 형태로 나타납니다. 주변에서 볼 수 있는 구체적인 사례를 들면서 이러한 형태들을 찾아 봅시다.

제16장

스폰서십 유치 전략

1. 스폰서십의 기본 성격: WIN-WIN 전략에 따른 관계 마케팅

기업이 스포츠 상품을 구입하는 대표적인 형태는 스포츠에 대한 스폰서십이다. 스포츠 스폰서십은 기업의 새로운 촉진수단(Promotion)으로 자리를 잡았다. 말 그대로 후원(스폰서)을 하면서 프로모션을 하는 것이다. 사실 스포츠 스타를 광고 모델로 등장시키는 것은 신뢰성 확보라는 차원에서는 다른 광고와 차별성을 보이지만 그 방법이나 형식 등에서는 연예인을 광고 모델로 등장시키는 것과 크게 다를 바가 없다. 이에 비해 스포츠 경기에 대한 스폰서는 방법 및 형식에서도 독특한 특징을 보이고 있다. 특히 직접 경기중인 선수에 대한 스폰서는 스포츠에서만 볼 수 있다고 해도 과언이 아니다.[1)]

기업이 스포츠 경기에 스폰서로 참여하도록 길을 연 것은 LA 올림픽이었다. LA 올림픽이 기업에게 던져준 시사점은 스포츠 단체와도 서로 도움이 되는 파트너십을 형성할 수도 있다는 것이다.[2)] 이후 많은 기업들이 각종 스포츠 이벤트에 스폰서로 참여했다.

그렇다면 기업은 왜 스폰서에 참여하는 것일까? 기업이 스포츠 스폰서

---

1) 이러한 방식을 엔도스먼트라고 한다. 이 부분에 대해서는 제18장에서 별도로 언급한다.
2) 자세한 내용은 졸저(1999b), pp. 85~89를 참조하기 바란다.

로 참여하는 동기는 무수히 많다. 예를 들면, 스포츠는 소비자들에 대한 침투력이 뛰어나다는 것, 언어 및 세대간 장벽을 극복할 수 있다는 장점, 매체수의 급증과 광고 메시지의 범람, TV 광고료의 인상, 술 담배의 TV 광고 금지[3] 등을 들 수 있다(Howard, D.R. and Crompton, J.L., 1995. pp. 234~237). 그러나 기업으로 하여금 스포츠 스폰서에 참여하도록 유도한 데에는 '한층 강화된 TV 광고효과'가 가장 큰 요인으로 자리잡고 있다.

기업이 제조하는 상품을 광고하는 데에는 뭐니뭐니해도 TV 광고가 최고의 수단으로 꼽힌다. 그런데 앞에서도 말한 것처럼 지나치게 많은 광고가 범람하여 TV 광고의 영향력이 날로 감소되는 경향을 보이고 있다. 게다가 TV 리모콘 사용의 보편화로 인해 광고를 보기 싫을 때 시청자(소비자)들은 언제든지 채널을 마음대로 바꿀 수 있다. 따라서 기업들은 TV를 통해 안정적이고 많이 노출될 수 있는 광고 수단이 필요하게 되었다. 스포츠 스폰서는 이러한 조건을 만족시킬 수 있는 효율적인 수단으로 인식된 것이다.

예를 들어 인기가 높은 경기에 ○○기업이 스폰서로 참여하여 대회명칭을 「○○배 ××대회」라고 하고, TV 카메라 맞은 편에 자사제품 입간판을 세웠다고 가정을 해 보자. 이 기업의 제품광고는 경기 중계방송을 통해 TV에 자주 노출되게 마련이다. 시청자들은 TV 화면에 ○○기업 광고 입간판이 나온다고 해서 화면을 다른 방송으로 바꾸지도 않는다. 그리고 「○○배 ××대회」라는 말이 캐스터의 입을 통해 자주 시청자들에게 전달된다. 그야말로 스폰서 참여는 TV 광고료를 별도로 지불하지 않고도 TV를 통한 광고효과를 극대화할 수 있는 방법이다. 기업이 경기장에 참석하는 관중들만 대상으로 경기 스폰서에 참여할 리가 없다는 것은 당연하다. 결국 기업이 스포츠 스폰서에 참여하는 것은 'TV 광고의 한계를 극복하면서 보다 효

3) 미국에서는 70년대부터 담배와 주류의 TV 광고가 금지되자 이들 제조업자들은 새로운 판촉 수단을 찾아야 했다. 술·담배 제조회사가 스포츠 스폰서십의 동반자가 된 데에는 다음 3가지 이유가 있다. 첫째, 건강에 해를 끼치는 제품들이지만 스포츠를 이용해 이를 희석시킬 수 있다. 둘째, 비록 메시지를 간접적으로 전할 수밖에 없긴 하지만 TV의 집중적인 스포츠 방영을 통해 법적으로 금지되어 있는 매체에 접근할 수 있는 길을 열 수 있다. 셋째, 스포츠를 통해 청소년 시장으로 접근할 수 있게 해 준다. 이러한 이유로 인해 술 담배회사는 스폰서에 가장 적극적이다.

과적인 TV 광고를 위한 것' 이라고 할 수 있다.[4)]

요약하면, 기업이 스포츠 스폰서 십에 참여하는 것은 미디어에 의해 스포츠의 역량이 거대해지고 기업은 이러한 스포츠의 미디어 가치를 이용하기 위한 것이다. 실제 각종 연구(Janet Hoek, Philips Gendall, Michelle Jeffcoat, and David Orsman, 1997. pp. 21~32.) 에서도 광고보다 스포츠 스폰서십 참여가 보다 나은 프로모션 효과를 가져온 것으로 분석되고 있다.

기업이 스포츠 스폰서십에 참여하는 이유에는, 자기회사 제품의 판매가 증대되는 직접효과 이외에 간접효과를 거두기 위한 목적도 있다. 구체적으로는 기업의 인지도 확대, 이미지 제고, 고객과의 관계 증대 그리고 종업원의 사기진작 등을 들 수 있다.

그렇다면 스포츠 상품을 쥐고 있는 스포츠 단체 혹은 팀은 어떠한 이익을 기대할 수 있을까? 당연히 재정적인 문제이다. 스폰서를 유치함으로써 경기 개최에 수반되는 재정적인 부담을 크게 줄일 수 있을 뿐만 아니라 나아가 수익을 확보할 수도 있다. 여기에 대해서는 더 이상의 설명이 필요 없을 것이다.

스포츠 단체가 누릴 수 있는 또 다른 이익은 스폰서로 참여하는 기업의 유통망 등을 통해 해당 스포츠의 인지도를 더욱 높일 수도 있다는 것이다. 따라서 스포츠 단체 측은 스폰서 참여 기업을 선정할 때 스포츠 이벤트 홍보에 도움이 될 수 있는 기업을 선택하게 된다. 일종의 유통경로 선택 전략이다. 일반적으로 스폰서와 이벤트를 패키지로 엮어 홍보전략을 수립하는 측은 기업이므로 스포츠 단체 측은 그만큼 홍보 비용(Promotion)을 절감할 수도 있다.

그렇다면 스포츠 스폰서십이란, 상호 긴밀한 관계를 형성(관계 마케팅)하는 것이라고 할 수 있다. 왜냐하면 양측 모두 각자의 목적을 달성하기 위해 그들의 프로모션 파트너로부터 협조, 의견 교환, 지도 등이 필요하기 때문이다. 이것이 바로 Win-Win전략이다(〈그림 16-1〉 참조).

4) 그렇다고 해서 스포츠 스폰서 참여한 모든 기업이 성공을 거둔 것은 아니다. 스폰서 기업이 추구하는 이미지가 특정 스포츠 이벤트의 이미지와 부합 될 때에만 비로소 성공을 거둘 수 있다. 즉 기업의 전략이 중요하다는 것이다. 기업의 전략이 잘못되어 스포츠 상품을 구입하고도 큰 돈을 만져보지 못한 기업은 얼마든지 있다.

그림 16-1 스포츠 스폰서십 Win-Win 관계

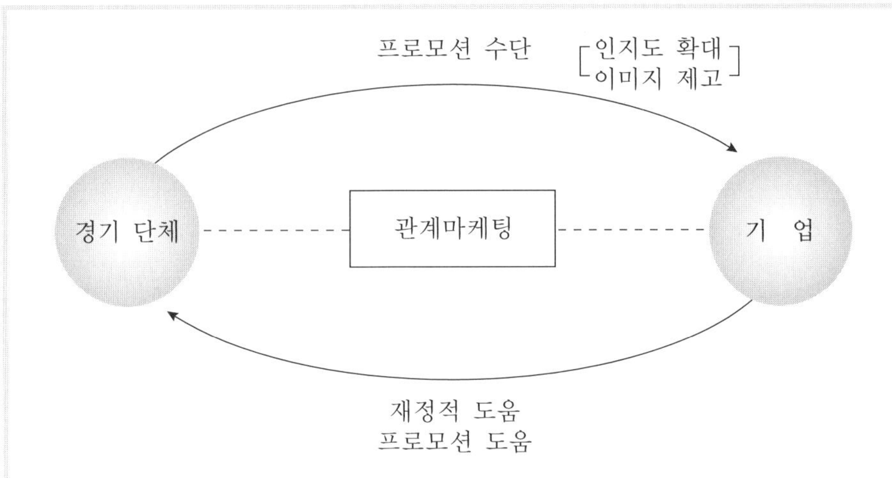

한편 다음과 같은 해석도 가능하다. 〈그림 16-1〉 보면, 기업이 스포츠 단체에게 제공하는 것은 재정적 도움과 프로모션 도움이다. 재정적 도움이라는 것은 기업이 스포츠 단체에게 고객 역할을 한다는 뜻이다. 프로모션 도움이라는 의미는 팬들에 대한 프로모션을 나타낸다. 즉 프로모션 도움이라는 것은 기업이 스포츠 단체에게 유통 경로의 역할도 한다는 뜻이다. 결론적으로 언급하면 기업은 스포츠 단체에게 고객의 역할과 유통 경로의 역할을 동시에 수행하고 있다는 의미이다.

2. 스폰서십의 종류

그러면 스폰서십에는 어떠한 것들이 있는지에 대해 이야기해보자. 스폰서(sponsor)를 우리말로 표현하면 '후원하다' 이다. '후원하다' 라는 것은 힘이 되도록 도와준다는 뜻이다. 즉 스포츠 마케팅에서 스폰서십이란 기업이 스포츠 상품을 가진 자(스포츠 상품 관련 권리 보유자)에게 재정적으로 도움을 주는 형태이다. 스포츠 상품을 가진자는 스포츠 단체, 스포츠 팀, 선

그림 16-2 스폰서의 구분 및 종류

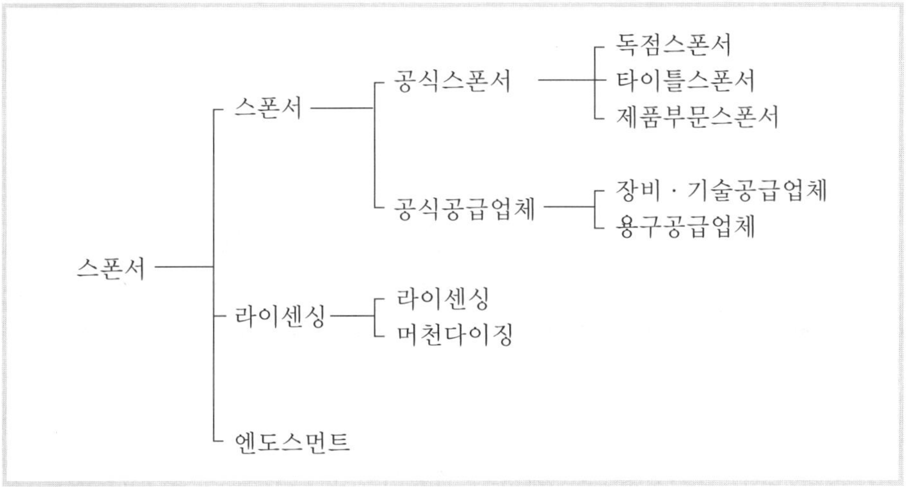

수 등이며 이들이 기업으로부터 재정적으로 후원을 받는 모든 형태는 스폰서십이다.

그런데 스포츠 상품의 종류가 다양하듯이 이에 따른 스폰서의 종류도 다양하다. 스포츠 상품을 생산하는 이벤트에도 월드컵 축구대회나 올림픽과 같은 대형 이벤트, 프로경기 리그, 단일 경기 등 여러 종류가 있다. 연구자[5)]에 따라 스폰서의 종류 또한 다르게 나타난다. 즉 스폰서의 종류를 일률적으로 구분하기는 힘들다는 것이다. 이 책에서는 이미 발표된 여러 종류의 스폰서를 종합적으로 정리하여 구분하고자 한다.

앞에서도 언급한 바와 같이 기업이 후원하는 형태는 모두 스폰서십이다. 라이센싱이나 엔도스먼트도 넓게 해석하면 스폰서의 범위에 포함된다(〈그림 16-2〉 참조). 그러나 일반적으로 스포츠 마케팅에서 스폰서십이라 함은 선수에 대한 후원활동인 엔도스먼트와 스포츠 단체의 로고나 캐릭터를 사용하는 라이센싱을 제외하고 논의하는 경우가 많다.

이렇게 보면 스폰서는 크게 공식 스폰서와 공식 공급업체로 나누어진다. 공식 스폰서는 독점 스폰서, 타이틀 스폰서 그리고 제품별 스폰서로

5) 대표적인 경우로는 Ukman(1984), Lapin(1987), Taylor & Silverman(1984), Christine M. Brooks(1994) 등이 있다.

나눌 수 있으며 공식공급업체는 장비 및 기술 공급업체와 용구 공급업체로 나눌 수 있다.

(1) 공식 스폰서

1) 독점 스폰서

독점 스폰서는 말 그대로 경기 이벤트 혹은 팀과 관련된 스포츠 상품의 모든 권리(라이센싱 포함)를 독점하는 것이다. 따라서 독점 스폰서에는 여타 스폰서에 비해 많은 비용이 수반된다. 가격이 가장 비싸다는 의미이다. 어떤 경우에는 스포츠 상품 자체를 스폰서 기업이 소유하는 형태로 나타나기도 한다.

국내 대부분 스포츠 구단에서는 기업이 구단주가 되고 팀 이름에도 기업이름을 사용하며 선수들이 사용하는 용품이나 유니폼에도 특정 기업의 이름 또는 제품광고가 부착된다. 예를 들어 프로야구 삼성라이온즈의 경우 우선 팀 이름에 삼성이라는 기업 이름이 들어가며 선수들이 사용하는 각종 용구에는 삼성전자 관련 광고가 부착된다. 이는 독점적 스폰서의 한 형태이다.

독점 스폰서는 이벤트(또는 팀)에 독점적으로 투자를 하기 때문에 이벤트 운영에 대한 발언권 또한 매우 강하다. 그러나 독점 스폰서는 비용이 많이 들 뿐만 아니라 이벤트가 실패로 끝날 경우 그 피해가 바로 독점 스폰서 기업에게 연결된다.

2) 타이틀 스폰서

타이틀 스폰서 역시 말 그대로 타이틀 즉 대회명칭에 대한 스폰서를 의미한다. 예를 들어 「MOBIS 프로농구」, 「삼성 하우젠 K-리그 2007」 등이 여기에 속한다(〈사례 16-1〉 참조). 그렇다고 해서 대회명칭에 대해서만 권리를 가지는 것이 아니라 라이센싱을 포함하여 여타 스포츠 상품에 대해서도 권리를 가지는 경우가 많다. 이에 따라 이벤트 운영에도 상당한 영향력을 가진다. 다만 모든 권리를 독점할 수 없다는 점에서 독점 스폰서와

사례 16-1 타이틀 스폰서

인천국제공항 2년 연속 서비스 세계1위 기념 한국 대 우루과이전 타이틀 스폰서 획득

인천국제공항공사(www.airport.or.kr, 사장 이재희)가 오는 24일(토요일) 오후 8시 서울 상암월드컵경기장에서 열리는 한국과 우루과이 축구 국가대표팀 친선경기의 타이틀 스폰서를 맡는다.

공항공사측은 대한민국을 대표하는 국제공항으로 지난 해에 이어 2년 연속 세계 최우수 공항상 수상 및 개항 6주년을 기념하기 위해 이번 경기의 타이틀 스폰서를 맡게 되었다고 밝혔다.

이번 경기의 공식명칭은 〈인천국제공항 2년 연속 서비스 세계1위 기념 한국 VS 우루과이 축구국가대표팀 친선경기〉이며, 상암월드컵경기장내 A보드와 경기장 내외부의 배너 등 각종 홍보물을 통해 인천국제공항의 타이틀 스폰서쉽 획득을 알리게 된다. 또한 경기 종료 후에는 인천국제공항공사 선정 경기 MVP(상금 3백만원)를 선정, 시상할 예정이다.

한편, 이번 경기는 올해 국내에서 처음 열리는 A매치로, 프리미어리거 박지성, 이영표, 설기현을 비롯한 해외파 7명이 오랜만에 국내팬들에게 모습을 드러낼 예정이다. 또, FIFA 랭킹 26인 우루과이 역시 알바로 레코바(31 · 인테르밀란) 디에고 포를란(28 · 비야레알) 등 세계적인 선수를 비롯해, 이탈리아와 스페인에서 뛰는 유럽파 14명을 출전시킨다고 예고해 관심이 집중되고 있다. 한국은 우루과이와 지금까지 3번 싸워 모두 패했다.

〈인천국제공항공사 홈페이지 2007. 3. 23〉

차이가 있다.

타이틀 스폰서는 독점 스폰서에 비해 비용이 적게 들면서도 유사한 효과를 거둘 수 있는 장점이 있다. 그러나 이러한 타이틀 스폰서는 올림픽이나 월드컵 축구 등 세계적인 빅 이벤트에서는 찾아보기 어렵다.

3) 제품 부문 스폰서

제품별로 수개의 기업이 스폰서로 참여하는 형태이다. 올림픽이나 월드컵 축구대회 등 초대형 이벤트에는 코카콜라, 코닥필름, 버드와이저(맥주회사), 마스터카드, 질레트 등 세계적 다국적 기업들이 스폰서로 참여한다. 이들 기업은 자기 기업이 속한 업종에 한해 스포츠 상품에 대한 독점적 권한을 가진다. 예를 들어 2006년 월드컵 축구대회 자동차 부문 공식 스폰서는 우리 나라의 현대자동차였다. 현대 자동차 이외의 어느 자동차 회사도 2006 월드컵 축구대회의 공식 스폰서로 나설 수 없다. 따라서 올림픽이나 월드컵 축구대회 등에서 공식 스폰서라 함은 바로 이러한 제품 부문 스폰서를 의미한다.

제품 부문 스폰서에 참여하는 대가(가격)는 업종에 따라 천차만별이다. 왜냐하면 모든 업종의 시장 규모가 다 다르듯이 업종에 해당하는 기업 역시 규모나 매상 등에서 차이를 보이고 있기 때문이다. 다시 말하면 과자를 만드는 회사와 석유회사가 지불하는 스폰서 대가가 같을 수 없다는 것이다.

또한 제품 부문 스폰서는 스포츠 단체에게 현금을 제공하기도 하고 현금과 물품 · 서비스를 동시에 또는 물품만을 제공하기도 한다. 그런데 여기서 제공되는 물품은 이벤트 진행 · 운영에 직접적으로 필요한 것만은 아니다. 이벤트진행에 반드시 필요한 물품을 제공하는 업체는 다음에 설명할 공식 공급업체(장비 · 기술 제공, 경기 용품 제공)에 해당한다.

(2) 공식 공급업체

1) 장비 · 기술 제공업체

스포츠 경기를 치르는데 필요한 기술이나 서비스를 제공하고 이벤트와 관련된 스포츠 상품을 이용할 수 있는 권리를 부여받은 후원사가 장비 · 기술 제공업체이다. 주로 통신, 전산, 대회운영에 필요한 소프트웨어 분야의 기업들이 많다.

2) 용구 · 용품 제조업체

스포츠 경기에 반드시 필요한 용구 및 용품을 제공하는 업체이다. 이들 업체는 자기들이 제공하는 분야(용구, 용품)에 한해 독점권을 가진다. 예를 들면 국내 프로농구에는 S볼 제조업체가 공식 용품 공급업체로 참여하고 있다.

3. 스폰서십 유치 전략

스포츠 단체 혹은 팀 입장에서 보면 기업은 중요한 고객이기도 하며 유통 경로이기도 하다. 그렇다면 기업을 고객으로 대우한 마케팅 전략과 유통 경로로 대우한 마케팅 전략이 필요하다. 그러나 본 절에는 고객 및 유통 경로 개념을 통합한 마케팅 전략(유치 전략)에 대해 논의하기로 한다.

제 2 부에서 언급한 바와 같이 팬을 상대로 한 스포츠 마케팅 전략 과정에는 시장조사 및 목표 설정 과정(기본 전략), 4P 전략, +3P 전략 및 실행단계가 존재하듯이 스폰서십 유치 전략에서도 이와 유사한 절차를 통해 파악할 수 있다.

스폰서십을 유치하는 데에는 우선 대상 기업을 물색해야 한다. 대상 기업이 선정되면 제안서를 작성한 다음 그 기업과 의견 조정을 거쳐 계약

그림 16-3 스포츠 마케팅 과정과 스폰서십 유치 과정 비교

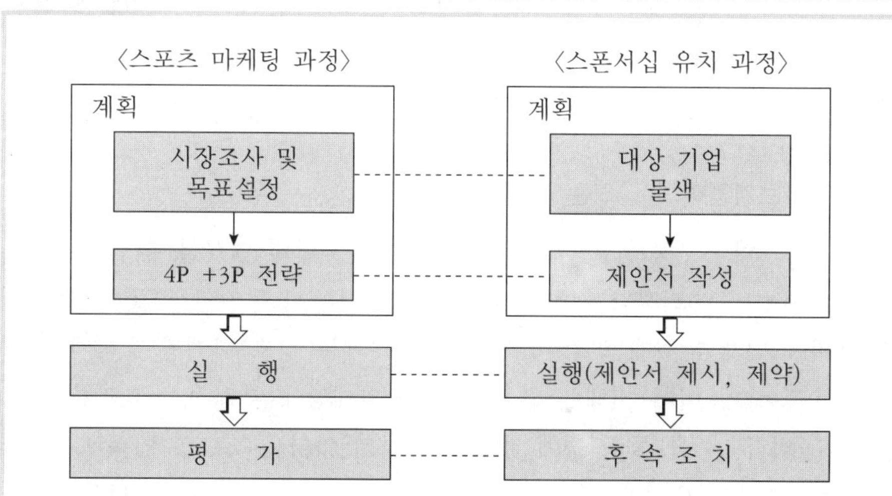

을 하게 된다. '대상기업 물색'은 팬을 상대로 하는 스포츠 마케팅 전략에서의 시장조사 및 목표 설정에 해당하며 '제안서 작성'은 4P, +3P 전략 수립 단계와 그리고 제안서 제출 및 계약 단계는 실행 단계와 대응된다. 또한 이벤트가 종료된 후 후속조치는 일반 스포츠 마케팅 과정에서의 평가와 맥을 같이한다(〈그림 16-3〉 참조).

(1) 대상 기업 물색: 시장조사 및 목표설정

팬을 상대로 한 스포츠 마케팅 과정에서 시장조사를 통해 표적시장을 선정하는 것처럼 스폰서 유치 과정에서도 대상 기업을 물색한다. 대상 기업을 물색하는 데에는 인터넷 검색을 비롯하여 회사 연감, 각종 출판물 등이 이용된다.

또한 굳이 기업이 아니더라도 부유한 개인도 스폰서로 유치할 수 있으며 재단, 공공단체 등에 대해서도 관심을 가져야 한다. 특히 벤처기업의 활동이 왕성해짐에 따라 이들 기업도 유력한 스폰서 후보가 될 수 있다.

대상기업을 물색하는 과정에서 유의해야 할 사항은 후보 기업이 스포츠 단체에게 재정적으로 도움이 될 수 있는지 여부뿐만 아니라 기업의 활동이 해당 스포츠를 널리 알리는 데(프로모션 하는 데) 도움이 될 수 있는지에 대해서도 검토해야 한다. 즉 대상 기업의 고객 역할뿐만 아니라 유통경로 역할도 동시에 고려되어야 한다는 것이다. 따라서 후보 기업에 대해서는 다음과 같은 기본적인 조사가 필요하다.

1) 후보기업이 생산하는 제품 또는 서비스

후보 기업이 생산하는 제품과 해당 경기가 쉽게 연상될 수 있으면 스폰서 유치에도 유리하다. 예들 들어 국내에서는 드물지만 자동차 경주는 퀵 서비스 업체와 쉽게 연상된다. 이런 경우에는 상호 마케팅 효과가 크게 나타날 것이다. 이에 비해 스폰서 유치가 마케팅에 부정적인 효과를 가져올 수도 있다. 예를 들어 경기 도중 관중들의 과다음주로 인해 폭력사태가 발생할 경우 이 대회에 알코올 회사가 스폰서 했다면 스포츠 단체측이나 알코올 회사 모두에게 손해가 돌아온다.

즉 후보기업이 생산하는 제품 및 서비스와 해당 스포츠와의 연계 작업(Match-up)은 스폰서 유치에서 매우 중요한 의미를 가진다는 것이다.

2) 후보기업의 마케팅 구조 및 여타 동종기업과의 경쟁관계

스포츠 단체가 스폰서 기업을 유치하는 목적에는 기업을 이용한 스포츠 저변확대도 포함된다고 했다. 여기에는 스폰서 후보기업의 유통망, 광고 및 홍보 등 프로모션 능력 등 마케팅 구조와 후보 기업과 여타기업간 경쟁관계도 중요한 의미를 차지한다. 스폰서 후보기업이 시장에서 탁월한 프로모션 능력을 가지고 있거나 폭넓은 유통망을 보유하고 있으면 스포츠 단체에도 유리하다.

한편 강준호(2003)는 기업들의 마케팅 구조 및 상품 영역 내 경쟁 등을 고려하여 국내 프로농구 스폰서 후보 업종으로, 모바일 인터넷 서비스, 이동전화 단말기, 모바일 신용카드, Personal Digital Devices, 신용카드사, 보험사, 외식업체, 은행, 자동차, 스포츠 용품, 맥주, 결혼 정보업체, 인터넷 정보 서비스 제공업체, 모바일용 정보 서비스, 의류업체 등을 선정한 바 있다.

3) 과거 스포츠 경기에 스폰서로 참여한 경험 유무

스폰서 후보로 지목된 기업이 과거 같은 종류의 스포츠 혹은 여타 종목의 스포츠 이벤트에 스폰서로 참여한 적이 있는지 여부에 대해서도 조사를 해야한다. 참여한 적이 있다면 그 경험은 부정적이었는지 그렇지 않으면 긍정적인 이었는지에 대해서도 정보를 수집하는 것이 좋다.

만약 후보기업의 경험이 긍정적이었다면 그 기업과 유치 협상을 벌일 때 협상에 따른 시간적 비용을 크게 줄일 수 있는 장점이 있다. 또한 부정적이었다면 왜 부정적이었는지를 미리 파악하여야 스폰서 후보 기업의 구미에 맞는 제안서를 작성하는 데 도움이 된다.

4) 마케팅 과정에서의 결정권한자

이는 제안서를 작성한 다음 실제 후보 기업과 접촉할 때 중요한 의미를 가진다. 가능하면 마케팅 결정권한자와 직접 접촉하는 것이 좋다. 이러한 결정권한자에 대한 정보는 회사의 안내나 비서실을 통하면 쉽게 알 수 있다.

(2) 제안서 작성: 4P, +3P 전략

1) 4P 전략

스폰서 후보 기업이 선정되었으면, 제안서를 작성해야 한다. 제안서에는 기본적으로 스포츠 단체에 대한 소개와 이벤트에 대한 설명을 기술한다. 스포츠 단체에 대한 소개는 '단체의 활동, 단체의 간략한 역사 그리고 스포츠 단체의 목적과 비전' 등이, 그리고 이벤트에 대한 설명에는 '날짜, 요일, 시간, 장소, 내용, 주제 그 이벤트에 대한 과거 경험 등이 포함된다.

한편 이 밖의 내용에 대해서는 4P 및 +3P 전략에 따라 작성하면 된다.

① 상품(Product)

제 1 장 및 제19장에서도 언급한 바 있지만 스포츠 상품은 권리 개념으로 거래된다. 스폰서와 관련된 스포츠 상품에는 다음과 같은 권리들이 있다.

이 밖에도 스폰서 유치와 관련된 다양한 스포츠 상품이 있다. 결론적으로 말해 기업을 상대로 하는 마케팅 담당자는 제안서를 작성하는 과정에서 이러한 상품들을 반드시 기재해야 한다는 것이다.

〈스폰서와 관련된 스포츠 상품〉

- 경기명칭 사용권
- 보드광고 사용권
- 조형물 광고 사용권
- 대회 당일 스폰서 기업 플래카드 설치권
- 여러 장의 입장권
- 이벤트 진행자(선수 포함)의 유니폼에 스폰서 기업 이름 사용권
- 감독 및 선수 기자회견시 배후에 기업 이름이 표시된 조형물 사용권
- 라이센스권(대회 포스터의 로고 사용권 등)

② 촉진(Promotion)

마케팅에서 사용되는 촉진이란 용어에 대해 다시 한번 언급해 보자. 촉진이란 "고객들에게 자기의 상품을 알리고 고객들이 자기의 상품을 선택하게 하는 마케팅 활동"이다. 다시 말하면 고객들로 하여금 자기의 상품에 관심을 가지도록 설득하는 것이다.

촉진이 설득하는 것이라면 설득하는 데에는 고객에게 어떤 혜택이 주어지는가에 초점이 두어져야 한다. 따라서 스폰서십 유치 과정에서 제안서를 작성할 때에는 스폰서 참여 후보 기업이 누릴 수 있는 혜택을 반드시 명기해야 한다. 구체적으로는 앞에서 언급한 스포츠 상품을 사용할 권리[6] 이외에 다음과 같은 내용들이 있다.

〈스폰서 기업의 혜택〉

- 스포츠와 기업과의 이미지 연계성
- 팬 DB
- 예상되는 TV시청률
- 미디어에 홍보 노력
- 접대 기회
- 각종 프로모션 기회 제공(〈해설 16-1〉참조)

해설 16-1 **스폰서의 프로모션 활동**

스포츠 이벤트에서 스폰서의 프로모션(마케팅) 활동은 다양하게 나타난다. 우선 스폰서가 자체적으로 시행하는 프로모션 활동을 생각해 볼 수 있다. 경기장소를 이용하거나 스포츠 단체의 로고 등을 이용한 프로모션이 여기에 해당한다. 예를 들면 경기장 내에서 스폰서 기업명 혹은 제품이 표시된 플래카드를 설치하는 것 등이 있다. 즉 스포츠 이벤트를 통해 스폰서 기업이 자체적으로 시행하는 마케팅은 스포츠 단체측이 제공한 각종 스포츠 상품(경기명칭 사용권, 조형물 광고 사용권, 대회 당일 플래카드 설치권 등)을 이용하는 방법이라고 할 수 있다.

6) 스폰서를 원하는 기업이 가장 관심을 가지는 것은 미디어에 의한 노출 정도이다. 앞에서 언급한 스포츠 상품들은 언론에 의해 자연스럽게 노출되는 것들이다.

스포츠 단체측에 전적으로 의존하는 프로모션(마케팅)도 있다. 선수들이 스폰서 기업의 이름이 새겨진 유니폼을 입고 경기하는 것이 대표적인 예이다. 또한 스포츠 단체가 해당 이벤트를 광고, 또는 홍보하는 과정에서 OO기업 협찬이라는 문구를 삽입하거나 그 기업의 로고를 같이 표기하는 방법도 여기에 해당한다.

스포츠 단체측과 스폰서 기업이 공동으로 프로모션을 전개하는 경우도 있다. 스폰서 기업과 스포츠 단체가 공동으로 이벤트를 개최하거나 판촉활동을 하는 경우가 여기에 해당한다. 이 때 스폰서 기업은 현물을 제공하고 스포츠 단체는 서비스를 제공한다. 온라인이나 인쇄매체 그리고 지하철 등에서 공동으로 광고, 홍보하는 것도 공동 프로모션에 해당한다.

최근에는 스폰서 기업과 스포츠 단체가 공동으로 프로모션(마케팅)하는 사례가 많아지며, 방법 또한 매우 세련되게 전개되고 있다. 향후에는 이러한 공동 프로모션이 스폰서 기업의 프로모션 활동에 주류를 이룰 것으로 예상된다. 스폰서 기업과 스포츠 단체와의 공동 마케팅 이것이야말로 상호 진정한 win-win 관계를 유지하는 대표적인 형태가 아닌가 싶다.

대상기업 물색과정에서도 언급했지만 해당 스포츠와 스폰서 후보 기업 혹은 그 기업이 생산하는 제품과의 이미지가 매치-업(Match-up)되면 상호 마케팅에도 유리하다. 따라서 스포츠 단체 측은 상호 이미지가 연계된다는 내용을 제안서에 담아야 한다.

고객들의 DB는 스폰서로 참여하는 기업이 자기 제품을 마케팅할 때 시장조사 및 목표설정에 필요하다. 따라서 스포츠 단체 측은 팬들의 DB를 스폰서 기업에게 제공하는 것도 고려해 볼 수 있다. 특히 단순 DB 제공에 그치지 않고 팬들의 성향분석을 실시해 줄 수도 있다는 내용을 담는다면 스폰서 유치에 더욱 유리하다.

스포츠 이벤트를 여러번 실시했다면 이벤트에 대한 시청률 예측이 가능할 것이다. 제안서에는 예측된 시청률을 포함시켜야 한다. 만약 경쟁 스포츠 이벤트와 시청률 비교가 가능하다면 여기에 대한 설명도 제안서에 게재하면 좋다.

이벤트가 미디어에 노출될 수 있는 정도는 스폰서 기업의 프로모션에도 중요하다. 따라서 스포츠 단체측이 그 스포츠의 홍보(프로모션)를 위해 언론과 어느 정도로 접촉하겠다는 내용을 제안서에 담는다면, 스폰서 후보 기업의 관심을 높일 수 있다. 예를 들어 특정 신문 스포츠란에 그 스포츠 이벤트가 기사화되는 정도가 많을수록 스폰서 기업의 이름이 노출될 기회도 많아지기 때문이다.

스포츠 단체가 스폰서 기업에게 제공하는 기본적인 접대 기회는 무료 입장권이다. 스폰서 기업은 무료 입장권을 이용해 자기 회사 제품에 대한 단골 고객 혹은 잠재 고객에게 배포하여 프로모션 기회를 확대할 수 있다. 뿐만 아니라 스폰서 기업이 고객과의 관계마케팅을 형성하는 데에도 유리하다. 무료 주차권 등에 대해서도 같은 논리로 해석할 수 있다.

한편 스폰서 기업은 스타를 활용할 수 있는 접대 기회를 가질 수도 있다. 스포츠 단체 측이 스폰서 기업이 경기 전 또는 후에 자기 제품 판촉 활동을 할 때 스포츠 스타를 판촉 요원으로 파견하는 방법이 여기에 해당한다. 이는 스포츠 단체와 스폰서 기업 모두에게 마케팅 기회를 확대시켜 준다.

③ 가격(Price)

마케팅 활동에는 다양한 가격 전략이 있다. 대표적인 가격전략이 가격 차별화 전략(price discrimination)이다. 이 밖에 비선형 가격차별화 전략(nonlinear pricing)과 다발 가격 전략(price bundling) 등이 있다.

가격 차별화 전략은 이용시간 또는 고객에 따라 가격을 달리하는 전략이다. 예를 들어 평일 경기장의 입장료가 주말 입장료보다 싸다면 이는 이용시간에 따른 가격 차별화 전략이며, 학생 및 군경에게 할인 가격을 적용하는 것은 고객에 따른 가격 차별화 전략이다.

비선형 가격 차별화 전략은 구매량에 따라 차별화된 가격을 적용하는 것이다. 다시 말하면 많이 구입하면 많이 구입할수록 싸게 하는 것이 비선형 가격 차별화 전략의 대표적인 경우이다.

'다발 가격 전략'은 말 그대로 다발(패키지)채 가격을 매기는 것이다. 예를 들어 컴퓨터 가격에 본체뿐만 아니라 키보드, 윈도우, 워드 프로세스용 한글 등 소프트웨어, 마우스 등이 포함되어 있으면 이는 다발 가격 전

표 16-1 스폰서십 가격 전략의 예

A	B	C	D	상품 종류
○				- 경기명칭 사용권
○	○			- 보드광고 사용권
○	○	○		- 조형물 광고 사용권
○	○	○	○	- 대회 당일 스폰서 기업 플래카드 설치권
○	○	○	○	- 수십장의 입장권
○	○	○	○	- 이벤트 진행자(선수포함)의 유니폼에 스폰서 기업 이름 사용권
○	○	○	○	- 감독 및 선수 기자회견시 배후에 기업 이름이 표시된 조형물 사용권

해설 16-2 스폰서료 및 TV 중계료 결정 원리 비교

스포츠 스폰서십에 참여하려는 기업이 다수인 경우가 있다. 예를 들어 본문 〈표 16-1〉에서 A라는 스포츠 상품을 구입하겠다는 기업이 다수가 나타나 기업간 경쟁이 불가피한 경우이다. 보다 구체적으로 언급하면 대회 타이틀 스폰서로 참여하려는 후보 기업이 다수가 된다는 의미이다. 이 때 스폰서십 참여 기업 및 가격 결정은 TV 방송사 선정 및 중계료 결정과 마찬가지로 경매를 통해 선정하게 된다. 물론 이러한 구도 역시 TV 중계료 결정과정에서와 마찬가지로 인기 종목(Hot Property)에서나 볼 수 있는 현상이다.

계약기간이 만료되고 새로운 계약을 하고자 할 경우에도 TV 방송사 선정 및 중계료 결정과정에서와 마찬가지로 '우선 협상권', '우선 거부권' 논리가 적용된다(자세한 내용은 〈해설 14-1〉 참조). 즉 스폰서료 결정 원리와 TV 중계료 결정원리는 유사하다는 것이다. 다만 TV 중계료 결정과정에서는 방송사들이 담합을 하는 경우가 있지만 스폰서료 결정과정에서는 기업들이 담합을 하는 경우는 거의 없다는 점에서 양자간 차이가 있다.

한편 국내 프로 스포츠의 경우 스폰서(특히 타이틀 스폰서)는 주로 수의계약에 의해 결정된다. 재계약 과정에서도 스포츠 단체보다는 기업이 주도권을 쥐는 경우가 많다. 즉 기존 타이틀 스폰서 기업이 우선 협상권을 가진다는 의미이다.

략의 하나이다.

스폰서 기업 유치 과정에서는 주로 다발 가격 전략이 채택된다. 앞에서 언급한 상품을 예로 들어 다시 한번 설명해 보자. 스포츠 이벤트에서 볼 수 있는 스포츠 상품이 〈표 16-1〉과 같다면 스포츠 단체 측은 이들 상품을 패키지로 가격을 책정하는 경우가 많다.

〈표 16-1〉에 나타난 스포츠 상품의 전체 가격을 A라고 한다면 B 가격은 A 가격에서 경기명칭 사용권에 대한 가격을 제한 것이다. C 가격은 B 가격에서 보드 광고 사용권에 대한 가격을 제한 것이며 D 가격은 C 가격에서 조형물 광고 사용권을 제한 것이다. 어쨌든 A, B, C, D 가격 모두 '다발 가격 전략'의 일환이며 스폰서십 유치에는 이러한 '다발 가격 전략'이 널리 이용되고 있다. 이러한 A, B, C, D 등으로 나누어지는 등급에 금(Gold), 은(Silver), 동(Bronze), 수정(Crystal) 등의 명칭을 붙여 구분하기도 한다.

한편 가격은 제안서를 작성할 때 표시될 수도 있으며 스폰서 후보 기업과 협상을 통해 결정될 수도 있다. 스포츠 단체가 가격을 제안서에 표기할 경우 이러한 가격은 스폰서를 원하는 기업 측과 협상을 통해 변화될 수 있는 여지를 남겨두는 것도 좋은 방법이다.

④ 유통(Place)

제13장에서 TV 방송국은 유통 경로가 된다고 언급한 적이 있다. 스폰서를 원하는 기업이 고객이 될 경우(스폰서십 유치) TV 방송국의 유통 경로 기능은 더욱 중요한 의미를 가진다. 기업이 스폰서로 참여한 스포츠 이벤트(구입한 스포츠 상품)가 TV를 통해 일반인(팬)들에게 전달된다면, 이 때 자기 회사 또는 자기 회사 제품도 스포츠와 함께 팬들에게 홍보·광고되기 때문이다.

따라서 스포츠 단체 측은 스폰서로 참여하는 기업에게 미디어에 의한 노출 정도를 감안하여 스폰서십 효과를 산정 해 제공할 수 있다고 제안하면 유치 협상에서 유리한 위치에 설 수 있다. 물론 스폰서십 효과를 측정하는 구체적인 방법론까지 제시한다면 더욱 효과적이다.

스포츠 단체측은 TV 방송국과 중계방송 조건에 대해 협상할 때 TV 방송국이 스폰서 참여 기업의 노출에 보다 많은 관심을 기울여 줄 것을 요구할 수 있다. 이러한 요구는 스포츠 단체 측 입장에서 보면, TV 방송국이라는 유통 경로에 대한 관리 전략이 된다.

스폰서십 유치 과정에서도 에이전트를 통해 유통이 이루어지는 경우가 많다. 스포츠 상품을 소유하고 있는 스포츠 단체 측은 스폰서와 관련된 권리를 직접 기업에게 판매하는 경우도 있으나 대부분은 대행사(에이전트)에게 의뢰하기 때문이다. 예를 들어 보자. 2007년 현재 축구 협회는 나이키, 한국담배인삼공사, 한국정보통신 등 여러 업종의 기업과 공식 후원 계약을 체결하고 있다.

그리고 이러한 기업들은 공식후원사 명칭 사용권, 한국축구협회 주최 축구대표팀 경기 A-Board 광고권, 축구대표팀 경기사진 사용권, 경기장 프로모션권 및 입장권 무료제공 등의 권리를 보유하고 있다. 그런데 이러한 후원사를 선정하는 구체적인 작업은 F 회사가 담당하고 있다. 즉 F 회사는 대한축구협회의 사업대행권자인 셈이다. 나이키 등의 기업은 에이전트인 F 회사를 통해 각종 스포츠 상품(공식 후원사 명칭 사용권 등)을 구입한다. 따라서 F 회사는 유통 경로의 역할을 한 것이다.

한편 제안서 내용에 스포츠 마케팅을 담당하는 에이전트를 기재하지 않을 수도 있다. 그러나 에이전트를 기재하면 스폰서를 원하는 기업에게 더 많은 신뢰감을 줄 수 있는 장점이 있다.

2) +3P 전략: 앰부쉬 마케팅 방지 노력 중심

+3P 전략에는 '프로세스 관리', '유형물 관리' 그리고 종업원에 대한 '내부 마케팅'이 존재한다고 했다. 스폰서십 유치 과정에서도 +3P전략은 중요한 의미를 가진다. 예를 들어 스폰서 기업의 명칭은 대부분 유형물(보드, 조형물 등)을 통해 노출된다. 따라서 스폰서 기업의 이름이 새겨진 유형물이 세련되고 개성 있는 형태를 갖추고 있다면(유형물 관리 전략) 기업의 프로모션 효과 또한 더욱 높아지는 것은 두말 할 나위가 없다.

종업원의 사기 진작을 위한 '내부 마케팅'도 스폰서십 유치과정에서 중요하다. 예를 들어 ○○축구대회에서 △△기업이 타이틀 스폰서로 참여

그림 16-4 내부마케팅과 스폰서 유치와의 관계

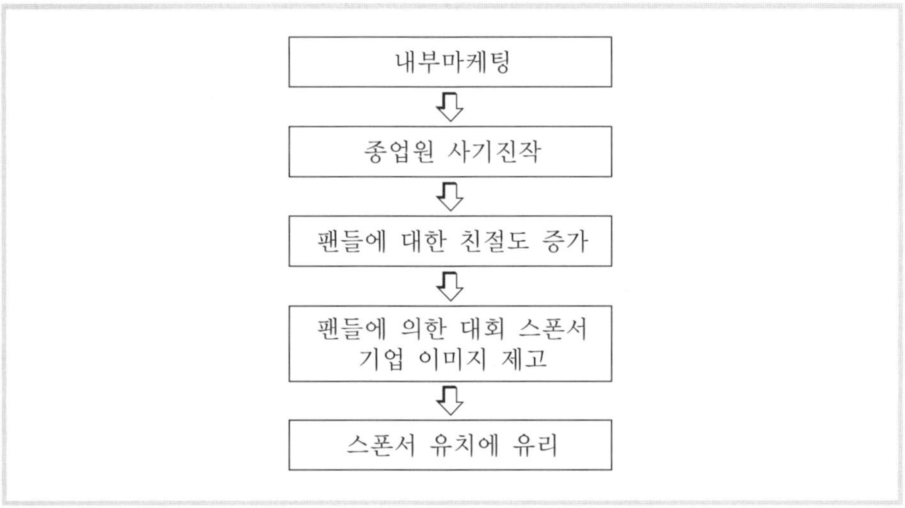

하고 있다고 가정해 보자. 이 때 스포츠 단체 측의 직원들이 활기차고 건강한 모습으로 팬들을 대한다면 팬들에 의한 △△기업의 이미지도 좋아진다. 왜냐하면 팬들은 이러한 직원들이 스포츠 단체의 직원인지 그렇지 않으면 스폰서 기업의 직원인지 구별하지 않기 때문이다. 이는 결국 내부마케팅이 스폰서 유치 성패와 관련이 있다는 의미이다(〈그림 16-4〉 참조). 그러나 이러한 내부 마케팅 전략은 스폰서 기업을 유치하고자 할 경우 제안서에 담지 않는 것이 일반적이다.

'프로세스 관리'에서도 일반적 스포츠 마케팅 과정(팬을 상대로 한 마케팅 전략)과 크게 다를 바가 없다. 예를 들어 경기장에서 경기 도중 우천 또는 관중 난동(프로세스 가운데 돌발사태)으로 인해 경기가 중단될 경우, 스포츠 단체 측(대행사 포함)은 입장료 환불 시기 및 방법 등에 대해 팬들에게 신속하게 알리는 것이 바람직하다고 언급한 적이 있다. 스폰서십 유치 과정에서도 마찬가지이다. 경기가 돌발사태에 의해 중단되면 스폰서 기업도 큰 손해를 본다. 따라서 스포츠 단체 측은 이러한 돌발사태가 발생할 경우에 대비하여 스폰서 기업의 입장에서 서서 해결방안을 마련해야 하며, 가능하다면 돌발사태 발생시 필요한 해결방안도 함께 제안서에 기입하는 것이 좋다.

그런데 스폰서 유치 '프로세스 관리' 가운데에는 일반적 스포츠 마케팅 전략에서 볼 수 없는 특징이 있다. 바로 매복 마케팅(Ambush Marketing) 방지 노력이다. 앰부시 마케팅이란 '공식적인 스폰서가 아닌 기업이 특정 스포츠 이벤트를 이용하여 자기의 이득을 얻으려는 마케팅 활동'으로 정의된다. 다시 말하면 공식 스폰서가 아닌 기업이 마치 공식 스폰서인 것 인 양 일반인들을 현혹하여 자기의 이익을 취득하려는 행위이다.

예를 들어보자. 1994년 노르웨이 릴레함메르 동계올림픽 신용카드 부문 공식 후원업체(TOP 프로그램)는 VISA 카드였다. 그런데 라이벌 회사인 American Express사는 TV 광고를 통해 "이번 겨울에 노르웨이를 방문하시려면 여권만 준비하세요. VISA는 필요하지 않습니다"라는 광고를 내보냈다. 결국 VISA 카드의 효과가 크게 감소되었음은 두말할 나위가 없으며 대회가 끝난 후 여론 조사에서도 응답자 가운데 52%가 'American Express사가 릴레함메르 동계올림픽과 관련이 있는 것으로 안다'라고 응답하였다. 여기서 'American Express사의 마케팅 전략이 바로 앰부시 마케팅인 것이다.

2002년 한·일 월드컵 축구대회에서도 앰부시 마케팅을 볼 수 있었다. 공식 후원사인 KTF에 대응하기 위해 SK 텔레콤이 벌인 광고전과 이벤트였다. SK 텔레콤은 국제 이동통신 시장 점유율 1위 점령 및 공식 후원사인 경쟁기업 KTF에 타격을 가하기 위해 앰부시 마케팅 전략을 전개하였다. 이러한 전략 가운데 하나가 붉은 악마를 이용한 광고전이었다.

붉은 악마는 월드컵 축구대회 내내 온 국민의 환희와 열정을 대변해 준 메신저였다. 흔히 12번째 선수라 불린 붉은 악마에게 SK 텔레콤은 50억 원의 후원금을 쏟아 부었으며, 이에 따라 이들을 등장시킨 광고가 온 매체에 등장하게 된다. 그 결과 SK 텔레콤은 월드컵이라는 명칭이나 엠블렘을 사용하지 않고도 일반인들에게 브랜드 이미지를 뚜렷하게 각인시켰다. 또한 광화문 등에서 촉발된 길거리 응원 이벤트도 SK 텔레콤이 주도적으로 진행함에 따라 일반인들은 마치 SK 텔레콤이 월드컵 축구대회의 공식 스폰서인 것처럼 착각하게 된 것이다. 이러한 앰부시 마케팅으로 인해 SK 텔레콤은 자사의 인지도 상승뿐만 아니라 KTF가 공식 스폰서로 누려야 할 권한의 상당 부분을 희석시킨 것으로 평가되고 있다.

앰부시 마케팅에 참여하는 업체의 효과가 미미하거나 실제 스폰서로 참여하는 기업에게 어떠한 영향도 미치지 않는다면 논란의 여지가 없다. 그런데 실상은 공식 스폰서로 참여하는 기업에게 손해를 가져오기 때문에 문제가 되는 것이다.

스폰서십을 구매하는 기업들은 큰 돈을 들이는 만큼 스폰서십과 관련하여 확실한 권리를 가지기를 원한다. 그런데 경쟁 기업이 앰부시 마케팅을 통해 권리를 가로채면 스폰서 참여로 인한 기대효과가 크게 감소되기 마련이다.

일반적으로 스포츠 단체 측이 앰부시 마케팅을 방지해야 할 책임을 진다. 예를 들어 공식 스폰서가 아닌 기업이 경기의 심벌 혹은 로고를 사용하여 앰부시 마케팅을 하면 스포츠 상품(권리)의 소유자인 스포츠 단체는 그 기업을 상대로 상표권 무단 침해로 고소할 수 있다. 그러나 통상 앰부시 마케팅에 참여하는 기업은 스포츠 단체의 등록상표나 심벌을 사용하지 않는 교묘한 방법을 이용하게 된다. 위의 예에서 보는 것처럼 American Express사나 SK 텔레콤은 이벤트와 관련된 용어를 사용하지 않았다. 앰부시 마케팅에 참여하는 기업들은 사전의 충분한 준비를 통하여 자신을 방어할 뿐만 아니라 법의 규제로부터 피해나가고 있다(〈사례 16-2〉 참조). 앞으로도 국내외 스포츠 이벤트 등에서 앰부시 마케팅은 갈수록 확대될 것으로 보인다.

앰부시 마케팅이 확대되면 스폰서에 참여하는 기업뿐만 스폰서 기업을 유치하려는 스포츠 단체 측도 골치가 아프다. 스폰서 기업의 경쟁기업이 앰부시 마케팅으로 인한 프로모션을 성공적으로 실시하게 되면, 스포츠 단체 측은 스폰서 기업에게 약속한 혜택을 제공할 수 없게 된다. 결국 스폰서 기업은 스폰서 계약에 대해 불만을 갖게 되고 나아가서는 더 이상 스폰서십 계약에 관심을 가지지 않게 될 것이다.

따라서 스포츠 단체 측은 주요 고객인 스폰서 기업의 혜택을 최대한 보장하도록 노력해야 한다. 필요하다면 앰부시 마케팅이 발생할 경우 스폰

사례 16-2 앰부시 마케팅사의 위험 탈출

FIFA "한국기업 제소 안한다"

국제축구연맹(FIFA)은 2002 한일월드컵과 관련된 한국기업의 마케팅 및 광고활동에 대해 손해배상 청구 등 법적 조치를 취하지 않기로 결정한 것으로 확인됐다.

최근 월드컵 마케팅 경쟁이 치열하게 전개되면서 경제계에서는 FIFA가 월드컵 공식후원사인 현대자동차와 KT(옛 한국통신)를 제외한 다른 상당수 한국기업에 대해 손해배상 청구소송 등 제재조치를 취할 것이라는 우려가 적지 않았다.

한국월드컵조직위원회(KOWOC) 최수영 지적재산권 담당관은 20일 "FIFA의 상업적 권리보호를 담당하는 FIFA 마케팅 AG가 17일 한국월드컵조직위에 공문을 보내 'FIFA는 2002 한일월드컵과 관련, 일부 외국기업에 대해서는 법적 조치를 시작했지만 한국 기업에는 취하지 않았으며 앞으로도 마찬가지일 것' 이라고 통보해 왔다"고 밝혔다.

FIFA 마케팅 AG 측은 또 "FIFA가 한때 상당수 한국기업에 FIFA의 지적재산권을 침해하고 있다는 서신을 보낸 적이 있으나 한국기업들이 자발적으로 문제의 소지가 있는 마케팅 활동을 중단했다"며 "이는 전례가 없는 모범적인 행동"이라고 높이 평가했다는 것.

이와 함께 "한국기업이 FIFA의 지적재산권과 관련해 모범을 보인 것은 월드컵을 성공적으로 개최하려는 한국인과 한국 기업의 책임감 덕분"이라며 "한국 정부와 KOWOC가 지적 재산권에 대한 한국인의 인식을 높이기 위해 적극적으로 노력한 것에 감사를 표시한다"고 덧붙였다.

최 담당관은 "당초 FIFA는 한국에서의 지적재산권 침해문제에 대해 크게 우려했고 공식후원업체가 아니면서 FIFA의 상표권을 침해하는 듯한 한국기업에 대해서는 단호한 대처를 취할 생각이었다"며 "그러나 월드컵이 진행되면서 한국정부와 기업들이 지적재산권을 심각하게 침해한 사례가 없어 만족하고 있다"고 설명했다.

그 동안 공식후원업체가 아니면서 월드컵 기간중 호소력 있는 광고 및 마케팅으로 큰 효과를 거둔 SK텔레콤 삼성전자 LG전자 대우자동차 등은 FIFA의 법적 조치 가능성에 대비해 변호사를 선임하는 등 '물밑대응'을 해 왔다.

〈동아일보, 2002. 6. 21〉

해설 16-3 국내 스포츠리그에서 스폰서 기업의 권리 침해

국내 프로 스포츠에서는 앰부시 마케팅과는 다소 성격이 다르지만 스폰서 기업의 권리가 침해되는 사례가 종종 나타나고 있다. 국내 스포츠 리그에서 타이틀 스폰서십 유치 및 계약은 리그 연맹에서 담당하고 있다. 여기서 타이틀 스폰서십이란 'MOBIS 프로 농구', '삼성 하우젠 K-리그' 등을 의미한다. 이러한 타이틀 스폰서는 아니지만 각 지자체에 연고를 두고 있는 개별 구장에서도 스폰서 기업을 유치한다. 물론 스폰서 기업 유치의 주체는 그 지방에 연고를 둔 스포츠 구단이다.

각 구단이 유치하는 스폰서 기업이 연맹에서 유치하는 타이틀 스폰서 기업과 경쟁관계에 있는 기업이 아니라면 타이틀 스폰서 기업의 권리는 침해되지 않는다. 그러나 각 구단이 유치하는 스폰서 기업이 연맹이 유치하는 타이틀 스폰서 기업과 경쟁관계에 있는 경우가 있다. 이 경우 타이틀 스폰서 기업은 각 구단이 유치하는 기업에 비해 훨씬 많은 비용을 지불하고도 혜택을 제대로 누리지 못하는 결과를 초래하게 된다. 타이틀 스폰서 혹은 팀 스폰서를 유치하는 데에는 서로 다른 에이전트들이 개입하기 때문에 문제는 더욱 복잡해질 수 있다.

이러한 사례는 리그연맹 측과 구단간의 원활한 커뮤니케이션이 이루어지지 않기 때문에 발생한다. 보다 엄밀히 언급하면 리그의 연맹이 구단들을 리드하고 설득할 수 있는 힘을 가지지 못하기 때문에 발생하는 사례이다. 구단들이 리그연맹에게 보다 많은 권한을 이양할 때 이러한 문제는 해결될 수 있을 것이다.

그렇다고 해서 이러한 문제가 완전히 해소되기는 어렵다. 왜냐하면 국내 스포츠 리그가 지역 연고제라기보다는 기업 연고제로 운영되고 있기 때문이다. 타이틀 스폰서에 참여하는 기업도 팀 운영에 참여하는 기업이며 지역 구장 스폰서에 참여하는 기업도 팀 운영에 참여하는 기업이라는 것이다. 예를 들어 a라는 구단을 운영하는 A기업이 타이틀 스폰서로 참여했을 때 특정 지역에서 b라는 구단을 운영하는 B기업은 그 지역에서 스폰서로 참여하는 것은 당연하다고 인식된다는 것이다. 이 때 A기업과 B기업이 동종제품을 생산하는 경쟁기업일 경우 A기업의 타이틀 스폰서십 참여 효과는 크게 반감될 수밖에 없다. 스포츠 구단 운영이 하루 빨리 기업연고제에서 탈피하여 진정한 지역연고제로 가는 것이 스포츠 산업의 발전을 촉진하는 지름길이다.

서 기업을 위해 법률 자문 서비스를 제공하거나 이 방면에서 정통한 변호사를 소개해주는 노력도 기울여야 한다. 위에서도 언급했지만 앰부시 마케팅을 완전히 배제하기란 어렵다. 그러나 스포츠 단체 측은 가능한 모든 수단을 사용하여 스폰서가 아닌 기업의 앰부시 마케팅 기회를 차단하도록 노력해야 한다. 노력하는 그 자체도 스폰서를 원하는 기업을 위한 마케팅이기 때문이다. 그리고 경우에 따라서는 이러한 노력을 제안서에 포함시키는 것도 바람직하다.

3) 사례를 통한 연습

제안서 작성 단계에서는, 스폰서 이벤트의 간략한 개요 외에 4P, +3P 전략에 따른 내용도 제안서에 포함되도록 하는 것이 바람직하다고 이야기했다. 가격, 유통(에이전트), 앰부시 마케팅을 차단하기 위한 노력 등을 제안서에 포함시키지 않고 스폰서를 원하는 후보기업과의 협상 과정에서 밝힐 수도 있다. 그러나 스폰서 기업에게 제공되는 상품(Product)과 스폰서 기업이 기대할 수 있는 이익(Promotion)은 제안서에 반드시 포함시켜야 한다.

〈사례 16-3〉를 보면서 설명해 보자. 이 사례는 ○○○○년 ○○○컵 국제 축구대회가 개최되기 전 신문에 게재된 스폰서십 유치 제안서이다. 여기에서 (1. 대회개요)는 스포츠 이벤트에 대한 간단한 소개이며 (2. 타이틀 스폰서 권리)가 스포츠 상품에 해당한다. (3. TV중계)와 (○○○컵 타이틀 스폰서의 5가지 효과)는 축구 협회가 스폰서를 원하는 기업을 설득하기 위한 작업, 즉 촉진(Promotion)이다.

사례 16-3 스폰서 유치 제안서

○○○컵 축구대회 타이틀 스폰서 초빙

타이틀스폰서 참여 안내

1. 대회개요
   - 기간: ○○○○년 ○월 ○일~○일(8일간/총 6경기)
   - 장소: 상암동경기장
   - 참가국: 한국, ○○, ☆☆, △△
2. 타이틀 스폰서 권리
   - 대회 공식명칭 결정권 부여
   - 대한축구협회 공식엠블럼의 광고사용권
   - 경기장 A-Board 8면 광고권
   - 대회 각종 홍보물 디자인권
   - 대회 전 경기 입장권 제공: 지정석 20매, 일반석 100매

* 기타 타이틀스폰서가 계획하는 프로모션에 대해 협의 수용함.

3. TV 중계
   - 국내: 공중파 TV를 통해 전 경기 생중계
   - 해외: 대회 참가국 및 아시아, 유럽전역에 중계 예정
   - 기타 대회 예고 TV Spot 광고예정

코리아컵 타이틀 스폰서의 5가지 효과

1. 스폰서의 브랜드가 곧 대회명칭—기업인지도가 높아집니다.
2. 폭넓은 축구 팬들의 우호적 관심—스폰서에 그대로 이어집니다.
3. 전세계에 중계될 ○○○컵—해외마케팅의 기회이기도 합니다.
4. 4대 매체는 물론 SP, EVENT, DM 등 통합적 마케팅이 전개됩니다.
5. 오랜 전통과 정상급 참가국들—권위있는 대회가 효과도 확실합니다.

축구대표팀과 함께 미래를 준비해 갈 공식 후원사를 초빙합니다.

대한축구협회 공식후원사에게는 국가대표팀과 관련된 모든 광고, 홍보, 프로모션의 독점적 권리가 주어지며 브랜드 인지도 및 이미지제고, 차별화된 마케팅활동 전개를 위한 가장 탁월한 마케팅 수단이 될 것입니다.

대 한 축 구 협 회

(3) 실 행

제안서를 작성한 이후 실행 단계에는 제안서 제시, 계약 그리고 이행 등 3단계로 나누어진다(〈그림 16-5〉).

1) 제안서 제시

제안서를 작성하면 스폰서 후보 기업에게 제안서를 제시한다. 제안서를 제시할 때 가장 먼저 고려되어야 할 사항은 '누구에게 제안하는가'이다. '대상 기업 물색' 단계에서 기업 마케팅 결정권한자가 누구인지에 대한 조사를 실시해야 한다고 언급한 적이 있다. 일반적으로 기업 내에서 스폰서 십에 관한 결정 권한을 마케팅 담당자가 가지지만 기업에 따라서는 판매 담당자일 수도 있고 오너가 직접 가질 수도 있다.

결정권한자가 아닌 일선 종업원과 접촉할 경우, 제안서가 결정권한자에게 도달할 때까지 많은 시간이 소요되며, 때로는 결정권한자에 도달하지도 못하고 폐기될 수도 있다. 그런데 회사에 따라서는 결정권자에게 전달되는 제안서가 반드시 접수자를 거쳐야 하는 경우가 있다. 이러한 경우에

그림 16-5 스폰서십 유치 과정에서의 실행단계

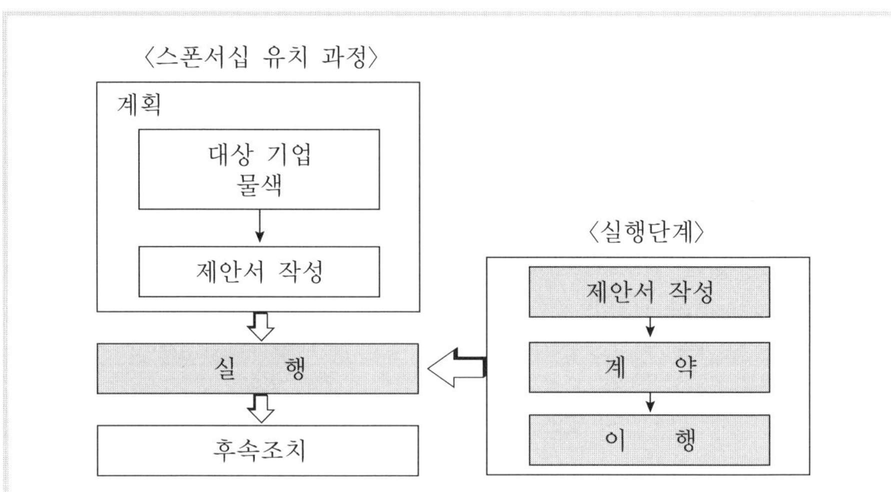

는 제안서 접수자도 중요한 접촉자로 대접해야 한다. 왜냐하면 제안서 접수자의 태도가 최종 결정권자의 태도에 많은 영향을 끼칠 수가 있기 때문이다. 더욱 좋은 방법은 제안서 접수자를 통해, 제안자가 직접 최고 결정권자에게 설명할 수 있는 기회를 가지는 것이다.

제안서를 마케팅 결정권한자에게 제출한다고 해서 바로 그 자리에서 가부가 결정되는 것이 아니다. "검토해 보겠다"는 것이 일반적인 반응이다. 이 때 제안자는 1주일이면 1주일 열흘이면 열흘 정확하게 언제 다시 오겠다고 제의하는 것이 좋다. 이는 기업 측에게 신속하게 검토할 수 있게 하는 압력으로도 작용한다. 만약 이러한 제의가 없다면 기업측으로부터 답변이 오도록 무한정 기다려야 할 가능성도 있으며 뒤늦게 답변이 오더라도 그 답변이 거절하는 것이라면 다른 스폰서를 물색할 기회마저 잃게 된다.

'누구에게 제안하는가'에 못지 않게 중요한 것은 '언제 제안하는가'이다. 여러 번 언급했지만 기업들이 스폰서십을 구매하는 이유는 촉진(프로모션)수단으로 활용하기 위함이다. 그런데 촉진수단에는 스폰서십 구매이외에도 광고, 홍보, 인적판매 및 판매촉진 등 다양하게 존재한다. 대부분 기업들은 이러한 촉진수단을 통합적으로 이용한다. 즉 하나의 방법만을 사용하는 것이 아니라 여러 방법을 동시에 사용한다는 것이다. 당연히 스폰서십 구매도 여러 방법 가운데 하나이다. 따라서 기업들은 미리 예산을 마련하고 촉진수단을 선택하게 되며 1년 혹은 6개월 단위로 결정한다.

스폰서십 판매를 희망하는 스포츠 단체 측은 스폰서 후보기업의 촉진전략을 미리 파악한 다음 촉진 수단에 대한 예산 분배가 끝나기 전에 스폰서십 제안서를 제출하도록 해야 한다.

2) 계 약

제안서를 제출하고 스폰서 후보 기업이 이를 수락하면 계약을 하게 된다. 스폰서십은 스포츠 단체 측이나 기업 측 모두에게 프로모션 기회를 확대시켜 준다는 측면에서는 공통점이 있다. 그러나 스포츠에 대해서는 전혀 다른 시각을 가질 수도 있다. 즉 스폰서 기업은 많은 노출을 통해 그 기업이 생산하는 제품이나 서비스의 촉진에 주요 목적을 두는 만큼 그 스포츠

표 16-2 제안서와 계약서의 비교(예)

제 안 서	계 약 서
- 보드광고 사용권	- 보드광고 사용권 • 경기장 우측 스탠드 상단 • 가로 ×××cm 세로 ○○○cm • 대회 당일에 한함. 등

의 팬이 아닐 수도 있다는 것이다. 이러한 경우에는 계약 협상 과정에는 비교적 많은 시간이 소요되며 세심한 주의가 필요하다.

스폰서십 유치과정에서 스포츠 상품은 다발 가격 전략으로 거래되는 경우가 많기 때문에 개개 상품에 대한 구체적인 계약 협상이 필요하다. 예를 들어 경기 명칭 사용권, 보드 광고 사용권, 조형물 광고 사용권, 대회 당일 스폰서 기업 플래카드 사용권 등을 일괄적으로 판매하기로 결정하였다 하더라도 개개 상품에 대한 사용조건 등에 대해서는 별도의 구체적인 계약이 필요하다. 즉 계약단계는 제안서에 제시된 상품 및 프로모션 내용을 구체적이고 세밀하게 취급하는 과정인바, 이에 따른 소요시간도 길어진다(〈표 16-2〉 참조).

스포츠 단체와 기업간 의견 조율이 끝나면 계약서를 작성한다. 그러나 계약서가 작성되기 전에 초안 형식의 합의서를 우선적으로 작성하는 것이 바람직하다. 왜냐하면 스포츠 단체나 기업 측은 합의서에 자기들이 의도하는 바가 제대로 담겨져 있는지를 다시 한번 검토할 기회를 가져야 하기 때문이다. 이러한 과정을 거쳐야만 돌발사태가 발생하더라도 상호 불만 없이 일을 진행할 수 있다.

〈표 16-3〉은 계약 합의과정에서 다루어져야 할 주요 내용을 포함하고 있다. 이 〈표 16-3〉을 자세히 보면, 앞에서도 언급한 바와 같이 제안서에 포함된 내용과 큰 차이가 없으며 다만 제안서에 나타난 내용을 보다 자세하게 언급되고 있다는 점에서 차이를 보이고 있다.

한편 스폰서십 계약시 체크 포인트는 유통경로 전략(유통경로 선택 및 유통경로 관리)의 일부라고도 할 수 있다. 왜냐하면 이미 앞에서도 언급한

표 16-3 스폰서십 계약시 체크리스트

공식적 지위	스폰서십 영역은? 이 영역에서 거부권을 행사할 수 있는가? 다시 말해서, 이 영역에 누구누구는 들어올 수 없다고 말할 수 있는가?
스폰서십 비용	비용은? 비용은 언제, 어떻게 지불되어야 하는가? 어떤 경우에 비용을 되돌려 받을 수 있는가?
타이틀 권리	대회명칭에 스폰서의 이름이 들어가는가? 트로피의 이름은? 시상자는 누구인가?
TV 노출	누가 TV 중계권을 갖고 있고 조정하는가? 스폰서가 TV 광고 스팟에 대해 1차 거부를 할 수 있는가? 시청률 보장이 있는가? 시청률이 보장선을 밑돌 때 환불을 해 주는가? TV에 방영된 화면을 스폰서의 정규광고에 사용할 수 있는가? 스폰서가 상업적 용도로 비디오 자료를 사용하려면 사전에 허가를 받아야 하는가? TV 광고시간 담당은 누구인가? TV 보도를 위해 스폰서십 비용 중 일부를 부담하는가?
홍보활동 및 언론노출	주요 선수가 언론과 인터뷰할 때 스폰서의 이름을 언급하는가? 언론 보도자료에 스폰서의 이름이 들어가는가? 보도자료는 누가 담당하는가? 스폰서 독자적으로 언론을 통한 마케팅 캠페인을 전개할 수 있는가?
로고사용	어떤 조건으로 스포츠조직의 로고와 상표를 사용할 수 있는가? 만약 특별 로고가 개발된다면, 그에 대한 소유권은 누가 가지는가? 스폰서 자신의 이미지와 제품의 프로모션을 위해 로고를 사용할 수 있는가? 스폰서가 기념품을 제작, 유통, 판매할 권리를 가질 수 있는가?
표시물	스폰서가 쓸 수 있는 현수막, 선수부착물, 플래카드, 경기장 광고판 그리고 깃발의 숫자는 몇 개인가? 규격은? 현수막은 어디에 설치되며, 무엇을 표시할 수 있는가? 누가 그 표시물을 제작하고 비용을 부담하는가? 현장의 표시물 설치담당은 누구인가?
광고권	스폰서는 어떤 방식으로 그 조직이나 이벤트를 광고에 이용할 수 있는가? 스폰서의 이름이 단체의 공문서와 프로그램에 들어가는가? 제품판촉과 광고용으로 스폰서십 관련 사진을 이용할 수 있는가? 광고사진 사용허가는 누가 하는가? 사진 사용에는 어떤 제약이 있는가?
선수의 활용	선수들이 스폰서를 위해 개인적인 출연을 하는가? 주요 선수와 코치가 경기 전후의 파티에 참석하는가? 선수들이 대회 중 스폰서 이름이 들어간 의류를 입는가?

접대권리	스폰서가 접대천막을 설치할 수 있는가? 스폰서용으로 무료입장권을 주는가?
판매시점 프로모션	현장에서 스폰서 제품의 판매가 가능한가? 담배나 술 종류는? 스폰서십과 관련된 현장이나 밖에서 촉진활동을 할 수 있는가? 스폰서가 다른 기업과 공동 프로모션을 할 수 있는가?
DM 명단	입장권 소지자나 선수 주소록을 스폰서가 이용할 수 있는가? 어떤 형태의 프로모션에 주소록을 활용할 수 있는가?
제품 샘플링	제품진열과 견본제공을 위한 장소가 제공되는가? 견본제공이 허용되는 제품은 어떤 것들인가? 담배와 맥주도 허용되는가?
법률적 책임	관중이나 선수 또는 임원들의 부상에 대한 보상은 누가 하는가? 우천시는 어떻게 하는가, 또 우천시의 TV 중계와 관련된 문제는? 변호사 비용은 누가 지불하나?
향후의 옵션	몇 년간 스폰서십이 지속되는가? 스폰서가 계약갱신 옵션을 갖는가? 그 옵션은 몇 년간 지속되는가? 내년도의 스폰서십 비용인상은 어떻게 결정될 것인가? 그 이후엔?

자료: 정희윤 외 번역(2002), p. 270.

바와 같이 스폰서 기업은 스포츠 단체에게 고객으로서의 역할뿐만 아니라 프로 모션 도우미, 즉 유통 경로의 역할도 담당하기 때문이다.

3) 이 행

계약이 완료되고 스포츠 이벤트가 개최되면 계약 내용에 따라 스폰서십은 이행된다. 스폰서십이 이행될 때 스포츠 상품의 원소유자인 스포츠 단체 측은 스폰서 기업에게 약속한 날짜에 권리를 양도함으로써 일단 임무는 종료된다. 스폰서 기업의 명칭이 들어가는 각종 유형물인 광고 플래카드 등은 통상 스폰서 측에서 준비하기 때문에 이 단계에서 스포츠 단체 측이 할 수 있는 일은 그다지 많지 않다. 단지 계약에 명시된 대로 스폰서 측이 실행하고 있는지에 대해서만 주의한다. 그러나 스폰서 기업 측이 특정한 협조를 요구할 경우 이 요구사항이 계약서에 명시되어 있지 않더라도 최대한 긍정적으로 수용하는 것이 바람직하다.

(4) 후속 조치

스폰서십 유치 과정에서 후속 조치는 '계약에 성공한 경우'와 '계약에 실패했거나 제안서가 거부된 경우' 등으로 나누어 볼 수 있다(〈그림 16-6〉 참조).

1) 계약에 성공한 경우

계약에 성공하고 계약에 따른 스폰서십이 완료된 경우, 스포츠 단체 측은 다음 이벤트에서도 그 기업이 스폰서할 수 있도록 우호적인 관계를 형성하는 데 힘써야 한다. 즉 스폰서 기업과의 관계마케팅 구축에 노력해야 한다.

스폰서 기업은 스폰서로서의 참여가 끝나면 '기업의 인지도는 제고되었는지?', '이미지는 좋은 방향으로 확대되었는지?', '판매는 늘어났는지?', '판촉 기회는 확대되었는지?' 하다 못해 스폰서를 함으로써 '종업원들의 사기가 올랐는지?' 등에 대한 사후 평가를 실시한다. 이 때 스포츠

그림 16-6 스폰서십 유치과정에서 후속 조치

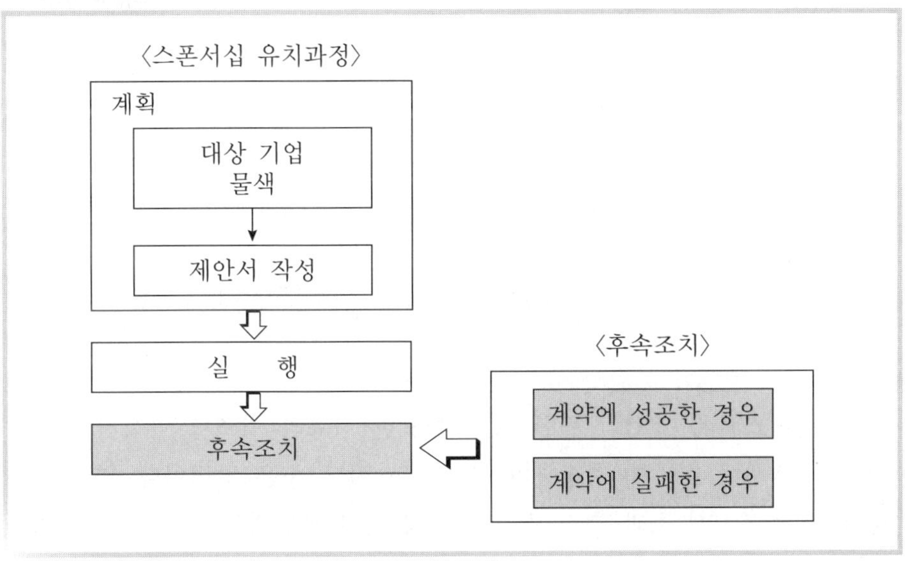

해설 16-4 **스폰서십 효과 측정 방법**

스폰서십 효과를 측정하는 데에는 언론 노출도 측정, 인지도 영향력 측정, 이미지 영향력 측정, 구매 의도에 대한 영향력 측정 등의 방법이 있다. 각 방법은 나름대로 특징을 보유하고 있다.

언론 노출도 측정은, 음성이나 영상 모두를 포함한 TV 보도시간, 라디오에 언급한 시간 그리고 기사 단수(single column inch) 등의 보도량을 수치화하는 것이다. 각각 매체의 보도부분을 추적하여 그 보도량에 대해 광고 요금을 토대로 금전적 가치를 부여하는 가장 흔한 방법이다.

인지도 영향력 측정은, 지금까지 스폰서십과 연계된 광고 이외에 별다른 프로모션 활동을 하지 않았거나 스폰서십을 시작할 당시 매우 낮은 인지도를 가지고 있었다면 비교적 쉽게 수행할 수 있다. 그러나 이러한 특징이 없는 기업이라면 다소 복잡한 방법이 동원되어야 한다.

이미지 영향력 측정은, 현장에서 실시할 것이 아니라 스포츠 이벤트 종료 이후 일정 기간이 지난 다음 실시해야 한다. 왜냐하면 이벤트 직후 조사하면 사실과는 다소 거리가 먼 낙관적인 결과가 나올 수도 있기 때문이다. 관중들이 경기 직후 경기에서 느꼈던 흥분과 호감이 제품 이미지에까지 연장될 우려가 있는바, 행사 후 일정기간이 지나야만 냉정하게 평가할 수 있다는 것이다.

구매 의도에 대한 영향력 평가는, 스폰서십이 매출 증대에 얼마나 영향을 미칠 것인지를 보여주는 지표이다. 스폰서 기업은 소비자들의 구매 경향 즉 지금 무엇을 소유하고 있는지, 무엇을 구매했는지 그리고 향후 무엇을 언제 구입하려는지를 조사한다. 한 예로 제록스사는 그들이 스폰서한 골프대회를 고객들이 즐기도록 한 후 행사종료 3개월, 6개월 그리고 9개월이 지난 시점에서 그 접대가 고객들의 주문에 어떠한 영향을 미쳤는지를 조사・평가한 바 있다.

〈정희윤 외 번역(2002), pp. 277~290에서 발췌 요약〉

단체 측은 스폰서 기업이 원할 경우 필요한 자료와 협조를 아끼지 않아야 한다. 스폰서십 효과를 측정하여 제시하는 것도 좋은 방법이다. 한편 〈표 16-4〉는 스폰서십 효과 측정 방법 가운데 가장 보편적인 언론 노출도 측정

표 16-4 경기단체 타이틀 스폰서십 효과 산정 예

단위: 천 원

구 분		○○시즌	○○시즌	비 고
TV	뉴스	1,745,068	1,127,861	54.7% → 신설프로그램 추가 체크(KBS1, 2) → 자막, 멘트, 일정 안내 등 적극적 이행으로 노출시간 증대: TV 예고 멘트 Spot 광고 계약체결의 결과 → Cable 및 지역민방 산출기준 변경
	중계	193,133	–	→ 자막, 멘트, CG 등의 적극적 이행으로 지난해 효과가 미미해 제외했던 중계부분을 새롭게 추가: TV 예고 멘트 Spot 광고 계약체결의 결과
	예고멘트	360,000	–	→ TV 예고 멘트 Spot 광고 계약체결에 따른 직접 효과
소 계		2,298,201	1,127,861	103.7% 증가
신 문		1,933,620	974,200	98.5% 증가 → IMF 이후 광고단가 상향 → 흑백, 컬러 비율 적용
기 타		623,500	577,325	7.9% 증가 → 추가항목 발생(Press Clip, 경기장 장치물을 이용한 Title Sponsor 홍보효과 등)
합 계		4,855,321	2,679,386	81.2% 증가

을 통해 스폰서십의 효과를 산정한 예이다.

스포츠 단체의 협조를 통해 기업의 스폰서십 참여에 대한 평가가 완료되면 스포츠 단체 측은 다음 이벤트에도 스폰서할 용의가 있는지에 대해서 거론하는 것이 좋다. 스폰서 기업이 다음 이벤트에 대해서도 스폰서로 참여할 의향이 있으면 상호 계약에 필요한 협상을 크게 줄일 수 있는 장점이 있으며, 만약 기업이 다음 이벤트에는 스폰서로 참여할 의사가 없다면 다른 스폰서를 물색하는 데 필요한 시간을 벌 수 있기 때문이다. 물론 이러한 절차는 상호 양호한 관계가 구축되어 있으면 쉽게 이루어질 수 있음을 명심해야 한다.

2) 제안서 거부 또는 계약에 실패한 경우

이러한 경우에는 왜 제안서가 거부당했는지 또는 왜 계약에 실패했는지에 대한 분석 작업이 이루어져야 한다. 이러한 작업은 스폰서십 유치와 관련된 모든 과정을 되짚어 봄으로써 가능하다. 만약 거부 또는 실패 사유가 스포츠 단체 측이 아닌 기업 측에 있다고 판단되더라도 기업 측에게 의의를 달거나 항의를 해서는 안 된다. 제안서가 제대로 작성되었고 스폰서십과 관련된 조건이 기업을 만족시키고 있다고 하더라고 스폰서 후보 기업이 이미 전반적인 프로모션 전략을 수립한 뒤여서 타이밍이 맞지 않았거나 내부 사정에 의해 거부당했을 수도 있기 때문이다.

어쨌든 스포츠 단체 측은 제안서가 거부당했거나 계약에 실패했다 하더라도 "시간을 내줘서 고맙다"는 감사의 뜻을 표시하는 것이 좋다. 거부한 기업도 언젠가는 동반자가 될 수 있는 잠재 고객이기 때문이다. 즉 한 번 거부당했거나 실패했다 하더라도 이는 영원히 거부당하거나 실패한 것이 아니라는 것이다.

연습 · 토의문제

- 기업은 스포츠 시장에서 어떠한 목적을 가지고 스폰서로 참여할까요? 그리고 기업의 파트너가 되는 스포츠 단체 측에게는 어떠한 유리한 점이 발생할까요? 그림을 그려가면서 이해하도록 해 봅시다.
- 독자 여러분들이 스포츠 이벤트를 주최한다고 가정해 봅시다. 스포츠는 관람 스포츠든 참여 스포츠이든 상관없습니다. 그리고 이러한 스포츠가 어떤 업종의 기업과 이미지가 잘 어울리는지를 판단해 보고 그 기업에게 제출할 스폰서십 유치 제안서를 작성해 봅시다. 제안서를 작성할 때 4P 및 +3P 전략을 염두에 두도록 합시다.

제17장

라이센싱 전략

1. 개　　념

일반적으로 라이센싱(licensing)이라 함은 상표로 등록된 재산권을 가지고 있는 개인 또는 단체가 다른 사람 또는 단체에게 대가를 받고 그 재산권을 사용할 수 있도록 상업적 권리를 부여하는 계약을 의미한다. 간단하게 말하면 어떤 기업이 다른 기업에게 돈을 주고 다른 기업의 브랜드 마크를 사용하는 것이다. 따라서 스포츠 시장에서 라이센싱이란 어떤 기업이 스포츠 단체, 팀 또는 개인 선수에게 돈을 지불하고 이들의 브랜드 마크를 사용하는 것이다. 여기서 기업이라 함은 당연히 스포츠 상품을 생산하는 기업이 아닌 다른 상품을 생산하는 기업을 의미한다.

그렇다면 이러한 라이센싱은 스폰서십과 어떻게 다른가? 물론 지불하는 금액의 크기에서 큰 차이가 있다. 스폰서십에 참여하는 기업은 라이센싱 기업에 비해 스포츠 단체 측에게 큰 금액의 후원금을 지불한다. 그러나 가장 큰 차이점은 '누구의 상표 또는 이름을 붙이는가'에 있다. 스폰서십이 스포츠 경기, 팀 유니폼에 스폰서 기업의 이름 또는 마크를 부착하는 것이라면, 라이센싱은 이와는 반대로 스포츠 단체, 팀 또는 선수를 상징하는 이름이나 상표를 기업의 제품에 부착하는 것이다.

한편 라이센싱에서 기업, 즉 돈을 내는 당사자를 전문 용어로 라이센시(licencee)라고 하고 돈을 받는 스포츠 측을 라이센서(licensor)라고 한다.

그런데 여기서 라이센서와 라이센시간에 왔다 갔다 하는 돈에도 한 종류만 있는 것이 아니다. 라이센시가 라이센서의 권리를 확보하기 위해 지불하는 돈이 있는가 하면 권리(브랜드 마크)를 사용하는 대가로 지불하는 돈도 있다. 권리를 확보하기 위해 지불하는 돈을 Advance Fee(계약금)라고 하고 권리를 사용하는 데 대한 대가를 로열티(Royalty)라고 한다. 따라서 Advance Fee는 계약기간 동안 한번만 지불하면 되지만 로열티는 매출액에 따라 달라진다.

우리 나라에서는 아직 스포츠 라이센싱이 그다지 활발하지 않으며 유럽에서도 역사가 길지 않다. 그러나 스포츠 산업이 가장 발달한 미국에서는 라이센싱이 스포츠 단체의 주요 수입 가운데 하나로 자리잡고 있다. 예를 들어 미국에서 가장 인기가 높은 NFL(미식 축구)은 의류, 스포츠 용품, 스포츠 카드, 기념품, 가정용 가구 및 가전제품, 게임기, 출판물, 장난감 등 150여종의 라이센시들과 관계를 맺고 있다. 라이센싱 제품 전체 판매액 가운데 의류 판매가 약 60%를 차지하고 있는 것으로 전해지고 있다.

NBA는 100여 개 국내외 업체와 제휴를 맺고 각종 제품을 생산하고 있다. NBA가 라이센싱에서 가장 역점을 두는 분야는 브랜드 로얄티와 유통이다. 한편 구단 자체적으로도 독자적인 라이센싱 운영권을 갖고 자유롭게 제품 개발에 참여하고 있으나 가격에 대해서는 리그의 통제를 받고 있다.

2. 라이센싱의 성립 이유

그러면 스포츠 단체나 기업은 왜 라이센싱을 하게 되는가? 결론부터 언급하면 라이센서나 라이센시에게 이익이 발생하기 때문이다. 양측 모두에게 돈이 된다는 것이다.

(1) 라이센서 입장

1) 수입 확대

스포츠 상품 소유자가 라이센싱을 하는 가장 큰 요인은 간단하다. 보다 많은 수입을 확보하기 위해서이다. 스포츠 단체의 주요 수입 활동은 당연 팬들을 상대로 하는 것이다. 팬들이 많으면 TV 중계료 등 여타 수입도 확대되기 때문이다. 일반적으로 스포츠팬들은 자기가 좋아하는 경기나 팀에 대해 강한 애착을 가지고 있다. 따라서 이들 팬들은 선수들과 같은 유니폼 구매에 적극적이다. 즉 팬들은 그들이 좋아하는 팀의 유니폼을 입음으로써 그들의 팀에 대한 충성심을 나타낸다. 이 때 팀이 유니폼을 직접 제작·판매하지 않고 의류제조업체와 라이센싱 계약을 했다면, 유니폼 판매확대는 팀에게 로열티 수입의 증대를 가져다 준다.

예를 들어 보자. 2007년 잉글랜드 프로축구에서 맨체스터 유나이티드(이하 맨유)가 우승했다. 맨유가 소재하고 있는 지방의 팬들뿐만 아니라 거의 모든 잉글랜드 축구팬들은 맨유의 유니폼 구입에 혈안이 되었다. 심지어 대표팀 유니폼보다 맨유의 유니폼이 더욱 비싼 가격으로 팔렸다고 한다. 이것이 바로 팬들이 팀에 대한 충성심을 나타내는 전형적인 예이다.

결론적으로 말하면, 소비자들에게 라이센싱 상품 판매 확대는 바로 팬 의식의 확장이다(김낙회, 김호 공역, 1999, p. 295). 스포츠 단체 및 팀은 이러한 팬 의식을 활용하여 수익을 올리고 수익을 더욱 높이기 위해 다양한 라이센싱 상품을 개발·기획하게 된다.

2) 시장 확대

스포츠 단체 측은 자기들이 자기 브랜드를 이용하여 각종 제품을 만들어 팔면 되지 않을까? 하는 의문이 생길 것이다. 답은 이렇다. 스포츠 단체 측이 라이센싱을 하는 이유에는 수입확대뿐만 아니라 다른 목적 또는 다른 이익도 있다는 것이다. 우선적으로 생각할 수 있는 것이 자기들(스포츠 단체 측)은 제품을 만드는 데 비교우위가 없다는 점이다. 의류 또는 기념품을 생산하는 데에는 기존 업체들이 경쟁력을 가지고 있다. 따라서 직접 생산하는 것보다 라이센싱이 유리하다.

스포츠 단체가 라이센싱을 하는 또 다른 기대이익은 시장확대이다. 라이센싱에 참여하는 기업이 다양한 유통망을 보유하고 있으면 스포츠 단체 측은 라이센싱 상품 판매를 통해 스포츠 단체의 인지도를 높일 수 있다. 인지도를 높인다는 것은 궁극적으로 그 스포츠에 대한 팬의 확대로 연결되는 일종의 마케팅(유통경로) 전략인 셈이다.

(2) 라이센시의 입장

1) 수입 확대

기업이 라이센싱에 참여하는 이유도 스포츠 단체와 마찬가지로 수입 확대(판매 증진)에 있다. 팬들의 스포츠 단체 혹은 리그에 대한 충성심이 라이센싱 제품 구매 확대로 이어지면 이러한 제품을 만드는 기업의 수입이 증대되는 것은 당연하다.

한편 스포츠 단체의 브랜드를 이용한 제품은 브랜드를 이용하지 않은 제품에 비해 대체로 가격이 높다. 또한 제품의 도소매상 등 유통 회사들은 유명 스포츠 브랜드가 부착된 제품을 다른 제품보다 고객들의 눈에 잘 띄는 곳에 진열한다. 이러한 특성은 모두 기업의 판매 수입 확대로 연결된다.

2) 신용 제고

라이센싱에 참여하는 기업은 대부분 중소기업이다. 즉 이들 기업의 이미지 또는 지명도가 약하다는 뜻이다. 그러나 이들 기업이 스포츠 단체의 높은 이미지를 활용하면 판매수입 증대뿐만 아니라 신용제고에도 도움이 된다. 예를 들어 생산에 필요한 자금 융자를 위해 은행 등 금융기관을 방문하는 경우, 금융기관은 기업의 자체의 신용뿐만 아니라 제품에 사용되는 브랜드도 참조한다. 중소기업은 스포츠 단체 혹은 팀의 높은 지명도로 인해 금융 대출을 상대적으로 쉽게 받을 수 있다는 것이다.

3) 브랜드 구축 과정 생략

기업이 라이센싱에 참여하는 가장 큰 이유는 자기 기업 자체의 브랜드를 구축하는 과정을 생략할 수 있다는 데에 있다. 이는 위에서 언급한 '수입 확대'와 '신용 제고'로도 직접 연결된다.

우리는 매일 TV나 신문 등 각종 매체를 통해 많은 양의 브랜드를 만나게 된다. 기업 입장에서 보면 각자 자기 브랜드를 가지기 때문에 다른 회사 제품과 구별이 된다. 만약 브랜드가 없다면 이 회사 제품과 저 회사 제품은 모두 똑같은 것이 된다. 따라서 기업은 제품을 광고 또는 홍보할 때 반드시 브랜드도 언급하여 소비자로 하여금 자기 제품을 기억하게 한다. 자기 제품에 대해 높은 브랜드 애호도(brand loyalty)를 가진 소비자를 많이 확보할수록 다른 기업과의 경쟁에서도 유리하다.

그러나 기업이 브랜드를 구축하는 데에는 적지 않은 시간과 비용이 소모된다. 더군다나 스포츠 시장에서 라이센싱에 참여하는 기업은 대부분 중소기업인바, 이들이 자체 브랜드를 개발하기란 쉽지 않다. 따라서 중소기업은 이미 구축되어 있는 스포츠 단체 또는 리그의 브랜드를 자기 제품 판매에 이용한다. 스포츠 단체의 브랜드를 라이센싱하는 데 따르는 비용이 비싸다고 하더라도 자체적으로 개발하는 것보다는 싸기 때문이다.

3. 라이센싱 전략

이제 스포츠 단체나 리그, 즉 스포츠 상품과 관련된 권리 소유자의 라이센싱 전략에 대해 이야기해보자. 라이센싱도 결국은 기업을 상대로 하는 것이기 때문에 그 전략 과정은 스폰서 유치 과정과 큰 차이가 없다. 따라서 본 절에서는 스폰서 유치와 차별을 보이는 점에 대해서만 언급하기로 한다.

라이센싱에 참여하는 기업도 고객이기 때문에 스포츠 단체인 라이센서도 고객의 가려운 곳을 긁어주는 데 초점을 두어야 한다. 그런데 라이센시 기업은 팬들에게 스포츠 단체나 리그의 이미지를 전달하기도 한다. 예를 들어 라이센시 기업 제품의 품질이 우수하고 애프터 서비스 또한 훌륭하다면 팬들에게 전달되는 스포츠 단체나 리그의 이미지 또한 좋아질 것이다. 그러나 이와는 반대인 경우 스포츠 단체의 이미지는 크게 훼손된다. 즉 라이센시 기업은 스포츠 단체의 유통 경로 역할도 한다는 것이다. 스포츠 단체들은 라이센시 기업을 상대로 한 전략을 수립할 때 고객의 입장과 유통 경로 입장을 동시에 고려해야 한다는 의미이다.

(1) 고객의 입장: 브랜드 관리 전략

스포츠 단체 측은 브랜드가 최고의 가치를 유지하도록 노력해야 한다. 브랜드가 최고의 가치를 유지하면 스포츠 단체 측은 기업으로부터 보다 많은 fee를 받을 수 있을 뿐만 아니라 기업 입장에서도 최고의 가치를 가진 브랜드를 이용하기 때문에 매출 확대에도 도움이 된다.

그렇다면 브랜드가 최고의 가치를 가진다는 것은 어떤 의미일까? 간단하다. 최고의 가치를 가진다는 것은 팬들의 그 팀에 대한 충성도가 높다는 것을 의미한다. 즉 스포츠 단체 또는 팀이 최고의 브랜드를 유지하는 길은 충성도가 높은 팬을 많이 확보하는 것이다.

이제 브랜드 프로세스 과정을 통해 「최고의 브랜드 가치=많은 팬 확보」라는 공식을 구체적으로 알아보자.

일반적으로 브랜드가 팬들의 충성도에 연결되기까지에는 〈그림 17-1〉과 같은 과정을 거친다.

그림 17-1 스포츠 브랜드 과정

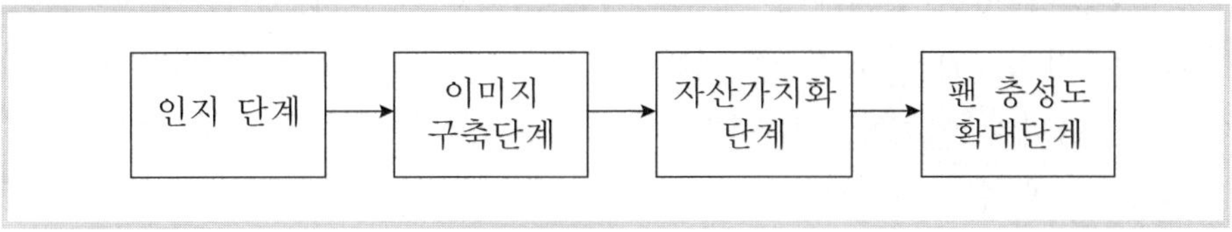

1) 브랜드 인지 단계

제품이든 서비스 상품이든 소비자 또는 팬의 구매과정에서 볼 수 있는 첫 번째 과정은 브랜드 인지 단계이다. 스포츠에서도 팬들이 브랜드(리그 또는 팀 이름)를 알고서야 경기를 관전한다는 의미이다.

그런데 스포츠 마케팅에서 브랜드는 제품 마케팅에서의 브랜드와는 성격이 다르다. 과자(제품)의 경우 소비자들은 어느 제과회사에서 생산된 것이냐를 판단하기보다는 어떤 종류의 과자인가를 우선적으로 고려한다. 예를 들어 새우깡, 포테이토 칩, 초코파이 등에는 관심이 있지만 제조회사 이름에는 그다지 관심이 없다는 것이다. 따라서 제조업의 경우 제품마다 브랜드가 따라다닌다. 그러나 스포츠 마케팅의 경우, 각 팀(야구의 경우)은 자기 팀 선수가 만들어내는 안타나 홈런 등을 별도로 상품화(브랜드 부착)하기는 어렵다. 즉 제품 마케팅에서는 당연히 제품에 대한 브랜드가 중요한 의미를 가지지만 스포츠 마케팅에서는 기업 브랜, 즉 단체 또는 팀의 브랜드가 중요한 의미를 가진다는 것이다.

2) 브랜드 이미지 구축 단계

팬들이 브랜드를 인지하게 되었으면, 스포츠 단체 혹은 팀은 팬들로 하여금 브랜드를 보다 쉽게 그리고 오래 기억하도록 해야 한다. 이름을 고상하게 만든다거나 아니면 로고를 독특하게 만든다거나 하는 작업을 거쳐야 한다는 것이다. 많은 돈을 들여 작명소에서 이름을 짓거나 광고회사 등에 큰돈을 지불하고 로고 제작을 부탁하는 행동도 팬들로 하여금 쉽게 기억하도록 하기 위한 것이다.

브랜드 이미지 단계에는 대체로 다음과 같은 원칙이 있다. 첫째, 간결하고 단순해야 한다. 간결하지 못하고 복잡하면 팬들이 쉽게 기억하지 못할 뿐만 아니라 이해하기도 어렵다. 둘째, 독특해야 한다. 독특하지 않으면 다른 팀과 쉽게 구별되지 않는다. 브랜드 구축의 주요 목적 가운데 하나가 다른 팀 또는 다른 리그와 쉽게 구별되도록 하는 데 있음을 명심해야 한다. 셋째, 연관성이 있어야 한다. 브랜드는 간단하면서도 그 팀 혹은 리

사례 17-1 **브랜드 이미지 구축 전략**

FC서울 앰블램의 의미는?

엠블럼은 2002년 월드컵의 열기와 함성, 그리고 승리를 계승하고 서울시민과 함께 발전하는 명문구단을 상징적으로 디자인한 것입니다.

기본 외형은 기존의 서구적 방패형 또는 원형 엠블럼들과는 달리 홈구장으로 사용하는 서울월드컵경기장의 8각 방패연 지붕 이미지를 살려 다른 구단들과의 차별성과 함께 한국 전통에 대한 상징성을 부각하였으며, 그 안에 축구공과 함께 풍요와 정열을 상징하는 『불타는 태양』의 이미지를 한국적 문양으로 再구성.

또한, 글로벌 명문구단으로의 도약을 위해 "FC SEOUL"의 영문 팀명과 함께 방패연이 하늘 높이 떠 있는 모습을 시각적 라인으로 형상화하였으며, 구단 창단 연도인 1983년과 FC 서울로의 제2창단 연도인 2004년을 표현하여 전통성과 새로운 탄생을 나타내었습니다.

엠블렘에 쓰인 3가지 색은 정열과 도전을 상징하는 적색과 풍요와 영광을 상징하는 금색, 세련미와 강인함을 상징하는 검정색을 조화롭게 적용하여 한국적(전통적)이며 국제적 감각이 느껴지도록 하였습니다.

〈FC서울 홈 페이지〉

그의 성격이 바로 연상될 수 있도록 만들어져야 한다. 국내 프로야구 LG 트윈스하면 여의도 쌍둥이 빌딩을 생각나게 하는데 이것이 바로 연관성이다.

3) 브랜드 자산 가치화 단계

팀이나 리그를 나타내는 브랜드가 많은 돈을 들여 간결하고 쉽게 만들어졌다 하더라도 이 자체만으로는 높은 가치를 가질 수 없다. 브랜드가 높은 자산가치를 가질 수 있도록 하는 노력이 필요하다. 즉 훌륭한 로고는 좋은 브랜드가 되기 위한 필요조건은 될 수 있어도 충분조건은 아니라는 것이다.

브랜드 자산 가치를 높이는 구체적인 방안을 언급하기 전에 브랜드의 자산가치는 어떻게 계산되어지는 알아보자. 스포츠 구단의 브랜드 가치는 다음 식과 같이 나타난다.

브랜드 가치=구단(혹은 스포츠 단체) 총 가치−
구단(혹은 스포츠 단체) 자체의 가치: (식 17−1)

일단 위 식에서 보면 브랜드 가치는 간단하게 구해진다. 그러나 구단의 총 가치나 구단 자체의 가치가 쉽게 산출되지 않는다는 데에 어려움이 있다. 구단의 총 가치나 자체의 가치를 구하려면 일단 팀의 회계자료를 비롯한 각종 자료가 있어야 한다. 그러나 이러한 자료는 구하기가 힘들 뿐만 아니라 스포츠 단체들간 표준화되어 있지도 않기 때문에 구한다 하더라도 사용가치가 높지 않다.

따라서 이 책에서는 세밀하지는 않으나 나름대로는 설득력을 가지는 방법을 소개하기로 한다. 이 방법은 1995년 Louis E. Boone 등이 미국 MLB를 상대로 평가한 방법이다.

우선 구단의 총 가치 대신에 구단이 거두어들일 수 있는 수입을 대입한다. 여기에는 입장료 수입, 방송 중계료, 라이센싱 수입, 머천다이징 수입, 기업의 스폰서료, 구장 매점 수입, 광고 수입 그리고 향후 예상되는 각종 케이블 방송 중계료 수입 등이 포함된다. 즉 구단이 벌어들일 수 있는 총수입이 되는 것이다.[1)]

구단 자체의 가치에는 팀의 리그 가입비를 알아낸 다음 이 금액으로 다른 사업을 했을 경우 벌어들일 수 있는 수입을 대입한다. 예상되는 수입에는 은행 이자[2)]를 계산하는 것이 가장 일반적이다. 한편 Louis E. Boone 등은 새롭게 창단한 템파베이 데블레즈와 애리조나 다이아몬드 백스가 가입비로 지불한 1억 3,000만 달러를 구단 자체의 가치로 보았다.

구단이 벌어들일 수 있는 총수입에서 다른 사업을 했을 때 예상되는 수입을 제하고 남는 것이 브랜드 가치로 인해 벌어들일 수 있는 수입이 된

---

1) 여기에 대한 자세한 내용은 제20장을 참조하기 바란다.

2) 은행 이자가 아닌 다른 방법, 즉 사채 이자, 채권 이자 등을 적용할 수도 있다.

다. 이러한 수입을 은행이자로 역산하면 브랜드 가치가 되는 것이다.

예를 들어 구단이 벌어들일 수 있는 총수입이 연간 2억 원이고 다른 사업을 했을 때 예상되는 수입이 1억 원 그리고 은행 이자율이 연간 5%라면 브랜드 가치로 벌어들일 수 있는 수입은 1억 원(2억 원-1억 원)이 된다. 그리고 은행 이자율을 적용하면 브랜드 가치는 다음 식을 통해 20억 원이 된다.

이자수익=원금(브랜드가치)×이자율: (식 17-2)
브랜드 가치=이자수익/이자율: (식 17-3)

앞에서도 언급한 적이 있지만 이러한 방법이 세밀하지는 않지만 상대적 비교에는 도움이 된다. 구단이 브랜드 가치를 최대화하는 방법은 (식 17-1)에서 보는 바와 같이 구단의 수입을 최대로 늘이는 것이다. 구단의 수입을 최대로 늘이는 데에는 경기에서 자주 승리는 거두는 것이 가장 좋은 방법이다. 그러나 경기에서 항상 이길 수만은 없다. 따라서 구단은 팬들을 위한 각종 마케팅 활동을 하게 된다. 앞에서도 언급한 바와 같이 구단의 수입에 포함되는 입장료 수입, 광고 수입, 중계료 수입 등은 고객(팬, 기업, TV 방송국)을 상대로 한 효과적인 마케팅 전략을 수립할 때 극대화된다. 결론적으로 말하면 브랜드 자산가치의 극대화는 바로 효과적인 마케팅 활동과 연결된다는 것이다.

4) 팬 충성도 확대 단계

팬 충성도란 무엇인가? 팬들의 팀 또는 리그에 대한 충성도에 영향을 미치는 요소들은 어떠한 것들이 있을까? 심리학자인 Robert Passikoff는 팬들의 충성도에 영향을 미치는 요소로서 '경기의 오락적인 요소', '진실성' '팀의 역사와 전통', '팬들의 소속감' 등 네 가지를 들고 있다(Brad Edmunson, 1997). 이 가운데 팬들의 소속감을 가장 중요한 요소로 꼽고 있다. 팬들의 소속감은 팬들이 자기가 좋아하는 선수 또는 팀과 동일시하려는 행동에서 비롯된다. 팬들의 소속감을 고취시키는 데에는 관계 마케팅이 절대적인 영향을 미친다. 즉 브랜드 가치 전략에도 관계마케팅의 개념이 중요한 의미를 가진다는 것이다.

따라서 팬들의 충성도 확대란 자기가 좋아하는 팀에 대해 애정을 가지고 계속해서 관전하는 단골 손님을 많이 확보하는 것이다. 관계마케팅을 통해 단골손님을 많이 확보하면 그 팀의 브랜드 가치도 상대적으로 높아지기 마련이다. 그리고 이러한 브랜드 가치는 라이센싱을 통해 더욱 높아진다.

(2) 유통 경로 입장: 라이센시 선정 · 관리 전략

라이센시를 선정하는 데에는 스폰서 유치과정에서처럼 후보기업을 선정한 다음 이 기업과 협상 · 계약 과정을 거친다. 계약을 하게 되면 본격적인 파트너로서 업무를 담당한다. 그렇다고 해서 라이센싱 전략이 끝나는 것은 아니다. 라이센시가 유통 경로의 성격을 보유하는 한 지속적인 관리가 필요하다. 〈그림 17-2〉가 이러한 과정을 나타내고 있다.

1) 라이센시 후보자 선정

스포츠 단체는 라이센시 후보 기업의 규모, 생산 품목, 제품의 질, 연간 매출액, 재무 구조, 은행 신용, 유통구조 등에 대한 조사를 실시하여 라이센시 선정 작업을 신중하게 진행해야 한다. 예를 들어 라이센시로 선정된 기업이 자기 팀의 브랜드를 이용해 불량품을 만들거나 생산활동 도중에

그림 17-2 라이센시 선정 · 관리 절차

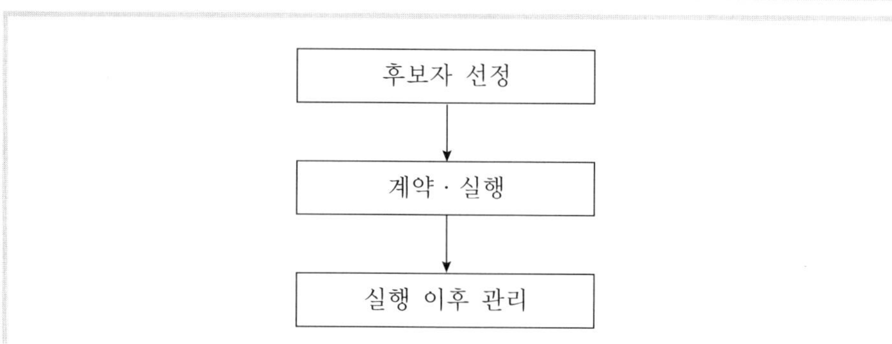

부도가 발생하면 이는 곧 바로 스포츠 단체나 리그에게 부정적인 영향을 가져다 준다. 왜냐하면 팬(소비자)들은 스포츠 단체와 라이센시 기업이 별개의 조직이 아니라 같은 조직이라고 생각하고 있기 때문이다.

위의 조사내용 가운데 가장 중요한 것은 라이센시의 기술수준과 재무구조이다. 만약 스포츠 단체나 팀이 라이센시 기업의 기술 수준과 재무구조를 자체적으로 평가하기 어려우면 공공기관 등에 의뢰하는 것도 좋다. 예를 들어 우리 나라의 경우 라이센싱이 활성화되면 라이센시 기업의 성격에 대해서는 중소기업청을 통해 알아볼 수도 있다. 왜냐하면 라이센시 기업은 대부분 중소기업이며 중소기업청은 이들 중소기업과 밀접한 관계를 맺고 있을 뿐만 아니라 중소기업에 대한 각종 정보를 보유하고 있기 때문이다.

라이센시의 기술수준에 대한 확신이 없으면 우선 소량 생산을 의뢰한 다음 라이센시가 생산한 제품의 시장 반응을 조사하는 것도 위험을 분산시킬 수 있는 좋은 방법이다.

한편 라이센싱에서는 궁극적으로 팬들을 상대로 한 제품 거래가 발생한다. 예를 들어 프로 농구로부터 라이센스권을 획득한 의류회사는 제품(유니폼)을 생산한 다음 주로 농구팬들을 상대로 판매한다는 의미이다. 전통적인 라이센싱에서는 이러한 의류 업종을 비롯하여 장난감 및 열쇠고리 등 팬시 용품이 주를 이루었다. 그러나 사회가 급속히 디지털화됨에 따라 스포츠팬들의 취향 또한 다양하게 변하고 있다. 즉 라이센시 후보 기업 선정 과정에서 업종을 종래의 의류 및 팬시 용품 등으로 한정하지 말고 다양하게 검토하는 것이 바람직하다는 것이다.

구체적으로는 IT 기술을 응용한 파생상품(개인 휴대전화기에 스포츠 경기 장면을 동영상으로 보내는 사업), 참여 스포츠 상품(어린이, 유소년 및 청소년 등을 대상으로 하는 스포츠 교실 프랜차이즈), 스포츠 바 등의 업종도 라이센싱 후보 상품이 될 수 있다.

2) 계약시 체크 포인트

라이센시 후보 기업이 선정되면 이 기업과 계약을 체결하고 실제 업무에 들어간다. 여기서는 계약에 명기되어야 할 주요항목을 소개하는 데 중점을 두기로 한다.[3] 라이센시 후보 기업과 계약할 경우 고려해야 할 항목은 다음과 같다.

〈라이센시 기업과 계약시 체크포인트〉

- 라이센스와 라이센시의 권리 및 의무
- 라이센싱 기간
- 보상: 로열티, 보증금, 계약금 등
- 견본 제출 의무화
- 사전 통보 의무 여부
- 특허, 상표, 저자권에 관한 조항
- 위조품에 대한 예방책
- 계약 위배 조항
- 계약 파기 조항
- 보험 관련 사항
- 소송과 분쟁 발생시 절차
- 면책 조항
- 기타

이러한 체크 포인트 가운데 로열티에 대해 우선적으로 관심을 가질 필요가 있다. 왜냐하면 이러한 로열티가 스포츠 단체의 재정수입 증대에 실질적으로 기여하기 때문이다. 로열티는 크게 일시불 로열티와 러닝(Running)로열티로 나누어진다. 이들 장단점을 비교하여 유리한 방법을 선택하는 것이 필요하다. 〈표 17-1〉은 라이센시 입장에서 본 일시불 로열티와 러닝 로열티의 장단점을 비교한 것이다.

〈표 17-1〉에 의하면 일시불 방식이 러닝 로얄티 방식에 비해 라이센서에게 유리하다. 그러나 이러한 기준은 라이센싱 상품에 따라 다르게 나타날 수도 있다. 따라서 상황에 따라 적합한 로열티 지급방식을 결정해야 하

3) 「월간 스포츠 비즈니스(1998. 12)」, p. 47에 의거 수정 작성.

표 17-1 일시불 로열티와 러닝 로열티의 장단점 비교

구분	일시불 로열티	러닝 로열티
장점	1. 라이센서의 라이센시에 대한 계정 검사를 방지할 수 있다(일반적으로 라이센시에 대한 계정 검사는 라이센서의 권리이다). 2. 대가지급기간 및 제품생산량과 같은 복잡한 고려사항들이 포함 되지 않기 때문에 경쟁상태에 있는 라이센싱 계약과 비교가 가능하다. 3. 일시불의 가격이 런닝 로열티의 가격보다 낮을 수도 있다.	1. 라이센서는 라이센시의 위험을 분담하게 된다. 2. 라이센시의 생산량이 시장성장률에 미치지 못하면 라이센서는 로열티율을 할인하여 라이센시가 시장에서 성장할 수 있도록 유도하는 경우가 있다. 3. 라이센시의 현금유동자금의 부담을 덜어 준다. 4. 계약서에 최혜대우조항(Most-favored clause)이 있을 경우, 여타 회사에 통용된 로열티율은 즉시 라이센시에게도 통용된다. 5. 시장상황에 따라 로열티율을 변화시킬 수 있도록 계약을 체결할 수 있다. 6. 라이센싱 계약에서 로열티 금액은 라이센서의 승인하에 언제든지 일시지불금으로 전환될 수 있으며, 이에 따라 장래의 지급 업무량을 감소시킬 수도 있다.
단점	1. 라이센서가 자신의 금액을 미리 받기 때문에 라이센시 기업에 대해 지속적인 관심과 도움을 주지 않을 수 있다. 2. 라이센서는 추가 수입이 발생하지 않으므로 지적재산권의 개량(改良)에 소홀해질 수 있으며 이에 따라 라이센시의 시장확대는 어렵게 된다.	1. 국내 인플레이션 및 투입원자재에 대한 과세로 인한 제품가 상승은 라이센서의 수입만을 증가시킨다. 2. 全계약기간 동안 라이센서의 수입을 정확히 측정할 수 없다.

자료: 신영락(1999) pp. 106~107.

며 경우에 따라서는 양자를 적절히 결합하는 것도 고려해 볼 만하다.

한편 이 책 〈부록 1〉에서는 라이센싱 계약서가 첨부되어 있는바, 앞에서 언급한 체크 포인트를 염두에 두면서 비교해 보기 바란다.

해설 17-1 러닝 로열티 산정 방법

제품의 판매가(S)를 2,000원이며 이 가운데 라이센시의 이익이 20%라고 가정하면 라이센시의 이익(P2)은 400원이 된다. 라이센시의 이익 가운데 라이센서의 이익비율을 20%라고 한다면 라이센서의 이익(P1)은 80원(400 × 0.2)이 된다.

이 때 로열티 요율을 R이라고 한다면,

$$R = \frac{400\text{원}(P2) \times 20\%}{2000\text{원}} = 4\% \text{ 가 된다.}$$

이를 바꾸어 정리하면,

$$R = \frac{\text{라이센서의 이익}(P1)}{\text{제품판매가}(S)}$$

$$= \frac{\text{라이센시의 이익}(P2)}{\text{제품판매가}(S)} \times \frac{\text{라이센서의 이익}(P1)}{\text{라이센시의 이익}(P2)}$$

= (라이센시의 이익률×라이센서의 배당률)의 등식으로 나타난다.

이러한 산정 방식은 한국기계 연구소가 발표한 내용이다. 물론 이 방식을 스포츠 라이센싱에서 그대로 적용하는 데는 무리가 따른다. 그러나 스포츠 라이센싱 로얄티 산정에 있어서 기초자료는 될 수 있을 것으로 판단된다.

3) 실행 이후 관리

라이센시 기업과 계약을 체결한 이후에도 라이센서(스포츠 단체)는 라이센시가 행하는 로열티 보고의 적정성, 타당성 및 일관성에 대해 꾸준히 모니터(이른바 정기적인 조사 및 감사)해야 한다. 라이센서가 정기적으로 라이센시를 감사해야 하는 이유는 크게 세 가지로 나누어진다. 첫째, 각종 이유로 인해 로열티의 과소지급이 일어나고 있다는 점이다. 이는 라이센서의 수입 증대에 악영향을 초래한다. 로열티가 적게 지급되는 데에는 라이센시가 고의로 적게 지불하는 사례 이외에도 여러 가지 원인이 있다. 우선 라이센서와 라이센시간의 커뮤니케이션 부족과 계약서상의 모호한 용어 등을 들 수 있다. 특히 계약서상의 용어가 불분명하면 라이센시는 자기에게 유리하게 해석하는 경향이 있다. 이러한 사례는 상호 문서 계약보다는 구두

관행에 주로 의존하는 경우에 발생한다. 라이센시가 라이센싱된 권리를 이용하여 2차 파생상품을 만드는 경우에도 로얄티의 과소 지급이 발생한다. 어쨌든 라이센서는 정기적인 감사 및 조사를 통해 로열티가 과소 지급되는 것을 방지해야 한다.

둘째, 복수의 라이센시가 존재하는 경우 특정 라이센시 기업에 대한 정기적인 감사는 다른 라이센시 기업에게는 간접적으로 감사 효과가 전달되는바, 전반적인 상품 질의 제고를 기대할 수 있다.

셋째, 심리적 만족감이다. 라이센서는 가끔 자기들의 기대만큼 로열티를 받지 못하고 있다고 생각한다. 그런데 이러한 생각은 라이센서가 직접 해결해야 할 문제이다. 만약 라이센서가 정기적인 감사를 통해 라이센시의 업무를 정확히 파악할 수 있고 또한 라이센시가 로열티를 정확히 지불하고 있다는 것을 알게 되면 라이센서와 라이센시와의 관계는 오히려 좋아지게 된다. 즉 라이센서의 라이센시에 대한 정기적인 감사는 상호 신뢰감을 구축할 수 있는 수단이 될 수 있다는 것이다(신영락, 1999, pp. 111~117).

그러나 라이센서가 라이센시를 정기적으로 감사하는 근본적인 목적은 다른 곳에 있다. 라이센시의 관리를 통해 팬들에게 보다 우호적인 이미지를 심는(마케팅 전략) 것이 바로 그 근본적인 목적이다.

연습 · 토의문제

- 스포츠 시장에서는 의류, 팬시 등의 상품이 라이센싱 업종의 주를 이루고 있습니다. 이러한 업종 이외에 새롭게 라이센싱 대상이 되는 업종으로는 어떤 것들이 있을까요? 특히 최근에는 IT 산업이 급격히 발전하고 있습니다. 이처럼 IT 산업에서 파생되는 상품이 라이센싱 대상이 될 수 있는 상품은 없을까요? 다 함께 연구하며 찾아 봅시다.

제18장

엔도스먼트 전략

1. 스타 선수와 에이전트(매니지먼트)

스포츠 산업에서 스타 선수는 중요한 위치를 차지하고 있다. 스타는 그가 속한 스포츠 단체나 팀의 방송중계료 인상을 유발한다. 또한 그를 보러 오는 관중들로 인한 입장수입, 주차수입, 기념품 판매수입 등 부대수입을 유발하여 스포츠 단체의 재정상태를 호전시키기도 한다. 이와 반대로 스타 부재의 팀이나 종목은 상대적으로 중계수입의 감소와 관중감소를 초래하고 이는 다시 부대수입의 감소라는 악순환으로 연결되어 스포츠 단체의 재정상태를 악화시킬 수도 있다. 말하자면 스타는 해당 경기 산업의 성패를 좌우할 수 있는 요인이 되는 것이다.

미국 NBA의 코비 브라이언트, 미국 PGA의 타이거 우즈, MLB의 알렉스 로드리게즈 등이 스타 선수에 속한다. 이들은 실제 자기가 속한 스포츠 단체에 적지 않은 부를 가져다주고 있다.

스타 선수에 의한 부가가치는 경기력에서뿐만 아니라 여타 부문에서도 발생한다. 예를 들면 선수에 적합한 상징적인 닉네임이 있으면 부가가치는 증대된다. 팬들과의 친화력이 있으면 없는 것에 비해 부가가치가 훨씬 높게 나타나는 것은 당연하다. 미디어와의 우호관계, 세련된 인터뷰 요령, 사회와의 친숙한 이미지 등도 스타 선수의 부가가치를 높이는 요인이다. 그런데 경기력 이외에 부가가치에 영향을 미치는 요인들을 발굴하고 개발하는 업무는 통상 에이전트(매니지먼트)들이 담당한다. 따라서 최근에는 스포츠 에이전트라 함은 연봉협상 및 광고 출연 교섭 등의 업무뿐만 아니라 선수 상품화 작업이라는 매니지먼트 업무도 포괄하는 것으로 인식되고 있다.

스포츠 산업에서의 이러한 에이전트는 연예산업에서의 기획사와 함께

사례 18-1 **선수 엔도스먼트**

박지성, 나이키와 12년 초장기 후원계약

잉글랜드 프로축구 프리미어리그 맨체스터 유나이티드와 한국 축구의 '파워 엔진' 박지성(26)이 불혹(不惑)을 바라볼 나이까지 '나이키맨'으로 남게 됐다. 나이키코리아는 다음 달 말 용품 후원 계약이 끝나는 박지성과 올해 6월부터 2019년 5월까지 12년 간 장기 후원 계약을 체결했다고 12일 밝혔다. 1981년 2월25일생인 박지성은 2019년이면 만 38세이자 우리 나이로 39세가 된다. 활동량이 많은 미드필더를 맡고 있는 데다 박지성의 플레이 특성을 고려할 때 계약 만료 시점까지 현역 선수로 뛸 수 있을 지는 보장할 수 없지만 코치 등 지도자 생활을 하더라도 나이키의 후원을 받게 되는 셈이다. 나이키코리아는 '박지성 선수와 깊은 신뢰를 바탕으로 체결된 이번 계약은 한국 내 스포츠 마케팅에 새 장을 연 사건으로 기억될 것'이라며 '박지성이 세계 최정상급 스타 플레이어로 계속 성장하도록 함께 뛰겠다'고 밝혔다. 나이키는 박지성에게 후원 금액 규모에서 국내 최고 선수 대우를 해줬지만 구체적인 계약 금액을 밝힐 수는 없다고 설명했다. 박지성 주변 인사들에 따르면 나이키의 후원 금액은 매년 다른 액수가 지원되지만 총액으로 따져보면 100억원에 육박하는 수준이 될 것으로 추정된다. 박지성의 스폰서십 지원 규모는 나이키의 후원을 받는 다른 종목의 특급 스타들과 비교하면 적은 편이지만 축구가 단체 구기종목이란 점을 감안하면 파격적인 액수로 보인다. 나이키골프와 후원 계약을 맺은 '천만달러 소녀' 위성미는 연간 500만달러(46억원), '골프 황제' 타이거 우즈(미국)는 5년 간 2억달러(1865억원)를 받는 것으로 알려져 있다. 미국프로농구(NBA)의 '포스트 조던' 르브론 제임스(클리블랜드 캐벌리어스)는 2003년 나이키와 7년 간 9000만달러(839억원)에 계약했다.

〈스포츠조선 2007. 4. 12〉

IT, BT, NT, ET, ST 등과 함께 21세기 선도기술로 인정되는 CT(Cultural Technology)[1)]의 전문가로 인정되고 있다.

결론적으로 언급하면 스포츠 산업에서 스타 선수는 대단히 중요한 역할을 하며 이러한 스타 선수들의 부가가치는 에이전트에 의해 더욱 확대될 수 있다. 즉 스포츠 마케팅에서 스타[2)]와 관련된 마케팅 전략이 매우 중요하다는 것을 의미한다.

한편 스포츠의 근대 산업화가 크게 진전된 미국에서는 선수 에이전트(매니지먼트)가 활성화되어 있으나 우리 나라에서는 스포츠 조직의 제도적 요인으로 인해 2007년 현재 선수 에이전트의 활동이 크게 제한되어 있다. 그러나 국내에서도 점차 선수 에이전트의 활동 영역이 점차 확대될 것으로 예상된다. 따라서 본 장에서는 선수 에이전트의 마케팅 전략(엔도스먼트)에 대해 논의하기로 한다.

2. 엔도스먼트 과정 미리 보기

스타 선수가 중요하다는 것을 알았으면 스타선수를 어떻게 상품화하는가에 대해서도 알아야 한다. 선수 상품화(엔도스먼트) 과정에서 가장 먼저 해야 할 일은 물건이 될 만한 선수를 찾아내는 것이다. 일단 선수가 확보되어야 그 다음 일이 진행되기 때문이다. 그런데 선수 발굴은 아무나 할 수 있는 것이 아니다. 그리고 선수의 어떤 부분을 보아야 하는지도 중요하다. 선수를 발굴하고 나면 선수와 계약을 체결해야 한다. 선수를 발굴하는 에이전트와 발굴된 선수간에도 각종 이해관계가 얽힐 수 있다. 따라서 선수와 에이전트간에 책임소재를 명백히 하기 위해서라도 세심한 계약서 작성이 필요하다. 계약을 체결하고 나면 구체적인 대행업무를 실시한다. 이처럼 선수 마케팅에서 에이전트가 해야 할 업무를 일련의 과정으로 나타낸

1) 통상 CT라 함은 casting, training, management, producing을 의미한다.
2) 스타가 아닌 선수에게도 에이전트(매니지먼트)가 존재하겠지만 이들 에이전트들도 일반 선수를 스타로 만들어내기 위해 노력한다.

그림 18-1 선수 엔도스먼트 과정

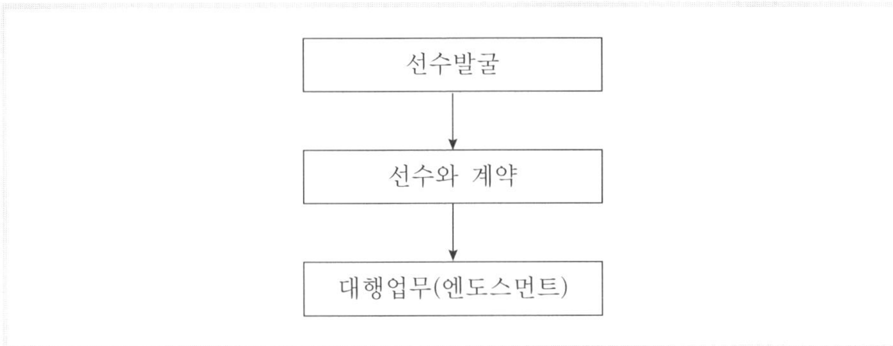

것이 〈그림 18-1〉이다.

대행업무에는 크게 세 가지가 있다. 첫째, 선수를 상품화하는 엔도스먼트 업무이고 둘째, 선수들의 연봉 대행 협상이다. 셋째, 필요한 경우 선수들의 재산관리 업무를 담당하기도 한다. 엄밀히 말하면 연봉 대행 협상이나 선수들의 재산관리 등은 마케팅 업무가 아니다. 그러나 이러한 업무도 결국은 선수 마케팅과 간접적으로 연결되므로 본 장의 보론에서 다루기로 한다.

제 3 절에서는 선수 발굴에 대해 언급하며 제 4 절에서는 선수와 체결해야 할 계약관계에 대해 설명한다. 그리고 제 5 절에서는 선수 마케팅의 대표적인 형태인 엔도스먼트에 대해서 논의한다.

3. 선수 발굴

(1) 선수의 자질

선수를 발굴하는 과정에서 가장 기본적인 조건은 당연 선수의 자질이다. 천재는 99퍼센트의 노력과 1퍼센트의 머리에 의해 탄생한다고 했다. 그러나 스포츠 마케팅 특히 스타 발굴에는 이러한 논리가 적용되지 않는다. 우리 주변에서 스타를 찾아보라면 20C 아시아를 빛낸 축구선수로 선정된 차범근, 진작 메이저리그로 진출했으면 크게 성공했을 것이라는 무등산 폭격기 선동렬, 프로야구 최연소 한국시리즈 우승을 빚어낸 김재박, 21세기 국민타자 이승엽, 농구계 영원한 챔피언 메이커 허재 등을 떠올리게 될 것이다. 이들은 뛰어난 자질을 타고났다. 차범근은 100m를 11초대에 달리는 빠른 발을 갖고 있었으며, 선동렬과 이승엽은 체조선수만큼이나 유연한 허리를, 허재는 볼에 대한 뛰어난 감각을 갖고 있다. 김재박은? 통상 김재박은 노력으로 성공한 대표적인 인물로 꼽힌다. 그러나 그의 별명이 무엇인가. 그라운드의 여우다. 여우라는 것은 머리회전이 빠르다는 이야기다. 머리 회전이 빠른 것도 '스타'가 갖추어야 할 중요한 자질 가운데 하나이다. 김재박이 그저 자질이 평범한 선수였더라면 여우라는 수식어가 붙어 다닐 리가 없다.

스포츠 스타가 자질 없이 이루어질 수 없다는 것은 현대에 와서 더욱 설득력을 갖는다. 왜냐하면 스타 양성에는 돈이 개입되기 때문이다. 박세리에게 자질이 없었다면 삼성이 연간(1998년 당시) 10억 원이라는 돈을 투자했을 리가 없다. 타이거 우즈가 노력만 하는 선수였다면 나이키가 후원했을 리가 없다. 박찬호가 그냥 덩치만 크다고 해서 대학을 중퇴시키면서까지 미국으로 데리고 갔을 리가 없다. 다 자질을 갖추었기 때문이다. 어느 기업이 돈을 써가면서 자질이 부족한데도 열심히 한다고 해서 막대한 돈을 투자하겠는가. 막대한 돈을 투자한 후 다음에는 더 많은 이익을 챙기는 것이 기업의 생리이다. 즉 스포츠 스타에게는 개인의 자질이 매우 중요하다는 의미이다.

결론적으로 말하면 이렇다. 선수를 발굴하는 과정에서는 선수들의 자질이 가장 중요하며, 자질이 있어야 마케팅 과정에서 돈주머니(기업)를 끌어들일 수 있다는 것이다.

(2) 선수의 건강 상태

제 아무리 자질이 뛰어난 선수라 하더라도 건강 상태가 나쁘면 스타는 커녕 선수생활조차 할 수 없다. 따라서 에이전트는 선수의 자질이 엿보이더라도 선수의 건강상태를 체크해야 한다.

국내 스포츠 업계에서는 선수들의 건강 상태에 대해 그다지 큰 관심을 가지지 않고 있다. 90년 후반 프로야구계에서는 대학을 졸업한 신인 선수들의 몸값이 천정부지로 치솟은 적이 있었다. 이들의 몸값이 비싸진 것에는 여러 가지 요인이 있지만 이 가운데 하나가 대학 재학 시절 비교적 좋은 성적을 냈기 때문이다. 즉 선수의 자질이 어느 정도 검증되었다는 것이다.

그런데 비싼 몸값을 받고 입단한 선수 가운데에는 프로 입문 이후 제대로 활약을 보여주지 못한 선수도 많다. 심지어는 조기에 은퇴한 선수마저 있다. 이들은 대부분은 고교, 혹은 대학 시절 혹사를 당해 건강에 이상이 발생한 선수들이며 결국 피해는 구단으로 돌아가게 되었다. 이에 비해 미국으로 건너간 J라는 선수는 당초 100만 달러 정도의 계약금을 받기로 되어 있었으나 몸에 이상이 발견되어 몸값이 1/10으로 축소된 사례도 있었다. 즉 미국에서는 신인 선수들의 건강 상태를 체크하는 것은 상식처럼 되어 있다는 것이다.

선수들의 건강 상태를 미리 체크해야 하는 것은 비단 구단만의 문제가 아니다. 국내에서도 에이전트의 활동이 양성화되면 에이전트들도 발굴 대상이 되는 선수의 건강 상태에 주의를 기울여야 한다. 에이전트에게 선수는 사업체이며 상품이기 때문이다.

(3) 선수의 노력

자질을 갖추고 건강 상태에 이상이 없다고 해서 스타로 키워지는 것은 아니다. 웬만한 스포츠팬들은 다 알고 있을 것이다. 프로야구 초창기에 삼성을 거쳐 빙그레에서 선수생활을 마감한 P, 그라운드의 보헤미안으로 불리던 축구계 P를. 이들은 모두 뛰어난 자질을 갖추고 있었다. P는 고교를 졸업한 해에 홈런 왕 타이틀을 차지한 적이 있으며 축구계 P는 천부적인 볼 감각을 가지고 있었다. 그러나 안타깝게도 이들은 모두 노력 부족과 부상들로 인해 피어보지도 못하고 시들어 버렸다.

다시 말하면 스타가 만들어지기 위해서는 자질 이외에 선수의 부단의 노력이 필요하다. 선수를 발굴하는 과정에서 선수의 자질 다음으로 중요하게 고려해야 할 사항이 선수의 노력이라는 것이다. 그런데 선수의 노력은 에이전트의 매니지먼트 역량에 따라 달라질 수 있는 사항이다.

(4) 가족의 협조

선수의 자질이 엿보이고 건강 상태에도 이상이 없으며 또한 성격도 성실하다면 선수 발굴과정에서 검토되어야 할 사항은 마무리 된 것이나 마찬가지이다. 굳이 또 다른 검토 사항이 있다면 선수 가족의 분위기이다. 특히 국내의 경우 미국이나 유럽 등 서구와는 달리 가족의 입김이 선수들의 의사결정에 크게 영향을 미친다. 스타덤에 오른 선수들이 언론 매체와 인터뷰를 할 때 언제나 "아버님(어머님) 덕분에" 또는 "아내의 헌신적인 내조 덕분에"라는 말을 빼놓지 않는 것이 이를 뒷받침하고 있다. 즉 선수를 발굴하는 과정에서 이왕이면 가족의 분위기가 협조적인 선수를 선택하는 것이 바람직하다는 이야기이다.

그림 18-2 선수 발굴시 고려사항

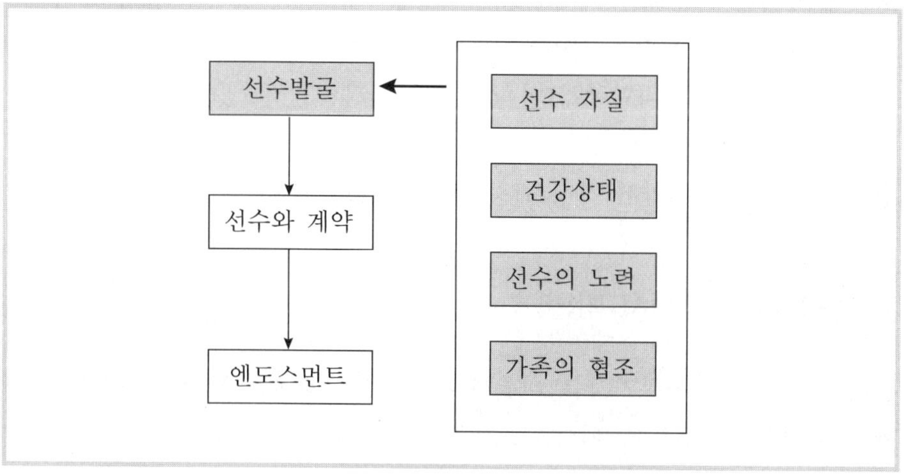

4. 선수와의 계약

(1) 계약의 중요성

앞에서도 언급했지만 선수를 찾는 에이전트나 에이전트를 찾는 선수간에는 이해관계가 일치될 수가 없다. 이는 에이전트와 선수와의 관계에는 '돈' 문제가 개입되기 때문이다. 즉 양자간 에이전트 대행 계약이 의리나 친분관계로 시작되었다고 하더라도 문제가 발생할 경우에는 '돈' 문제가 쟁점으로 부각되기 마련이라는 것이다. 실제 에이전트의 활동이 왕성한 미국에서는 에이전트와 선수간 '돈' 문제로 인한 법정 싸움이 심심찮게 발생한다고 한다.

그런데 에이전트와 선수간에 불만이 발생할 경우 선수는 에이전트를 쉽게 법정에 소송할 수 있어도 에이전트가 선수를 쉽게 법정에 소송할 수는 없다. 물론 에이전트의 활동이 정당하지 못하고 도덕적으로 문제가 있었다면 법의 제재를 받아야 한다. 그러나 그렇지 않은 경우에도 선수를 소송하기가 힘들다는 데 문제가 있는 것이다. 예를 들어 에이전트가 선수를 소송에 제기한다면 또는 에이전트가 소송을 제기하여 승리를 한다고 하더라도 그 에이전트는 선수들 사이에 까다롭고 말썽을 일으키는 사람으로 인식될 소지가 많다. 즉 그 바닥에서 일을 하기가 어려워질 수 있다는 것이다.

따라서 에이전트의 입장에서는 이러한 피해를 최소화하기 위해서라도 선수와의 명확한 계약서 작성은 중요한 의미를 가진다.

(2) 계약 당사자 확인

우리는 가끔 신문지상을 비롯한 각종 언론 매체를 통해 스카우트 분쟁에 관한 내용을 접하게 된다. 스카우트 분쟁은 왜 발생하게 되는가? 물론 선수 본인이 2중 계약을 하는 경우가 있다. 대표적인 예가 국내 프로야구 K의 경우이다. 그는 프로야구에서 영구 제명되었다가 훗날 구제된다.

선수가 2중 계약을 하는 경우말고도 스카우트 분쟁이 발생하는 경우가 많다. 그런데 이러한 분쟁의 경우를 살펴보면 어느 한쪽은 선수와 합의 또는 계약을 했다고 주장하고 어느 한쪽은 선수 부모와 계약을 했다고 주장하는 것들이 대부분이다.

계약이란 자기의사에 따라 자기의 법률관계를 형성할 수 있는 법적 도구로 해석된다. 여기서 '자기의사에 따라…' 라는 문구는 성인을 의미한다. 즉 선수가 미성년자가 아니라면 선수와 직접 계약한 것이 법적으로 효력을 가진다. 선수를 발굴한 다음 에이전트를 업무를 수행하고자 할 경우에도 선수의 가족보다는 선수와 직접 계약하는 것이 바람직하다. 그러나 우리나라 정서상 선수 가족(특히 선수의 아버지)의 영향력을 전혀 무시할 수는 없다. 따라서 국내에서 에이전트 업무가 활성화되면 선수 본인과 선수 가족의 동의를 동시에 구하는 것이 바람직하다.

한편 선수와 에이전트 계약을 체결하고자 할 때 해당 선수가 여타 에이전트와 이미 계약한 사실은 있는지 여부를 확인하는 작업도 중요하다. 국내에서는 적법성보다는 인간관계에 의해 선수가 본의 아니게 계약을 체결하는 경우가 있다. 만약 선수가 본의 아니게 이미 여타 관계자와 계약관계를 맺고 있다면 업무 진행에 따라 예기치 않은 문제가 발생할 수 있다 (〈사례 18-2〉 참조).

사례 18-2 이중계약으로 인한 어려움

[스포츠스타들의 법적 분쟁] 양보없는 줄다리기..."법대로 해!"

'산소 탱크 '박지성(맨유), '빙판의 요정' 김연아(군포 수리고)…. 많은 스포츠스타가 에이전트나 입단 등의 관계로 늪에 빠져있다. (중략) 박지성은 소송을 당한 상태다. 박지성의 전 소속사인 FS코퍼레이션은 2006년 9월 박지성을 상대로 9억930만원의 손해배상 청구소송을 냈다. FS코퍼레이션은 박지성과의 에이전트 계약기간이 2005년 1월부터 2006년 12월까지인데 지난해 7월 일방적 계약해지를 당했다고 주장했다. 박지성은 2006년 7월부터 JS리미티드를 새로운 대리인으로 선임했다. (중략)

한국의 빙판 요정이 법정에 갈 수도 있다. 김연아의 전 소속사인 IMG코리아가 현소속사인 IB스포츠와 김연아를 상대로 이중계약에 따른 법적인 대응을 강구하고 있기 때문이다. IB스포츠는 지난 25일 김연아에 대해 3년간 독점적인 에이전트 권리를 가졌다고 발표했다. 이에 대해 기존 에이전트사인 IMG코리아는 '김연아 측의 일방적 계약해지 통보에 이은 새로운 업체와의 에이전트 계약은 이중계약으로 법적인 대응을 하겠다'는 입장이다.(중략)

김연아 박지성 문제의 핵심은 돈이다. 김연아는 2006년 시니어 그랑프리 파이널에서 우승한데 이어 세계피겨선수권에서 3위를 차지하면서 세계적인 선수가 됐으나 수입은 신통찮았다. 박지성과 FS코퍼레이션과의 결별도 마찬가지다. 박지성의 아버지 박성종씨는 "당시 FS는 워낙 관리해야 하는 선수가 많았다. 지성이만 전담으로 관리해야 할 필요성을 느꼈다"고 이유를 설명했다 그러면서도 박지성측은 CF 등 계약과정서 불미스러운 일이 노출되었다는 생각을 했고, FS코퍼레이션측은 계약이외 부당이득도 없고 성실하게 일했다는 주장이다. 눈덩이처럼 불어난 에이전트 수수료가 직접 원인이라는게 축구계의 지배적인 시각이다. (중략)

〈스포츠 조선 2007. 4. 29〉

(3) 주변 관계자와의 관련 규정 확인

계약 당사자를 확인한 다음 계약한다고 해서 에이전트 업무가 본격적으로 시작되는 것은 아니다. 계약 당사자를 확인한 다음에는 계약 당사자와 어떤 식으로든 관계를 맺고 있는 사람 혹은 단체의 규정을 조사·파악해야 한다. 경우에 따라서는 주변 규정이 에이전트 활동업무에 영향을 미치는 경우가 있기 때문이다.

예를 들어 보자. 미국 MLB의 경우 선수만 확보하면 선수회로부터 자동적으로 승인을 받아 에이전트 업무를 실시할 수 있다. 그러나 NBA와 NFL의 경우에는 우선 선수회의 승인을 받은 다음 선수를 확보해야 한다. 또한 MLB의 경우 등록비가 없지만 NBA와 NFL의 경우에는 등록비와 연회비를 선수회에 납부하도록 되어 있다. 또한 어떤 경우에는 구단 또는 스포츠 단체가 선수들에게 엔도스먼트 계약 금지 품목(기업)을 정하는 수도 있다.

우리 나라에서는 선수 초상권을 활용한 마케팅(엔도스먼트) 권한을 대부분 소속 구단이 가지고 있다. 국내 일부 선수들은 에이전트를 두고 있지만 이는 구단과 에이전트간에 합의가 이루어진 다음에 계약이 체결된 경우이다. 중요한 것은 에이전트가 선수를 발굴한 다음 에이전트 업무 계약을 체결하고자 할 때에 선수 주변 관계자(스포츠 단체, 구단 등)의 각종 규정도 미리 파악해야 한다는 것이다(〈해설 18-1〉 참조).

해설 18-1 **국내 프로스포츠 엔도스먼트 관련 규정**

국내 프로선수들의 엔도스먼트(선수 스폰서)활동에는 종목별로 차이는 있으나 대부분 제한이 있다. 프로 축구 선수 계약서 제14조 초상권(선수의 광고행위에 대한 처리)과 관련된 내용에서는 "선수가 광고·선전에 출연하는 행위에 대한 일체의 권리를 구단이 소유한다"라고 명기하고 있으며 나아가 여기에 대해 선수는 이의를 제기할 수 없도록 규정하고 있다.

프로야구도 프로축구와 크게 다를 바가 없다. 선수 계약서 제8조(용구)에서는 "야구 경기에 필요한 모든 용구는 구단이 부담하고 훈련에 필요한 배트 글러브는 본인이 부담한다"라고 규정하고 있다. 이에 따라 선수는 훈련에 필요한 용구는 엔도스먼트를 통한 구입이 가능하도록 되어 있다. 그러나 엔도스먼트를 원하는 기업들은 자신들의 용구가 훈련용이 아닌 경기용으로 사용되기를 원한다. 즉 동 조항에 따르면 선수들의 엔도스먼트 기회가 상당히 제한되어 있다고 볼 수 있다.

프로야구 선수 계약서 제16조에는 선수 초상권에 관한 내용을 명기하고 있다. 동 조항에서는 선수 초상권은 일체 구단에 귀속된다고 규정하고 있는 바, 선수가 광고에 출연할 수 있는 길은 오직 구단을 통해서만 가능하도록 되어 있다. 이것 또한 제8조와 마찬가지로 에이전트 활동을 크게 제한하고 있는 내용이다.

프로 농구에서 선수들의 엔도스먼트나 초상권을 이용한 마케팅 활동은 프로 야구 및 프로 축구에서와는 다른 형태를 보이고 있다. 프로 농구 규약 제86조에서 ① 선수는 농구 활동 중의 사진, 이름, 서명, 초상, 영상, 캐릭터 등이 보도, 방송에 사용되는 데 대해 어떠한 권리도 갖지 않는다. 또한 KBL 사업에 사용하는 선수의 사진, 이름, 서명, 초상, 영상, 캐릭터 등의 소유권은 KBL에 귀속된다'라고 규정하고 있다. 즉 제86조 ①항과 관련된 엔도스먼트 활동은 어려우며 이에 따라 관련 업무 에이전트 활동 또한 제한된 상태라고 할 수 있다.

프로 농구 규약 제86조 ③에서는 '선수는 대가를 지급받는 TV, 라디오, 인터넷 및 각종 행사의 출연과 신문 잡지 등의 기사 게재 그리고 모든 광고 활동에 대해서는 구단의 승인을 받아…'라고 규정하고 있다. 즉 선수는 경기 외 활동 가운데 광고활동은 구단의 승인을 받도록 되어 있다. 결국 프로농구에서 엔도스먼트 업무와 관련된 에이전트의 활동은 부분적·제한적으로 이루어지는 상태라고 할 수 있다. 실제 국내 프로농구 선수의 경우 경기 외 활동을 대상으로 에이전트(매니지먼트) 업무가 진행되는 사례가 많다.

지금까지의 설명으로 보면, 야구 및 축구 선수를 대상으로 마케팅(엔도스먼트)하고자 할 경우에는 구단과 우선 접촉해야 하며, 프로농구 선수를 대상으로 마케팅하고자 할 경우에는 연맹과 우선 접촉해야 함을 알 수 있다.

〈2003년 4월 현재〉

(4) 제안서 제출

제16장에서 에이전트가 스폰서십을 유치할 때 스폰서 후보 기업에게 제안서를 제출해야 한다고 언급한 적이 있다. 그리고 이 제안서에는 상품이 있어야 하고 기업을 설득할 수 있는 내용(프로모션)이 담겨져 있어야 한다고 했다.

에이전트가 선수에게 제안서를 제출할 경우 제안서에 담아야 할 내용도 마찬가지이다. 상품이 있어야 하고 설득할 수 있는 내용이 있어야 한다. 상품이라는 것은 에이전트가 선수에게 해 줄 수 있는 일 즉 대행업무를 이야기한다. 이러한 대행업무에는 선수 상품화 작업(엔도스먼트)을 비롯하여 연봉 계약 대행, 재산관리 등이 있다. 이 가운데 에이전트가 할 수 있는 업무만 제안서에 담아야 하며 할 수 없는 일을 제안서에 포함시켜서는 안 된다. 만약 에이전트가 할 수 없는 일이라 하더라도 다른 사람에게 의뢰할 수 있거나 다른 전문가를 알고 있으면 선수에게 소개해 줄 수 있다는 내용을 포함해도 좋다.

한편 선수를 설득할 수 있는 내용, 즉 프로모션에는 선수가 에이전트와 업무 계약을 체결할 경우 어떠한 점에서 이익이 있는지 또는 장점이 있는지를 밝혀 두는 것이 좋다. 여기에는 에이전트의 전문성을 강조하는 경우가 많다. 예를 들면 "우리 에이전트 팀에는 변호사가 포함되어 있어 법률적인 문제 해결에는 큰 어려움이 없다" "우리 에이전트 팀은 모 대학 심리학과 교수와 긴밀한 관계를 유지하고 있기 때문에 선수가 슬럼프에 빠질 경우 상담할 수 있는 기회를 제공할 수 있다" 또는 "우리 에이전트 팀에는 세무 회계에 밝은 사람이 있기 때문에 선수들이 안심하고 운동에만 전념할 수 있다" 등을 들 수 있다. 또한 에이전트로서의 풍부한 경험도 좋은 프로모션 수단이 될 수 있으므로 제안서에 포함시키는 것이 좋다.

만약 제안서를 제출하지 않고 구두로 설명할 경우에도 위에서 설명한 내용들을 언급하는 것이 좋다. 그러나 제안 업무를 보다 명확히 하고 선수에게 신뢰감을 심어주기 위해서는 구두로 제안하는 것보다 제안서를 작성하여 제출하는 것이 바람직하다.

(5) 계약서 작성

선수에게 제안서를 제출하고 선수 측으로부터 동의를 얻어내면 상호 협의를 통하여 계약서를 작성한다. 계약서를 작성할 때에는 제안서에서 제시한 내용, 즉 에이전트가 선수에게 해 줄 수 있는 일을 보다 세밀하게 해야 한다.

우선 계약 당사자를 명기한 다음 에이전트가 수행할 수 있는 서비스 업무에 대해 구체적으로 언급한다. 앞에서 에이전트가 선수에게 제공할 수 있는 서비스 업무는 '선수 상품화 작업', '연봉 계약 대행', '재산관리' 등이라고 했다. 선수와 에이전트 계약을 체결했다고 해서 이러한 대행 서비스를 모두 제공하는 것은 아니다. 이러한 서비스 모두를 제공할 수도 있고 일부를 제공할 수도 있다. 즉 대행 서비스의 종류도 계약 조건에 따라 결정된다는 것이다.

계약 당사자가 명기되고 대행 서비스가 구체적으로 언급되면 계약기간

그림 18-3 선수와의 계약과정

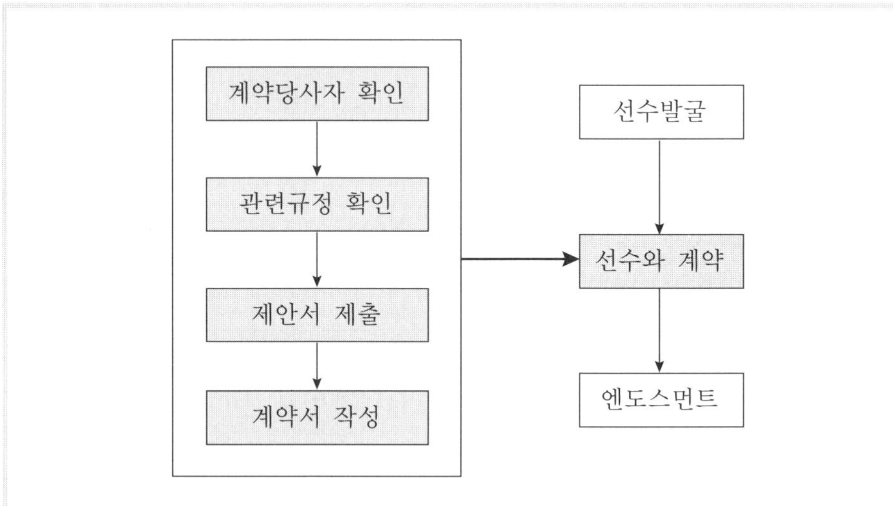

을 밝혀 두어야 한다. 계약 기간을 정해 두는 것은, 선수 입장에서는 에이전트의 능력을 보아가며 다음에 재계약 할 것인지 여부를 결정할 수 있는 장점이 있다. 따라서 선수들은 계약기간이 반드시 포함되도록 요구할 것이다.

에이전트 입장에서도 계약기간을 포함시키는 것이 유리할 수도 있다. 예를 들어 선수와 계약을 체결한 다음 선수에 대한 매니지먼트 업무를 수행한다 하더라고 선수의 태만, 부상 또는 기타 요인으로 인해 상품가치가 기대했던 대로 나타나지 않을 수도 있기 때문이다.

계약기간에 대해 합의를 보고 나면, 대행 수수료에 대해 의견을 조율한다. 이 때 수수료 산정방식과 수수료 지급시기를 명확히 해야 한다. 수수료 산정 방식에는 정액제와 정률제 등이 있다. 정액제는 에이전트가 어떠한 일을 하든지 간에 일정한 금액을 선수로부터 수수료로 받는 것이다. 이러한 방식은 에이전트에게 항상 고정된 수입을 보장해 주기 때문에 안정적이라는 장점이 있다. 그러나 선수 입장에서 보면, 에이전트가 최선을 다하지 않을 수도 있다는 의구심을 가지게 되어 정액제를 꺼릴 가능성이 높다.

따라서 수수료 산정방식에는 정액제보다 정률제가 바람직하다. 정률제는 선수 수입의 일정비율을 수수료로 받는 것이다. 예를 들어 “에이전트가 선수를 대신하여 계약(엔도스먼트 등)을 성사시켰을 경우 선수가 받는 총수입의 몇 %를 에이전트에게 지급한다”라는 조항을 포함시킨다는 것이다. 정률제에서는 에이전트가 최선을 다하면 다하는 만큼 선수의 수입과 함께 에이전트의 수입도 늘어난다. 즉 정률제는 선수나 에이전트 모두를 만족시킬 수 있는 방식이라고 할 수 있다.

그런데 수수료 문제를 더욱 분명히 하기 위해서는 선수가 받는 총수입이라는 개념을 명확하게 해두는 것이 좋다. 즉 총수입에 세금을 포함하는지 여부를 결정해 두어야 한다는 것이다. 통상 선수의 총수입이라 함은 세금을 포함한 수입으로 해석되지만 계약을 명쾌하게 하기 위해 밝혀 두는 것이 바람직하다. 또한 선수의 수입에는 아파트나 승용차 등 현금이 아닌 경우가 있다. 아파트나 승용차 등도 선수의 총수입에 포함시키는지 여부에 대해서도 계약서에 명기하는 것이 좋다.

한편 미국 메이저 스포츠에서는 수수료의 상한선을 정해 두고 있다. NBA의 경우, 선수가 최저연봉자인 경우에는 에이전트 수수료는 2,000달러를 넘어서지 못하며, 최저연봉을 초과하는 선수에 대해서는 수수료를 최고 4%까지 부과할 수 있도록 규정되어 있다. 수수료 지급시기에 대해 에이전트가 선불을 요구할 수도 있으나 통상 선수의 입장을 감안하여 선수의 수입이 발생한 이후에 요구하는 것이 바람직하다.

지금까지 언급한 조항들이 계약서에 명기되면, 쌍방의 의무사항, 손해보상, 분쟁의 조정, 적용 법률 등을 명기해야 한다. 한편 미국 NBA 및 NFL 등의 선수 노조에서는 선수와 에이전트간의 분쟁을 미연에 방지하기 위해 표준화된 계약 양식을 정해두고 있다.

(6) 실례를 통한 연습

실례: 스포츠 매니지먼트 계약서

○○ (이하 "갑"이라 한다)와 ○○(이하 "을"이라 한다)는 다음과 같은 매니지먼트 계약을 체결한다.

제 1 조(목 적) 본 계약의 목적은 "갑"과 "을"의 권리와 의무를 명확히 하는 데에 있다.

제 2 조 (정 의) 이 계약에 사용되는 정의는 다음과 같다.

1. 매니지먼트라 함은 "갑"의 스포츠선수로서의 활동에 수반되는 각종 행위 및 운동외적인 격종 활동을 "을"이 "갑"의 법적 대리인으로 위임받아 모든 권리를 행사함으로써 "갑"이 본연의 스포츠 활동에만 전념할 수 있도록 "을"이 최대한의 편의를 도모하고 조력하는 것을 의미한다.
2. "을"은 광고, 공공 행사, 캐릭터 및 라이센싱 등의 수익사업 및 라디오와 TV, 인쇄매체 등을 관리하며 "갑"의 이미지 관리 및 향상을 위한 노력을 다하여야만 한다.

제 3 조(매니지먼트 범위)

1. "갑"과 "을"은 "갑"의 운동선수로서의 활동과 운동 외적인 각종 활동에 수반되는 전 부문에 걸쳐 본 매니지먼트 계약을 적용키로 한다.
2. "을"은 "갑"의 이미지와 명성을 해칠 수 있는 활동을 주선해서는 안되며, 중요결정사항은 "갑"과 "갑"의 소속구단과의 충분한 협의 과정을 통해 결정한다.
3. "갑"의 소속구단 계열회사의 행사(광고 출연 등)등에 관련된 전반적 사항과 관리는 소속구단이 하도록 한다.
4. "갑"의 국내외 이적시 "갑"은 "을"에게 모든 교섭권을 위임한다.
5. "갑"의 국내외 이적시 매니지먼트권은 "을"에게 있다.

제 4 조(계약 조건)

1. "을"은 "갑"의 매니지먼트 계약금을 일금 ㅇㅇ원정으로 하며,

계약과 동시에 "갑"에게 현금으로 지급한다.

2. "을"의 "갑"을 위한 제반 매니지먼트 활동에 의하여 얻게 될 수익금액(연봉, 경기관련 수당, 구단 행사 수익금 제외) 중 "갑"이 "을"에게 지급할 수수료는 ○○%로 한다.

   단 세금은 각자 부담을 원칙으로 하고 "을"을 통해 이루어진 수익사업 중 "을"외의 다른 에이전트가 활동에 참여하여 수수료를 지급하게 될 경우 그 수수료는 "갑"과 "을"이 반반 부담하기로 하여 지급한다.

제 5 조(계약 기간)　계약기간은 2년으로 한다.

제 6 조(계약 해지 사유)　"을"은 "갑"이 다름 각호의 사유 중 하나에 해당될 경우 본 계약을 해지할 수 있다.

1. 선수로서의 관련 활동에 종사하기 곤란한 장애가 발생한 경우
2. "갑"과 "을" 중 어느 일방이 본 전속 계약을 위반하는 등 상호 신뢰관계를 유지해 나가기 곤란한 상황을 초래, 계약관계를 더이상 지속하기 어려운 경우
3. "갑"과 "을" 쌍방이 어느 일방에 대해 불신이 생기는 경우

제 7 조(손해 배상)

1. "갑"과 "을" 중 일방이 본 계약을 위반한 경우 상대방은 본 계약을 해지할 수 있고, 계약 해지를 위해 "갑"과 "을" 중 어느 일방이 막대한 경제적 손실을 입게 될 경우 해당자는 손해 배상을 청구할 수 있다.
2. "을"은 "갑"의 매니지먼트 전개 과정에서 소요된 제반 비용을 서면화, "갑"에게 내역서를 공개하고 "갑"의 서명을 득한다. 그리고 손해배상은 매니지먼트 제반 비용 내역서를 토대로 계약 해지 시점까지 "을"의 투자 비용을 산출 이를 근거로 "갑"에게 투입된 비용의 1.5배를 손해 배상액으로 청구한다.
3. "을"이 법력을 위반하여 "갑"의 명예를 훼손하였을 때에도 제 7 조 각 항의 내용과 동일한 배상의 책임을 진다.

제 8 조(부 칙)

1. 본 계약과 관련하여 분쟁이 발생할 경우 "을"의 소재지 관할

법원에서 절차에 의거, 분쟁을 조정한다.

"갑"과 "을" 쌍방은 본 계약서 상의 모든 내용을 계약기간 중 대외비로 할 것을 약정한다.

단 불가피하게 계약 내용을 외부에 공개하게 될 때는 반드시 "갑"과 "을" 쌍방의 사전 서면 동의에 의해 공개함을 원칙으로 한다.

제 9 조(효력 발생) 본 계약은 체결과 동시에 그 효력이 발생한다.

제10조(일반 관례) 본 계약서에 명시되지 않은 사항은 관련 규정에 준하여 처리한다.

상기 계약을 증빙하기 위하여 계약서 2부를 작성, "갑"과 "을"이 위 내용을 모두 이해하고 서명 날인하여 각각 1부씩 보관한다.

○○○○년 ○○월 ○○일

"갑" 성　　　명:
주민등록번호:
주　　　소:

"을" 상　호　명:
사업자등록번호:
소　재　지:

위의 실례는 2007년 현재 선수 생활을 지속하고 있는 특정인의 매니지먼트(엔도스먼트)계약서이다. 이 사례를 보면서 계약시 주의사항 및 주요 내용 등을 간단하게 검토해 보자.

우선 계약 당사자를 확인하는 절차가 필요하다고 했다. 계약서 맨 마지막 부분에 있는 성명, 주민등록번호 및 주소가 여기에 해당한다. 주변 관계자와의 관련 규정 확인 사항은 제 3 조에 명기되어 있다. 제 3 조 제 1항에는 "…운동 외적…"이라는 내용이 있다. 이는 경기중인 활동 사항으로는 수익사업을 할 수 없다는 것으로서 소속 리그의 규약을 반영하고 있다고 하겠다. 제 2 항 및 제 3 항에서도 소속 구단과의 협의를 전제하고 있는 바 관련 규정을 지키려는 노력을 엿볼 수 있다. 한편 제 3 조 1항은 에이전트가 제공할 수 있는 서비스(상품)를 의미하기도 한다. 그러나 좀더 구체적으로 명기하지 않은 아쉬움이 있다.

앞의 '(5) 계약서 작성'을 설명하면서 계약 당사자 및 서비스가 언급되면, 계약기간, 대행 수수료(산정방법 포함), 총수입 개념, 쌍방 의무사항, 손해보상, 분쟁의 조정, 적용 법률 등을 명기해야 한다고 했다. 이러한 사항에 대해서 알아보도록 하자.

계약기간은 제 5 조에, 대행 수수료는 제 4 조에 명기되어 있다. 산정방법은 정률제를 채택하고 있다. 그러나 선수의 수익이 발생하기 이전에 에이전트가 선수에게 계약금을 요구하고 있는 사항(제 4 조 1항)이 특이하다. 수수료 산정의 기초가 되는 총수입 부분은 제 4 조 제 2 항에 나타나 있는데 연봉 및 구단관련 행사를 제외한 모든 수입을 총수입으로 보고 있다. 그리고 쌍방 의무 사항, 손해 보상, 분쟁의 조정 및 적용 법률은 각각 제 7 조, 제 8 조 및 제10조에 명기되어 있다.

이 계약서에서는 기본적인 사항은 대체로 언급되어 있으나 약간의 보완이 필요한 것으로 판단된다. 예를 들면 총수입 부분이다. 총수입에는 현금이 아닌 현물도 포함하고 있는 것으로 보이나 이는 당사자간 해석에 따라 이견이 나타날 수 있을 것으로 보인다. 게다가 세금이 총수입에 포함할 것인지 여부에 대해서도 불투명하다(내용으로 보아 세금이 총수입에 포함되는 듯하다). 에이전트가 제공할 수 있는 서비스 상품 또한 지나치게 포괄적으로 규정되어 있다. 보다 구체적인 서비스 제공 내역이 포함되는 것이 바람직하다.

수수료 산정료에 있어서도 총수입 규모와 연동시켜 보다 세밀하게 작성할 필요가 있다. 예를 들어 수수료 산정비율이 8%라고 가정하면 이러한 8%는 총수입 1억 원 정도까지만 적용하고 총수입이 이를 넘어설 경우에는 8%보다 높게 책정하는지 그렇지 않으면 8%보다 낮게 책정하는지를 결정해야 한다는 것이다.

아무튼 이 계약서는 전반적으로 구체성이 다소 결여된 듯한 인상을 주고 있다. 한편 실제 계약서 작성이 필요한 경우 이 책 〈부록 1〉 라이센싱 계약서를 참고하기 바란다. 비록 라이센싱 계약서이긴 하지만 엔도스먼트 계약서 작성에도 도움이 될 것이다.

5. 엔도스먼트 전략 : 스타 만들기

선수에게 스폰서를 유치(엔도스먼트)하기 위해서는 우선 선수를 스타로 키우는 과정이 필요하다. 선수를 스타로 키우는 과정에는 선수로 하여금 운동에 전념하게 하여 뛰어난 성적을 거두도록 하는 과정과 선수의 뛰어난 부분이 팬들에게 잘 인식되도록 하는 과정이 있다. 그런 다음 스폰서를 할 수 있는 기업과 접촉하는 것이 바람직하다. 여기서 선수로 하여금 뛰어난 성적을 내도록 하는 것은 내부마케팅에 해당하며 팬들에게 홍보하는 것은 외부 마케팅에 해당한다. 이러한 엔도스먼트 과정을 나타낸 것이 〈그림 18-4〉이다.

그림 18-4 엔도스먼트 과정

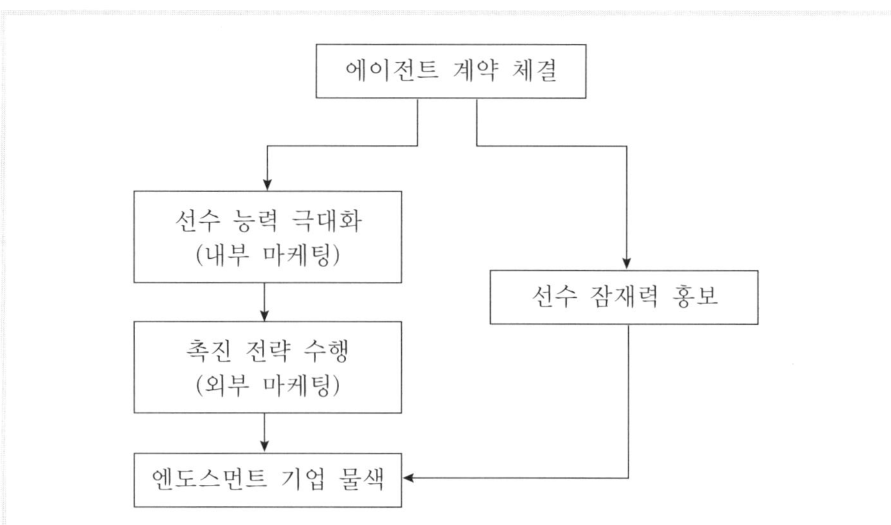

한편 경우에 따라서는 스타로 성장하지 않더라도 스타로의 성장 가능성(잠재력)을 홍보하여 스폰서(엔도스먼트)를 유치하는 경우도 있다. 그러나 이러한 경우에도 '선수 능력 극대화', 및 '홍보 전략 수행과정'은 반드시 거쳐야 한다. 따라서 성장 가능성에서 엔도스먼트로 직접 연결되는 과정에 대한 별도의 설명은 생략하기로 한다.

(1) 내부 마케팅

앞에서도 언급했지만 내부 마케팅의 주요 목적은 선수로 하여금 뛰어난 성적을 내도록 하는 것이다. 선수가 뛰어난 성적을 내기 위해서는 즐겁게, 기분 좋게 운동에만 전념해야 가능하다. 따라서 에이전트는 이러한 분위기를 만들어 가야 한다. 구체적으로는 '비전 제시', '자신감 부여', '주변 동료와의 우호관계 유지', '인터뷰 요령 지도' 등이 있다.

1) 신뢰를 바탕으로 한 인간관계 유지

내부 마케팅 가운데 가장 중요한 부분이 선수와 신뢰를 바탕으로 인간관계를 구축하는 것이다. 선수는 유능한 에이전트와 계약을 했다하더라도 항상 경계심을 가지고 있다고 보아야 한다. 왜냐하면 에이전트와의 관계는 금전적인 거래를 매개로 형성되기 때문이다. 즉 선수는 '에이전트가 별도의 주머니를 마련하지는 않는지', '자기의 이속만 챙기는 것이 아닌지', '선수 재산관리를 핑계로 자기 재산 증식에만 신경 쓰는 것은 아닌지' '심지어 로비 활동의 핑계로 선수 재산만 축내는 것은 아닌지' 등에 대한 의구심을 품고 있다는 것이다. 선수가 이러한 문제에 관심을 가지면 운동에 전념할 수 없으며 운동에 전념할 수 없으면 뛰어난 성적을 낼 수 없다.

따라서 에이전트는 선수에 대한 각종 내부·외부 마케팅 활동을 할 때 선수에게 믿음을 줄 수 있어야 한다. 우리가 잘 아는 스포츠 에이전트 영화 「제리 맥과이어」는 비록 영화이긴 하지만 에이전트와 선수간 신뢰를 강조하고 있는 대표적인 표본이라고 할 수 있다.

2) 구체적 비전 제시

재능 있는 선수가 에이전트와 계약을 맺는 이유는 '꿈'을 가지고 있기 때문이다. 이 꿈이 '부' 일수도 있고 '명예' 일 수도 있으며 또는 둘 다일 수도 있다. 이러한 꿈이 바로 비전이다. 에이전트는 선수에게 비전을 제시하는 것이 좋다. 이러한 비전에는 장기적인 것이 있는가 하면 단기적인 것도 있다. 예를 들어 스타로 성장하는 것이 단기적인 비전이라면 은퇴 후 사회봉사 활동으로도 명망 있는 인물이 되고 싶다면 이는 장기적인 비전이다.

구체적으로는, 과거 비슷한 재능을 가지고 스타로 성장하여 부와 명예를 획득한 선수와 비교하여 제시하는 것도 좋다. 즉 선수의 노력은 선수 개인의 문제이지만 에이전트의 구체적이고 설득력 있는 비전제시는 선수로 하여금 노력을 배가하도록 하는 효과가 있다는 것이다.

3) 팀 동료와의 우호관계 유지 유도

선수가 스타로 성장하는 데에는 팀 동료의 도움도 중요한 역할을 한다. 예를 들어 이승엽이 새로운 홈런 신기록을 향해 나아갈 때 동료선수들로부터 큰 도움을 받았다. 이승엽보다 앞선 타자들이 병살타를 당하지 않기 위해 1사 주자 1루에 두고서도 보내기 번트를 하기도 하고 병살타를 당하지 않기 위해 필사적으로 밀어치기도 한다. 이승엽으로 하여금 한 번이라도 더 타석에 들어서도록 하기 위한 것이었다.

그런데 이러한 도움은 동료들과의 원만한 우호관계가 형성되지 않고서는 나타나지 않는다. 즉 에이전트가 선수에게 동료선수들과 우호관계를 유지해야 하는 이유에 대해 설명하고 그렇게 실천하도록 지도하는 것도 중요한 업무라는 것이다. 한편 동료들과의 우호관계 유지는 개인종목보다 단체종목에서 더욱 중요한 의미를 가진다.

(2) 외부 마케팅

1) 차별화된 특징 발굴

국내외를 막론하고 뛰어난 스포츠 스타는 다른 선수들에서는 찾아보기 힘든 특출한 면을 보유하고 있다. 예를 들어 미국 NBA의 마이클 조단은 득점 면에서도 탁월한 성적을 보이지만 점프한 이후 체공력에서는 타의 추종을 불허한다. 이러한 체공력이 마이클 조단으로 하여금 NBA 최고 스타로 자리 매김한 중요한 요인이 되었다. 그리고 이러한 체공력 덕분에 에어 조단이라는 닉네임을 얻기도 했다.

미국 MLB 배리 본즈의 경우 타격이나 타점 면에서는 최고가 되지 못했으며 앞으로도 힘들 것이다. 그러나 그가 스타로 부상한 것은 많은 홈런을 쳐냈기 때문이다. 즉 타격, 타점 홈런 등 공격 전 부문에서 우수한 성적을 거둔 여타 선수보다는 홈런 부문에서만 최고의 기량은 보인 배리 본즈가 팬들에게 더욱 어필할 수 있다는 것이다.

국내 프로야구계의 이종범은 타격, 타점, 홈런 등 전 부문에서 뛰어난 성적을 낸 바 있다. 그러나 그가 스타로 부상한 것은 빠른 발 덕분이었다. 그는 빠른 발 덕분에 국내 프로야구를 동네야구로 만들어 버리기도 했다.

국내 프로농구에서는 이상민이 최고의 스타로 대접받은 적이 있었다. 이러한 이상민도 당시 득점면에서는 문경은을 따라가지 못했으며 어시스트 면에서는 강동희에 뒤졌다. 김승현보다 평균 실책수가 많아 안정성에서도 높은 평가를 받지 못하며 탄력성 면에서는 현주엽과 비교할 수 없었다. 그럼에도 불구하고 이상민이 최고스타로 대접받는 이유는 4쿼터에 들어서서 결정적인 순간에 한방을 터뜨려 주기 때문이다. 4쿼터의 한방은 다른 선수들로부터는 찾아보기 힘든 특징이다.

즉 선수가 스타로 자리를 잡기 위해서는 남들과는 차별화된 특징을 보유하는 것이 유리하다는 것이다. 에이전트는 자기 고객(선수)이 다른 선수와 비교하여 어떤 면에서 비교우위를 갖추고 있는지를 끊임없이 관심을 가지고 찾아내야 한다(〈사례 18-3〉 참조).

그런데 이러한 차별화된 특징은 경기 도중에만 나타나는 것이 아니다.

사례 18-3 차별화된 선수의 특징

박지성 "英 진출하려면 자기만의 무기 필요"

"프리미어리그에 진출하려면 자신만의 무기가 필요하다"

잉글랜드 프로축구 프리미어리그에서 활약하다 부상으로 수술을 받고 재활훈련중인 박지성(26.맨체스터 유나이티드)이 프리미어리그 진출에 가장 필요한 요소로 '실력'을 강조했다.

박지성은 22일 오후 강남구 역삼동 강남 파이낸스센터 30층 나이키코리아 쇼룸에서 열린 공식 기자회견에서 "국내 선수들이 프리미어리그에 진출하기 위해 가장 중요한 것은 당연히 실력이다. 실력만 있다면 적응하는 데 큰 문제는 없을 것"이라고 밝혔다.

그는 이어 "프리미어리그는 단지 공격과 수비 전환이 빠르고 체격조건이 좋은 선수들이 포진해 거칠다는 특성이 있지만 몇 개월 적응하면 충분히 극복할 수 있을 것이다. 자기만의 무기를 가지고 온다면 누구라도 성공할 수 있을 것"이라고 전했다.

박지성은 '자신의 무기는 무엇이라고 생각하느냐'는 물음에 "특기가 없다는 것이 특기"라고 웃으며 말한 뒤 "많은 사람들이 얘기해 주는 부분들이 내가 가진 장점이다. 공간을 잘 이용한다는 것, 그리고 많이 움직이고 쉼 없이 움직일 수 있다는 능력이 내가 가진 장점이라고 생각한다"고 말했다.(이하 생략)

〈연합뉴스. 2007. 5. 23〉

독특한 행동거지, 개성 있는 마스크 등도 차별화된 특징으로 작용할 수 있다. 예를 들어 국내 프로축구 L은 경기장에서의 실력도 실력이지만 경기장 밖에서 톡톡 튀는 행동과 재치 있는 말솜씨는 연예인을 방불하게 한다. 이러한 것도 다른 선수와는 차별화된 특징 가운데 하나이다.

2) 상징적인 닉네임 개발

선수의 독특한 특징 또는 개성이 파악되면 여기에 걸 맞는 닉네임을 개발하는 작업도 에이전트의 중요한 업무 가운데 하나이다. 에어 조단(마이클 조단), 무등산 폭격기(선동열), 슈퍼 땅콩(김미현), 진공 청소기(김남일),

사례 18-4 **상징적인 닉네임 개발**

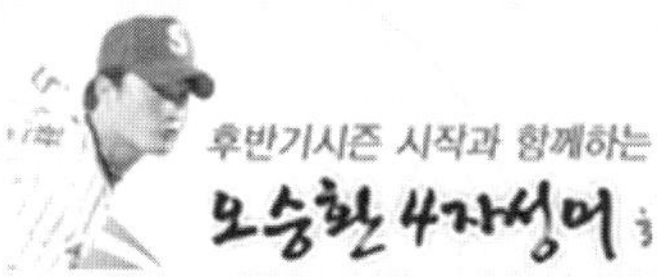

■ 오승환 4자성어 최종투표
- 이벤트 기간 : 2006.07.27 ~ 07.31
- 내용 : 오승환 선수를 가장 잘 표현할 수 있는 멋진 4자성어를 최종 투표 합니다.

■ 오승환 4자성어 공모
- 이벤트 기간 : 2006년 6월 25일까지
- 내용 : 오승환 선수를 가장 잘 표현할 수 있는 멋진 4자성어를 공모합니다.

〈삼성라이온즈 홈페이지〉

황새(황선홍) 등은 선수들을 더욱 돋보이게 하는 닉네임들이다. 이 밖에 스타에 걸 맞는 닉네임의 예는 얼마든지 찾아볼 수 있다. 그리고 이러한 닉네임은 언론을 통해 만들어지는 경우가 많다. 그러나 선수 에이전트가 선수의 닉네임을 개발하여 언론을 통해 홍보하는 작업도 필요하다(〈사례 18-4〉 참조).

3) 미디어와 우호 관계 유지

선수의 차별화된 특성을 발굴하고 이에 걸 맞는 닉네임을 개발했다 하더라도 미디어에 자주 노출되지 않으면 그다지 의미가 없다. 현대 스포츠 산업에서 스타를 만드는 최고의 기술이자 가장 효과적인 가공술은 미디어이기 때문이다.

경기라는 상품을 생산하는 과정에서 나타나는 스타는 경기 중계방송을 통해 그의 존재가 더욱 부각된다. 또 엑기스만 뽑아 방영하는 하이라이트 시간에 스타는 집중적인 스포트라이트를 받게 된다. 스포츠 신문과 종합일간지 스포츠 면에는 언제나 사진과 함께 큼지막하게 활약상이 소개된다. 즉 스타 생산은 미디어와 불가분의 관계에 있다는 것이다.

선수가 미디어 매체에 자주 등장하도록 하기 위해 선수 에이전트는 미디어와 양호한 관계를 유지하는 것도 중요하다. 그렇다고 해서 미디어에 비굴한 자세를 보이는 것은 바람직하지 않다.

4) 인터뷰 요령 지도[3)]

뛰어난 경기력을 보여 스타로 성장할 수 있는 충분한 자질을 갖추고 있음에도 불구하고 언론과의 인터뷰 때 거친 행동을 보여 상품 가치를 떨어뜨리는 선수도 있다. 이러한 현상은 나이 든 선수보다는 어린 선수에서 자주 볼 수 있다.

에이전트는 선수에게 인터뷰 요령을 관리 · 지도하여 선수의 가치를 더욱 높일 수 있도록 해야 한다. 인터뷰에서도 앞에서 언급한 선수의 차별화된 특성이 반영된다면 더욱 좋을 것이다. 예를 들어 국내 축구계 L은 언론과의 인터뷰에서 항상 톡톡 튀는 모습을 보여준다. 그의 이러한 태도는 경기장에서의 자신감 있는 스타일과 맞물려 팬들로부터 많은 인기를 누리고 있다.

그러나 가장 중요한 것은 선수로 하여금 언제나 '겸손' 한 모습을 보이도록 가르치는 것이다. 스타의 '겸손' 한 모습은 팬들에게 진한 감동을 줄 수 있으며 나아가서는 언론에 더욱 많이 노출될 수 있는 기회를 만들어 주기 때문이다.

스포츠 스타가 인터뷰를 시작할 때 혹은 끝날 때 '팬들에 대한 감사', '동료들에 대한 감사', '코칭 스탭에 대한 감사', '부모에 대한 감사' 등을 반드시 언급하는 것은 '겸손' 을 강조하기 위한 것이다.

그렇다고 해서 겸손만을 강조하는 것은 바람직하지 않다. 때로는 인터뷰 내용이나 태도가 여타 선수와 차별화될 때 선수의 상품가치는 더욱 높아질 수 있다. 즉 인터뷰 요령 또한 선수의 이미지와 결부시키는 전략이 필요하다는 의미이다.

최근 사회 인식이 급변하에 따라 겸손을 지나치게 강조하는 인터뷰 내용은 식상하다는 의견이 제시되고 있다. 겸손을 강조하는 것보다는 톡톡튀는 인터뷰가 선수 및 스포츠 단체의 이미지를 제고하는 데 유리하다는 것

3) 선수를 상대로 인터뷰 요령을 지도하는 것은 선수를 상대로 하는 업무라는 점에서 내부 마케팅이라고 볼 수 있다. 그러나 인터뷰 요령 지도는 궁극적으로 촉진 전략의 일환이기 때문에 여기서는 외부 마케팅에서 언급하기로 한다.

이다. 이에 따라 각 스포츠 단체에서는 종전과는 다른 인터뷰 요령을 지도하는 사례도 나타나고 있다(〈사례 18-5〉 참조).

사례 18-5 **인터뷰 요령 지도**

"최선" 등 판에 박힌 말 말고 골 뒤풀이는 사진기자 앞서 "튀어야 산다"

축구협회가 남녀 국가대표팀과 올림픽대표팀, 청소년대표팀(U-20, U-17), 유소년대표팀(U-15) 등 모두 8개 단위로 구성돼 있는 각급 대표팀 선수들에게 '대(對)언론 행동지침'을 내려보냈다. 협회 홍보국이 작성한 이 지침은 대표팀 선수들의 품위를 유지하는 데 도움을 주고 신세대 선수들의 '톡톡 튀는' 인터뷰를 통해 팬들의 관심을 유도한다는 목적. 협회는 최근 파주 국가대표트레이닝센터(NFC)에 소집된 여자국가대표팀부터 이 지침을 적용하기로 하고 포토타임 행사도 가졌다.

지침에 따르면 대표팀 선수들은 소집기간에 개인적으로 인터뷰 요청이 들어올 경우 미디어 담당관이나 감독을 통해 사전승인을 받고 인터뷰를 진행하도록 했다. 미디어 담당관에게서 공식 인터뷰 요청을 받은 선수는 반드시 응해야 한다는 조건도 붙었다. 실제 인터뷰에서는 '더욱 노력하겠습니다' 또는 '최선을 다하겠습니다'는 식의 판박힌 말투는 되도록 지양하고 자신만의 개성을 돋보이게 하는 표현으로 관심을 환기시켜야 한다는 것.

경조사와 같은 개인적인 얘깃거리를 화두로 꺼내면 인터뷰 내용이 풍부해진다는 요령도 귀띔했다. 말은 짧고 간결하게 하되 간혹 경기에 져서 인터뷰할 기분이 아니거나 자신이 없을 때는 미리 미디어 담당관에게 양해를 구해 정중히 거절하는 편이 낫다는 충고도 곁들였다.

카메라 포즈의 요령으로는 골을 뽑아낸 직후 골포스트 옆 사진기자 구역으로 뛰어가 세리머니를 펼칠 것을 권고했다. 흥분한 나머지 반대쪽으로 내달려 뒷모습만 나오는 일이 없도록 하라는 뜻. 지침에는 인터뷰에 응할 때 심판의 판정이나 감독의 전술, 포상금, 팀내 불화 등 민감한 사안은 언급하지 않는 편이 좋다는 권고도 들어 있다.

〈문화일보, 2003. 7. 12〉

5) 사회와 친숙한 이미지 구축

사회와 친숙한 이미지를 구축하는 첫번째 단계는 당연히 선수 자신의 건전한 사생활이다. 그러나 선수 사생활에 대해 에이전트가 조언은 할 수 있어도 직접 개입하기는 힘들다. 에이전트는 다른 활동 또는 이벤트 등을 통해 선수의 이미지 제고 전략을 마련해야 한다.

구체적으로는 양로원 방문, 고아원 방문, 장애인 방문, 어린이날 어린이와 데이트 등이 있다. 영화배우, 가수, 탤런트 등 연예인들이 불우이웃돕기 바자회를 자주 개최하는 것도 사회와 친숙한 이미지를 구축하기 위한 전략이다. 박찬호나 김선우 그리고 김미현 등이 귀국할 때마다 각종 성금을 내거나 모교에 후배를 위한 장학금을 기탁하는 것도 이러한 전략에 해당한다. 스타 선수의 사회적 활동이 언론을 통해 일반인에게 보도되면 스타의 이미지가 더욱 좋아지는 것은 두말 할 나위가 없다(〈사례 18-6〉 참조).

사례 18-6 사회와 친숙한 이미지 구축

상금 절반 11만 달러 '토네이도 피해' 성금 김미현 '맏언니로 기부 솔선수범했다'

…… (중략) 미국 오클라호마주 브로큰 애로(Broken Arrow)의 세다 리지 골프장(파 71)에서 끝난 LPGA(미국여자프로골프협회) 투어 셈 그룹 챔피언십에서 우승했다. 김미현 선수는 올 시즌 LPGA 투어에서 한국 선수로는 첫 우승의 주인공이 됐다.

우승 소식보다 눈길을 끄는 대목은 우승상금(21만 달러) 중 절반이 넘는 11만 달러(약 1억원)를 토네이도 이재민을 위한 성금으로 내놓은 것이다. 대회기간 중 오클라호마주와 인접한 캔자스주에는 강한 돌풍이 불어 9명의 사망자와 1600여 명의 이재민이 발생했다. 오클라호마주와 캔자스주는 미국에서 토네이도가 가장 자주 일어나는 지역이다. 김미현은 "마침 대회 장소와 가까운 곳에서 사고가 났고, 신문을 보니 이재민들의 사정이 너무 안타까워 성금을 내게 됐다"고 말했다.

원래는 10일 버지니아주 킹스밀에서 열리는 미켈롭 울트라 오픈에서 성금을 낼 계획이었다. 조승희의 총기 난사 사건이 일어난 버지니아주에서 열리는 대회이기 때문이다. 김미현은 "마침 우승을 했고, 토네이도 피해가 생겨 먼저 기부를 했지만 미켈롭 오픈에서도 좋은 성적을 거둬 버지니아텍 사건으로 희생된 분들을 위해 또 성금을 낼 계획"이라고 말했다.

김미현의 성금 기탁은 미국에서 활동하고 있는 한국 스포츠 스타들의 '기부 문화'를 바꿔놓는 계기가 될 전망이다. 현재 LPGA 투어에서 뛰고 있는 한국 선수는 30여 명이나 된다. 그러나 연간 1000만 달러가 넘는(지난해는 총 108억원) 상금을 타가면서도 기부에는 인색해 '이기적인 선수들'이라는 부정적인 평가를 받았던 게 사실이다.

김미현 선수는 "주 활동 무대가 미국이니 이곳에서도 좋은 이미지를 남겨야 한다"며 "맏언니로서 솔선수범했다"고 말했다. 그는 "한국 사람들도 베풀 줄 아는 사람들로 인식됐으면 좋겠다"고 덧붙였다. 유난히 아이들을 좋아하는 김미현은 신인왕을 수상하던 1999년과 9.11테러가 터진 2001년에도 1만 달러씩을 기부했다.

〈중앙일보, 2007. 5. 8〉

(3) 스폰서 유치(엔도스먼트)

스타로 성장한 선수 혹은 스타로 성장할 가능성이 있는 선수에 대해 많은 기업들은 관심을 가진다. 왜냐하면 스타 선수를 스폰서하는 것은 기업이 만든 제품에 대한 탁월한 프로모션 수단이 되기 때문이다. 그런데 개인 선수에 대한 기업의 후원을 스폰서라고 하지 않고 엔도스먼트라고 한다. 엔도스먼트란 보증한다는 의미이다. 즉 선수가 제품을 보증한다는 뜻이다. 예를 들어 마이클 조단이 나이키 신발을 신고 경기를 한다는 것은 마이클 조단이 나이키 신발의 품질과 기능을 보증한다는 의미이다.

이러한 명칭뿐만 아니라 효과면에서도 엔도스먼트는 스폰서와 차이를 보이고 있다. 스폰서의 효과는 단기적으로 끝나는 데 비해 엔도스먼트의 효과는 스폰서 효과보다 상대적으로 장기적이라는 특징이 있다.

엔도스먼트 과정에서도 선수 측(에이전트)은 참여할 수 있는 후보 기업을 물색하게 된다. 그런데 선수 측이 후보 기업을 물색하고 접촉한 다음 계약 체결, 실행 및 후속조치의 단계를 거치는 과정은 제20장에서 설명한 스폰서 유치 전략과 크게 다를 바가 없다. 따라서 본 장에서는 선수에 대한 스폰서 기업 유치 전략(엔도스먼트)은 생략하기로 한다.

엔도스먼트 전략에서도 스폰서 유치 과정에서와 마찬가지로 해당 기업이 고객이라는 사실을 잊어서는 안 된다. 선수 에이전트 및 선수는 엔도스먼트 기업의 권익 보호에 최선을 다해야 한다는 뜻이다(〈해설 18-2〉 참조).

한편 〈부록 3〉에서는 엔도스먼트 계약서가 첨부되어 있는바, 참고하기 바란다.

해설 18-2 엔도스먼트 기업 보호의 중요성

최경주가 선글라스를 모자에 턱 걸치면?

최경주가 드디어 그 어렵다는 미국 PGA에서 우승을 일구어 냈다. 이제 최경주는 골프 황제 타이거 우즈와도 그리고 세계적인 스타 비제이 싱, 필 미켈슨 등과도 같이 라운딩하며 경기를 할 것이다. 최경주도 스타대열에 올라섰다는 이야기이다. 스타 대열에 올라섰으니 투박한 촌티를 벗어나 세련된 외모 가꾸기에도 관심을 가질 것이다. 라운딩하면서 선글라스를 모자 위에 턱 걸치는 폼도 잡아볼 것이며, 인천공항을 통해 종종 입국할 때에 S 어쩌고 하는 회사의 로고가 새겨져 있지 않은 다른 모자를 쓰고 카메라 세례를 받는 가운데 환영객에게 손을 흔드는 여유를 보일지도 모른다.

일전에 신문지상에 따르면 박세리가 스폰서 회사로부터 300억 원을 요구할 것이라는 보도가 나오기도 했다. 미국 PGA의 인기도나 상금 그리고 TV 시청률 등이 LPGA의 10배 정도 된다고 하니 최경주는 박세리가 요구한 300억 원의 10배인 3,000억 원을 요구해야 할 것이다. 최경주가 이 정도의 금액을 손에 쥘 수 있다면 재벌이나 다름없다.

최경주가 컴팩클래식에서 우승하자 언론들은 각종 최고급 형용사를 동원하여 예의 기사를 써대기 바빴다. …(중략) 그러나 뭐니뭐니 해도 최경주 관련 기사 가운데 가장 많은 부분을 차지하는 것은 돈과 관련된 내용이다. 총

상금 랭킹에서부터 시작하여 앞으로 최경주가 후원기업으로부터 받게 될 보너스 금액, 광고 수입, 향후 그의 몸값 그리고 예상되는 평생 수입. …(중략) 모두가 수십억 또는 수백억 원 단위이다. 그러고 보니 최경주도 박찬호나 박세리처럼 머지 않아 스포츠 재벌이 될 것 같기도 하다.

최경주가 재벌이 되는 데에는 자신의 노력과 그에 따른 실력이 가장 중요한 역할을 한다. 그렇다면 과연 누가 최경주로 하여금 재벌이 되도록 돈을 안겨줄 것인가? 그것도 수십 수백억 원의 금액을? 답은 간단하다. 기업 혹은 기업들이다. 좀더 구체적으로 말해 현재 최경주의 스폰서를 담당하고 있는 슈페리어, 테일러 메이드, 최경주를 광고모델로 기용하고 싶어하는 기업 그리고 향후 최경주의 스폰서가 되기를 원하는 기업 등이다. 이러한 기업들 가운데에는 국내기업뿐만 아니라 외국기업도 포함될 것이다.

그러면 이러한 기업들은 왜 최경주에게 돈을 안기는 것일까? 이들 기업주가 골프광이기 때문일까? 아니다. 최경주에게 돈을 안기면 더 많은 돈이 돌아올 것으로 판단하기 때문이다. 속된 말로 표현하면 기업은 돈 냄새 맡고 돈을 버는 데에는 도가 트인 집단이다. 즉 최경주를 마케팅에 이용하면 엄청난 효과가 나타날 것으로 기대한다는 것이다. …(중략) 선수나 스포츠 단체에게 기업은 바로 돈줄이다. 즉 스포츠라는 산업은 기업의 돈을 먹고 성장하고 발전한다는 것이다.

따라서 스포츠가 제대로 성장·발전하고 나아가 기업과의 WIN-WIN효과를 극대화하기 위해 선수는 스폰서로 나서는 기업을 철저하게 보호해야 한다. 철저하게 보호한다고 해서 대단히 어려운 일이 필요한 것은 아니다. 유니폼이나 신발 등에 스폰서 기업의 로고가 일반인 또는 미디어에게 자연스럽게 노출되도록 하기만 하면 된다. 그런데 선글라스를 모자 위로 걸치면 스폰서 회사 로고가 가리게 되어 기업을 제대로 보호할 수 없다. 이는 스폰서 기업과의 약속을 위반하는 행위이다. 스폰서 기업의 로고가 새겨져 있지 않은 모자를 쓰고 일반인들에게 나타나면 이는 상거래 질서를 파괴하는 행위이다. 이러한 일이 발생하면 기업은 스포츠계를 떠나게 된다. 기업은 거래를 원하는 집단이지 자선단체가 아니기 때문이다. 더욱 심각한 문제가 될 수 있는 것은, 기업이 스포츠를 떠나게 되면 스포츠는 그 날로 쇠퇴의 길로 접어들게 된다는 것이다. 동료들이나 후배들의 앞길을 가로막는 행동이 된다는 이야기이다. 최경주가 선글라스를 모자에 걸치거나 엉뚱한 모자를 써서는 안 되는 이유가 바로 여기에 있다.

〈저자, 2002년 5월 최경주 PGA 투어 컴팩클래식대회 우승 직후〉

연습 · 토의문제

• 선수 에이전트 업무(매니지먼트 업무 포함)와 관련하여 선수와 계약하고자 할 경우 계약서 내용을 지나치게 세밀하게 작성하면 실패할 가능성이 높다는 의견이 많습니다. 지나치게 세밀한 계약서 작성은 국내 정서상 바람직하지 않다는 것입니다. 이 점에 대해 독자 여러분의 생각을 이야기해 봅시다.

보　　론

선수 연봉 계약 대행 및 재산 관리

1. 연봉 계약 대행

에이전트가 선수를 대신하여 연봉 계약을 체결하는 것은 직접적인 마케팅 활동은 아니다. 연봉은 선수가 구단에 제공하는 노동에 대한 대가이기 때문이다. 그러나 스포츠 산업이 활성화된 미국에서는 에이전트 업무는 곧 연봉 계약 대행 업무인 것으로 인식되고 있다. 에이전트의 업무 가운데 연봉 계약 업무가 대단히 중요한 부분을 차지하고 있다는 의미이다.

해설 1　　국내 연봉 에이전트 활동 환경

국내 현행법상 에이전트의 활동에는 별 제약이 없다. 그러나 스포츠 상품 생산자에 해당하는 스포츠 구단 측에서 선수 에이전트의 활동을 제한하고 있다. 프로축구 선수단 관리규칙 제5조에서는 "구단과 선수간의 입단계약 또는 연봉계약을 체결할 때에는 해당 구단 대표자와 해당 선수가 직접 대면하여 계약을 체결하여야 한다"라고 규정하고 있다. 즉 연봉 계약 에이전트를 인정하지 않는다는 것이다.

프로축구가 대면 계약을 고수하고 있는 것과 관련하여 법조계에서는, 구단 대표자가 직접 선수와의 대면을 통한 계약을 규정하는바, 불평등한 계약은 아닌 것으로 보고 있다. 그러나 계약 내용을 소상히 숙지하기 어려운 선수들에게 에이전트를 인정하지 않는다는 점에서 선수단 관리규칙 제5조 규정은 선수에게 불리한 조항이라고 주장하고 있다.

프로스포츠의 선두주자 격인 프로야구의 경우, 연봉 에이전트관련 규정은 축구보다 다소 완화된 형태를 보이고 있다. 한국야구위원회(KBO)규약 제30조*에서는 선수가 구단과 연봉 계약을 체결할 때 변호사에 한해 에이전트를 인정하고 있다(2003년 4월 현재 실시시기 미확정). 그런데 이처럼 변호사에 한해 에이전트를 허용하는 것 역시 선수들에게 돌아갈 수 있는 혜택은 크지 않다. 왜냐하면 스포츠 선수 연봉 계약에 변호사들이 적극적으로 뛰어들 가능성이 낮기 때문이다. 변호사들의 수임료가 대체로 높아 선수들이 변호사들에게 연봉계약 대행을 의뢰하는 경우가 적을 것이기 때문이다. 스포츠에 대한 애정이 넘치는 변호사라면 봉사차원에서 참여할 수 있을 것이나 그 수는 극히 제한적일 것이다. 특히 스포츠 선수들의 연봉 산정에는 고려해야 할 요인들이 매우 많다. 선수의 성적을 비롯하여 팀에 대한 공헌도, 팀 성적, 잠재력, 시장 수익성, 구단의 수익성, 최저 생계비, 선수 상품성, 연봉 하락한도 등이 대표적 요인들이다. 그런데 이러한 요인들을 고려한 연봉 산정에서 각 구단들은 이미 상당한 노-하우를 가지고 있다. 즉 변호사들이 연봉 협상에서 비교우위를 점하기 힘들다는 것이다.

프로농구에서는 프로야구보다 연봉 계약관련 에이전트 조항에서 더욱 완화된 모습을 보여주고 있다. 종래 프로농구(KBL) 규약 제95조에서는 변호사에 한해 연봉 대행 계약을 담당할 수 있도록 규정하고 있었다. 그러나 KBL은 2001년 7월 규약 개정을 통해 종래 변호사에 한정되어 있던 연봉 계약 대리인을 일반 에이전트에까지 확대했다.

〈김화섭, 임동순, (2001), pp. 141~142〉

*) 2001년 11월 개정

(1) 연봉 협상의 기본원칙: 대립과 조정

연봉 협상 방식은 스폰서 유치나 엔도스먼트 유치와는 큰 차이를 보이고 있다. 제20장에서도 논의한 적이 있지만 스폰서십의 기본 성격은 구단(또는 스포츠 단체) 측도 이익을 보고 기업 측도 이익을 보는 이른바 WIN-WIN 정신에 바탕을 두고 있다. 즉 스포츠 측과 기업측간의 협상에는 상호 협력이 바탕이 된다는 것이다.

그러나 연봉 협상 계약에서는 협력이라는 개념이 거의 존재하지 않는다. 물론 팀에서 특정 스타 선수에게 고액의 연봉을 지급하여 팀의 간판으로 키워야겠다는 욕심이 있으면 에이전트와 구단간의 협력이 필요하다. 그렇지만 이러한 경우는 극히 예외적이라고 할 수 있다.

에이전트의 기본업무는 구단으로부터 보다 많은 연봉을 받는 데 있다. 보다 많은 연봉을 이끌어내는 것은 궁극적으로 자기 수입의 증대로 이어지기 때문이다. 그러나 구단은 가급적이면 적은 액수의 연봉을 지급하는 데 관심을 둔다. 따라서 선수 연봉 협상 테이블에서, 구단측은 선수의 약점을 주로 들추어내며 에이전트는 선수의 장점을 주로 언급하게 된다.

궁극적으로 선수 연봉은, 에이전트와 구단측이 선수의 장단점을 두고 서로 대립하면서 의견을 조정하는 과정을 거쳐 결정된다. 따라서 연봉 협상에 임하는 에이전트는 구단의 입장에 대해서도 충분히 파악하고 있어야 한다. 즉 '지피지기 백전백승'이라는 손자병법의 이야기가 연봉 협상에서도 중요한 원칙으로 작용한다는 것이다.

(2) 연봉 협상시 주요 고려 요인

에이전트가 구단 측과 연봉협상을 할 때 고려해야 할 요인에는 어떤 것들이 있을까? 국내외를 막론하고 스포츠 구단은 선수 연봉산정과 관련된 프로그램을 마련하고 있다. 스포츠 선수들의 연봉 결정이 스포츠 산업의 성패에 영향을 미치는 요인으로 대두됨에 따라 최근에는 선수, 에이전트 심지어 구단을 위해 연봉 산정 프로그램을 개발하는 기업도 있다. 따라서 이 책에서는, 연봉을 산정할 경우 고려해야 할 기본적인 요인에 대해서만 언급하기로 한다.

1) 최저 생계비

최저 생계비란 말 그대로 먹고사는 데 필요한 최소한의 비용을 의미한다. 선수도 먹고는 살아야 하니까 연봉 협상시 최저 생계비를 가장 우선적으로 고려해야 한다. 이러한 최저 생계비에 대해서는 정부 당국이 기준을 마련하고 있기 때문에 통계자료 등을 통해 쉽게 알 수 있다.

그런데 운동 선수들은 일반 직장인들과는 달리 경제활동(선수 생활)을 할 수 있는 기간이 짧다. 즉 30대 중반이 넘어서면 대부분 은퇴하게 된다는 것이다. 따라서 에이전트는 최저 생계비를 고려할 때 이러한 부분을 염두에 두어야 한다. 운동 선수들의 경제활동(선수 생활)을 고려한 생계비는 어느 누구도 어느 곳에서도 공식적으로 정해둔 것이 없기 때문에 이 부분에서 구단과 에이전트간 이견이 존재할 수 있다.

2) 시장 수익성

시장 수익성이라 함은 쉽게 말해 돈을 벌어들이는 정도를 의미한다. 따라서 시장 수익성이 높으면 연봉도 상대적으로 높아지게 된다. 예를 들어 우리 나라에서는 이동 통신 산업의 시장 수익성이 섬유 산업의 시장 수익성에 비해 훨씬 높다. 휴대폰(이동 통신)은 국내뿐만 아니라 해외에서도 수요가 많다. 반면 섬유 산업에서는 수익성은 커녕 종업원들의 임금을 지불하는 데에도 빠듯한 기업이 많은 실정이다. 이에 따라 이동 통신 산업 부문에 종사하는 직원들의 임금이 섬유산업 부문에 종사하는 직원들의 임금보다 높은 것은 당연하다.

스포츠 시장에서도 마찬가지이다. 일반적으로 스포츠 산업에서 수익성이라 함은 입장료 수입, 스폰서 수입 및 TV 중계료 수입 등으로 나타난다. 인기 종목의 수익성이 비인기 종목의 수익성보다 훨씬 높게 나타나며 이에 따라 선수 연봉도 인기 종목이냐 비인기 종목이냐에 따라 차이가 발생한다.

연봉 협상시 수익성을 고려할 때에는 다른 종목의 선수 연봉을 참고로 하게 된다. 선수 에이전트는 계약 선수가 수익성이 높은 종목에 속해 있으면 이 점을 강조해야 한다.

3) 구단의 수익성

같은 산업에 근무한다고 해서 종업원들의 임금이 다 같을 수는 없다. 같은 산업에 속하는 기업이라 하더라도 영업이익을 많이 올리는 기업이 있는가 하면 도산 직전에 처해 있는 기업도 있다. 당연히 이들 두 기업에 종사하는 종업원들의 임금에는 차이가 나게 마련이다. 스포츠에서도 마찬가지이다. 구단의 마케팅 활동 능력에 따라 수익성도 다르게 나타난다.

우리 나라의 경우 자체적으로 흑자의 수익을 거두어들이는 구단은 거의 없다. 대부분의 구단이 모 기업으로부터 지원금을 받아 적자분을 보전하고 있는 실정이다. 그런데 이러한 지원금은 모 기업의 홍보효과(프로모션효과)를 기대한 스폰서의 형태로 이루어진다. 모 기업은 구단운영으로 인해 광고 효과를 거두고 있는 것이다. 그러나 이러한 광고 효과는 수치로 환산하기가 매우 어렵다.

프로야구 선수 협의회 측과 KBO(구단 포함) 측간 의견이 첨예하게 대립되었던 부분이 바로 이러한 수익성이다. 구단측은 언제나 적자에 허덕이고 있다고 주장하고 선수 측은 스폰서에 의한 수입(모 기업의 광고효과)이 상당히 크다고 주장하고 있다. 에이전트는 구단의 수익성을 고려할 때 구단의 이러한 주장에 대해 맞대응 할 수 있는 자료와 논리를 갖추고 준비해야 한다.

한편 구단 수익성에 영향을 미치는 요인에는 연고지 지역 주민들의 인구수 또는 평균소득도 포함된다.

4) 성과(성적)

어느 사업체이든 종업원 연봉에 가장 큰 영향을 미치는 요인은 종업원의 성과이다. 우리 나라에서도 1990년대 후반부터 연봉제가 사회 전반에 크게 확산되고 있으며 능력(성과)에 따라 연봉이 수십 억 원에 이르는 월급장이도 나타나고 있다.

스포츠 선수들도 마찬가지이다. 선수들의 성적이 이듬해 연봉 결정에 가장 영향력 있는 요인으로 작용한다. 국내 프로 스포츠가 출범한지도 이미 20년을 넘어서고 있는 만큼 선수 성적을 평가하는 시스템도 크게 발전했다. 대부분의 구단들은 선수들의 성적을 평가할 수 있는 기준을 마련하여 선수들에게 미리 공표한다. 정형화된 프로그램이 만들어지고 선수 측이 수긍을 하면 상호 의견 대립이 가장 적을 수도 있는 것이 바로 성과요인이다.

한편 J. Pikul & H. Mayo(1999)는 야구 선수(야수)들의 성적에 영향을 주는 요소들을 분석한 바 있다. 이를 간단히 소개해 보자.

이들은 선수들의 성적을 공격 및 수비 부문으로 나누고 공격에서는 다시 '장타율'과 '득점에 기여하는 정도' 등 2개 부분으로 나누고 있다.

선수 성적 = 공격능력 + 수비 능력 = (장타율 + 득점에 기여하는 정도) + 수비능력

위 식을 보면, 수비 능력보다 공격능력이 더욱 세분화되어 있다. 그런데 J. Pikul & H. Mayo는 일반적으로 잘 알려진 타율이나 타점을 평가기준으로 삼지 않았다. 왜냐하면 타율에는 루타수가 고려되지 않으며 타점에는 다른 선수들의 공헌이 개입되기 때문에 객관적인 판단기준이 될 수 없다고 설명하고 있다.

그 대신 '득점에 기여하는 정도'를 나타내는 지표로 다음과 같은 식을 사용하였다.

$$\text{득점에 대한 기여도} = \frac{(H+BB-CS)\times(TB+0.55\times SB)}{AB+BB}$$

이 식에서 H는 안타 수, BB는 볼 넷 수, CS는 도루 실패 수, TB는 전체 루타 수, SB는 도루 수, AB는 타수를 나타낸다. 이 식에 의하면 안타 수와 루타 수가 중요한 요소로 작용하고 있음을 알 수 있다.

5) 팀에 대한 공헌도

선수들의 성과가 같다고 해서 같은 연봉을 받는 것은 아니다. 팀에 대한 기여도, 즉 공헌도도 고려되어야 한다. 예를 들어 팀이 크게 앞서고 있는 상황에서 터져 나오는 홈런의 기여도와 박빙의 점수차를 보이고 있을 때 터져 나오는 홈런의 기여도는 같을 수가 없다. 또한 같은 타율이라 할지라도 고비마다 안타를 많이 치는 선수와 병살타를 많이 치는 선수는 팀에 대한 공헌도에서 차이가 난다.

일반적으로 팀에 대한 공헌도는 선수의 포지션에 따라서도 다르게 나타난다. 예를 들어 야구의 경우 선발투수냐 중간계투냐 아니면 마무리 투수냐에 따라 기본적인 가산점수가 다르게 평가된다. 야수들의 평가에서도

표 1 프로야구의 투수부문 연봉산정을 위한 평가 내용

구분	가산점 평가내용	감점 평가내용
선발투수	• 완봉승 • 완투승 • 선발승 • 교대(3회 이상 투구) • 교대(3회 단위 1실점 이하) • 강판상황(리드 또는 동점)	• 완투 패 • 선발 패 • 3회 이전교대 • 1회 못 넘김 • 3회 단위 1실점 • 비하인드
구원투수	• 세이브 • 원 포인트 릴리프 성공 • 어시스트, 끝마무리 • 구원승(리드구원, 동점구원, 비하인드 구원)	• 리드에서 구원실패 • 동점에서 구원실패 • 핀치 초래 추가 실점 • 역전 당함 • 끝마무리 실패
투수개인	• 무승부 • 역전승 • 연속승 • 퍼펙트게임, 노히트 노런 • 1안타 또는 무사사구 • 연속경기 등판 • 유주자 교대(인수주자, 등판 회수당 무실점) • 불운패(리드 또는 동점)	• 유주자 교대시 인계주자 • 행운승(투구내용 불량) • 역전패 • 연속패
투구내용	• 선두타자 아웃 • 1이닝 무실점 • 3타자 범퇴 • 탈삼진(일반적인 탈삼진, 연타자, 연타석) • 출루허용(실책, 야수선택에 의한 출루) • 위기극복(절대위기, 실점위기) • 병살처리(일반적인 병살, 위기상황에서의 병살)	• 출루허용(피안타, 2, 3루타, 본루타, 톱, 연타석 주자) • 희생 외야 플레이 • 2사후 연속안타 • 폭투, 보크(기타, 실점유관) • 실점(1실점당, 선제 결승점, 1회 실점)
투수수비와 투구자세	• 수비(견제아웃, 픽오프플레이 성공) • 출루허용 • 역투	• 실책, 본헤드 미스플레이 • 백업, 커버태만, 주루플레이 • 불성실 투구 • 벤치 지시 불이행

자료: 2001년 한국프로야구 8개 구단 평가표, 신문선(2002), p. 150 재인용.

2루수, 유격수인 경우에는 수비능력에 보다 높은 비중을 두며 외야수인 경우에는 방망이 능력에 보다 높은 비중을 두게 된다. 또한 제 아무리 대표급 실력을 가지고 있다고 하더라도 자기와 같은 포지션에 더욱 뛰어난 선수가 있으면 주전으로 뛸 수 있는 기회가 적으며 이는 결국 팀에 대한 공헌도에서도 불리하게 평가된다. 팀에 대한 공헌도 부분 역시 성과 부분과 마찬가지로 정형화된 수치로 나타낼 수 있다.

한편 〈표 1〉 및 〈표 2〉는 국내 프로 야구 포지션별 연봉산정을 위한 기술부문 평가내용을 보여주고 있다.

표 2 프로야구의 야수 및 포수의 연봉산정을 위한 평가 내용

구분		가산점 평가내용	감점 평가내용
야수	공격	• 득점(실질득점, 대리득점) • 출루(안타, 사사구, 2-3루타, 본루타, 톱, 연타석 번트안타, 중 반이후 첫안타) • 유주자 공격(유효타, 희생타) • 대타(안타, 사사구, 잔루타) • 맹타(3안타 3타점 이상, 3득점 이상, 연속게임 안타)	• 진루 불능타 • 병살타, 득점찬스에서 범타 • 대타시 범타 • 일반적인 삼진 • 히트앤드런 시 번트실패 • 연타석 유주자 삼진
	주루와 수비	• 도루(득점연결 도루, 기타) • 좋은 주루와 좋은 슬라이딩 • 미기와 두뇌플레이(실점저지) • 적사인 케치 • 적정한 수비 시프트	• 도루 실패, 주루 미스 • 견제 아웃 • 찬스 말살 • 전력질주하지 않음 • 슬라이딩 미스로 인한 아웃
	팀플레이	• 병살(1루수, 기타 외야수, 포수, 외야수, 실점 및 절대위기) • 트릭 및 픽 오프 플레이 성공 • 협살 간여 • 백업, 커버, 중계 어드바이스, 어시스트 적극	• 실책(실점 유관) • 야선 미스플레이(실점유관, 야수간 콜 실책) • 일반적인 병살 또는 협살 실패 • 병살, 협살 실패로 실점, 공수사인 미스
포 수		• 도루저지 및 본루 테크아웃 • 포수의 좋은 리드	• 포수의 나쁜 리드, 도루허용(실점) • 투 스트라이크 이후 안타허용

자료: 2001년 한국프로야구 8개 구단 평가표, 신문선(2002), p. 150 재인용.

6) 선수의 상품성

성적이 다른 선수에 비해 낮고 팀에 대한 기여도 또한 다른 선수에 비해 낮다 하더라도 보다 많은 연봉을 받아야 하는 요인이 있다면 바로 이 부분이다. 물론 선수의 성적이 뛰어나고 공헌도도 높다면 상품성도 높게 마련이다.

그러나 성적 또는 공헌도와는 관계없이 상품성이 뛰어난 선수도 있다. 팬들은 자기가 좋아하는 팀이 경기에 패하더라고 특정 선수의 경기 모습을 보고 싶어하는 경우가 많다. 미국 MLB의 마크 맥과이어의 예를 들어보자. 1998년 그는 홈런 신기록을 수립했지만 그 해 MLB 올스타 1루수 부문에서는 라이벌인 새미 소사에게 양보해야만 했다. 이는 팀에 대한 공헌도 측면에서 맥과이어가 새미 소사에 비해 낮았기 때문이다. 실제 당시 맥과이어가 소속팀(세인트루이스 카디날즈)에서 출장한 경기 가운데 승리를 거둔 경기는 50%가 채 못되었다고 한다. 즉 팀에 대한 공헌도가 그다지 높지 않다는 것이다.

그렇지만 선수 상품성 측면에서는 새미 소사보다 맥과이어가 훨씬 앞섰다. 팀 성적은 비록 하위권에 맴돌았지만 맥과이어가 구단에 가져다 준 수입은 적어도 수백만 달러를 넘어선 것으로 추정되며, 세이트루이스시 경제에 미치는 효과는 6,000만 달러 정도에 달한 것으로 보도되기도 했다. 이러한 예는 '선수의 상품성' 도 연봉을 결정할 때 중요한 고려 요인이 된다는 것을 나타낸다.

그런데 '선수의 상품성' 이란 다른 선수와 차별되는 독특한 특징을 가질 때 그 가치가 더욱 높아진다. 따라서 선수 에이전트가 고객(계약선수)의 특징을 발굴하여 이를 홍보하는 작업은 엔도스먼트 수입 확대뿐만 아니라 보다 높은 연봉과도 직결된다는 것을 명심해야 한다.

7) 팀 성적

선수들의 성과를 고려할 때에는 같은 팀의 다른 선수들과 비교하게 된다. 뿐만 아니라 다른 팀의 선수들과도 비교한다. 그런데 다른 팀의 같은 포지션에 있는 선수와 유사한 성적을 기록했다 하더라도 자기 팀이 우승을 했다면 이는 다른 팀 선수에 비해 높은 연봉을 받을 수 있는 요인이 된다. 따라서 에이전트는 구단에 보다 많은 연봉을 요구할 수 있다. 팀 성적이 우수하다는 것은 구단의 수익(우리 나라의 경우 모기업 홍보효과)이 높다는 것을 의미하기 때문이다.

만약 자기 팀의 성적이 좋지 않다면 에이전트는 굳이 이러한 사실을 거론할 필요가 없다.

8) 인사 고과: 잠재력 평가

일반 기업에서 사원을 평가할 때 능력 이외에 인사 고과도 중요시한다. 인사 고과란 그 직원이 얼마나 열심히 근무하는가? 동료들과는 사이좋게 지내는가? 직장 상사와의 의사소통은 잘 이루어지고 있는지? 심지어 회식에 열심히 참여하는지 등에 대한 평가를 의미한다. 즉 능력 이외의 직원을 평가할 수 있는 요인이 바로 인사 고과인 것이다.

성과 이외에 선수들을 평가할 수 있는 요인은 어떤 것이 있을까? 우선적으로 생각할 수 있는 부분이 선수의 성격이다. 예를 들어 동료들과의 사교성이 좋고 투지가 있다면 이 부분을 연봉 산정시 반영해 달라고 주장할 수 있다. 사교성이 좋다는 것은 팀 내 분위기를 부드럽게 하는 요인으로 작용하며 투지가 강하다는 것은 팀이 슬럼프에 빠졌을 때 분위기를 쇄신할 수 있는 계기로 작용할 수 있다. 이러한 성격을 가진 선수는 통상 주장이라는 직책을 맡게 된다.

선수 성격 이외에 고려해야 할 요인으로는 어떤 것이 있을까? 바로 선수 잠재력 또는 장래성이다. 장래성이 있으면 높은 연봉을 받아 마땅하다. 그런데 이러한 장래성에 대해서는 눈으로는 파악할 수 있으나 기록으로는 잘 나타나지 않는다. 즉 그 분야 전문가가 아니면 장래성을 판단하기 힘들다는 것이다.

선수가 장래성이 있다고 판단되면 비슷한 성적을 거둔 선수보다 높은 연봉을 받을 가능성이 높다. 에이전트는 선수 장래성에 대해 구단 측이 납득할 수 있도록 준비해 두어야 한다. 그런데 이러한 장래성은 스포츠 분야 전문가가 아니면 파악하기가 매우 힘들다. 따라서 에이전트는 그 자신이 스포츠 분야 전문가가 아니면 스포츠 전문가에게 자문을 구하든지 아니면 에이전트 팀에 스포츠 전문가를 포함시켜야 한다.

9) 연봉 하락 폭

직장인들에게 임금 인상률이 낮아지거나 임금 인상이 동결되는 경우는 있어도 임금이 삭감 당하는 경우는 거의 없다. 물론 IMF 관리체제라는 특수한 경우가 발생하여 임금이 삭감당하는 일이 있다 하더라도 이는 예외적인 상황으로 보아야한다. 직장인들의 임금이 삭감당하는 경우가 적은 것은 기업 생산성이 하락하는 것을 방지하기 위함이다. 왜냐하면 임금이 낮아지면 생활이 불안정해지고 생활이 불안정해지면 근무의욕이 감소하게 되어 궁극적으로는 기업 생산성 하락으로 이어지기 때문이다. 이를 두고 전문용어로 임금의 하방 경직성(下方硬直性)이라고 한다. 즉 임금은 아래쪽으로 나아가기(삭감)가 어렵다는 뜻이다.

그러나 스포츠 선수들에게 임금 삭감은 다반사이다. 성적이 나쁘면 연봉이 하락하게 된다. 그런데 운동 선수들도 일반인들과 마찬가지로 임금이 삭감되면 생활이 불안정해진다. 따라서 에이전트는 고객(계약 선수)의 성적이 나빠 삭감 요인이 발생하면 구단과의 협상을 통해 임금 삭감 폭이 최소화되도록 노력을 기울여야 한다.

(3) 연봉 시산

임동순, 김화섭(2003)은 2002~2003시즌 국내 프로 농구 선수들의 연봉을 시산하여 실제연봉과 비교한 바 있다. 연봉 산정에 고려된 요인들은 〈표 3〉에 나타나 있다. 이 방법에는 앞에서 언급한 각종 고려 요인들 가운데 선수들의 성과, 구단의 시장성 그리고 포지션 등이 주로 고려되었다.

〈그림 1〉은 〈표 3〉을 토대로 시산한 연봉을 나타내고 있다. Sal03은 선수들이 실제 수령한 연봉을 나타내며 ybar는 시산한 연봉이다. 실제 연봉과 시산한 연봉이 비슷한 추세를 보이고 있음을 알 수 있다.

표 3 분석에 사용된 주요 변수

주요 고려 요인
개별 선수의 총 시즌 참여 연도(선수 경력 변수)
선수별 2001/2002 시즌 게임당 경기참여시간(분)
선수별 2001/2002 시즌 평균 참여 경기수
선수별 2001/2002 시즌 총 득점수
선수별 2001/2002 시즌 3점골 득점수
선수별 2001/2002 시즌 2점골(필드골) 득점수
선수별 2001/2002 시즌 자유투 득점수
센터 더미변수(포지션 변수)
포워드 더미변수(포지션 변수)
선수별 2001/2002 시즌 리바운드수
선수별 2001/2002 시즌 공격 리바운드수
선수별 2001/2002 시즌 수비 리바운드수
선수별 2001/2002 시즌 스틸수
선수별 2001/2002 시즌 블록슛수
선수별 2001/2002 시즌 턴오버수
선수별 해당 연도 드래프트 랭킹
선수별 출신 대학
올스타게임 참가 여부
소속구단
소속구단 지역 시즌 평균 홈관중수
소속구단 연고지역 인구수
소속구단 연고지역 평균소득
소속구단 연고지역 경기장 총 수용인원수

그림 1 실제 연봉 및 추정 연봉 비교

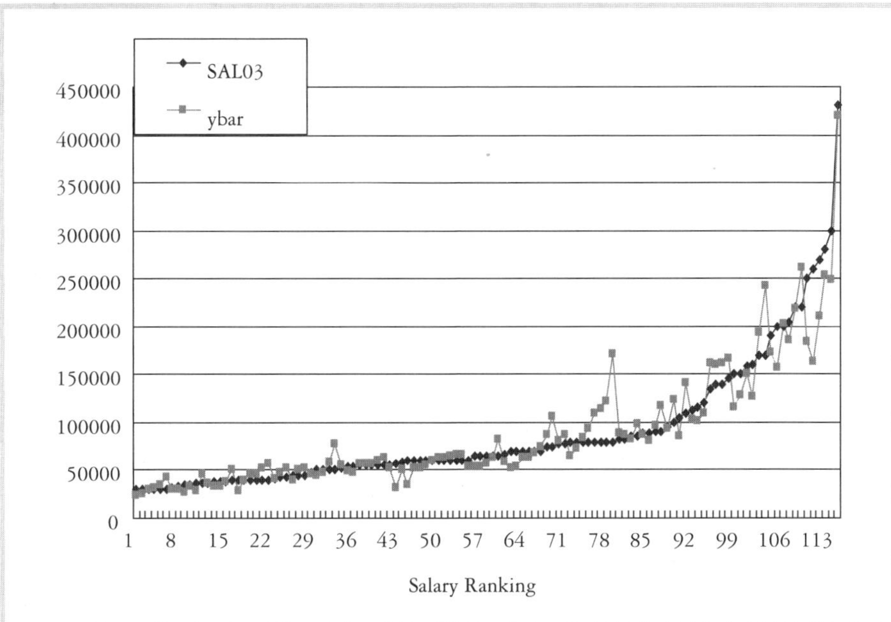

주: Sal03은 실제 연봉, ybar는 추정 연봉.

2. 재산 관리

엔도스먼트 유치, 연봉 협상 대행 이외에 에이전트의 중요한 업무 가운데 하나가 선수의 '재산관리'이다. 대부분의 스포츠 선수들은 운동에만 전념해 왔기 때문에 재산 관리에 필요한 투자, 세무 등에 대한 지식이 부족한 편이다. 어느 정도의 지식을 갖추고 있다 하더라도 일반인이나 전문가들에 비해 비교우위가 없다. 따라서 선수들은 에이전트에게 재산관리업무도 대행해 주기를 바라는 경우가 있다. 선수들의 이러한 요구가 있을 경우를 대비하여 에이전트팀에 세무 또는 투자전문가를 포함시키는 것이 좋다.

그러나 재산 관리 업무는 선수와 에이전트간 분쟁이 발생할 소지가 가장 높은 분야이기도 하다. 따라서 에이전트는 재산 관리 업무 수행에 신중

해야 한다.

한편 우리 나라의 경우 에이전트 제도가 활성화된다 하더라도 에이전트가 재산관리를 하는 사례는 많지 않을 것으로 보인다. 대부분의 경우 선수 부모가 재산관리를 하며 앞으로도 이러한 추세는 변함 없을 것이기 때문이다.

제 5 부

에이전트의 업무(4): 고객이 지자체인 경우 마케팅 전략

지자체가 고객이라고 해서 다소 의아스러울 것이다. 제 1 부에서 스포츠 시장의 3대 고객은 팬, TV 방송국 그리고 기업이라고 언급한 적이 있기 때문이다. 스포츠 시장에서 지자체의 위치는 중요하면서도 다양한 성격을 가지고 있다. 제 5 부에서는 이러한 의문을 풀어가면서 지자체를 상대로 한 마케팅 전략에 대해 논의하기로 한다.

제19장에서는 스포츠 시장에서 지자체가 어떠한 성격을 가지는지에 대해 규명해본다. 제20장에서는 지자체의 성격에 따른 마케팅 전략을 설명한다.

제19장

스포츠 시장에서 지자체의 성격

1. 유통 경로 역할

스포츠 상품(경기)은 생산과 동시에 소비된다. 생산과 동시에 소비된다는 것은 생산과 소비를 연결하는 유통 또한 동시에 발생한다는 의미이기도 하다. 따라서 스포츠 상품의 생산과 소비가 동시에 발생하는 경기장은 스포츠 상품 유통 장소로서의 역할도 한다. 그런데 이러한 경기장의 소유 및 운영에는 지자체가 개입되어 있다. 즉 스포츠 마케팅 전략을 논의할 때 지자체와 관련된 부분은 반드시 짚고 넘어가야 한다는 것이다.

관람 스포츠는 특정 지역에 기반을 둔 프랜차이즈 제도로 주로 운영된다. 이는 스포츠 산업 선진국인 미국, 유럽, 일본 그리고 스포츠 신흥 산업국인 중국에서도 보편화된 현상이다. 지역 프랜차이즈로 운영된다는 것은, 스포츠 상품 생산자가 스포츠 상품 생산 · 유통 과정에서 지자체와 여러 방면에서 다양한 관계를 맺고 있다는 것을 의미한다. 예를 들어 야구나 축구 혹은 농구 등에서 스포츠 상품을 생산하는 장소로 이용되는 경기장은 지방자치단체의 소유이다. 물론 스포츠 구단이 전용 구장을 소유하고 있다면 사정은 달라지겠지만 국내외를 막론하고 경기장을 소유하는 구단은 극소수에 불과하다.

스포츠 상품이 생산되는 경기장이 지자체 소유라는 것은 경기장 사용 허가 여부, 경기장 사용료 납부 금액 정도, 경기장 내 광고판 설치와 관련된 제반 사항, 경기를 통해 거두어들인 수입과 관련된 세금 부과 등 여러 방면에서 지자체의 직·간접적 개입이 불가피하다는 것을 뜻한다. 경기장이 스포츠 상품이 유통되는 장소라면 경기장 운영에 간여하는 지자체는 유통경로 역할을 한다는 것이다.

이처럼 관람 스포츠 산업에서 지자체가 개입하는바, 사업 과정에서 스포츠 상품 생산자와 지자체간 원활한 협력이 이루어진다면 상품 유통 또한 원활하게 진행될 것이다. 스포츠 시장에서 스폰서로 참여하는 기업뿐만 아니라 지자체 역시 그 지역에 프랜차이즈를 둔 스포츠 상품 생산자(예를 들면 프로 스포츠 팀)와는 CO-MARKETING의 파트너임에 틀림없다(〈사례 19-1〉 참조). 어쨌든 관람 스포츠 상품 유통에서 지자체의 개입은 불가피한바, 유통경로 관리에서도 지자체를 상대로 한 전략이 필요하다고 하겠다.

사례 19-1 제주유나이티드 FC와 제주도의 CO-MARKETING

제주유나이티드 FC 2007리그 필승다짐 출정식

제주특별자치도에 따르면 지난해 2월 3일 탄생한 제주유나이티드FC 프로축구단(단장 정순기)이 정해년 K-리그 개막전에 대비 오는 3월 1일 조천만세동산에서 올해 종합성적 6위를 목표로 필승의 각오를 다짐하는 출정식을 갖는다. 이번 출정식에는 제주유나이티드FC 정순기 단장을 비롯한 정해성 감독, 코칭스텝, 선수단 등 50여명이 도민들이 참석한 가운데 제주FC팀의 포부와 힘찬 출범을 알리고 김태환 제주특별자치도지사가 선수단에게 필승의 메시지를 전달하게 된다.

특히, 이 자리에는 3.1 조천만세 운동을 기념한 하프마라톤 대회에 참가하는 도민들이 함께하여 제주유나이티드FC 축구단에게 한 해의 승리를 기원하게 된다. …… (중략)

이밖에 구단에서는 현장에서 선수단 펜싸인회를 비롯하여 페이스페인팅과 응원도구도 도민들에게 날려 주면서 도민들의 참여 붐 조성을 확대해 나갈 예정이다.

…… (중략) 한편, 그 동안 제주도민들과의 하나가 되는 분위기를 조성하기 위해 제주유나이티드FC단장배 축구대회 창설을 비롯, 불우이웃돕기, 팬싸

인회 등 다양한 사회봉사활동을 펼쳐 왔다.

(중략) 제주특별자치도에서는 올해 제주유나이티드FC 축구팀이 목표인 6위 달성 등 좋은 성적을 거두기 위해 노력함으로써 스포츠 산업육성이 제주지역경제활성화에 시너지효과를 거둘 수 있는 호기가 될 것으로 내다보고 있다. 따라서, 3월 10일(토) 15시 제주월드컵경기장에서 성남일화와 치루는 홈 개막전에 각계각층의 많은 도민들이 관람을 하도록 위해 적극 홍보를 실시해 나갈 계획이다.

(중략)

ㅇ주요 행사내용
- 명예 써포터즈 가입(유니폼 배부)
- 필승 메시지 낭독(도지사)
- 필승 구호제창(참석자 전원)
- 기념촬영(도지사 및 기관장, 선수단)

※ 선수단 팬사인회 · 페이스페인팅 · 응원도구 배포

〈서귀포시 홈페이지 2007. 2. 27〉

2. 고객 역할

스포츠가 산업으로서의 역할이 증대됨에 따라 각 국가의 중앙정부뿐만 아니라 지방정부(지방 자치단체)도 스포츠 이벤트 개최(지역에 근거를 둔 프로 스포츠 팀 유치 포함)에 깊은 관심을 가지게 되었다. 올림픽이 대표적인 예이다. 올림픽이라는 대형 스포츠 이벤트는 국가행사가 아니라 도시(지방)행사이다. 월드컵 축구대회의 명칭에 국가 이름이 수반되지만 올림픽에는 국가 이름이 수반되지 않고 도시 이름이 따라 붙는 것이 이를 반증하고 있다.

그렇다고 해서 월드컵 축구대회 같은 스포츠 이벤트는 지자체에 별 도움이 되지 않는다는 의미는 아니다. 스포츠 이벤트를 개최하고 나면 지역사회 지명도 상승, 지역사회 이미지 제고, 지역 주민간 단결력 제고 등의 효과를 기대할 수 있다. 특히 대회가 개최되는 지역에는 많은 경제적 파급효과가 뒤따르게 된다.

일회성 스포츠 이벤트뿐만 아니라 그 지역에 연고를 둔 스포츠 구단이 존재하는 경우에도 각종 경제적·비경제적 효과를 기대할 수 있다. 예를 들어 다른 지역에 연고를 둔 팀과 그 지역에 연고를 둔 팀간 경기가 벌어지면, 다른 지역 팀의 응원단이 그 지역에 와서 돈을 쓰게 되고, 이는 그 지역사람들의 주머니 사정을 호전시키기도 한다. 다른 지역 팀의 응원단이 오지 않는다고 해서 지역 경제에 도움이 되지 않는 것은 아니다. 지방 세수 증대니 지방 내수확대니 하는 고상한 말은 접어두고 간단하게 예를 들어보자.

경기장을 찾는 팬들은 자가용, 버스 또는 지하철을 이용하게 된다. 팬들이 자가용을 이용하면 주요소 매상이 올라가게 되고, 대중교통을 이용하면 대중교통 수입이 늘어난다. 경기장을 찾는 극성 팬들은 자기 팀이 이기면 이기는 대로 기분이 좋아 포장마차에서 한잔, 지면 지는 대로 화가 나 포장마차에서 술잔을 기울인다. 이렇게 되면 포장마차의 매상이 올라간다. 이러한 것들이 모이고 모이면 지역경제가 굴러가는 데 도움이 된다. 즉 지역에 스포츠 구단이 자리를 잡고 있으면 지역경제가 돌아가는 데 도움이 된다는 것이다. 이러한 이유로 인해 지자체는 프로 스포츠 구단(또는 스포츠 이벤트) 유치에 관심을 가진다.

한편 90년대 중반 이후 국내외를 막론하고 중앙정부가 아닌 지방정부 홍보전이 치열하게 전개되고 있다. 지방 정부를 홍보하는 이유는 관광 수입 증대를 비롯한 각종 경제적인 효과가 발생할 것으로 기대하기 때문이다. 지방 정부를 홍보하는 수단에는 여러 가지가 존재하지만 최근에는 스포츠 또한 유력한 수단으로 자리잡고 있다. 즉 지자체가 스포츠를 필요로 한다는 의미이다.

그렇다고 해서 지자체가 스포츠 시장에서 반드시 고객이 되는 것은 아니다. 예를 들어 제주도가 골프대회를 유치하여 경기가 열리는데 그 대회 타이틀 스폰서 혹은 기타 스폰서로 기업이 참여한다면, 이 때 제주도라는 지자체는 스포츠 시장에서 고객이 아니다. 그런데 제주도가 타이틀 스폰서로 참여하는 경우를 생각해 볼 수 있다. 이를테면 '제주도배 ○○○골프 대회' 라고 한다면 제주도라는 지자체는 스포츠 시장에 고객(타이틀 스폰서)으로 참여하는 것이다.

실제 이러한 예를 찾아볼 수 있다. 2001∼2002 국내 아이스하키 대회에서 강원도가 타이틀 스폰서로 참여한 적이 있다. 2002∼2003 시즌 국내 프로농구 리그에서 코리아 텐터팀 선수들이 '여수 해양박람회' 라는 유니폼을 입고 경기를 한 적이 있다. 이것 또한 여수라는 지자체가 스폰서(고객)으로 참여한 경우이다. 2003시즌 축구 K-리그에서는 대전시가 유니폼 스폰서(고객)로 참여하기도 했다(〈사례 19-2〉). 향후에는 이처럼 지자체가 스포츠 시장에서 고객으로 참여하는 사례가 점차 확대될 것으로 예상된다.

사례 19-2 지자체가 스포츠 시장에서 고객으로 참여한 경우

3연승-10억 원 수혈 대전시티즌 신바람

97년 출범 이후 최다인 3연승을 달리고 있는 대전 시티즌이 10억 원을 긴급수혈하며 살림에도 안정을 찾아 신바람을 내고있다.

대전 시의회는 8일 늦은 밤까지 이어진 회의 끝에 대전 선수들이 개막전부터 올 시즌 내내 유니폼 상의 앞가슴에 '대전사랑' 이라는 마크를 다는 대가로 10억 원을 지급하기로 결정했다. 이로써 하루 벌어 하루 쓰는 처지였던 대전의 살림에 숨통이 트였다. 다른 구단의 재정규모에 비하면 큰 돈은 아니지만 올해 예산을 60억 원으로 산정하고 있는 대전에는 가뭄에 단비 같은 요긴한 돈이다.

그 동안 대전은 선수단 월급도 주기 어려울 만큼 재정이 어려웠다. 계룡건설에서 지원한 12억원은 동계훈련을 치르고 나니 바닥이 났다. 결국 김광식 신임사장은 고민 끝에 은행을 찾았고, 신용한도인 2억 원을 대출받으면서까지 2월 월급날을 지켜 선수단을 감동시켰다. 3월에는 염홍철 대전시장이 대전 시민구단 운영에 책임을 지라는 김광식 사장의 요청을 받아들여 개인 은행대출을 받아 구단살림을 돕기도 했다. 김 사장은 최윤겸 감독에게도 "급한 불을 껐다"고 희소식을 전했다. 그 동안 "구단사정이 어려운 만큼 더 열심히 하자"고 힘을 다져 온 대전은 13일 전주월드컵경기장에서 열리는 전북현대전에서 창단 후 최초의 4연승을 기록하겠다고 벼르고 있다.

〈스포츠서울, 2003.4.11〉

연습 · 토의문제

- 지방자치단체가 스포츠 시장에서 고객으로 참여하는 경우는 현재로서는 흔치 않지만 가까운 장래에는 많이 볼 수 있을 것입니다. 본문에서 예로 든 것(강원도청, 대전시 등) 이외에 지방자치단체가 스포츠 시장에서 고객으로 참여한 예를 찾아 봅시다. 스포츠가 아니더라도 좋습니다. 여타 이벤트에서라도 찾아 보도록 합시다.

제20장

마케팅 전략

제19장에서 지자체는 유통 경로 또는 고객의 역할을 한다고 했다. 그렇다면 지자체를 상대로 한 마케팅 전략에서도 유통 경로 대우 마케팅 전략 및 고객 대우 마케팅 전략으로 구분할 수 있을 것이다.

1. 유통 경로 대우 마케팅 전략

앞에서 언급한 적이 있는 바와 같이 지자체는 관람 스포츠 시장에서 어떤 형태로든 개입한다. 지자체가 개입하면 스포츠 상품 생산자간 갈등과 대립이 발생할 소지가 높다. 스포츠 상품 생산자는 이러한 갈등을 미연에 방지하거나 해소하는 방안(유통 경로 전략)을 마련해야 한다. 여기에도 상호 대화를 통한 해결과 힘에 의한 해결이 있다.[1)] 물론 여기서 힘이라는 것은 스포츠 상품 생산자의 힘[2)]이다.

(1) 대화에 의한 해결

지자체와 대화를 통해 해결하는 데에는 여러 가지 방법이 있지만, 우

1) 여기에 대해서는 제8장 유통 경로 전략에서 설명한 바 있다.
2) 경우에 따라서는 지자체가 더욱 강력한 힘을 가지는 경우도 있다. 그러나 이 책에서는 스포츠 상품 생산자가 경로 주도자가 되는 경우를 상정하여 논의를 전개한다.

선적으로 생각할 수 있는 것은 지자체에게 각종 경제적 · 비경제적 효과가 발생한다는 것을 내세우는 것이다. 즉 지자체들은 그 지역에 스포츠 상품 생산자(프로 스포츠 구단 혹은 스포츠 이벤트)를 유치하면 여러 가지 측면에서 긍정적인 효과를 거둘 수 있다는 논리이다.

우선 경제적인 효과부터 알아보자. 그 지역 내에서 스포츠 이벤트가 개최되면 외지(프로 스포츠의 경우 여타 팀이 소재한 지역)로부터의 관광수입을 기대할 수 있다. 이러한 효과는 스포츠의 활성화 정도가 높을수록 더욱 크게 나타난다. 외지로부터 발생하는 수입뿐만 아니라 내부에서 유발되는 경제적 효과도 존재한다. 예를 들어 경기장에 팬들이 몰리게 되면 경기장 내 음식료 판매 수입과 주차 수입 등이 새롭게 생겨나거나 늘어나게 된다. 경기장내 뿐만 아니라 경기장 바깥쪽에서도 경제 부양효과를 기대할 수 있다. 경기장 주변 상권이 종전에 비해 더욱 활성화될 것이기 때문이다.

경제적인 효과들을 구체적으로 언급하면, 관중 입장 수입, 경기장 내 상가임대 수입, 프로팀 지역 내 소비지출, 원정팀 소비지출, 원정팀 응원단 소비지출, 구단 가족 소비지출, 경기장 주변 상권 활성화 등이 있다.

경제적인 효과 이외에 비경제적인 효과도 얻을 수 있다. 비경제적인 효과 가운데 대표적인 것이 지역 연대성 강화 효과이다. 일반인들은 누구나 주위의 사람들과 대화를 한다. 대화의 주체가 금전 문제일 수도 있고 사회적인 문제일 수도 있고 교육 문제일 수도 있다. 심지어 이성 문제일 수도 있다. 그러나 이러한 주제로 대화를 할 때에는 대화 상대자가 상당히 제한될 뿐만 아니라 대화내용도 상대방의 반응에 따라 의도하지 않는 방향으로 전개될 수 있다. 즉 이야기가 허심탄회하게 진행되지 않는 다는 것이다.

그러나 대화내용이 스포츠일 경우 특히 그 지방에 연고를 둔 팀의 경기가 이야기의 주제가 되면 대화의 상대자가 누구이건 대화는 쉽게 진행된다. 경기중에 누가 수훈을 세웠다느니, 감독의 작전이 어쨌다느니, 상대방의 선수가 저쨌다느니 등등에 대한 이야기를 누구나 쉽게 할 수 있다.

결국 지역 내 스포츠 이벤트가 자주 열린다는 것(특히 그 지역에 연고를 둔 프로 스포츠 경기)은 지역 내 주민들에게 사교의 장을 마련해 주는 역할을 한다. 지역 내 사교의 장이 마련된다는 것은 지역 주민들로 하여금 소속감과 일체감을 느끼게 하여 상호 연대성을 강화하는 데 크게 도움이 된다. 잉글랜드 프로 축구나 미국 NBA에서 그 지역의 스포츠 팀이 우승했을 때 시민들이 모두 거리로 나와 축배를 드는 것이 좋은 사례라 하겠다.

(2) 힘에 의한 해결: 프랜차이즈 게임

그런데 이러한 경제적·비경제적 효과는 스포츠 상품 생산자가 지방자치단체의 적극적인 지원 아래 부담 없이 마케팅 활동을 할 때 극대화된다. 그러나 지자체가 스포츠 상품 생산자를 도와주기는커녕 방해하는 경우도 있다(〈해설 20-1〉 참조). 이는 우리 나라에서 어렵지 않게 찾아볼 수 있는 현상이다. 지자체가 스포츠 상품 생산자를 도와주지 않으면 양자간 갈등이 발생할 소지가 높고 갈등이 발생하면 상호 대화에 의한 해결도 어렵다. 이러한 경우 스포츠 상품 생산자는 프랜차이즈 게임 실시를 적극적으로 고려해 볼 만하다.

스포츠 선진국인 미국에서는 지자체들이 프로 스포츠 구단을 자기 도시로 유치하기 위해 격심한 경쟁을 벌이곤 한다. 프로 구단의 구단주들은 자신들에게 이익이 되는 도시로 연고지를 옮길 만반의 준비를 갖추고 기회가 되면 가차없이 실행에 옮기기도 한다. 프로 구단을 유치하려는 도시는 다른 도시에 연고를 둔 구단에 다양한 혜택을 제시하는 경우도 있으며, 그런 제의를 받은 구단은 현재의 홈 도시에 연고지를 옮기겠다는 의사를 서슴없이 표현하기도 한다. 스포츠 구단이 이러한 전략을 구사하는 배경에는 구단의 희소성 가치[3]에 바탕을 두고 있다. 그러나 궁극적으로는 지방자치단체로부터 보다 나은 지원을 이끌어내기 위한 의도가 담겨져 있다. 이러한 전략이 바로 프랜차이즈 게임이다.

---

3) 프로 스포츠 팀 수에 비해 경기장 수(자세한 의미는 경기를 개최할 수 있는 능력을 갖춘 지방)가 많아 팀 소유자들이 목소리를 높일 수 있다는 의미이다. 이를 전문용어로 팀에 대해 초과수요가 존재한다고 한다.

해설 20-1 국내 지자체의 사업 방해

국내에서 프로 스포츠 구단과 지자체간의 갈등은 경기장 사용료(관람료 관련 사용료, 시설관련 사용료*), 경기장 내 매점 사용권, 경기장 내 주류판매 허용 여부 등에서 나타난다. 여기서는 경기장 사용료에 대해 주로 언급해 보자.

〈표〉 프로 축구 홈 경기 개최에 따른 수입구조

① 입장 수입	3,000만 원(6,000×입장료 5,000원)
② 운동장 사용료(지방세)	750만 원(수입의 25%)
③ 부가가치세(국세)	300만 원(수입의 10%)
④ 기타 부속 설비 사용료	150만 원(수입의 약 5%)
⑤ 홈 경기 진행 경비	1,500만 원(인원 용역 비용 등)
순수입	①-(②+③+④+⑤)=300만원

주: 6,000명이 입장한 경우.

위의 〈표〉는 모 축구단의 2000년 시즌 입장 수입 내역을 간단하게 나타낸 것이다. 동 구단이 거두어들인 입장료 총수입은 3,000만 원 정도에 이른다. 그러나 이 가운데 25%(이 요율은 각 지방마다 차이를 보이고 있으나 25%인 경우가 가장 많다)는 구장 사용료 명목으로 지자체 몫으로 돌아간다. 또한 구단은 지자체에게 각종 부속 시설 사용료를 지불한다. 구단이 부가세까지 납부하고 나면, 실제 손에 쥘 수 있는 몫은 총 입장수입의 10%인 300만 원이다. 동 구단이 연간 홈에서 20경기를 개최할 경우 관중 수입(순수입)은 300만 원에 불과하다는 이야기이다.

…… 그런데 문제점은 이러한 부속시설관련 사용료를 징수하는 데 있지 않다. 많은 지방자치단체들은 부속시설관련 사용료 이외에 규정에도 없는 시설 유지·보수비용까지 구단에 떠맡기고 있는 실정이다(지방자치단체가 구단에게 경기장 유지·보수를 직접적으로 요구하는 경우는 드물다. 그러나 지자체가 경기장 유지·보수에 전혀 관심을 보이지 않음으로써 결국 구단이 보다 나은 팬 서비스를 위해 유지·보수에 경비를 들이게 된다). 심지어 비시즌 기간에도 사용료를 요구하는 사례가 나타나고 있다. 이러한 상황은 2003년 현재에도 거의 변하지 않았다.

〈김화섭, 임동순(2001), pp. 98~99〉

* 시설관련 사용료도 부속시설 사용료, 상업사용료 등으로 나뉜다.

사례 20-1 지자체와 프랜차이즈 게임

프로야구 '연고지 구조조정' 들어간다

프로야구에 '연고지 조정'이라는 태풍이 몰아칠 것으로 보인다. 올시즌 프로야구를 망친 주범으로 지목된 롯데는 퇴출당할 가능성도 커졌다. 한국야구위원회(KBO) 박용오 총재는 6일 각 언론사 체육부장단과의 간담회에서 "현재 프로야구 연고가 있는 각 지방자치단체가 3만명 수용 규모의 구장 신축에 대한 청사진을 반드시 내 놓아야 한다. 그렇지 않을 경우 연고권을 박탈해 신축 의사가 있는 지자체에 넘기겠다"고 단호하게 밝혔다.

이에 따라 박 총재가 지목하는 해당 지자체인 대구·광주·대전 등은 내년 말까지 구장 신축에 대한 청사진을 내놓지 못하면 연고권이 박탈될 가능성이 높아졌다. 빼앗긴 연고권은 현재 KBO에 프로야구단 유치 의사를 밝히고 있는 울산과 광양 등지로 넘어갈 공산이 크다.

울산과 광양은 진작부터 새구장 건설을 조건으로 내걸고 야구단 유치 의사를 밝혀 왔다. 특히 기아가 있는 광주는 지난 2000년 고재유 시장 재직시절 구장신축에 대한 뜻을 밝혔으나 시장이 교체되면서 유야무야해 내년까지 확약을 하지 못할 경우 인근 광양으로 연고권이 옮겨질 가능성이 높다.

박 총재가 이같이 구장 신축에 대해 단호한 태도로 나오게 된 배경에는 프로야구가 21세기를 맞아 질적인 도약이 필요한때 구장 신축을 붐 조성의 계기로 삼겠다는 의도가 깔려 있다. 박 총재는 그 동안 기회가 있을 때마다 돔구장 신축 등 굵직굵직한 사안을 내 놨다. 그러나 마땅히 성사된 것이 없어 지지부진한 인기를 되살릴 묘안을 구상해 왔다. 그런 차에 최근 몇년 새 메이저리그에서 장사가 안 되는 프랜차이즈는 옮기거나 퇴출함으로써 돌파구로 삼는 것을 보면서 각 지자체에 구장신축이라는 강력한 드라이브를 걸기로 했다. KBO는 조만간 대구·광주·대전 등 해당 지자체와 의회에 공문을 보내 구장 신축에 대한 약속을 요구하기로 했다. 만약 각 지자체가 이런저런 이유로 거부하면 총재 직권으로 연고지 이전이 이뤄질 전망이다.

한편 박 총재는 이날 관중 감소로 어려움을 겪고 있는 롯데를 암시하며 "내년시즌 프로야구단이라고 말하기 창피할 정도로 관중이 적게 오거나 관중이 현저히 감소한 구단, 이를 방치하는 구단에 대해서도 총재의 직권으로 1군에서 퇴출시키겠다"는 뜻을 분명히 했다. 〈스포츠 서울, 2002. 11. 6〉

한편 국내에서도 프랜차이즈 게임이 전혀 없었던 것은 아니다. 프로농구에서 B 시에 근거를 둔 K 농구팀은 B시 측에게 여러 차례 체육관 난방과 관련된 민원을 제출했지만 개선되지 않자 2001~2002 시즌부터 인근 U 시로 연고지를 옮겼다. 또한 K 농구팀이 K 시에서 Y 시로 연고를 옮긴 것도 지자체의 무관심과 규정에도 없는 사용료 징수로 인해 감정이 크게 상했기 때문인 것으로 알려지고 있다.

이처럼 개별 구단 차원에서의 프랜차이즈 게임이 아닌 리그 차원에서의 프랜차이즈 게임 움직임도 보이고 있다. 프로야구에서이다. 2001년 프로 야구 코리안 시리즈가 끝난 후 프로야구위원회(KBO) 총재는 “내년도(2002년) 지방자치단체장 선거를 관심 있게 지켜보겠다”고 언급한 적이 있다. 또한 2003년에는 관중석 3만 명이 되지 않는 도시의 팀은 여타 지역으로 옮길 수도 있다는 발언을 하기도 했다. 이러한 발언은 프랜차이즈 게임을 염두에 두고 한 것이다(〈사례 20-1〉 참조).

2. 고객 대우 마케팅 전략

(1) 마케팅의 기본 전제

스포츠 시장에서 지자체가 고객으로 참여(유치 노력 포함)하는 사례가 늘어난다는 것은, 스포츠 상품 생산자 입장에서 지방자치단체라는 고객을 상대로 하는 마케팅 전략이 필요하다는 것을 의미한다. 마케팅이란 무엇인가? 수요자의 가려운 곳을 긁어주는 것이다. 그러면 지방자치단체가 스포츠 이벤트 행사를 두고 가장 가려워하는 곳은 어디에 있을까? ‘돈’에 있다. 스포츠 이벤트를 개최함으로써 그 지방에 미치는 경제적 파급효과가 어느 정도인가를 알고싶어 하는 것이다. 이것말고 ‘돈’하고 관련되는 것이 또 있다. 앞에서 지자체가 스포츠 이벤트를 개최하는 목적에는 지역사회 지명도 및 이미지 제고도 있다고 했다. 그런데 이러한 지명도 및 이미지 제고도 결국은 ‘돈’과 연관되어 있다. 지명도가 올라가고 이미지가 좋아지면 이 지방 물건이 잘 팔리거나 관광객들이 종전에 비해 더 많이 몰릴 것이기 때문이다. 즉 지자체를 상대로 하는 스포츠 마케팅 담당자는 스포츠 이벤트가 그 지역의 토산품 판매 증대 및 관광 활성화와 연계되는 복합 마케팅 전략도 마련해야 한다.

(2) 경제적 파급효과 산정법 파악

지방자치단체가 자체적으로 스포츠 이벤트 개최에 따른 경제적 파급효과[4]를 조사·연구할 수 있다. 경우에 따라서는 지방자치단체가 경제전문연구기관에 연구용역을 의뢰하기도 한다. 지방자치단체는 이러한 조사·연구 결과를 토대로 스포츠 이벤트 개최여부를 결정하게 된다. 즉 경제적 파급효과를 마케팅 담당자가 분석하는 경우는 드물다는 것이다.

그러나 스포츠 마케팅 담당자 또는 에이전트는 경제적 파급효과가 구체적으로 어떻게 산출되는지에 대해서는 알지 못하더라도 기본적인 산출원리는 파악하고 있어야 한다. 경제적 파급효과 분석에 필요한 기본적인 원리를 알고 지방자치단체를 상대로 마케팅 활동을 하는 것이 그렇지 않는 경우에 비해 훨씬 유리하기 때문이다.

스포츠 행사에 따른 경제적 파급효과는 '단일 이벤트 개최에 따른 파급효과', '프로팀 유치에 따른 파급효과', 그리고 '경기장 건설에 따른 파급효과' 등으로 나눌 수 있다. 이 가운데 '경기장 건설에 따른 파급효과'에 대해서는 스포츠 마케팅 담당자(또는 에이전트)가 왈가왈부할 사항이 아니다. 예를 들어 A라는 축구팀이 B라는 지방에 근거지를 두고자 할 때 지방자치단체에게 "경기장을 건설하면 … 정도의 이익이 발생합니다"라는 설득을 할 필요는 없다는 것이다. 물론 프로 스포츠가 크게 발달한 미국에서는 스포츠 팀이 지방정부에게 경기장 건설을 요구하는 경우가 많다. 그러나 한국에서는 아직 스포츠가 근대 산업화에 이르는 초기 단계에 있

4) 이 밖에 비경제적인 효과도 지자체를 상대로 한 마케팅 수단이 될 수 있다. 결국 지자체를 고객으로 보고 마케팅 전략을 수립하는 것은 지자체를 유통경로로 보고 '대화에 의한 갈등 해소 방안'과 맥을 같이한다고 할 수 있다. 따라서 이하에서는 비경제적인 효과에 대한 설명은 생략하고 경제적인 효과 부분을 보다 구체적으로 설명하기로 한다.

으며 각 지방마다 기본적인 경기장을 갖추고 있다. 또한 경기장 건설에는 지방 주민들의 세금사용 여부 그리고 지방의회 의결 등 거쳐야 할 절차가 많기 때문에 A라는 축구팀의 마케팅 담당자 또는 마케팅 업무를 의뢰 받은 에이전트가 이러한 문제에까지 나서서 자기 주장을 펼 필요가 없다는 것이다.

'프로팀 유치에 따른 파급효과'는 '단일 이벤트 개최에 따른 파급효과'를 누적한 것과 같다. 물론 단일 이벤트 개최에 동원되는 선수나 응원단 그리고 필요한 경기 용품 등이 프로 스포츠 한 경기 개최에 따른 선수나 응원단 그리고 필요한 경기 용품과는 같을 수 없으며 이에 따른 파급효과 역시 다르다. 그러나 파급효과를 계산하는 기본적인 원리에는 큰 차이가 없다.

1) 시장 크기 산정법 파악

특정 종목의 스포츠가 지방경제에 미치는 파급효과에 대해 알아보기 전에 그 종목의 시장 전체 크기에 대해 알아보자. 해당 종목의 시장 크기는 어떤 지역이 스포츠 이벤트 혹은 프로 팀을 유치했을 경우 그 지역에 미치는 경제적 파급효과와는 직접적인 상관관계가 적다. 그러나 스포츠 마케팅 업무에 종사하려면 경제적 파급효과 산출원리와 함께 시장크기를 파악하는 원리 정도를 알고 있으면 협상 파트너인 지자체에게 신뢰감을 줄 수 있다.

시장크기를 산정하는 방법에도 여러 가지[5]가 있다. 여기서는 단순하고 개략적으로 판단하는 방법에 대해 설명하기로 한다. 시장에는 돈을 쓰는 시장이 있는가 하면 돈을 벌어들이는 시장도 있다. 이러한 두 개의 시장 가운데 하나의 시장 크기만을 파악하면 된다. 왜냐하면 '돈을 쓰는 시장'과 '돈을 벌어들이는 시장'의 크기는 항상 같기 때문이다. 여기서 다음과 같은 의문이 생겨날 것이다. 만약 1년 동안 벌어들인 돈이 5,000만 원이고 쓴 돈이 4,500만 원이라면 500만 원이라는 돈이 남아돌아 가는데 어떻게 돈

5) 구체적으로는 국민소득 계정을 이용하는 방법과 산업연관표를 이용하는 방법이 있다. 이러한 방법들은 경제학적 분석에서 주로 이용된다.

을 쓰는 시장과 돈을 벌어들이는 시장의 크기가 같을 수 있을까? 〈표 20-1〉을 보면서 설명해 보자.

〈표 20-1〉은 어떤 스포츠 구단의 수입 · 지출 명세서를 나타내는 것이라고 해 보자. 구단에서나 기업에서나 수입과 지출은 항상 같다. 왼쪽은 팬들의 입장 수입, 스폰서 수입, TV 중계료 수입 등으로 구성된 5,000만 원이다. 오른 쪽은 선수들 인건비, 경기 진행비 등에 사용한 지출을 나타낸다. 그런데 지출이 4,500만 원이라면 수입과 지출이 서로 같지 않다. 그래서 남는 부분(지출하고 남는 부분) 500만 원은 차기 이월이라는 이름(항목)으로 지출 부분에 계산된다. 따라서 수입과 지출은 서로 같게 된다. 즉 돈 쓰는 시장과 돈 버는 시장은 같다는 것이다. 따라서 시장 크기를 산정할 때 수입(혹은 지출)을 구한 다음 곱하기 2를 하면 안 된다. 곱하기 2를 하면 말 그대로 원래 시장 크기보다 2배로 부풀려지게 된다.

〈표 20-1〉이 어느 한 구단의 것이며 구단 수가 10개라고 해 보자. 해당 스포츠의 시장 크기는 어느 한 구단의 수입(혹은 지출)곱하기 10을 하면 구해진다. 종목은 축구든 야구든 아니면 농구라고 하더라도 기본원리는 같다.

다음은 시장 크기(축구의 경우)를 파악할 때 고려해야 할 요인들이다.

표 20-1 스포츠 구단(시장) 수입 · 지출 비교표

수 입		지 출	
항 목	금 액	항 목	금 액
· · · · · · ·	5,000만 원	· · · · · · · 차기 이월	4,500만 원 500만 원
계	5,000만 원	계	5,000만 원

① 돈을 쓰는 시장에서의 고려 요인

돈을 쓰는 시장은 다시 스포츠 상품 생산 분야와 광고·홍보 등 마케팅 분야로 나눌 수 있다.

〈생산 분야〉

- 팀 유지비용
  - 선수들의 연봉, 구단 직원의 급료, 경기장으로의 이동에 수반되는 비용(홈 경기 및 원정경기 포함)
  - 원정 경기 시 숙박비용 등
- 경기 용품 비용
  - 축구공, 축구화와 선수 유니폼 등 경기에 필요한 용품 구입 비용 등
- 시설관련 비용
  - 시설 유지 보수비, 선수들 숙소 유지비(숙소 직원 월급, 각종 부식비, 시설 유지비용)
  - 경기장 사용료 등
- 회 비
  - 프로 리그에 참여하는 구단은 스포츠 단체에 회비를 지불(이러한 회비는 스포츠 단체 사무실 유지 및 스포츠 단체 직원 급료로 사용)
- 기 타
  - 어린이 축구교실 운영에 따른 비용 등

〈마케팅 분야〉

- 프로모션 비용
  - TV, 신문, 잡지 등을 통해 경기가 개최된다는 것을 광고할 때 필요한 비용(이러한 미디어에 광고를 싣기 전에 필요한 광고 문안, 광고 디자인 비용 포함)
  - 광고 모델이 필요한 경우 여기에 수반되는 비용
  - 치어리더 인건비
  - 판촉을 위한 특별행사비용(대형 콘서트 개최)
  - 유니폼 디자인 및 팀 상징 로고 디자인 비용 등

- 유통 관련
  - 경기장 입장료 인쇄비용
  - 에이전트에게 마케팅 업무를 의뢰할 경우 의뢰비용 등

② 돈을 벌어들이는 시장에서의 고려 요인

돈을 벌어들이는 시장은 다시 팬관련 시장, 기업관련 시장, TV 방송국 관련 시장으로 나눌 수 있다.

〈팬관련 시장〉

- 입장 수입
  - 경기 입장수입
  - 주차 수입
  - 경기장내 식·음료 판매 수입 등
- 캐릭터 판매 수입
  - 선수 캐릭터를 상품으로 개발 · 판매한 수입
- 어린이 축구 교실 운영에 따른 수입

〈기업관련 시장〉

- 스폰서 수입
  - 경기 타이틀 스폰서
  - 팀 스폰서를 비롯한 각종 스폰서
- 광고 수입
  - 경기장 간판 광고 수입
  - 유니폼 광고 수입
  - 인쇄물 광고 수입(예: 구단 홍보 책자에 일반기업 광고를 게재하는 경우) 등
- 팀 명칭 사용권
  - 구단 이름에 모 기업의 이름이 들어가는 것이 여기에 해당(국내에서는 통상 모 기업이 적자 보전금이라는 명목으로 지불. 예를 들어 수원에 근거를 두고 있는 블루윙즈라는 축구팀에 삼성이라는 명칭 사용에 따른 비용. 이러한 비용을 구단입장에서 보면 수입 항목으로 계산)
- 선수 초상권 판매(엔도스먼트)

• 선수들이 기업의 광고 모델로 나서는 경우

– 팀 혹은 리그의 라이센싱 수입

• 모자 또는 T 셔츠 등에 팀 혹은 리그의 로고를 부착하는 경우

〈TV 방송국관련 시장〉

– 공중파 방송국 및 케이블 방송국으로부터의 중계료 수입

지금까지 언급한 비용(돈을 쓰는 시장) 또는 수입(돈을 벌어들이는 시장)의 합이 특정 종목(축구)의 시장규모가 된다. 이러한 자료들은 스포츠 단체나 협회 그리고 광고회사 등으로부터 수집할 수 있다. 정확한 자료를 수집할 수 없는 경우에는 추정하여 계산할 수도 있다.

표 20-2 시장크기(수입)의 주요 구성 요소

	구 성 요 소
스포츠 단체	• TV 중계료(공중파, 케이블) • 라디오 중계료 • 인터넷 중계료 • 경기단체 로고 사용권(라이센싱) • 경기명칭 사용권(타이틀 스폰서) 등
팀	• 입장 수입 • 지역민방 중계료 • 구단 스폰서 • 유니폼 광고 수입 • 구장 광고 수입 • 인쇄물 광고 수입 • 기념품 판매 수입 • 팀로고 사용권(라이센싱) • 주차수입 • 식·음료 판매 수입(외주 경우: 임대료) • 팬클럽 운영 수입(인터넷 회원 수입 포함) • 어린이 축구교실 수입 • 모기업 명칭 사용권(적자 보전금)
선 수	• 엔도스먼트 수입 • 광고모델료 • 캐릭터 판매수입(경우에 따라서는 팀 수입으로 귀속)

스포츠 단체 및 팀의 마케팅 담당자 또는 이들로부터 마케팅 업무를 의뢰 받은 에이전트는 이러한 자료를 통해 정확하지는 않더라도 비슷한 규모의 시장크기를 파악해 두는 것이 좋다. 거듭 되풀이하는 말이지만 시장 규모가 어느 정도인지 파악한 다음 지방자치단체와 접촉(프로 구단 근거지 확보를 위한 접촉)하게 되면 이들에게 보다 강한 신뢰감을 줄 수 있기 때문이다.

한편 위에서 언급한 수입을 스포츠 단체, 팀 및 선수별로 나누어 보면 〈표 20-2〉와 같다.

2) 경제적 파급효과 산정법 파악

그런데 위에서 언급한 비용(돈을 쓰는 시장) 또는 수입(돈을 버는 시장)의 합계를 시장 크기라고는 할 수 있어도 '경제 파급효과의 크기'라고는 할 수 없다. 사실 지자체들은 시장 크기보다는 경제적 파급효과에 더 많은 관심을 가진다. 즉 지자체를 상대로 마케팅 활동을 할 때 '시장크기 파악' 보다는 '경제적 파급효과 파악'이 보다 유리한 무기가 된다는 의미이다.

그렇다면 경제적 파급효과는 어떻게 계산될까? 우선 자동차를 예로 들어보자. 자동차 1대를 생산하기 위해서는 엔진, 타이어 등 수 많은 부품이 필요하며 또한 엔진이나 타이어 등 부품을 생산하기 위해서는 철강이나 고무 등이 필요하다. 즉 자동차 1대를 생산하면 기계, 철강, 타이어, 고무 등 여러 산업에 영향을 미친다는 것이다.

스포츠 산업에서도 마찬가지이다. 구단이 선수 이동용 버스를 구입한다면 버스를 생산하는 회사는 엔진 및 타이어 등 부품을 구입해야 하며 이는 결국 앞에서 언급한 것과 유사한 결과를 가져온다. 김남일이 소속한 구단에서 광고회사에 캐릭터 제작을 의뢰하면 캐릭터회사는 캐릭터 제작에 필요한 필기구, 물감 등을 추가로 구입해야 한다. 선수들이 숙소에서 식사를 할 경우에도 밥이 그저 생기는 것이 아니다. 쌀이 필요하며 반찬을 사야하고 심지어 식기도 구입해야 한다. 이처럼 하나의 산업이 다른 산업과 서로 밀접한 관계를 맺고 있는 것을 '산업연관'이라고 한다.

따라서 어느 지방에 프로 스포츠 팀이 존재하거나 스포츠 이벤트가 개최되면 이로 인한 경제적 파급효과는 '산업연관'관계에 의해 나타나게 된다. 어쨌든 스포츠 마케팅 담당자(또는 에이전트)가 경제적 파급효과까지 파악하고 있으면 더할 나위 없이 좋을 것이나 시간적 금전적 제약으로 인해 한계가 있을 것이다. 그렇지만 경제적 파급효과 원리만이라도 파악하고 있으면 지방자치단체를 상대로 한 마케팅을 더욱 효과적으로 전개할 수 있는 것은 분명하다.

이제 스포츠 이벤트 개최에 따른 경제적 파급효과 원리에 대해 〈그림 20-1〉을 보면서 보다 자세히 알아보도록 하자.

그림 20-1 스포츠 이벤트 개최에 따른 경제적 총 파급효과 흐름

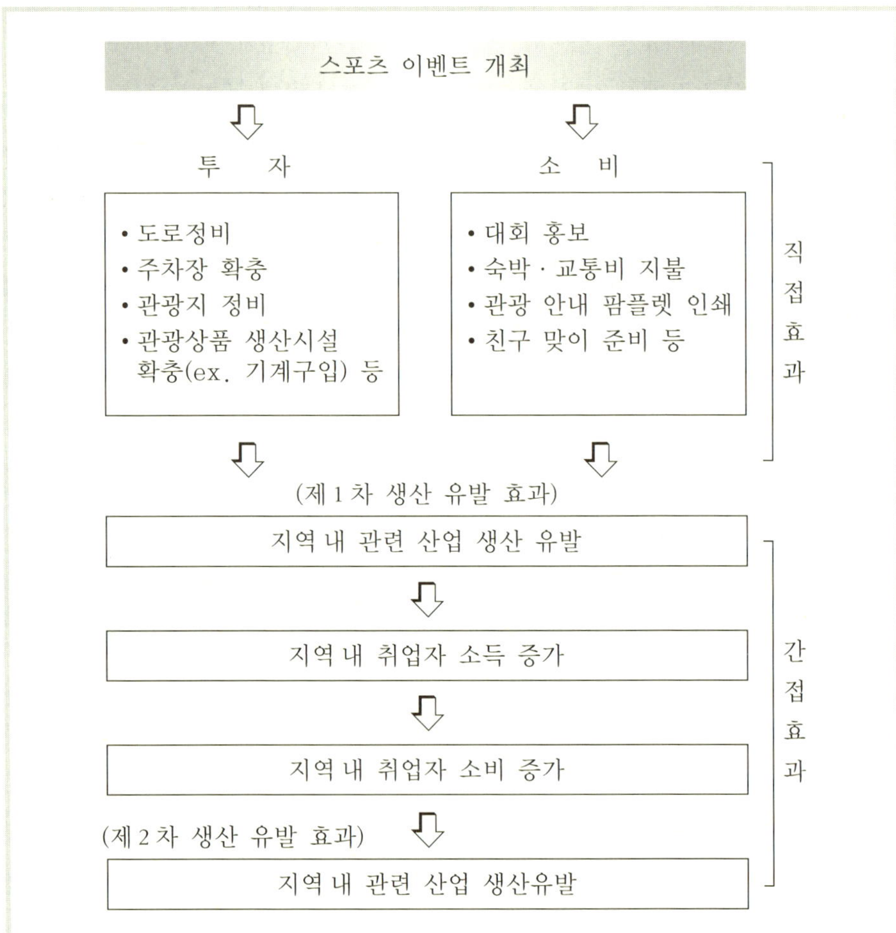

스포츠 이벤트가 열리게 되면 대회를 전후하여 필요한 경비를 지출하게 되고 선수 및 관람객들도 각종 소비(소비 지출)활동을 한다. 예를 들어 대회 홍보를 위한 지출 숙박·교통비 등이 여기에 속한다.

한편 스포츠 이벤트를 보기 위해 외지에서도 관람객(관광객)들이 몰려온다. 만약 프로 스포츠 리그라면 외지 관광객은 원정팀 응원단으로 보면 된다. 외지에서 관광객이 많이 올 것에 대비하여 도로를 새롭게 정비할 수도 있으며 경우에 따라서는 주차장도 확장해야 한다. 관광상품을 만드는 사람들은 상품을 더 만들기 위해 기계를 추가로 구입하기도 한다. 그 지역 자치단체는 외지에서 온 관광객들이 스포츠 이벤트뿐만 아니라 그 지역 관광지도 둘러보고 가기를 원한다. 이를 위해 지자체는 관광안내 팜플렛을 추가적으로 제작한다. 그 지역 주민들은 외지에서 오는 관광객 가운데 친구 혹은 친척들이 있으면 이들을 잘 접대하기 위해 비용을 지출할 수도 있다.

지금까지 설명한 것 가운데 도로 정비, 주차장 확충, 관광상품 생산시설 확충 등은 투자에 해당하며 대회 홍보, 숙박·교통비 지불, 관광안내 팜플렛 인쇄, 친구 맞이 준비 등은 소비에 해당한다. 이러한 투자와 소비의 합을 스포츠 이벤트 개최에 따른 직접효과라고 한다. 〈그림 20-1〉에서 직접효과라고 명기된 부분이 이를 나타내고 있다.

직접효과가 있으면 간접효과도 있을 것이다. 간접효과는 어떠한 과정을 거치면서 나타나는지 알아보자. 예를 들어 주차장을 확충한다고 해 보자. 그러면 레미콘이 필요하다. 그 지역 내에 있는 레미콘 공장이 종전보다 더 바쁘게 돌아간다는 의미이다. 또한 팜플렛을 통해 대회를 홍보하면 인쇄공장의 생산이 늘어나게 된다. 즉 이벤트를 개최하게 되면 주차장 확충 및 대회 홍보(팜플렛을 통한 홍보)라는 투자 및 소비의 증대(직접효과)는 레미콘 공장 및 인쇄공장의 생산 증대라는 파급효과를 가져온다. 이를 두고 생산유발효과라고 한다. 그런데 이러한 생산 유발효과는 레미콘 공장 및 인쇄공장에만 나타나는 것은 아니다. 레미콘 생산량 증대는 시멘트 생산량 증대를 유발한다. 인쇄공장의 생산 증대는 종이 생산량 증대를 유발한다. 시멘트와 종이는 또 다른 산업의 생산 증대를 가져온다. 이러한 파

해설 20-2 스포츠 이벤트 개최에 따른 제주도 경제 파급효과

제주도는 본문에서 설명한 방법을 이용하여 2002년 제주도에서 개최된 각종 스포츠 이벤트가 제주도 경제에 미치는 파급효과를 계산한 바 있다. 각종 스포츠 이벤트에는 국제 스포츠 대회, 국내 스포츠 대회, 전지 훈련 등을 포함하고 있다. 여기에서도 생산 파급효과, 고용 파급효과 그리고 소득파급효과로 나누어 설명하고 있다. 분석 결과 2002년 총 생산액(생산 파급효과)이 2001년에 비해 34.2% 증가한 5,944억 3,900만 원, 고용증대 효과(고용 파급효과)는 2001년에 비해 31.6% 증가한 3만 2,000여 명 그리고 총소득(소득 파급효과)은 2001년에 비해 32.5% 늘어난 4,408억 8,400만 원으로 계산되었다(아래 〈표〉 참조).

〈표〉

구 분		2002년 기준			2001년 기준		
		총산출효과 (백만 원)	총고용 효과(명)	총소득효과 (백만 원)	총산출효과 (백만 원)	총고용 효과(명)	총소득효과 (백만 원)
스포츠 대회	국제대회 (13개)	106,613 (▲66.9)	6,482 (▲71.8)	85,197 (▲69.8)	63,869	3,774	50,167
	국내대회 (29개)	126,299 (▲33.2)	7,470 (▲16.1)	99,254 (▲21.6)	94,796	6,432	81,648
	소계	232,913 (▲46.8)	13,952 (▲36.7)	184,450 (▲39.9)	158,665	10,206	131,815
골프관광객		338,802 (▲24.3)	16,684 (▲24.3)	238,180 (▲24.3)	272,541	13,421	191,598
전지훈련 (572개팀)		22,725 (▲94.3)	1,385 (▲98.9)	18,254 (▲97.1)	11,694	696	9,262
스포츠산업계		594,439 (▲34.2)	32,021 (▲31.6)	440,884 (▲32.5)	442,900	24,323	332,675

주: ( )는 2002년 기준에 따른 2001년 대비 증감률(%)을 나타냄.

〈제주발전연구원, 2002〉

급효과를 제 1 차 생산유발효과라고 한다(〈그림 20-1〉에서 제 1 차 생산 유발효과라고 적혀있는 부분을 기억하기 바란다).

파급효과는 여기서 그치지 않는다. 레미콘 공장 혹은 인쇄 공장 고용자 수가 늘어나기도 하고 고용자의 임금이 올라가기도 한다. 즉 고용자들의 소득이 증가한다는 것이다. 고용자들의 소득이 늘어나면 당연히 소비도 늘어난다. 물로 여기서 말하는 소비는 거의 모든 산업에서의 소비를 이야기한다. 거의 모든 산업에 대한 소비가 늘어난다는 것은 거의 모든 산업의 생산이 늘어난다는 뜻이다. 그래서 이를 제 2 차 생산유발효과라고 한다.

지금까지 설명한 제 1 차 생산유발효과, 고용자들의 소득효과, 고용자들의 소비 증대 효과 그리고 제 2 차 생산유발효과를 합하여 간접효과라고 한다. 앞서 설명한 직접효과와 이러한 간접효과를 통 틀어서 경제적 총 파급효과라고 한다. 일반적으로 스포츠 이벤트 개최에 따른 경제적 파급효과란 이러한 총 파급효과를 의미한다. 스포츠 마케팅 담당자는 구체적인 계산방법까지 알 필요는 없으나 경제적 파급효과 원리를 파악하고 있는 것이 바람직하다.

(3) 복합 마케팅 전략 마련

지자체가 스포츠 이벤트를 개최하거나 스포츠 구단을 유치하는 것은 그 지역 지명도 상승 및 이미지 제고 등 비경제적 효과와도 깊은 관련이 있다고 했다. 그런데 이러한 비경제적인 효과도 결국은 경제적 효과와 연결된다. 지역 지명도가 높아지고 이미지가 좋아지면 궁극적으로는 그 지역의 상품이 잘 팔리거나 관광 수입이 증대되기 때문이다.

2002 한·일 월드컵 축구대회 이후 우리 나라 산업계에서는 수출 상품 제값 받기 운동이 전개된 적이 있었다. 대회 개최로 인해 우리 나라가 외국에 잘 알려졌으며 이미지 또한 좋아졌기 때문에 우리 상품에 대한 인식도 좋아질 것이라는 판단에서 비롯되었다. 이는 앞에서 이야기한 스포츠 이벤트 개최 → 지역 지명도 상승(이미지 제고) → 그 지역 상품 매출 증대, 관광 수입 증대로 이어지는 과정과 같은 논리이다.[6)]

6) 2000년대 초반 일반인들로부터 상당한 인기를 모았던 KBS 대하드라마 태조 왕건의 촬영세

지자체를 상대로 마케팅을 할 때 스포츠 이벤트로 인한 경제적 파급효과만을 강조하는 것은 바람직하지 않다. 여타 경쟁분야와 연계된 마케팅 전략을 수립하여 지자체를 설득해야 한다. 제 6 장에서 영화, 오락, 관광 등의 산업은 스포츠 산업의 경쟁자라고 했다. 이러한 입장은 개별 산업체의 입장이다. 예를 들어 스포츠 구단 혹은 스포츠 이벤트를 주최하는 단체 입장에서 보면 영화, 오락, 관광 등은 당연히 경쟁자이다.

그런데 지자체의 시각은 스포츠 관련 개별 산업체 시각과는 다르다. 지자체의 입장에서 보면 외지에서 온 사람들이 스포츠 이벤트를 구경하든지 아니면 그 지역 관광을 하든지 아니면 그 지역 토산품을 구입하든지 다 마찬가지이다. 이왕이면 외지에서 온 사람들이 스포츠 이벤트도 구경하고 그 지역 관광도 하고 또 그 지역 토산품도 많이 사 가기를 원한다. 즉 마케팅 담당자는 지자체를 상대로 마케팅 활동을 할 때에 스포츠 이벤트 개최뿐만 아니라 스포츠 이벤트 개최가 그 지역 관광수입 및 토산품 판매 증대와 연계될 수 있는 전략을 마련해 지자체에게 제시하도록 해야 한다는 것이다.

트를 문경시가 유치한 것도 같은 맥락이다. 문경시는 촬영세트 유치 이후 많은 관광수입을 거두어들이고 있는 것으로 알려지고 있다.

♠ 연습 · 토의문제

- 국내 프로농구 초창기에 부산, 광주, 대전, 청주 및 수원에도 연고를 둔 팀이 있었습니다. 그러나 이들 팀은 2003년 현재 울산, 여수, 전주 및 서울로 홈 구장을 옮겼습니다. 왜 옮겼을까요? 특히 부산 → 울산 및 광주 → 여수로의 이동 사유를 유통 경로 관리 전략 차원에서 파악해 봅시다.
- 국내 프로스포츠에는 야구, 축구 및 농구 등이 있습니다. 이들 종목(산업)의 시장 크기를 알아보시기 바랍니다. 구체적인 금액파악보다 계산에 필요한 항목에는 어떤 것들이 있는지 본문에서 설명한 방법대로 진행해 봅시다.

제 6 부

에이전트의 업무(5):
통합 마케팅 전략

제 2 부에서는 팬을 상대로 한 마케팅 전략에 대해 논의했다. 제 3 부에서는 미디어(TV 방송국)를 상대로 한 마케팅 전략에 대해, 제 4 부에서는 기업을 상대로 한 마케팅 전략 그리고 제 5 부에서는 지자체를 상대로 한 마케팅 전략에 대해 논의했다. 제 6 부에서는 제 2 부~제 5 부의 내용을 요약 혹은 통합해서 논의한다. 제21장에서는 통합 마케팅의 목적에 대해 그리고 제22장에서는 통합 마케팅 전략에 대해 설명한다.

제21장

통합 마케팅의 목적

1. 통합 마케팅의 의미

제 8 장에서 통합이라는 용어를 사용한 적이 있다. 바로 통합 촉진(프로모션) 전략을 언급할 때이다. 제 8 장에서 언급한 통합이란 마케팅 수단의 통합을 의미한다. 그러나 여기서 언급하는 통합이라는 의미는 제 8 장에서 언급한 통합의 의미를 넘어서서 고객 통합이라는 의미도 포함한다. 예를 들어 마케팅 대상이 팬과 기업이라면, 스포츠 단체 측이 팬을 대상으로 한 전략을 따로, 기업을 대상으로 한 전략을 따로 구사할 것이 아니라 고객과 기업이라는 고객을 동시에 만족시키는 하나(혹은 하나의 패키지)의 마케팅 전략을 구사하게 된다. 이 때 하나(혹은 하나의 패키지)의 전략은 마케팅 수단의 통합을 의미하며, 동시에 만족되는 팬과 기업은 고객 통합을 의미한다.

물론 하나의 마케팅 전략이란 통합 마케팅 전략을 의미하는 것으로서 제 8 장에서 이야기한 통합 프로모션 전략의 연장선상에 있는 개념이다. 여타 서적에서 마케팅 믹스 전략이라는 용어를 본 적이 있을 것이다. 믹스란 우리말로 섞는다라는 뜻이다. 즉 여러 개의 마케팅 수단을 동시에 구사한다는 것으로서 통합 마케팅 전략과 같은 개념이라는 것이다.

어쨌든, 제21장 및 제22장에서 언급하는 통합 마케팅 전략이란 마케팅 수단의 통합 그리고 고객의 통합을 동시에 포함하는 개념이다. 그렇다고 해서 제21장 및 제22장에서 언급하는 통합 마케팅 전략이 전혀 새로운 내

그림 21-1 통합 마케팅 전략 개념도

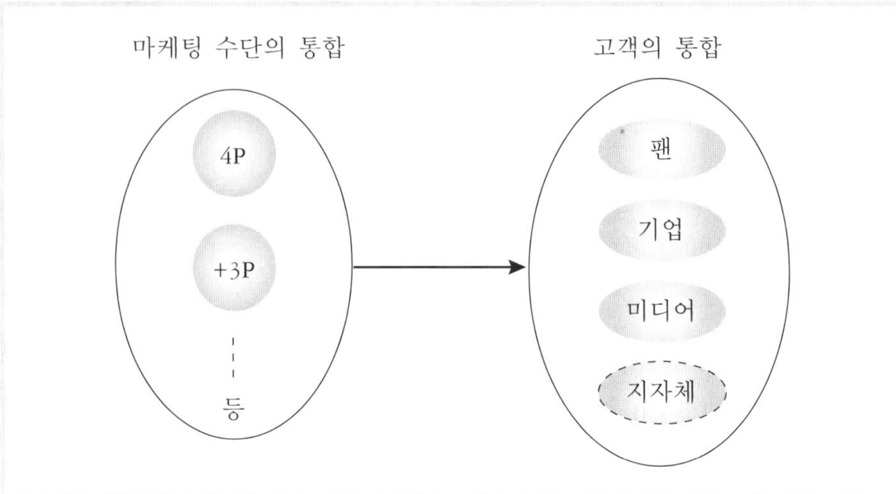

주: 지자체를 나타내는 부분이 점선인 것은 지자체가 부분적으로 혹은 미래 고객의 역할을 한다는 의미이다.

용은 아니다. 제 2 부~제 5 부에서 설명한 내용을 요약하거나 보완적인 설명에 불과하다는 것을 유의하기 바란다.

2. 통합 마케팅의 목적

이처럼 통합 마케팅 전략을 수립·실행하는 목적은 보다 효율적으로 고객을 만족시키는 데 있다. 물론 각 고객별 별도의 마케팅 전략이 필요할 경우도 있다. 그러나 하나의 마케팅 전략으로 복수의 고객을 만족시키고자 할 경우에는 당연히 통합된 하나의 마케팅 전략을 실행하는 것이 바람직하다. 구체적으로 통합 마케팅 전략은 다음과 같은 이점을 가지고 있다.

첫째, 경제적이다. 이 점에 대해서는 별도의 설명이 필요 없을 것이다. 복수의 고객을 상대로 하나(또는 하나의 패키지)의 마케팅 전략을 수립·이행하는바, 관련 비용이 적게 들 수밖에 없다. 당연히 절약되는 비용으로 다른 용도에 투입할 수 있다.

둘째, 상호 보완적이다. 여기서 보완적이라는 의미는 마케팅 수단간의 보완성과 고객간의 보완성 모두를 포함한다. 각각의 마케팅 수단은 나름대로 장단점이 있다. 다수의 마케팅 수단을 동시에 적절하게 구사하면 각각 마케팅 수단의 단점을 극복하면서 고객들과의 커뮤니케이션을 더욱 효율적으로 진행할 수 있다. 즉 각각의 마케팅 수단은 상호 보완적이라는 것이다. 고객간에도 보완성은 존재한다. 예를 들어 스포츠 단체가 TV 방송국의 입장을 고려하여 경기 시간을 조정했다고 해 보자. 만약 조정된 시간이 더 많은 팬들이 경기장에 모일 수 있는 시간이라면 이는 TV 방송국, 팬뿐만 아니라 기업(스폰서)에게도 유리하게 작용한다. 왜냐하면 더 많은 팬들이 모인다는 것은 결국 스폰서 기업의 인지도 제고[1]에도 도움이 될 것이기 때문이다.

셋째, 일관성 유지가 가능하다. 복수의 고객을 상대로 복수의 마케팅 전략을 수립할 경우 마케팅 전략간 일관성이 결여될 수도 있다. 복수의 마케팅 전략을 수립하게 되면, 마케팅 주체가 스포츠 단체의 마케팅 팀이든 혹은 외부 마케팅 대행사이든 개별 고객에 대한 마케팅 전략을 각각 다른 팀에서 수립·실행할 가능성이 높다. 이렇게 되면 팀간 의견 조정이라는 또 다른 비용을 치르게 된다. 특히 팀간 의견 조정이 잘 이루어지지 않으면 전체적으로 일관성있는 마케팅 전략을 수립하기가 어렵다. 즉 손 따로 발 따로 마케팅 전략이 되기 쉽다는 것이다.

넷째, 설득력이 있는 마케팅 전략이 될 수 있다. 마케팅의 목적은 고객을 설득하여 상호 좋은 관계를 유지하는 데 있다. 통합 마케팅 전략은 일관성을 유지할 수 있기 때문에 복수의 고객으로부터 높은 신뢰를 받을 수 있다. 신뢰성이 높다는 것은 고객을 상대로 한 설득력 또한 높다는 것을 의미한다. 설득력이 높은 마케팅 전략은 시장에서의 경쟁력 유지·강화와도 직결된다.

1) 물론 더 많은 팬들이 모일 수 있는 시간이라면 시청률 또한 높아 스폰서 기업의 TV 노출 효과도 증대된다.

제22장

통합 마케팅 전략

1. 통합 마케팅의 원리

앞에서 통합이라는 의미는 마케팅 수단의 통합과 고객의 통합 모두를 포함한다고 했다. 그러나 본 장 제목(통합 마케팅 전략)에서 사용하는 통합이라는 의미는 고객 통합으로 의미를 축소하여 논의하기로 한다.

(1) 양자간 통합 마케팅 원리

고객들 가운데 양자간 통합이란 팬-미디어 통합, 팬-기업 통합, 팬-지자체 통합, 미디어-기업 통합, 미디어-지자체 통합 그리고 기업-지자체 통합 등을 의미한다. 고객 통합 마케팅에 대한 이해를 돕기 위해 이들 양자간 통합 마케팅 전략에 대해 우선적으로 논의해 보자.

1) 팬 – 미디어 통합 마케팅

스포츠 상품을 생산하는 스포츠 단체 측은 스포츠 마케팅 전략의 일환으로 경기시간 변경 전략[1]을 구사하는 것으로 가정하자. 만약 TV 방송국이

---

1) 스포츠 단체 측의 경기 시간 변경 전략은 일종의 상품 전략에 해당한다. 경기 시간 변경 전략은 TV 방송국을 상대로 하는 마케팅 전략 가운데 하나라고 이미 제18장에 언급한 적이 있다.

변경을 요구하는 시간이 팬들이 경기장을 찾기 편한 시간(예를 들면 직장 퇴근 후 시간 혹은 학교 수업 이후 시간)이라면 경기시간 변경 전략은 TV 방송국뿐만 아니라 팬들을 상대로 한 마케팅 전략도 된다.[2]

〈그림 22-1〉에서 ①은 팬들을 상대로 한 마케팅 전략이며 ②는 미디어(TV방송국)를 상대로 한 마케팅 전략이다. 그런데 ①과 ②는 스포츠 단체 측이 시행하는 동일한 마케팅 전략(경기시간 변경 전략)이다. 즉 같은 마케팅 전략으로 팬이라는 고객과 미디어라는 고객을 동시에 만족시키고 있다.

2) 팬-기업 통합 마케팅

팬과 미디어라는 고객의 통합이 아니라 팬과 기업(스폰서)이라는 고객의 통합이라고 해도 원리는 마찬가지이다. 팬들을 만족시켜 주는 경기 시간 변경 전략은 기업이라는 고객을 만족시켜 주기도 한다. 왜냐하면 기업이라는 고객은 가급적이면 많은 고객들에게 자기 회사 이름 혹은 자기 회사 제

그림 22-1 팬-미디어 통합 마케팅

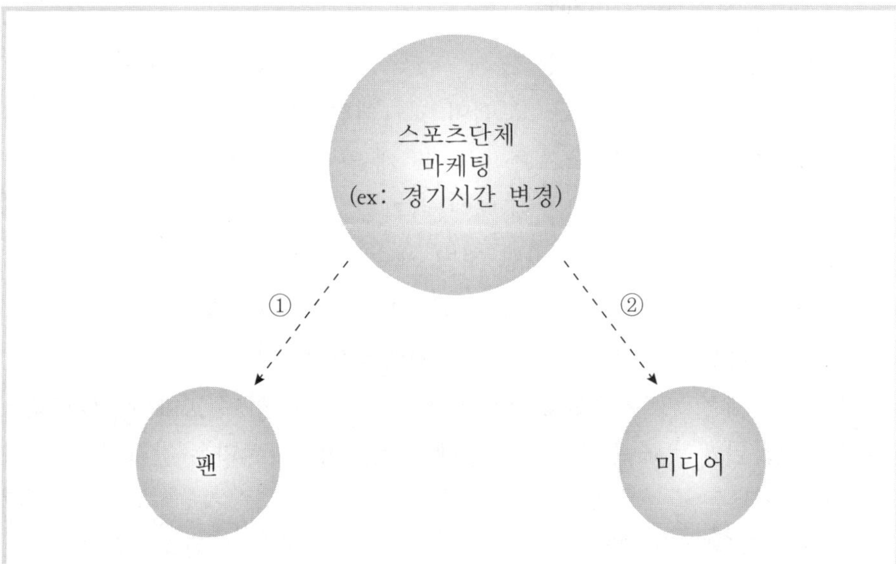

2) 이러한 내용은 이미 제21장에서 간략하게 언급한 적이 있다.

품이 노출되기를 바라는바, 변경된 경기 시간에는 팬들이 쉽게 그리고 많이 모일 수 있기 때문이다.

경기 시간 변경이라는 마케팅 전략 이외에 티켓 밑그림을 예쁘게 하는 마케팅 전략을 가정해 보자. 물론 이러한 마케팅 전략은 유형물 관리 전략(Physical evidence)에 해당한다. 티켓 밑그림을 예쁘게 하면 팬들에게 더욱 소구(appeal)할 수 있는 것은 당연하다. 그런데 이 때 예쁘게 도안된 밑그림에 스폰서 기업의 로고를 삽입할 수도 있으며, 티켓 도안을 스폰서 기업에게 의뢰하여 제작한 다음 티켓 바탕에 '도안 작성 ○○기업'이라는 문구를 삽입할 수도 있다. 이러한 도안은 상대적으로 많은 팬들에게 스폰서 기업의 이미지를 소구하는 전략이 된다. 즉 방금 설명한 티켓 도안 전략은 팬이라는 고객과 기업이라는 고객을 동시에 만족시킬 수 있는 마케팅 전략이라는 것이다.

그림을 통해 설명해도 원리는 팬-미디어 통합 마케팅의 경우와 같다. 〈그림 22-1〉에서 미디어(TV 방송국)를 기업으로 바꾸면 된다.

3) 팬-지자체 통합 마케팅

팬들을 많이 모을 수 있는 경기 시간 변경 전략은 지자체를 만족시키는 전략도 된다. 이미 제 5 부 '고객이 지자체인 경우 마케팅 전략'에서 언급한 바와 같이 지자체가 스포츠 이벤트 개최 혹은 프로팀 유치에 관심을 가지는 목적은 다양하다. 이 가운데에는 지방 세수 증대도 한 몫을 차지한다. 경기장에 많은 팬들이 모이면 지방 세수는 늘어난다. 왜냐하면 지자체들은 스포츠 단체 측으로부터 티켓 가격의 일정비율을 경기장 대관료(지방세)로 받기 때문이다. 따라서 팬들이 많이 모이면 지방 세수도 늘어난다. 〈그림 22-1〉에서 미디어(TV 방송국)를 지자체로 바꾸어 설명하면 앞의 팬-미디어 통합 마케팅 혹은 팬-기업 마케팅 경우와 그 원리는 같다.

4) 소　　결

앞에서 경기 시간 변경이라는 전략은 팬-미디어, 팬-기업, 팬-지자체 등 양자간 통합 고객을 만족시킨다고 했다. 이는 경기 시간 변경이라는 전략이 개개 고객 모두를 만족시킬 수 있는 전략이기 때문이다. 그렇다면 경기 시간 변경 전략은, 팬-미디어, 팬-기업, 팬-지자체 등의 양자간 통합 고객뿐만 아니라 미디어-기업, 미디어-지자체, 기업-지자체 등의 양자간 통합 고객도 만족시킬 수 있다. 즉 양자간 통합 마케팅이란 하나(혹은 하나의 패키지)의 마케팅 수단으로 두 개의 고객을 동시에 만족시킬 수 있는 전략을 의미한다.

(2) 다자간 통합 마케팅 원리

다자간 통합 원리라고 해서 양자간 통합 마케팅에 비해 복잡하거나 새

그림 22-2 다자간 통합 마케팅

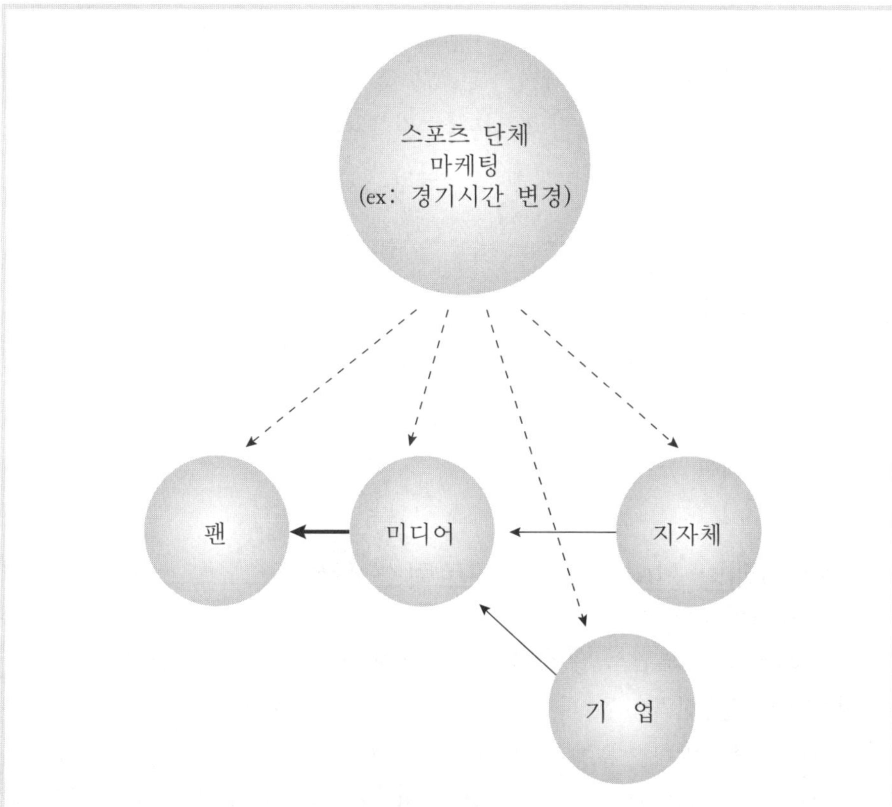

로운 것은 아니다. 양자간 통합 마케팅을 조금 더 확장한 것에 불과하다. 앞에서 예로 든 경기시간 변경 전략을 다시 떠 올려보자. 경기시간 변경 전략이 개개 고객 모두를 만족시킨다고 했다. 그러면 당연히 경기시간 변경 전략은 모든 고객을 동시에 만족시킬 수 있는 마케팅 전략이다. 〈그림 22-2〉가 이를 나타내고 있다.

〈그림 22-2〉에서 점선은, 스포츠 단체 측이 실시하는 경기 시간 변경 전략이 개개 고객을 만족시키는 것을 나타낸다. 즉 통합 마케팅 전략이란 동일한 마케팅 수단으로 모든 고객을 동시에 만족시켜 주는 전략이다.

한편 기업이나 지자체의 궁극적인 목적은 팬(일반인)들에게 보다 많이 소구하는 데 있다. 그런데 기업이나 지자체가 팬(일반인)들에게 보다 많이 소구하기 위해서는 미디어(TV 방송국)를 통하는 것이 효과적이다. 〈그림 22-2〉에서 기업 및 지자체와 미디어간 실선으로 연결된 것이 이를 나타낸다. 그리고 미디어에서 팬(일반인)까지는 굵은 선으로 연결되어 있다. 이는 기업 및 지자체 등 모두가 미디어(TV 방송국)를 이용하려고 하는 것으로서, 스포츠는 미디어 가치를 가지고 있다는 것을 의미한다. 이는 제 3 장 〈그림 3-2〉의 설명을 조금 변형한 것에 불과하다.

2. 통합 마케팅 실행 방안

통합 마케팅 원리에 대해서 알아보았으니 이제 구체적 통합 마케팅 실행 방안에 대해서 논의해 보자.

(1) 마케팅 전략 — 고객 매트릭스 작성

〈표 22-1〉을 보면서 구체적으로 설명해 보자. 〈표 22-1〉에서 왼쪽에는 각종 마케팅 전략이 나타나있다. 물론 마케팅 전략에는 여기서 언급하는 것 이외에도 많다. 유통 전략에는 티켓뿐만 아니라 미디어, 스폰서 그리고 라이센시도 표시되어 있다. 이는 미디어 및 기업(스폰서, 라이센시)은

표 22-1 통합 마케팅 전략 준비 단계(예시)

<table>
<tr><th colspan="2" rowspan="2">고 객 / 마케팅전략</th><th rowspan="2">팬</th><th rowspan="2">미디어</th><th colspan="2">기 업</th><th rowspan="2">지자체</th></tr>
<tr><th>스폰서</th><th>라이센시</th></tr>
<tr><td colspan="2">상 품</td><td></td><td></td><td></td><td></td><td></td></tr>
<tr><td colspan="2">촉 진</td><td></td><td></td><td></td><td></td><td></td></tr>
<tr><td rowspan="4">유통</td><td>티 켓</td><td></td><td></td><td></td><td></td><td></td></tr>
<tr><td>미 디 어</td><td></td><td></td><td></td><td></td><td></td></tr>
<tr><td>스 폰 서</td><td></td><td></td><td></td><td></td><td></td></tr>
<tr><td>라이센시</td><td></td><td></td><td></td><td></td><td></td></tr>
<tr><td colspan="2">프 로 세 스</td><td></td><td></td><td></td><td></td><td></td></tr>
<tr><td colspan="2">유 형 물</td><td></td><td></td><td></td><td></td><td></td></tr>
</table>

자료: 강준호(2003), 수정작성.

고객 역할뿐만 아니라 유통 경로의 역할도 담당한다는 것을 의미한다.[3] 위쪽에는 스포츠 시장에서의 고객들이 표시되어 있다. 물론 이들 모두가 고객이 되는 것은 아니다. 스포츠 이벤트의 성격에 따라 고객 역할을 하지 않는 것도 있다. 어쨌든 스포츠 마케팅 전략을 수립하고자 할 경우 우선 〈표 22-1〉처럼 마케팅 전략과 고객이 동시에 표시된 매트릭스를 작성해 보는 것이 바람직하다.

매트릭스를 작성하고 나면 빈칸에 내용을 채워나가야 한다. 예를 들어 티켓 전략을 수립했을 때 이러한 티켓전략이 팬, 미디어, 스폰서, 라이센시 및 지자체에 어떤 도움 혹은 어떤 만족감을 줄 수 있을 것인지를 판단해야한다는 것이다. 만약 모든 고객을 만족시키지 못하는 것으로 판단되면 또 다른 티켓전략을 생각해 보아야 한다.

아래에서는 유형물 관리 전략, 유통경로 관리 전략 그리고 프로세스 관리 전략을 예로 들면서 설명해보자.

3) 미디어 및 기업의 유통 경로 역할에 대해서는 이미 제 3 부 및 제 4 부에서 설명한 적이 있다.

표 22-2 유형물 전략(예시)

고객 / 마케팅전략	팬	미디어	기업		지자체
			스폰서	라이센시	
유형물 (시설 개선)	감각 자극 → 충성도 제고	중계방송의 질 향상	프로모션 공간 제공	광고, 유통 기회 제공	자산 가치 상승

(2) 유형물 관리 전략(예)

경기장 내 각종 시설물을 팬들이 호감을 가질 수 있도록 개선했다고 가정하자. 우선 팬이라는 고객이 만족할 것이다. 그런데 이러한 시설 개선이 이왕이면 조명, 색상 등을 고려하여 방송 중계의 질을 높일 수 있는 방향으로 이루어졌다면 더욱 좋다. 이러한 시설 개선은 팬뿐만 아니라 미디어(TV 방송국)라는 고객도 만족시킬 수 있기 때문이다. 즉 시설물 개선(유형물 관리) 전략은 팬-미디어 양자간 통합 마케팅 전략에 해당한다.

그런데 고객 만족은 여기서 그치지 않는다. 팬들이 좋아하고 미디어에도 도움이 되는 시설 개선은 스폰서 기업에게 보다 나은 광고 및 프로모션 공간(시설)이 될 수 있기 때문이다. 예를 들어 조명이 종전에 비해 밝아진 공간에 스폰서 기업의 조형 광고물을 설치하면 스폰서 기업의 프로모션 효과가 높아진다는 것이다. 라이센시로 참여하는 기업에게도 도움이 된다. 개선된 시설은 라이센시로 참여하는 기업에게 종전에 비해 나아진 광고 및 유통 기회를 제공하기 때문이다. 또한 경기장 내 각종 시설 개선은 시설의 자산가치를 상승시켜 지자체의 재정에도 도움이 된다.

각종 고객을 만족시킬 수 있다고 판단되면, 이러한 효과들을 〈표 22-1〉의 빈칸을 메워 가는 절차가 필요하다. 〈표 22-2〉가 이를 나타내고 있다.

(3) 유통 경로 관리 전략(예): TV 방송국

TV 방송국과 중계권 협상을 할 때 카메라 위치 및 일정 수준 이상의

표 22-3 유통 경로 관리 전략(예시): TV 방송국

고객 / 마케팅전략	팬	미디어	기업		지자체
			스폰서	라이센시	
미디어 (감각 중심 중계 요구)	감각 자극 → 충성도 제고	중계방송의 질 향상	미디어 가치 활용도 제고	방송을 활용한 새로운 상품 기획	미디어 가치 활용도 제고

카메라 기술을 요구해야 한다고 설명한 적이 있다 이러한 요구는 TV 방송국이 유통 경로 역할을 할 때 유통 경로 관리 전략(마케팅 전략)의 일종이라고도 했다(제 3 부 제14장 참조).

스포츠 단체 측이 방송사에게 팬들이 해당 스포츠에 대해 독특한 감각을 느낄 수 있도록 카메라 위치 조정을 요구했다고 가정해 보자. 이 때 TV를 통해 경기를 시청하는 팬들이 좋아하게 된다. 이러한 요구(전략)는 TV 방송국을 만족시키는 결과를 가져온다. 팬들이 좋아하기 때문에 시청률이 올라갈 수도 있고 궁극적으로 TV 방송국의 중계기술 수준이 높아질 것이기 때문이다.

한편 시청률이 높아지면 스폰서로 참여하는 기업이나 지자체 모두에게도 도움이 된다. 앞에서도 언급한 바와 같이 스폰서 기업과 지자체는 스포츠의 미디어 가치를 최대한 활용하려고 하기 때문이다. 라이센시 기업은 TV 방송을 활용한 새로운 상품 기획을 할 수 있다. 해당 스포츠가 TV를 통해 감각적으로 팬들에게 전달되면 라이센시 기업은 이러한 '감각'을 라이센싱 제품 생산에 도입하여 판매 증대를 기대할 수 있다는 의미이다. 〈표 22-3〉이 지금까지의 설명을 요약하고 있다.

(4) 유통 경로 전략(예): 티켓 판매

그런데 하나 하나의 마케팅 수단(전략)이 모든 고객을 동시에 만족시킬 수 있는 것은 아니다. 그렇다고 해서 이러한 전략이 잘못된 것은 더더욱 아니다. 마케팅 전략의 속성상 일부 고객에게는 그다지 큰 영향을 미치지

표 22-4 유통 경로 관리 전략(예시): 티켓 판매

고객 / 마케팅전략	팬	미디어	기업		지자체
			스폰서	라이센시	
티켓 판매 (예쁘게 도안)	감각 자극 → 충성도 제고		티켓 혜택 활용 공동 마케팅 기회 제공	라이센시 상품 판매 연계	지역 관광과 연계

않을 수도 있기 때문이다. 이러한 경우 무리해서 새로운 전략을 찾을 필요는 없다.

티켓 전략을 예로 들어보자. 예쁘게 도안된 티켓은 분명히 팬들에게 호감을 준다. 그리고 이러한 티켓이 팬들의 감각을 자극하는 것이라면 더욱 바람직하다. 스폰서로 참여하는 기업은 티켓 혜택(예를 들면 2장 이상의 티켓을 구입한 고객에게는 자사 제품 ○% 할인 등)을 활용한 공동 마케팅의 기회를 가질 수 있다. 라이센시 기업에게도 이점이 있다. 티켓 판매와 연계된 라이센시 상품 판매 전략을 수립할 수 있기 때문이다.

감각적으로 도안된 티켓에 스포츠 이벤트가 개최되는 그 지역의 '관광 안내'가 삽입될 수 있다. 이렇게 되면 지자체라는 고객도 만족할 수 있다. 그러나 이러한 티켓 전략은 미디어(TV 방송국)에게는 직접적인 영향(만족)을 주지 않는다. 지금까지의 설명을 요약한 것이 〈표 22-4〉이다.

(5) 유통경로 전략(예): 라이센시

우수한 기술과 믿을 만한 재정상태를 보유한 라이센시를 선정하는 것도 유통경로 관리 전략(마케팅 전략)의 일종이다(제 4 부 제21장 참조). 스포츠 단체 측이 자격을 갖춘 라이센시를 선정한다는 것은 팬들을 상대로 한 마케팅에서 중요한 의미를 가진다. 왜냐하면 팬들은 스포츠 단체 측과 라이센시를 동일한 기업 혹은 동일한 집단으로 여기는 경우가 많기 때문이다. 즉 우수 라이센시의 선정은 해당 스포츠의 이미지 제고와 직결된다는 것이다. 스폰서로 참여하는 기업은 라이센시 기업과 공동으로 마케팅할 수 있

표 22-5 유통경로 관리 전략(예시): 라이센시

고객 / 마케팅수단	팬	미디어	기업		지자체
			스폰서	라이센시	
우수 라이센시 선정	해당 스포츠 이미지 제고		공동 마케팅 기회 제공	장기 라이센싱 전략 수립	지역 중소 기업 연계 경제활성화

는 기회를 가질 수 있다. 만약 라이센시로 참여하는 기업이 스포츠 이벤트가 개최되는 그 지역의 중소기업이라면 지자체의 경제활성화에도 도움이 된다. 라이센시로 참여하는 기업 자체에게도 도움이 된다. 스포츠 단체 측으로부터 우수 라이센시로 인정되면 안정적인 상태에서 장기적인 라이센싱 계약을 체결할 수 있다. 장기적인 계약을 체결할 수 있다는 것은 장기적인 라이센싱 전략 마련에 도움이 된다는 것을 의미한다. 그러나 라이센시를 상대로 한 유통경로 전략이 미디어라는 고객을 직접적으로 만족시켜 주는 데에는 한계가 있는 듯하다. 〈표 22-5〉는 라이센시 관리 전략(마케팅 전략)과 고객과의 관계를 보여주고 있다.

(6) 프로세스 관리 전략(예)

프로세스 관리 전략 또한 모든 고객을 만족시키기에는 한계가 있다. 프로세스 관리 전략은 기본적으로 팬들의 편의를 도모하기 위한 전략이다. 즉 팬이라는 고객을 만족시킨다는 의미이다. 그런데 스포츠 단체 측은 프로세스 관리 전략을 수립할 때 스폰서 및 라이센시로 참여하는 기업에게 공동 마케팅의 기회를 제공할 수 있는 방안을 마련해야 한다. 예를 들면 많은 팬들이 이동하는 장소에 스폰서 기업의 홍보물 혹은 라이센시 기업 판매소를 설치하는 전략이다. 또한 프로세스 관리 전략을 수립할 때 외지인들을 위한 프로세스 전략과도 연계하여 마련해야 한다. 왜냐하면 외지인은 현지인에 비해 경기장 사정에 그다지 밝지 않기 때문이다. 이는 결국 그 지역 지자체의 이미지 제고와도 연결된다. 그러나 프로세스 관리 전략

표 22-6 프로세스 관리 전략(예시)

고객 / 마케팅수단	팬	미 디 어	기 업		지 자 체
			스 폰 서	라이센시	
프로세스 관리	편의 제공		공동 마케팅과 연계	상품 판매 기회 확대	외지인 프로세스 및 관광과 연계

또한 티켓 판매 전략과 마찬가지로 미디어(TV 방송국)에게 직접적인 만족을 주지 못한다. 〈표 22-6〉은 프로세스 관리 전략에 따른 고객 만족 내용을 표시하고 있다.

(7) 소 결

지금까지 언급한 사항을 종합하면 이렇다. 어떠한 마케팅 전략은 단순히 특정 고객만 만족시킬 수 있는 수준에 그치지 말고 이왕이면 모든 고객

표 22-7 통합마케팅 전략 결과(예시)

고객 / 마케팅수단		팬	미 디 어	기 업		지 자 체
				스폰서	라이센시	
상 품		V	V	V	V	V
촉 진		V	V	V	V	V
유 통	티 켓	V		V	V	V
	미 디 어	V	V	V	V	V
	스 폰 서	V		V	V	V
	라이센시	V		V	V	V
프 로 세 스		V		V	V	V
유 형 물		V	V	V	V	V

자료: 강준호(2003), 수정 작성.

주: V는 고객이 만족할 수 있는 내용을 의미.

을 만족시킬 수 있는 수준으로 이루어져야 한다는 것이다. 그렇다고 해서 모든 마케팅 전략이 반드시 모든 고객을 만족시켜야 하는 것은 아니다. 마케팅 속성상 특정 고객과는 그다지 관련이 없는 전략이 있을 수 있기 때문이다.

마케팅 수단과 고객 만족과의 관계를 파악하여 매트릭스를 작성하면 〈표 22-7〉과 같은 형태가 된다. 〈표 22-7〉은 〈표 22-1〉의 빈칸에 내용물을 채운 것이다. 그럼에도 불구하고 빈칸이 존재하는 것은 모든 마케팅 수단이 모든 고객을 만족시키는 것은 아니라는 것을 의미한다. 물론 여기서 언급하는 빈칸은 개괄적인 판단에 의한 것이다. 마케팅 담당자의 노력 그리고 판단 능력에 따라서는 빈칸이 더욱 적어지거나 없어질 수도 있을 것이다.

이처럼 본 절에서 제시한 매트릭스 작성을 통한 통합 마케팅 전략 수립은 시간적 비용을 줄일 수 있을 뿐만 아니라 전체 마케팅 전략을 한 눈에 볼 수 있는바, 일관성을 유지하는 데에도 도움이 된다.

연습 · 토의문제

- 독자 여러분들이 제주도 울트라 국제 마라톤 대회(가상)의 마케팅 담당자라면 어떠한 전략을 수립할 것인지를 생각해서 발표해 봅시다. 특히 '마케팅 수단-고객' 매트릭스의 작성을 통해 통합 마케팅 차원에서 접근해 봅시다.

부　　록

- 라이센싱 계약서
- 스포츠 매니지먼트 계약서
- 엔도스먼트 계약서
- 지자체에 의한 스포츠 시설 활용 컨설팅 요구서

라이센싱 계약서

사단법인 스포츠 구단 연합(이하 “갑”이라 약칭)과 주식회사 ○○○(이하 “을”이라 약칭)는 다음과 같이 계약을 체결한다.

- 다 음 -

제 1 조(계약의 목적) 본 계약은 상품화 통합 사업권자로서 을을 지정함에 있어 상호간의 권리와 의무를 명확히 함을 목적으로 한다.

제 2 조(사용권리의 내용) ① 갑은 을에게 갑 및 갑 소속 ○개 스포츠 구단의 상표, 로고, 엠블램, 마스코트(이하 “상표등”이라 칭함)와 ○개 프로스포츠 구단 소속 선수들의 경기 활동과 관련된 사진, 초상, 서명, 영상, 캐릭터(이하 “선수초상”이라 칭함)를 갑의 상품화 사업 및 이익 홍보를 위한 목적에 한하여 계약기간 동안 지정된 상품 품목군에 대하여 독점적/배타적으로 상품화 사업에 사용하는 권리를 부여한다.

② 을은 경기 활동과 관련없는 선수의 초상과 상기 1항에 명시되지 않은 선수의 이름 등 기타 선수의 속성과 동일시 되는 것을 상품화 사업에 브랜드로 사용하고자 할 경우 별도의 계약에 따라 진행한다.

③ 갑 및 갑소속 ○개 구단은 소속 선수의 초상을 상품화 사업이 아닌 홍보를 목적(화보집, 팬북)으로 하는 경우 이를 사용할 수 있다.

④ 상기 1항의 권리는 국내로 한정하고, 국외에 사용하고자 할 경우 별도 협의에 따른다.

제 3 조(사용권리의 적용 범위) ① 상기 제 2 조에 명기된 상표등과 선수초상을 활용한 상품화 가능 품목은 특허청 신분류‘상품류구분표’ 중 3, 6, 8, 9, 11, 12, 14, 16, 18, 20, 21, 24, 25, 26, 27, 28, 29, 30, 32, 34류 등 20개류 내 모든 품목으로 한다. 적용 품목은 별첨 1과 같고, 동일류의 미 표기 항목은 상품류 구분 총설(제 6 조 1 항 관련-별첨 2)의 규정에 따른다.

② 갑이 본 계약 이전에 제 3 자와 기 계약한 스포츠 카드 품목(기 계약 만료일: 2000년 5월 31일)과 음반(기 계약 만료일: 2000년 5월 31일)은 기 계약 만료일까지 예외로 인정한다. 또한 상품화 사업을 진행함에 있어 선수의 별도

용역이 필요할 경우 갑과 갑 소속 해당 스포츠 구단 및 선수와 별도 협의를 통해 진행한다.

③ 을은 상기 제 2 조의 권리를 사용함에 있어서 인터넷 또는 PC통신(이하 "On-Line"이라 칭함)을 이용하여 상기 제 3 조 1, 2항에 지정된 상품 품목군에 해당하는 제품을 판매, 유통 및 홍보의 목적에 한하여 사용할 수 있다.

제 4 조(계약기간) ① 본 계약의 유효기간은 계약 체결 일로부터 5년으로 한다.

② 계약만료일 현재 판매를 목적으로 제작완료 되었으나 판매되지 않은 재고문(이하 "재고"라 칭함)에 한하여 계약 만료일로부터 6개월까지 연장하여 적용한다.

③ 을 및 을의 상품화 업체는 계약 만료일로부터 6개월이 경과한 후에는 상기 "재고"물품을 시장에서 유통시킬 수 없다. 을은 본 계약에 기초하여 을과 계약한 상품화 업체가 계약만료일로부터 6개월 이내에 재고물품 처리를 완료하도록 조치한다.

제 5 조(사용료 및 연도별 지급 조건)

제 6 조(지급 보증) 을은 갑에게 5조에 명기된 기본사용료(15억원)의 지급보증을 위하여 계약 체결 후 1개월 이내에 은행 발행 표지어음을 제출한다. 제출시기는 상기 5조 3항에 명기된 기본사용료 지급시기와 동일하게 하되, 지급시점 현재 ▽▽ 원에서 누계지급액을 뺀 나머지 금액에 해당하는 은행 발행 표지어음을 제출한다.

제 7 조(갑의 의무사항) ① 갑은 을이 상품화사업을 원활하게 진행할 수 있도록 적극 협조해야 하며, 을이 본 사업을 위해 갑 소속 ○개 프로 스포츠 구단으로부터 갑의 본 계약이행에 필요한 모든 권리를 부여 받았음을 증명하는 문서를 갑에게 요구할 경우 이를 발행 한다.

② 갑은 을이 상기 2조, 3조의 내용에 관련하여 상품화사업을 진행하는 데 지장이 없도록 갑 및 갑 소속 ○개 프로 스포츠 구구단의 기존 계약 분을 처리할 의무를 갖는다.

가. 갑은 기 계약한 상품화 업체와의 계약 만료일로부터 3개월 내에 재고를 처리하도록 조치한다.

나. 구단 기 재고분에 대해서는 갑과 을이 사전에 품목 및 재고에 대해 일정 절차를 통해 합의하고, 합의된 사항이 명기된 해당 구단의 약정서(별첨 3)를 받아 을에게 전달하며, 갑은 해당 구단이 기 계약 만료일까지 재고 처리를 완료하도록 조치한다.

③ 상기 2항에 명기된 약정서는 신규 제작 금지 항목, 재고 합의 항목, 재고 처리 방법, 재고 처리 기간, 위반시 손해배상 항목 등을 포함한다.

④ 갑 및 갑소속 ○개 프로 스포츠 구단은 상표 등과 관련된 저작물의 상표 등록에 대한 모든 행정 처리 및 비용을 갑 및 갑소속 ○개 스포츠 구단의 책임 하에 진행하여 을에게 사용권을 부여한다.

⑤ 갑 및 갑 소속 ○개 스포츠 구단은 상품화사업에 필요한 보유 자료(사진자료, 캐리커쳐 등)를 을에게 제공하고, 계약 이후 을이 추가 개발하고자 할 경우 이에 적극 협조한다.

⑥ 갑은 본 계약 기간 중 갑 소속 ○개 프로 스포츠 구단 자체의 위상 및 프로 ○○ 선수의 위상이 변하더라도(새로운 선수의 가입, 타 구단으로의 이동, 특정 구단의 제 3 자 양도 등) 을로 하여금 본 계약 기간 동안에는 선수 초상권을 본 계약에 따라 이용할 수 있도록 한다. 단, 선수 은퇴의 경우, 선수 은퇴 시점까지 선수초상과 관련하여 생산된 물량에 한하여 재고를 인정한다.

⑦ 갑 및 갑 소속 ○개 프로 스포츠 구단은 판매촉진물 및 구단 판매분으로 사용할 것으로 예상되는 상기 제 3 조의 상품을 을과 계약한 상품화 업체를 통해서만 구매하도록 한다. 이를 위반할 경우, 위반한 프로 스포츠 구단은 을과 계약한 상품화 업체에게 손해배상하도록 조치한다.

⑧ 갑 소속 ○개 프로 스포츠 구단이 필요로 하는 상품이 필요 시점에 상품화되지 못한 경우, 해당 구단은 을과 협의를 통해 가능한 업체를 선정하고, 그 업체는 을과 권리 사용에 대한 합의(로열티, 디자인 감리 등)를 한 후 진행한다.

⑨ 갑은 을의 상품화 업체로부터 납품받아 구단 판매분으로 판매할 경우, 기타 유통망과 동일한 최종 소비자가로 판매한다.

⑩ 갑은 을이 본 계약과 관련된 상품의 판매에 있어서 각 구단 및 구단 계열사가 보유한 유통망이 판매에 도움이 된다고 판단하여 갑에게 협조를 요청하는 경우 갑은 최선을 다하여 각 구단의 협조를 구한다.

⑪ 갑 및 갑 소속 ○개 프로 스포츠 구단은 상품화사업 활성화를 위한 중요행사에 을이 요청하는 선수가 참여하도록 적극 협조한다. 단, 선수의 일정 및 대우 문제는 구단과의 별도 협의 결과에 따른다.

⑫ 갑 및 갑 소속 ○개 프로 스포츠 구단은 을이 요청할 경우 상품화 업체의 상품을 선수가 착용 또는 사용하도록 적극 협조한다. 단, 갑 및 갑 소속 ○개 구단의 공식 스폰서 계약에 근거한 상품을 선수가 착용, 사용하는 것에 대해서는 예외로 한다.

제 8 조(을의 의무 사항) ① 을은 상품화사업을 진행함에 있어 본 사업과 관련된 제반 법규와 규정을 준수하고 본 계약을 성실히 수행해야 할 책임과 의무를 진다.

② 을은 을과 계약한 상품화 업체가 상표 등 및 선수초상을 사용하여 제품을

제작, 판매, 개발함에 있어 갑의 대외적 이미지 제고에 최선을 다하도록 한다.

③ 을은 상품화사업의 전개를 위해 갑 및 갑 소속 ○개 프로 스포츠 구단의 상표등을 변형하여 사용하고자 할 때 이와 관련된 활용사계에 대해 갑 및 갑 소속 해당 프로 스포츠 구단의 사전승인을 얻어야 한다.

④ 을은 을과 계약한 상품화 업체의 제품 개발, 디자인 개발 및 감리에 적극적으로 참여한다. 또한, 을은 갑 및 갑 소속 ○개 프로 스포츠 구단이 상품화 업체의 디자인 능력이 부족하다고 판단할 경우, 을의 비용으로 직접 디자인을 개발하여 제시한다.

⑤ 을은 선수초상과 관련된 캐리커쳐 등이 필요할 경우, 을의 비용으로 개발해 사용하며 이에 대한 소유권은 갑에게 귀속토록 한다.

⑥ 을은 갑의 사전 승인 없이 본 계약상의 권리 및 의무를 제 3 자에게 양도할 수 없다.

⑦ 을은 상품화 업체와 계약할 표준계약서를 갑과 협의하여 마련하고 상품화 업체를 선정 하기전에 선정하고자 하는 품목, 선정기준, 참여 희망업체 현황 등 중요항목을 기재한 가이드라인을 계약체결 이전에 갑에게 제출한다. 이에 근거하여 계약 체결이 이루어지면 을은 해당 업체와 체결한 계약서 사본을 2 주일 이내에 갑에게 제출한다.

⑧ 을은 제출한 상기 가이드 라인에 중대한 하자가 있어 갑이 시정을 위한 협의를 구할 경우 을은 이에 응하여야 한다.

⑨ 을은 본 계약으로부터 얻은 갑에 대한 모든 정보를 갑의 승인 없이 제 3 자에게 공개할 수 없다.

⑩ 을은 을의 상품화 업체가 갑 소속 ○개 프로 스포츠 구단의 계열 회사에 판매촉진의 용도로 판매할 경우 이를 해당 구단과 협의하여 진행한다. 또한, 동일 상품에 관하여 ○개 구단 계열회사 판매 이외에는 어떤 유통경로를 통하더라도 최종 소비자가는 동일하도록 조치한다.

⑪ 을은 상품화 업체의 갑 및 갑 소속 ○개 프로 스포츠 구단 납품과 관련하여, 전시품 제출, 불량품 반품, 하자 보수, 납품 지연 지체상금 등을 일반상거래 관례에 따르도록 상품화 업체와의 계약시 이를 반영한다.

⑫ 을은 을의 상품화 업체로 하여금 본 계약 만료 후 에는 신규 제작금지, 재고물량 축소 등으로 계약 만료일로부터 6개월 내에 재고를 모두 소진할 수 있도록 필요한 조치를 취한다.

⑬ 을은 본 계약서 내용 중 을의 상품화 업체가 갑과 관련되는 사항에 대해 알 수 있도록 그 내용을 사전에 을의 상품화 업체에 서면으로 통보해야 한다.

⑭ 을은 상품화 업체가 생산하는 제품에 을의 회사명 및 로고 등 어떠한 표기

도 하지 않는다.
⑮ 을은 상품화 업체가 갑 및 갑 소속 ○개 프로 스포츠 구단에 제공하는 상품의 납품가가 상품화 업체의 통상적 도매상 출고가를 넘지 않도록 하며, 구단이 요청한 수량 및 납품 기일을 성실히 준수하도록 조치한다. 또한, 본 계약 전 기존 납품 품목과 관련하여, 동일제품/동일품질에 한하여 기존 납품가에 통상적인 물가 상승분을 포함한 납품가격을 넘지 않도록 조치한다.
⑯ 제 3 자가 상표등 및 선수초상을 무단 사용하여 상품을 판매하는 경우에는 갑과 을 및 을의 상품화 업체는 공동 대처하도록 하며, 제 3 자에 대한 손해배상 청구권은 을에게 귀속된다. 이 경우 이러한 청구권에 근기한 강제집행으로 을이 만족을 얻는 금액은 을의 로열티 수입에 포함된다. 단, 이 경우 소요되는 비용은 본 건 계약으로 인해 상품화 업체로부터 을이 취득하는 로열티 수입 및 을이 직접 상품화 사업을 하여 얻는 모든 수입이 ▽▽원 이하일 때는 을이 부담하고 ▽▽원을 초과하는 시점에서는 갑과 을이 50:50으로 소요 비용을 분담한다.
⑰ 을은 유통망 전개시 구단 연고지에 우선적으로 구축한다.
⑱ 을은 상품화 업체를 모집함에 있어 전년도 상품화 업체에게 우선 협상권을 부여한다.
⑲ 을은 본 계약 전 기존 갑 상품화 업체의 재고물량 유통을 업체별 계약 만료일로부터 3개월까지 인정한다.
⑳ 을은 갑의 스폰서십과 관련하여, 스폰서가 갑 및 갑 소속 ○개 구단의 로고, 엠블램을 사용해 스폰서임을 나타낼 수 있도록 하는 권리를 인정한다. 단, 갑의 스폰서는 어떠한 경우에도 갑의 로고, 엠블램을 활용해 판매촉진 물품을 만들어 무상으로 배포하거나 판매할 수 없다.
㉑ 을은 매 분기별 상품화 업체의 매출 현황을 익월 15일까지 갑에게 문서로 송부하며, 연간 손익 현황 등은 1년 단위로 갑에게 보고한다.
㉒ 을은 상품화사업과 관련하여 최소 2년에 한번 이상 조사 등을 실시하며, 연도별 마케팅 활성화 방안을 작성하여 보고한다. 또한, 정보 공유를 위해 매년 1회 이상 갑 및 갑 소속 ○개 프로 스포츠 구단 담당자와 간담회 또는 강습회를 실시한다.
㉓ 을은 ○○○○년 ○월 ○일자 을이 작성한 "○○○리그 상품화사업 제안서" 상의 투자 계획에 입각하여 효과 극대화를 위해 투자관련 내용을 성실히 수행한다.
㉔ 을은 상품화사업과 관련하여 갑소속 ○개 구단별 담당자를 두어 구단이 요구하는 사항에 적극 협조한다.

제 9 조(제 3 자에 의한 청구 등) ① 을은 본 계약에 의하여 제조, 판매하는 지정 상품과 관련하여 제 3 자로부터 저작권침해, 상표침해, 부정경쟁, 부정행위 또는 기타의 사유로 사용금지, 손해배상 또는 기타 청구를 받는 경우(이하 "제 3 자에 의한 청구"라 칭함)즉시 그 사실을 갑에게 통지하여야 하며, 이 경우 을은 갑과 협의하여 갑의 지시에 따라 이에 대한 대응 조치를 취한다.

② 상기 1항에서 언급한 제 3 자의 을에 대한 청구와 관련하여, 갑은 을의 협력하에 갑의 책임 및 비용으로 이를 처리하도록 한다.

③ 상기 제 3 자에 의한 청구가 을의 상품화 업체의 귀책사유로 발생하는 경우 청구에 대한 책임은 해당 상품화 업체가 1차적으로 진다. 을의 상품화 사업권자의 귀책사유로 갑이 궁극적으로 손해를 보게 되었을 경우, 을은 이에 대한 손해를 보상하여야 한다.

제10조(계약의 갱신) 본 계약은 계약 기간 만료일 6개월 전까지 어느 한쪽의 문서에 의한(우편 발송시 등기 우편)통고로 재계약 불가 의사를 밝혀야 한다. 그 통고가 없는 한 재계약에 동의한 것으로 간주하며 재계약시 계약 조건은 별도로 협의한다.

제11조(계약의 해지) ① 갑 또는 을이 본 계약에서 정한 사항을 위반했을 경우 상대방은 서면으로 그 이행을 최고하고, 그후 30일이 지나도 이를 이행하지 않을 경우 본 계약을 해지할 수 있다.

② 을이 지급 불능, 부도에 빠지거나 해산, 파산하거나 화의 절차 또는 회사정리절차가 개시된 경우 갑은 계약을 해지할 수 있다.

③ 갑 또는을 어느 일방의 귀책사유로 본 계약이 불이행되거나 해지될때는 상대방에 대하여 계약 불이행 또는 해지로 인하여 입게 되는 손해의 배상을 청구할 수 있다.

④ 을은 본 계약의 종료 또는 해지사유가 발생한 때에는 본 계약 제 2 조에서 부여받은 권리사용권과 갑의 상품화 사업권과 관련하여 발생한 영업권 일체를 갑에게 반환한다.

제12조(불가항력) 갑 또는 을이 전쟁, 혁명, 폭동 등 통제할 수 없는 사유로 본 계약 조항을 준수하지 못하게 되는 경우에는 상대방에 대하여 그로 인한 책임을 부담하지 않는다. 이러한 불가항력적인 사유가 발생할 경우에는 그로 인하여 이행하지 못한 갑 또는 을은 상대방에게 그 사실을 즉시 통보하여야 한다.

제13조(을의 상품화 업체에 대한 효력) ① 을이 을의 상품화 업체와 체결한 계약이 본 계약과 관련하여 다툼이었을 때는 본 계약이 우선하여 적용된다.

② 본 계약의 유효한 존속은 을과 을의 상품화 업체 사이의 계약이 유효하게 존속하기 위한 전제 조건임을 확인하고 만약 본 계약이 만료, 해지 또는 기타

사유로 효력을 상실하면 을과 을의 상품화 업체사이의 계약은 본 계약 효력 상실과 동시에 그 효력이 소멸한다.

3) 본 조 상기 ②항 중 갑과 을이 본 계약을 계약기간 중 해지하는 경우 을과 을의 상품화 업체가 기 체결한 계약의 잔여 기간에 한해 갑은 을이 상품화업체와 기 계약한 조건과 대등한 조건으로 을의 상품화 업체와 재계약한다.

4) 을은 을의 상품화 업체와의 계약시 본조 1), 2), 3)의 내용이 계약서에 반영 되도록 한다.

제14조(분쟁의 해결) 본 계약서에 명기되지 않은 사항은 일반 상거래 관례에 따르며, 본 계약과 관련하여 갑과 을간에 생긴 모든 분쟁은 갑의 소재지를 관할하는 법원의 판결에 의해 해결한다.

이상과 같은 계약의 증거로서 갑과 을은 계약서를 2통 작성하고 각 계약서에 기명, 날인한 후 각각 1통씩 보관한다.

○○○○년 ○월 ○일

갑 :
주소:

을 :
주소 :

스포츠 매니지먼트 계약서

○○(이하 "갑"이라 한다)와 ○○(이하 "을"이라 한다)는 다음과 같은 매니지먼트 계약을 체결한다.

제 1 조(목적) 본 계약의 목적은 "갑"과 "을"의 권리와 의무를 명확히 하는 데에 있다.

제 2 조(정의) 이 계약에 사용되는 정의는 다음과 같다.

1. 매니지먼트라 함은 "갑"의 스포츠선수로서의 활동에 수반되는 각종 행위 및 운동 외적인 각종 활동을 "을"이 "갑"의 법적 대리인으로 위임받아 모든 권리를 행사함으로써 "갑"이 본연의 스포츠 활동에만 전념할 수 있도록 "을"이 최대한의 편의를 도모하고 조력하는 것을 의미한다.

2. "을"은 광고, 공공 행사, 캐릭터 및 라이센스 등의 수익사업 및 라디오와 TV, 인쇄매체 등을 관리하며 "갑"의 이미지 관리 및 향상을 위한 노력을 다하여야만 한다.

제 3 조(매니지먼트 범위) 1. "갑"과 "을"은 "갑"의 운동선수로서의 활동과 운동 외적인 각종 활동에 수반되는 전 부문에 걸쳐 본 매니지먼트 계약을 적용키로 한다.

2. "을"은 "갑"의 이미지와 명성을 해칠 수 있는 활동을 주선해서는 안되며, 중요결정사항은 "갑"과 "갑"의 소속구단과의 충분한 협의 과정을 통해 결정한다.

3. "갑"의 소속구단 계열회사의 행사(광고 출연 등) 등에 관련된 전반적 사항과 관리는 소속구단이 하도록 한다.

4. "갑"의 국내외 이적시 "갑"은 "을"에게 모든 교섭권을 위임한다.

5. "갑"의 국내외 이적시 매니지먼트권은 "을"에게 있다.

제 4 조(계약 조건) 1. "을"은 "갑"의 매니지먼트 계약금을 일금 ○○원정으로 하며, 계약과 동시에 "갑"에게 현금으로 지급한다.

2. "을"의 "갑"을 위한 제반 매니지먼트 활동에 의하여 얻게 될 수익금액(연봉, 경기관련 수당, 구단 행사 수익금 제외) 중 "갑"이 "을"에게 지급할 수수료는 ○○%로 한다.

단 세금은 각자 부담을 원칙으로 하고 "을"을 통해 이루어진 수익사업 중 "을" 외의 다른 에이전트가 활동에 참여하여 수수료를 지급하게 될 경우 그 수수료는 "갑"과 "을"이 반반 부담하기로 하여 지급한다.

제 5 조(계약 기간) 계약기간은 2년으로 한다.

제 6 조(계약 해지 사유) "을"은 "갑"이 다름 각호의 사유 중 하나에 해당될 경우 본 계약을 해지할 수 있다.

1. 선수로서의 관련 활동에 종사하기 곤란한 장애가 발생한 경우
2. "갑"과 "을" 중 어느 일방이 본 전속 계약을 위반하는 등 상호 신뢰관계를 유지해 나가기 곤란한 상황을 초래, 계약관계를 더 이상 지속하기 어려운 경우
3. "갑"과 "을" 쌍방이 어느 일방에 대해 불신이 생기는 경우

제 7 조(손해 배상) 1. "갑"과 "을" 중 일방이 본 계약을 위반한 경우 상대방은 본 계약을 해지할 수 있고, 계약 해지를 위해 "갑"과 "을" 중 어느 일방이 막대한 경제적 손실을 입게 될 경우 해당자는 손해 배상을 청구할 수 있다.

2. "을"은 "갑"의 매니지먼트 전개 과정에서 소요된 제반 비용을 서면화, "갑"에게 내역서를 공개하고 "갑"의 서명을 득한다. 그리고 손해배상은 매니지먼트 제반 비용 내역서를 토대로 계약 해지 시점까지 "을"의 투자 비용을 산출 이를 근거로 "갑"에게 투입된 비용의 1.5배를 손해 배상액으로 청구한다.

3. "을"이 법력을 위반하여 "갑"의 명예를 훼손하였을 때에도 제 7 조 각 항의 내용과 동일한 배상의 책임을 진다.

제 8 조(부칙) 1. 본 계약과 관련하여 분쟁이 발생할 경우 "을"의 소재지 관할 법원에서 절차에 의거, 분쟁을 조정한다.

"갑"과 "을" 쌍방은 본 계약서 상의 모든 내용을 계약기간 중 대외비로 할 것을 약정한다.

단 불가피하게 계약 내용을 외부에 공개하게 될 때는 반드시 "갑"과 "을" 쌍방의 사전 서면 동의에 의해 공개함을 원칙으로 한다.

제 9 조(효력 발생) 본 계약은 체결과 동시에 그 효력이 발생한다.

제10조(일반 관례) 본 계약서에 명시되지 않은 사항은 관련 규정에 준하여 처리한다.

상기 계약을 증빙하기 위하여 계약서 2부를 작성, "갑"과 "을"이 위 내용을 모두 이해하고 서명 날인하여 각각 1부씩 보관한다.

2000년 ○○월 ○○일

"갑" 성 명:	"을" 상 호 명:
주민등록번호:	사업자등록번호:
주 소:	소 재 지:

엔도스먼트 계약서

"○○(주)" (이하 '갑' 이라 칭한다)와 "(주)△△△"(이하 '을' 이라 칭한다) 및 축구국가대표팀 "□□□" 선수(이하 '병' 이라 칭한다)는 '갑' 의 '병' 에 대한 후원 계약에 관한 합의 사항을 명시하고 확인하기 위하여 본 계약서를 작성하여 각각 1부씩 보관한다.

제 1 조(계약의 목적) '병' 으로부터 본 계약 대행 권리를 위임 받은 '을' 은 '병' 의 후원사로 참여하는 '갑' 의 원활한 후원 및 마케팅활동을 위해 수반되는 쌍방의 업무 및 권리, 의무 등을 확인하고 이를 인정하는 데 있다.

제 2 조(후원금 및 계약 기간) 1) 후원금이란 일정기간 동안 계약에 의거 '갑' 이 '병' 을 활용한 광고/홍보 및 마케팅 권리를 부여 받은 대가로 갑이 지불하는 금액을 말한다.

2) 계약기간: ○○○○년 ○월 ○부터 ○○○○년 ○월 ○일(계약일로부터 2년)

3) 후원금액: 일금 ○○○○원

제 3 조(후원 내용 및 조건) 1) 광고 및 홍보 등에 대한 약정

① '갑' 은 '병' 에 대한 후원사로서 갑의 기업광고 및 홍보자료에 본 후원사실을 알리며 '병' 의 이미지 및 캐릭터를 사용할 권리를 갖는다.

② '병' 은 '갑' 의 기업광고(인쇄언론매체) 모델로 6회 출연하여 옥외광고 집행시 동일한 이미지 사진을 옥외광고에 사용할 수 있다.

③ '을' 은 자체 보도자료와 기타 다양한 기회(TV매체, 스포츠 일간지 등)를 통하여 '갑' 의 '병' 에 대한 후원 사실을 적극 홍보한다.

2) □□□ 싸인 / 캐릭터 등

① '갑' 은 '병' 의 친필 싸인과 캐릭터를 활용하여 다양한 제품 개발 및 프로모션을 진행할 수 있으며, 캐릭터를 활용한 상품들은 비영리 목적의 서비스 개념에서만 사용이 가능함을 원칙으로 하나, '병' 의 동의를 얻어 영리목적으로 사용할 수 있다.

3) 행사 출연

① '병' 은 '갑' 이 진행하는 다양한 행사에 일정이 허락하는 범위에서 8회 참

여/출연한다. 행사는 지역사회 봉사활동, 엔도스먼트 기업 관련 행사 및 제품 프로모션 등을 포함한다.

4) 기타

① 본 계약서에 명시되지 않은 내용이라도 '갑'과 '을', '병'의 상호 합의하에 추가 홍보 사업을 진행할 수 있으며 '을'과 '병'이 '갑'의 요청에 협조한 대가로 당사자 간의 별도 합의하기로 한다.

② ○○○ 제품과 관련하여 별도 사업을 진행할 수 있으며, 이와 관련된 '갑'의 내부 홍보물 등에 '병'을 활용할 수 있다.

제 4 조(의무사항) 1) '갑'은 '병'의 후원사로서 기업의 품위유지와 생산/판매하는 제품과 서비스의 품질 향상에 힘쓴다.

2) '을'은 '병'의 국가대표 선수로서의 품위유지에 힘쓰며, 이미지 훼손 등으로 '갑'의 광고/홍보 활동에 지장을 초래하지 않도록 적극 노력한다.

3) '을'과 '병'은 후원사인 '갑'의 광고/홍보 활동 및 마케팅 활동의 효과적 진행을 위해 신의와 성심을 다해 노력한다.

4) '을'은 마케팅 대행을 위해 수집된 '갑'의 기업정보 및 기밀은 제 3 자에게 노출시켜서는 안 되며 기밀 보호를 위해 노력한다.

제 5 조(계약의 효력) 본 계약은 '갑', '을', '병'이 상호 날인한 날로부터 즉시 효력을 갖는다.

제 6 조(계약의 해지 및 변경) 1) 본 계약 당사자는 본래의 목적을 달성하기 어렵게 되거나 기타 사정으로 계약 사항을 이행하기 어렵게 된 경우, 상호 합의하여 본 계약을 변경 또는 해지할 수 있다.

2) 일방 당사자는 본 계약 내용을 위반하는 경우, 상대방에 대한 서면 통지로서 본 계약을 해지할 수 있으며, 계약의 해지 및 변경으로 인한 손해 발생시 귀책사유에 따라 상대방의 손해를 배상한다.

3) 6조에 의한 계약 해지시 '을'은 지급된 후원금을 반환한다. 단, 계약 해지 전 당사자의 계약 이행 사항은 유효한 것으로 한다.

제 7 조(이행보증보험) '갑' 은 '을' ('병')로부터 계약 해지시 위약금 확보를 위하여 '갑'을 피보험자로 하는 지급금액에 대한 이행보증보험 증권을 후원금 지급 1주일 이내에 '을' ('병')로부터 제공받는다. (단, '병' 의 일정상 부득이한 경우에는 '갑' 과 '을' , '병' 이 상호 합의하는 바에 따른다.)

제 8 조(손해배상) 1) 당사자 일방이 본 계약상의 의무를 위반하거나 그 귀책사유로 재산상, 비재산상의 손해를 불문하고 상대방에게 손해를 입힌 경우에는 이를 배상하여야 한다. 당사자 일방의 귀책사유로 상대방이 착오에 이르고 이로 인해 손해를 입은 경우에도 같다.

제 9 조(중재) 본 계약과 관련하여 분쟁 또는 법적인 문제가 발생하는 경우 분쟁 해결의 소송관할은 '갑' 의 소재지 법원으로 한다.

제10조(기타) 1) 본 계약에 명시되지 않은 사항은 '갑', '을' 이 상호 합의하여 결정하되 관련법규 및 일반관례에 따른다.

2) '을' 은 '갑' 과 유사한 업종 및 ○○○ 업종에 종사하는 타 경쟁회사와는 본 계약과 유사한 후원계약을 체결할 수 없다.

'갑' : ○○○○(주)

서울특별시 강남구 ……

사 장 인

'을' : (주)△△△△

서울특별시 강남구 ……

대표이사 인

'병' : 경북 ……

(주민등록번호:)

□□□ 인

지자체에 의한 스포츠 시설 활용 컨설팅 요구서

Ⅰ. 과업의 명칭: 월드컵경기장 이용 활성화 컨설팅 용역

Ⅱ. 용역의 목적

■ ○○○ 등에 대응한 경기장 활용 방안 강구

■ 연고 프로축구단 및 스포츠 행사나 각종 이벤트 행사 등의 유치 및 행사시 잔디 그라운드 등의 효율적 관리·운영 방안 강구

■ 축구전용구장 및 청소년 문화공간으로서 경기장시설 이용활성화 및 관리·운영 효율성 제고

Ⅲ. 용역의 내용 및 범위

■ 주경기장 및 각종 부대시설의 이용 활성화 및 효율적 관리·운영 방안 제시

- ××××× 경기장시설 활용 방안(관리범위 등) 제시
- 출구경기 및 각종 행사시 잔디그라운드의 효율적 활용·관리 방안 제시
- 회원실 등 경기장의 각종 부속시설의 효율적 관리·운영 방안 제시 등

■ 프로축구단 및 축구경기를 비롯한 각종 행사 유치·운영 방안 제시

- ○○○○ 및 관리운영 방안(역할분담 등) 제시
- 축구경기(A매치 포함) 및 각종 행사의 유치 및 운영 방안 제시
- 월드컵경기장을 이용한 각종 스폰서쉽 유치 및 활용 방안 제시

■ 청소년을 위한 문화행사 등 각종 행사 유치·운영 및 활용 방안 제시

- 청소년을 위한 각종 행사의 유치·기획 및 운영 방안 제시 등
- 경기장 및 부대시설 등을 청소년 문화공간으로의 활용 방안 제시 등

■ 경기장 홍보 및 수익성 제고를 위한 각종 부대(주변)시설 활용 방안 제시

- 월드컵 경기장의 PR(광고 및 홍보) 및 광고·홍보물 설치 운영 방안 제시
- 회원실 및 보조경기장 등 부대시설 활용을 통한 수익성 제고 방안 제시
- 북층광장 및 3층데크 등 주변시설의 효율적 활용 및 수익 제고 방안 제시 등

Ⅳ. 용역기간

Ⅴ. 용역수행방법

■ 경기장 운영 방침 및 각시설 현황 분석 및 각종 자료·사례 수집
- 기존의 경기장 운영방침 및 운영시스템 등에 대한 현황 조사·분석
- 경기장 각 시설 및 주변 환경, 유사 시설 등에 대한 현황 분석
- 관련기관 및 사업여건 등의 자료 및 해외사례 수집 등의 현황분석

■ 개발 컨셉(CONCEPT) 및 시스템 설계 방향 검토·제시
- 개발컨셉 및 설계방향의 시설별 검증 및 대안 검토(시뮬레이션 포함)
- 개발 컨셉(CONCEPT)별 적용 기준 및 운용방안 설정·제시
- 유치 방안 및 운영시스템별 적용 기준 및 운용방안 설정·제시

■ 각 시설별 운영·관리 시스템 효율성 및 수익 분석 제시
- 각 시설별, 분야별, 운영시스템 구체적 추진방안 및 세부내역 제시
- 각 시설별, 분야별, 운영시스템의 효율 및 수익 분석 세부내역 제시

■ 운영·관리 시스템별 대안 제시 및 사후관리(추진지원)
- 시설별, 분야별, 각 관리·운영시스템에 대한 대안 제시(실행력 확보)
- 기타 부대시설 활용 방안 제시 및 사후관리 지원(추진지원)

Ⅵ. 과업의 일반조건

(1) 성과품 제출

가. 보고서 등

- 월드컵경기장 이용활성화(스포츠마케팅) 용역결과는 보고서로 작성, 제출
  - 보고서 외에 용역 수행과정상에도 각 단계별 추진사항에 대한 자문

및 업무지원에도 성실히 응해야 한다.

- 용역 수행에 따른 보고회는 중간보고회 2회, 최종보고회 1회 이상을 실시
  - 보고회 실시에 따른 비용발생 등 관련사항에 대한 부담은 업체책임으로 실시한다.
  - 보고회는 용역기간중에 실시한다. 단, 최종보고회는 향후 여건을 고려, 용역기간 종료 후에 실시할 수도 있다.

나. 제출 부수

- 용역과업 수행계획서 3부, 중간보고서 15부, 최종보고서 30부

  ※ 각 보고서 제출시 디스켓 또는 CD-ROM 형태의 원본파일 동시 제출

(2) 일반 지침

가. 과업기간 및 성과품 제출

- 과업기간은 계약일로부터 2개월로 하며, 과업수행 도중 여건변화 등 사유 발생시 공단에서 필요하다고 인정될 경우, 과업 기간을 연장 또는 단축할 수 있다.
- 본 과업의 착수계와 과업수행계획서는 계약 체결일로부터 5일 이내에 제출하되 과업수행계획서에는 추진단계별로 세부적인 추진일정이 명시되어야하며 해당 용역범위의 추진방안 등이 구체적으로 명시되어야 한다.
- 용역보고서는 계약 체결일로부터 45일 이내에 제출하여야 하며, 최종보고서는 업무추진 등을 고려하여 계약만료일 이전에 납품하여야 한다.

나. 과업조건

- 용역범위에는 상기 용역과제(범위) 외에 업무추진상의 문제해결, 정보기술(IT)의 접목, 관련 법규의 검토 등을 포함 한다.
- 용역 수행시 ○○○월드컵경기장의 특수성 및 기념비적인 주요 국가시설로써의 측면을 충분히 고려하여 설계하여야 하며 편엽적이고 추상적인 결과나, 현실적으로 실현이 불투명한 대안을 제시하여서는 안 된다.
- 과업진행사항에 대해 담당자 및 관련 부서장에게 추진단계별로 보고회를 개최하도록 하고, 진행사항을 수시로 보고토록 하여 업무추진에 대한 관심과 이해를 돕도록 한다.
- 과업수행과정에서 각 단계별로 용역기관과 월드컵경기장 관련부서와 수시로 합동회의를 개최하여 의견조율 및 추진방향에 대해 논의하며, 설

계안과 관련하여 내부적으로 혹은 이해관계자간 갈등 소지가 있는 사안에 대해서는 명확한 입장 정리 후 추진하여 과업완료 후에 예상되는 문제점을 사전에 해소해야 한다.

- 본 과업의 수행과정 또는 완료후에도 부분적인 변경 · 조정이나 새로운 사항이 추가되는 경우 등의 공단의 보완 요청사항에 대하여 용역기관은 추가비용없이 이에 응하여야 한다.
- 최종안이 확정되기 전이라도 각단계별로 추진되는 사항에 대하여 즉시 시행할 수 있도록 관련된 제반사항을 지원해야 한다.
- 용역 진행사항에 대하여는 중간보고 및 최종보고 전에 해당분야 전문가로부터 평가를 받아 효율적인 대안이 제시될 수 있도록 하며 본 과업지시에 명기되지 아니한 사항이라도 필요하다고 인정되는 중요 사항은 공단과 협의하여 결정한다.

다. 인력활용

- 용역업체에서는 본 용역 참여인력에 대해 과제수행 기간중 공단이 발주한 용역 외에 다른 용역업무를 병행 수행토록 해서는 안 되며 공단의 용역 업무에 전념하여야 한다.
- 공단 본 용역 참여인력에 대한 교체는 원칙적으로 불가능하며, 다만 업체의 요청시 공단에서 인정하는 경우와 업무수행이 불성실하다고 판단되어 공단이 교체 요구한 경우에는 예외로 한다.

(3) 기 타

- 본 과업지시서의 내용상 해석에 차이가 있을 경우 용역기관은 공단의 해석에 따라야 한다.
- 본 용역의 결과 및 그에 따른 직·간접적인 저작권, 소유권은 공단에 있으며, 용역기간중 용역내용에 대하여 타기관이나 타용역에 활용할 경우 공단의 사전승인을 얻어야 한다.

※ 이 자료(지자체에 의한 스포츠 시설 활용 컨설팅 요구서)는 스포츠 마케팅 컨설팅 회사인 스포티즌이 제공한 것임을 밝혀 둡니다.

참고문헌

1. 국내문헌

- 강준호(2003), “겨울철 여가서비스 상품의 지각도 분석,” 미발간.
- 강호정, 이준엽(2003), 「스포츠 경영학」, 학현사.
- 경희대학교 마케팅연구회 역(2000), 「사례로 배우는 스포츠 마케팅」, 한·언.
- 곽동성 · 강기수(1997), 「서비스 마케팅」, 동성사.
- 김낙회, 김호 공역(1999), 「스포츠 마케팅」, 나남출판.
- 김용만 · 박세혁 · 전호문(2000), 「스포츠 마케팅」, 학현사.
- 김종 · 김종환 역(1997), 「스포츠 마케팅 어떻게 할 것인가?」, 보경문화사.
- 김종수 · 김성혁(2000), 「서비스 마케팅」, 형설출판사.
- 김호석(1998), “스포츠 스타, 현대의 영웅,” 「스포츠, 어떻게 읽을 것인가」, 삼인.
- 김화섭(1999a), 「산업관점에서 본 스포츠」, 산업연구원.
- 김화섭(1999b), 「재미있는 스포츠 돈 버는 마케팅」, 살림.
- 김화섭(1999c), 「동북아경제공동체 기반강화를 위한 스포츠 교류 활성화 방안 — 한 · 중 · 일 통합 축구리그 창설 제안 —」, 산업연구원.
- 김화섭(2000), “2002년 월드컵 축구대회 한·일 공동개최와 스포츠 산업,” 한국체육학회 학술심포지움, pp. 9-24.
- 김화섭(2001a), 「스포츠 마케팅 전략-스포츠 에이전트 가이드」, 박영사.
- 김화섭(2001b), “스포츠 콘텐츠와 미디어 자세,” 「월간 KIET산업경제」, 8월호, pp. 54-62.
- 김화섭(2001c), “월드컵과 스포츠 산업발전,” 「나라경제」, 한국개발연구원, 9월호, pp. 30-32.
- 김화섭(2002), 「스포츠 상품의 유통경로 이해 및 관리」, 체육과학연구원.
- 김화섭(2004), 「스포츠 경제학」, 박영사.
- 김화섭 외(2000), 「스포츠 산업의 발전전망과 고용효과 — 스포츠 서비스업

실태와 발전 전망 — 」, 체육과학연구원.
- 김화섭 외(2001), “중국시장과 Soccer Marketing 전략,” 「한국체육학회지」, 제40권 제 1 호, pp. 644-656.
- 김화섭 외(2002a), 「제리맥과이어 거품 걷어내기」, sportizen.
- 김화섭 외(2002b), 「월드컵 신화와 현실」, 한울 아케데미.
- 김화섭 외(2003a), 「스포츠 마케터 관리과정」, 체육과학연구원.
- 김화섭 외(2003b), 「스포츠 마케팅 전략 과정」, 체육과학연구원.
- 김화섭 외(2003c), 「KBL중장기 발전방안—대내업무 및 향후과제를 중심으로—」, 산업연구원.
- 김화섭 · 문병준(1999), “스포츠 산업의 시장구조와 스포츠 마케팅의 매커니즘에 관한 연구,” 「상품학연구」, 제21호, pp. 133-151.
- 김화섭, 임동순(2001), 「프로스포츠 산업 발전전략」, 산업연구원.
- 김화섭, 이석기(2002), 「엔터테인먼트 산업을 활용한 중국시장 접근 방향 — 한류 · 축구를 중심으로 —」, 산업연구원.
- 문화관광부(2002), 「2002 체육백서」.
- 박기홍 외(2000), 「디지털 경제와 인터넷 혁명」, 산업연구원.
- 박영옥 외(1998), 「한국 스포츠산업 육성방안 연구」, 한국체육과학연구원.
- 배광선 · 주현 · 송하율 · 박린 · 최생림(2000), 「벤처기업의 발전전략」, 산업연구원.
- 변성수(1999), “전략적으로 활용해야 할 스포츠 프로퍼티,” 「한국 스포츠 매니지먼트 아카데미 통합교재」, KOSMA, pp. 59-68.
- 류지훈 역(1999), 「스포츠 이벤트 경영전략」, 도서출판 보경.
- 송해룡, 최동철(1999), 「미디어 스포츠와 스포츠 커뮤니케이션」, 커뮤니케이션북스.
- 신문선(2002), “한국 프로축구와 프로야구의 연봉제도에 관한 비교 연구,” 「한국 스포츠 산업 · 경영학회지」, 12월, pp. 141-155.
- 신영락(1999), 「스포츠 자산의 라이센싱에 관한 연구」, 국민대학교 스포츠산업대학원 석사학위 논문.
- 신영락(2003), “스포츠 중계권의 이해 및 판매실무,” 「스포츠마케터 관리과정 교재」, pp. 133～145.
- 유승민(1994), “방송광고산업 정부규제의 문제점과 개선방안,” 「한국개발연구」, 제16권 제 2 호 여름, pp. 51-89.

- 유필화 · 김용준 · 한상만(1999), 「현대마케팅론」, 박영사.
- 이동연 외(1988), 「스포츠, 어떻게 읽을 것인가」, 삼인.
- 이두희(1993), 「한국의 마케팅 사례 — 마케팅 전략과 광고 — 」, 박영사.
- 이두희(1999), 「인터넷 마케팅」, 청아출판사.
- 이두희 · 한영주(1997), 「인터넷 마케팅」, 영진출판사.
- 이유재(1999), 「서비스 마케팅」, 학현사.
- 이준구(1994), 「미시경제학」, 법문사.
- 임동순, 김화섭(2003), "프로 스포츠 선수 연봉 산정에 관한 연구," (미발간)
- 임종원(1993), 「현대마케팅론」, 무역경영사.
- 정희윤 외 역(2002), 「스포츠 파이낸싱」, 케이보스.
- 정희정(1998), "야구장에서 농구장까지: 볼거리의 숙명," 「스포츠, 어떻게 읽을 것인가」, 삼인.
- 제주발전연구원(2003), 「스포츠 산업의 지역경제 파급효과 분석(2002)년 기준」
- 최덕철(1997), 「서비스 마케팅」, 학문사.
- 최한수 · 최영환(1999), 「TV는 스포츠를 먹고 산다?」, 법원사.
- 한국개발연구원(1995), 「2002년 월드컵 축구 한국개최의 경제적 파급효과」.
- 한국개발연구원(1998), 「2002년 한 · 일 월드컵 축구대회의 국가발전적 의의와 경제적 파급효과」.
- 한국은행(1987), 「산업연관분석해설-원리와 이용」.
- 한국체육학회(2000), 「스포츠산업육성기본계획」.
- 월간 스포츠 비즈니스, 각호.

2. 외국문헌

- 复旦大学 (2005), 体育经济学概论, 上海.
- 李宗浩 (2005), 体育管理学 体育经济学, 南宁 : 广西师大.
- 张保华 (2005), 现代体育营销学, 上海 : 中山大学.
- 赵长杰 (2004), 现代体育营销学, 北京 : 北京体大.
- 丛湖平 (2005), 体育经济学, 北京 : 高教京.
- 清华大学社 (2004), 体育营销战略性观点 (第 2 版), 北京.
- 間宮聰夫 (1995), 「スポーツビジネスの戰略と知慧」, 東京 : ベースボールマガジン社.

- 廣瀨 一郎(1995), 「Sports Marketing」, 東京: 電通.
- 廣瀨 一郎(1997), 「Media Sports」, 東京: 讀賣新聞社.
- 文部省競技スポーツ研究會編(1996), 「みるスポーツの振興」, 東京: ベースボールマガジン社.
- 上西康文編(2000), 「スポーツビジネス戰略」, 東京: 大修館書店.
- 生方幸夫(1994), 「Jリーグの經濟學」, 東京: 朝日新聞社.
- 松岡憲司(1996), 「スポーツ・エコノミクの發見」, 東京: 法律文化社.
- 松田義幸(1996), 「スポーツ産業論」, 東京: 大修館書店.
- 永田靖章編(1998), 「スポーツ集團のマネジメント」, 東京: (株)ぎょうせい.
- 守能信次 譯(1995), 「スポーツの經濟學」, 東京: 白水社.
- 原田宗彦編(1999), 「スポーツ産業論入門」, 東京: 杏林書院.
- 日本スポーツ社會學會編(1998), 「變容する現代社會とスポーツ」, 東京: 世界思想社.
- 池田勝・守能信次 編(1999), 「スポーツの經濟學」, 東京: 杏林書院.
- Arani, A.(1992), "How corporation can take advantage of Olympic marketing opportunities," *Sport Marketing Quarterly*, 1(1) pp. 7-12.
- Baade,R.A. & Dye, R.F.(1988), "Sports stadiums and area development: a critical review," *Economic Development Quarterly*, 2(3) pp. 265-275.
- Brad Edmunson, "What Makes A Sports Fan?," *Forecast*, ⟨http://www.demographics.com/fc/97⟩Sept. 1997.
- Branch, D. Jr.(1992), "Rethinking Sport's Product Position and Program Concept," *Sport Marketing Quarterly*, 1(2) pp. 21-27.
- Brenner, S.(1997), "Pursuing Relationship in Professional Sport," *Sport Marketing Quarterly*, 6(2), pp. 33-34.
- Burton, R.(1996), "A Case Study on Sports Property Servicing Excellence: National Football League Properties," *Sport Marketing Quarterly*, 5(3), 23-30.
- Chandler, J. M. (1991), "Sport as TV Product: A Case Study of 'Monday Night Football'," in Staudohar, P. D. and Mangan, J. A.(Eds), *The Business of Professional Sports*, University of Illinois Press, Chicago, IL, pp. 48-60.

- Christine M. Brooks(1994), *Competitive Business Strategies For Sports* New Jersey: Prentice Hall.
- Cooke, A.(1994), *The Economics of Leisure and Sports*, London and New York: Routledge.
- Cornwell, B.(1990), "Sponsorship-linked Marketing Development," *Sport Marketing Quarterly*, 4(4), pp. 13-24.
- Daly, J. C.(1977), *Pro Sports: Should Government Intervene?*, american Enterprise Institute for Public Policy Research, Washington DC.
- Dianna P. Gray(1996), "Sponsorship on Campus," *Sport Marketing Quarterly*, 5(2), pp. 29-34.
- Farrelly, Francis J., Pascale G. Quester, and Richard Burton(1997), "Integrating Sports Sponsorship into the Corporate Marketing Function: An International Comparative Study," *International Marketing Review*, 14(3). pp. 170-182.
- Fiedler, F. E.(1967), A Theory of Leadership Effectiveness, New York: McGraw-Hill.
- Flint, W. C. and D. S. Eitzen(1987), "Professional Team Sport Ownership and Entrepreneurial Capitalism," *Sociology of Sport Journal*, 4, pp. 17-27.
- George R. Milne, William A. Sutton and Mark A. McDonald(1996), "A Strategic Measurement Tool for Managers," *Sport Marketing Quarterly*, 5(3), pp. 17-22.
- Gerald W. scully, The Structure of Sports: The university of Chicago.
- Graham, S., Goldblatt, J. J. & Delpy, L.(1995), *The ultimate guide to sport event management & marketing*, New York: McGraw-Hill.
- Hofacre, S. and T. K. Burman(1992), "Demographic Changes in the US into the Twenty-first Century: Their Impact on Sport Marketing," *Sport Marketing Quarterly*, 1(1), pp. 31-37.
- Howard, D. R. and Crompton, J. L.(1995), *Financing Sport*: West Virginia: Fitness Information Techonology, Inc.
- Janet Hoek, Philips Gendall, Michelle Jeffcoat, and David Orsman, "Sponsorship and Advertising: A Comparison of Their Effects," *Journal*

of Marketing Communication, 1997. pp. 21–32.

- Jason Pikul & H. Mayo(1999), "Performance and Eligibility for Arbitration or Free Agency and Salaries of Professional Major League Baseball Players, the 1994–1995 Experience," *Journal of Sport & Social Issues*. August, pp. 353–361.
- Joel Evans and Barry Berman(1994), *Marketing*, New York: MaCmillan.
- Kahle, L. R., & Meeske, C.(1999), "Sports Marketing and the Internet: It's a Whole New Ball Game, *Sport Marketing Quarterly*, 8(2), pp. 9–12.
- Kochman, L. M.(1995), "Major League Baseball: What Really Puts Fans in the Stands?," *Sport Marketing Quarterly*, 4(1), pp. 9–11.
- Kotler, P.(1986), *Principle of Marketing*, New Jersey: Prentice–Hall.
- Kotler, P.(1994), *Marketing Management: Analysis, planning, implementation and control*, New Jersey: Prentice–Hall.
- L. L. Berry and A. Parasuraman(1991), Marketing Service, New York: The Press.
- Louis E. Boone, C. M. Kochunny & Dianne Wilkins, "Applying the Brand Equity Concept to Major League Baseball,"(1995) *Sport Marketing Quarterly*, 4(3), pp. 33–42.
- Mason, Daniel S.(1999), "What is the Sports Product and Who Buys It? The Marketing of Professional Sports Leagues," *European Journal of Marketing*, 33(3), pp. 402–419.
- Matthew D. Shank,(1999), *Sports Marketing*, New Jersey: Prentice Hall.
- McCarville, R. E. and R. P. Copeland(1994), "Understanding Sport Sponsorship Through Exchange Theory," *Journal of Sport Management*, 8, pp. 102–114.
- McDonald, M. A. and G. R. Milne(1997), "A Conceptual Framework for Evaluating Marketing Relationship in Professional Sport Franchises," *Sport Marketing Quarterly*, 6(2), pp. 27–32.
- Meek, A.(1997), "An estimate of the size and supported economic activity of the sports industry in the United States," *Sports Marketing Quarterly*, 6(2), pp. 15–21.

- Meek, A.(1997), "Sports industry Analysis," *Sports Marketing Quarterly*, 6(4) pp. 15–22.
- Ming Li, Susan Hofacre, Dan Mahony(2001), *Economics of Sports*, Fitness information Techonology, Inc.
- Mullin, B.J., Hardy, S., Sutton, W.A.(1993), *Sports Marketing*, Illinoi: Human Kinetics Publishers.
- Peter J. Graham(1994), *Sports Business*, Iowa: Brown & Benchmark.
- Peter J. Graham(1997), "Ambush Marketing," *Sports Marketing Quarterly*, 4(1) pp. 10–12.
- Philip Kotlers & Gray Amstrong(1989), *Principles of Marketing* New Jersey: Prentice Hall.
- Pride, W.M., & Ferrell, O.C.(1991), *Marketing Concepts and strategies*(7th ed.) Boston: Houghton Mifflin.
- Ron, simon(1993), *The game behind game: negotiating in the big league*, Voyageur Press.
- Rodney, D. Fort(2002), *SPORTS ECONOMICS*, Prentice hall.
- Sandomir, R.(1988), "The $50-billion sports indusutry," *Sports Inc.* Nov.14, pp. 14–23.
- Schaaf, P.(1995), *Sports marketing: It's not just a game anymore* New York: Prometheus Books.
- Shani, D., & Sandler, D.(1989), "Olympic sponsorship versue ambush marketing," Journal of Advertising Research, 20(4), pp. 11–18.
- Shoham, Aviv, Gregory M. Rose, and Lynn R. Kahle (1998), "Marketing of Risky Sports: From Intention to Action," *Journal of the Academy of Marketing Science*, 26(4), pp. 307–321.
- Scully, G.W.(1995), *The Market Structure of Sports*, Chicago: University of Chicago Press.
- Stedman, Graham, Joe Jeff Goldblatt, Lisa Delphy(1995), *The Ultimate Guide to Sport Event Management & Marketing*, Chicago: Irwin.
- Stogdill, R.M.(1974), Handbook of Leadership, New York: The Free Press.
- Sutton, W.A.(1992), "Marketing the core prduct in professional team

sport in the United States," *Sports Marketing Quarterly*, 6(2) pp. 7-19

- Taylor, Alan & Ira Silverman(1984), "Sports sponsorship," *Sports sponsorship Public Relation Journal*(June) pp. 28-29.
- Townley, Stephen, Dan Harrington, and Nicholas Couchman(1998), "The Legal and Practical Prevention of Ambush Marketing in Sports," *Psychology and Marketing*, 15(4), pp. 333-348.
- Vernon B. Stauble(1994), "The Significance of Sports Marketing and the Case of the Olympic Games," *Sports Business*, Iowa: Brown & Benchmark. pp. 14-21.
- Wakefield, K. L. and H. J. Sloan(1995), "The Effects of Team Loyalty and Selected Stadium Factors on Spectator Attendance," *Journal of Sport Management*, 9, pp. 153-172.
- Whannel, G.(1992), Fields in Vision: Television Sports and Cultural Transformation, Routledge, London.
- William, A. Sutton, McDonald, M. A., G. R. Milne & John Cimperman (1997), "Creating and Fostering Fan Identification in Professional Sports," *Sport Marketing Quarterly*, 6(1), pp. 15-22.
- Zhang, J. J. and D. W. Smith(1997), "Impact of Broadcasting on the Attendance of Professional Basketball Games," *Sport Marketing Quarterly*, 6(1), pp. 23-29.

찾아보기

— 비인명 —

〔ㅈ〕

[저자 소개]

• 출생 : 1957년

• 학력 : 경제학 박사(영남대)

• 하는 일 : 산업연구원(KIET)에서 스포츠 산업 및 중국 경제를 연구

• 취미 : 등산(트레킹)

• 희망 : 아들과 백두대간 및 각종 정맥 종주
중국에 대한 이해가 깊은 분과 중국 전역 일주

• 특기 : (없음)

• 좋아하는 말 : 淡白以明志 寧靜而致遠(마음을 담백하게 가짐으로써 자신의 뜻이 분명해지고, 차분한 마음가짐만이 멀리까지 나아가게 한다)
深入淺出(어려운 것을 쉽게 설명한다)

• 자랑 : 본서(개정판)가 대한민국 학술원에 의해 '2003년 기초 사회과학 분야 우수 학술 도서'로 선정

• 연락처 : khwas@kiet.re.kr
sansusu57@naver.com

주요 저서

「산업관점에서 본 스포츠」, 산업연구원, 1999
「한·중·일 축구 통합리그 창설 제안」, 산업연구원, 1999
「재미있는 스포츠 돈 버는 마케팅」, 살림출판, 1999
「프로 스포츠 산업 발전방안」, 산업연구원, 2000
「스포츠 마케팅 전략」, 박영사, 2001
「축구를 활용한 중국시장 접근 전략」, 산업연구원, 2002
「스포츠 상품 유통 경로 이해 및 관리」, 국민체육진흥공단, 2002
「스포츠 마케팅 전략(개정판)」, 박영사, 2003
「선수를 통해 본 스포츠 마케팅」, 국민체육진흥공단, 2003
「스포츠 경제학(스포츠 마케팅 해설)」, 박영사, 2004

3개정판
스포츠 마케팅 전략 — 스포츠 에이전트 가이드 —

2001年 1月 30日 初版發行
2003年 9月 10日 改訂版發行
2007年 8月 30日 3改訂版印刷
2007年 9月 10日 3改訂版發行

著 者 김 화 섭
發行人 安 鍾 萬
發行處 博 英 社
서울特別市 鍾路區 平洞 13-31番地
電話 (733)6771 FAX (736)4818
登錄 1952. 11. 18. 제1-171호(倫)

www.pakyoungsa.co.kr e-mail: pys@pakyoungsa.co.kr

定 價 26,000원 ISBN 978-89-10-30651-1